Programmation Web avec PHP

Chez le même éditeur

Dans la collection Solutions développeurs

P. Wainwright. – **Apache professionnel**.
N°9150, 2000, 650 pages.
L. Letourmy, T. Papiernik, A. Helaîli, X. Martzel. – **Construire une application Wap.**
N°9174, 2000, 360 pages.
M. Rizcallah. – **Construire un annuaire d'entreprise avec LDAP.**
N°9154, 2000, 400 pages.
A. Homer, D. Sussman, B. Francis. – **ASP 3.0 professionnel.**
N°9151, 2000, 1 100 pages.
D. Odin. – **Programmation Linux avec GTK+**.
N°9115, 2000, 684 pages.
*N. Matt*hew, R. Stones. – **Programmation Linux.**
N°9129, 2000, 900 pages.
N. McFarlane. – **JavaScript professionnel.**
N°9141, 2000, 950 pages.
A. Patzer et coll. – **Programmation Java côté serveur. Servlets, JSP et EJB.**
N°9109, 1999, 984 pages.
J.-C. Bernadac, F. Knab. – **Construire une application XML.**
N°9081, 1999, 500 pages.
R. Grimes. – **La référence du programmeur ATL/COM.**
N°9087, 1999, 354 pages.
D. Sussman, A. Homer. – **La référence du programmeur ADO 2.0.**
N°G09076, 1999, 450 pages.
J. Connell. – **Accès aux bases de données avec Visual Basic 6.**
N°G09059, 1999, 950 pages.
B. Francis, et al. – **Active Server Pages 2.0.**
N°G09041, 1999, 800 pages.

Autres ouvrages

H. Holz, B. Schmitt, A. Tikart. – **Internet et intranet sous Linux.**
N°9101, 1999, 474 pages + CD-Rom.
T. Brethes, E. Hisquin, P. Pezziardi. – **Serveurs d'applications.**
Panorama des produits et études de cas. N°9112, 2000, 216 pages.
J.-M. Chauvet. – **Composants et transactions.**
Corba/OTS, EJB/JTS, COM/MTS : comprendre l'architecture des serveurs d'applications.
N°G09075, 1999, 282 pages.
P. Chan. – **Le dictionnaire officiel Java 2.**
N°9089, 1999, 890 pages.
N. McFarlane. – **Le guide du programmeur JavaScript.**
Netscape JavaScript 1.2, Microsoft JScript 3.0 et le standard ECMAScript.
N°9034, 1998, 512 pages.
P. Chaleat, D. Charnay. – **Programmation HTML et JavaScript.**
N°9024, 1998, 460 pages environ + CD-Rom PC/Mac.
R. Card, E. Dumas, F. Mevel. – **Programmation Linux 2.0.**
API système et fonctionnement du noyau.
N°9018, 2e édition, 1998, 544 pages + CD-Rom.

Programmation Web avec PHP

Laurent Lacroix • Nicolas Leprince
Christophe Boggero • Christophe Lauer

Toisième tirage 2000

Eyrolles

ÉDITIONS EYROLLES
61, Bld Saint-Germain
75240 Paris Cedex 05
www.editions-eyrolles.com

Préface

L'émergence de PHP dans le paysage du Web n'est pas un événement anodin. Cette préface expose les tenants et les aboutissants de ce langage. À SQLI, nous sommes très heureux de contribuer à sa diffusion à travers cet ouvrage rédigé collectivement.

La décennie 90 est l'une des plus agitées de l'histoire de l'informatique : elle débute par l'explosion du client-serveur et se termine par la généralisation du Web !

Dans cette tourmente, on a assisté à une prolifération inattendue des langages de programmation. Inattendue, car la période précédente avait plutôt terni les espoirs des concurrents (tels que Pascal ou Smaltalk) de déloger Cobol et le C de leurs positions dominantes dans leurs domaines respectifs.

Passons rapidement sur les nombreux L4G (très peu ont survécu finalement) qui ont accompagné le mouvement client-serveur, et revenons sur les premiers pas du Web. Il y a quelques années, les développeurs de sites web interactifs n'avaient pas le choix : pour activer des traitements sur le serveur invoqués depuis une page HTML, il fallait passer par l'interface CGI. Toutefois, cette dernière vous laissait le choix du langage à employer. Délaissant le langage C, les concepteurs de sites se sont massivement rués sur Perl. En effet, ce langage – orienté production de rapports – était particulièrement adapté aux manipulations de chaînes de caractères. Plutôt pratique pour générer des pages HTML !

Le succès de Perl dans ce domaine a contribué à l'émergence des logiciels à code source ouvert (ou logiciels libres), puisque ce langage fait partie de cette mouvance, au même titre que Apache (le serveur HTTP le plus répandu sur le Net) ou Linux (qu'on ne présente plus !).

Le développement sur le Web ne s'est pas cantonné au recours à l'interface CGI. De nombreux serveurs d'applications sont apparus (la plupart reposant progressivement sur Java), et même Perl s'est affranchi de CGI grâce au module mod_perl qui lui permet d'être pris en charge par Apache, ce qui entraîne de meilleures performances à l'exécution. Mais la situation n'a pas stagné pour autant. Malgré le succès confirmé de Perl, un autre langage a vu le jour, lui aussi dans le cadre des logiciels libres, et cette fois véritablement spécialisé dans le développement web : PHP.

Une plaisanterie circule sur la signification du sigle PHP ; il voudrait dire : « People Hate Perl » (les gens détestent Perl !). La vérité, c'est que le « préprocesseur hypertexte » prend une place laissée vacante : celle de langage dédié pour le Web.

Évidemment, il existe d'autres langages destinés exclusivement au Web, tel Cold Fusion, mais il s'agit la plupart du temps de L4G commerciaux (Cold Fusion est la propriété de son éditeur,

Allaire Corp.). PHP est le seul langage « libre » uniquement orienté Web, et ce n'est pas rien. Spécialisation et développement collectif : c'est de cette combinaison que PHP tire tout son dynamisme.

Il n'est pas inutile de revenir sur le mécanisme de cercle vertueux qui donne aux logiciels libres un tel avantage sur les logiciels commerciaux. Mais permettez-moi d'abord une remarque : on n'a pas encore perçu toutes les conséquences de la lame de fond produite par les OSS (Open Source Software) puisqu'elle remet aussi en question un des principes du marché des logiciels commerciaux, à savoir : « le vainqueur remporte tout ».

Cette règle dévastatrice donne un avantage démesuré à l'éditeur du logiciel dominant sa catégorie puisque, effet de réseau aidant, son produit se retrouve assez rapidement en position de quasi-monopole (Microsoft Office pour la bureautique ou XXX dans le domaine de la PAO). La montée en puissance de PHP dans un secteur où Perl avait déjà un enracinement solide démontre que cette règle n'a pas cours avec le logiciel libre, et c'est tant mieux !

L'histoire de cet ouvrage est également une démonstration de la puissance de « l'engagement collectif ». À SQLI, nous avions très envie d'écrire un livre sur ce langage, que nous venions d'utiliser sur un projet critique (la librairie en ligne de notre éditeur : c'est dire si c'était critique !), et qui avait séduit tout le monde. Mais la plupart des auteurs en herbe pressentis étaient quelque peu intimidés par l'ampleur de la tâche... Nous avons décidé de répartir le travail en équipe.

À l'heure où les entreprises découvrent à la fois les avantages du logiciel libre et la nécessité de tirer parti du Web dans leur gestion informatique et leurs affaires, on peut prédire à PHP un brillant avenir.

Alain Lefebvre, vice-président du Groupe SQLI.

Table des matières

PARTIE II

ANNEXES

Avant-propos

Pourquoi ce livre ?

De nombreuses raisons ont présidé à l'écriture de cet ouvrage, mais la principale est sans aucun doute la conviction que les atouts d'un langage tel que PHP doivent être connus. Besoin de s'exprimer et de transmettre les compétences acquises sur cet outil, en quelque sorte. Au départ, nous étions quelque peu sceptiques ; l'offre était-elle sérieuse (rassurez-vous, elle l'est !) et le produit pouvait-il s'imposer sur le marché ? Notre première satisfaction a été l'aboutissement du projet de site Internet des librairies Eyrolles (Linux/Apache/PHP). Cette réussite nous a prouvé l'efficacité de PHP.

PHP mérite ce livre. Outre son caractère **libre** (logiciel gratuit), il représente un concurrent très sérieux dans le domaine du développement d'applications Internet, tant ses fonctionnalités sont bien étudiées et bien implémentées.

PHP mérite ce livre, car il apporte un **vrai renouveau dans la programmation**, tant par sa syntaxe, dont la simplification bouleverse les normes en place, que par son contenu et la diversité des bibliothèques livrées en standard avec le langage.

Les auteurs de PHP méritent ce livre, pour les efforts fournis et parce qu'ils répondent encore aujourd'hui personnellement aux questions posées sur ce langage, et cela en des temps records. Attendez-vous à une **présence réelle plus qu'à une mise à disposition de logiciel**. On est là encore étonné par la qualité du support, des évolutions et de la documentation en-ligne. Cette connaissance, qui envahit peu à peu le Web et les courriers de nos messagerie ne doit pas se perdre. Elle doit être capitalisée et un ouvrage clair et évolutif nous a semblé en être le meilleur support.

Esprit du livre

PHP est très intimement lié au monde du **logiciel libre**. Il s'agit d'un OSS, dont les performances actuelles sont le fruit d'un grand nombre de participants. Ces développeurs indépendants ont tous contribué à l'écriture des fonctions et librairies nécessaires ; chacun d'eux a apporté ses propres compétences et solutions. Certes, cela implique une diversité dans les sources et dans les procédés. Mais cette diversité n'est pas nuisible. Au contraire, elle fait ressortir les **meilleures** méthodes.

Les chapitres de ce livre sont une autre illustration de ce phénomène, dans la mesure où les notions ont été traitées par l'un ou l'autre d'entre nous, chacun apportant ses propres compétences là où elles semblaient le plus opportunes. **En partageant le travail, la tâche est moins ardue**.

D'autre part, plutôt que de présenter une description détaillée de l'outil, qui selon nous n'a d'intérêt que si des mises à jour sont régulièrement publiées, nous avons préféré analyser ce langage selon plusieurs axes : le **positionnement** de PHP sur le marché, la description évolutive des **fonctions et librairies** disponibles, la mise en œuvre d'un **cas réel** et enfin les possibilités de **capitalisation** autour du langage.

PHP a un champ d'action très vaste. Il peut répondre à des besoins multiples dans le monde du développement, même si son domaine de prédilection reste aujourd'hui le **Web**. Nous avons voulu garder une vision généraliste de l'outil, en présentant ses avantages à l'aide d'exemples issus du développement d'applications de gestion et en utilisant le phénomène Internet.

Mais rassurez-vous. La majeure partie des possibilités du langage seront étudiées ou au moins évoquées dans le courant de cet ouvrage. Si certaines notions sont laissées de côté aujourd'hui, c'est qu'elles n'ont pas encore atteint leur maturité. Il ne s'agit donc pas de limiter l'étude, mais plutôt de **cerner ce qui semble le plus nécessaire et ce qui fonctionne le mieux**.

À qui s'adresse ce livre ?

PHP est un langage de programmation qui permet de mettre en œuvre des sites Internet élaborés. Nous reviendrons sur cette notion par la suite, mais on peut d'ores et déjà dire que le HTML simple ne suffit pas à répondre aux impératifs imposés par les dernières évolutions du Web.

Ce livre s'adresse aux **particuliers** qui ont appris la syntaxe du langage HTML par eux-mêmes et désirent aller plus loin dans la création de pages web. Utilisateur chevronné ou non, vous pourrez facilement manipuler les fonctionnalités essentielles des langages de script (interprétation côté-serveur) afin d'améliorer la dynamique de votre application (listes de données variables, formulaires, etc.). Le Chapitre 1 explique ce qu'est PHP et fournit les bases nécessaires ; les règles et le fonctionnement sont décrits au Chapitre 2 ; la mise en œuvre est traitée au Chapitre 3.

Ce livre s'adresse également aux **informaticiens** qui désirent comprendre et mettre en œuvre PHP. Les Chapitres 2, 3 et 4 vous aident à devenir rapidement opérationnel dans le domaine du développement d'applications Internet avancées. Vous pourrez ainsi évaluer la puissance de PHP par rapport à d'autres outils.

Enfin, ce livre s'adresse aux **étudiants**, dans la mesure où ce langage – proche du C – possède des atouts pédagogiques indéniables. La gratuité du produit et sa facilité de mise en œuvre permettent de se plonger rapidement dans le monde de la programmation dédiée Web. Les Chapitres 2 et 3 vous seront particulièrement utiles ; ils proposent une approche du langage par catégories de fonctions et utilisent de nombreux exemples. De plus, les récapitulatifs en annexe fournissent une aide précieuse pour une utilisation quotidienne du langage.

Ce qu'il faut connaître

Pour tirer profit de cet ouvrage, vous devez disposer d'un minimum de connaissances sur les **langages informatiques**. Si la partie développement vous paraît primordiale, vous devez avoir des **notions de C**. Si vous êtes plus intéressé par les langages de script, il est préférable que vous connaissiez un produit concurrent, tels **VBScript** ou **Perl**. Enfin, si votre domaine d'application se limite au développement de sites de présentation, la connaissance du **HTML** et de ses concepts sera la bienvenue.

Il est également utile de posséder des notions concernant l'architecture **client-serveur**. De nombreux ouvrages sont disponibles sur ce sujet, auquel l'informatique d'aujourd'hui doit une grande partie de ses méthodes. Qu'appelle-t-on client ? Quels sont les différents types de serveurs ? Quels principes leur permettent de communiquer ?

Vous devez également disposer de quelques bases solides dans le domaine de la **programmation**, car ce livre s'articule autour de nombreux exemples, issus du monde réel, dans lesquels on retrouve une partie des algorithmes qui régissent les sites Internet existants. La comparaison de leur implémentation à l'aide de PHP avec leur équivalent dans d'autres langages vous convaincra sans doute, comme ce fut notre cas, qu'il s'agit d'un « sacré langage ».

Parcours de lecture

Le contenu de ce livre couvre plusieurs domaines de l'informatique et ne se limite donc pas à une simple présentation du langage. La Partie I permet de situer PHP dans son contexte et de comprendre le pourquoi de son émergence.

En tant que décideur, vous trouverez les éléments de comparaison entre PHP et les autres solutions du marché. En tant que novice dans le domaine, vous pourrez prendre connaissance de l'évolution de ce langage.

Si PHP ne vous est pas inconnu, commencez par les Parties II et III, qui rentrent directement dans le vif du sujet, à savoir l'utilisation du langage. À travers de nombreux exemples, vous découvrirez les fonctionnalités standard et avancées de PHP.

Enfin, si l'utilisation de ce langage n'a plus de secrets pour vous, rendez-vous aux Parties IV et V, qui analysent et mettent en œuvre PHP dans deux domaines : le développement d'une application réelle (libraires Eyrolles) et la capitalisation des sources et ressources d'une application.

Partie I

Présentation de PHP

1

Vue générale de PHP

Qu'est-ce que PHP ?

Un langage de script

PHP est un logiciel informatique, disponible dans plusieurs environnements, tels qu'Unix (Linux, AIX), Windows (95, 98, NT) et Macintosh. Il s'agit d'un langage de programmation, spécialisé dans la génération de code, dont le domaine de prédilection est le HTML. En ce sens, il facilite donc le développement de sites Internet en proposant une impressionnante quantité d'outils, destinés aux informaticiens ou à toute personne qui désire faire de la programmation : bibliothèques de manipulation d'images, outils de traitement de fichiers ou d'accès aux bases de données, création de fichiers PDF, etc.

Programmer avec PHP consiste à insérer des lignes de programmation dans le source d'un fichier texte quelconque. Ces lignes représentent une succession de commandes qui devront être interprétées par la machine qui exécute le script. Un fichier qui contient du script PHP possède une extension spécifique, telle que php3 ou php.

Organisation autour de fichiers

Les fichiers sont en fait des programmes, développés à l'aide des instructions PHP, qui, au moment opportun, seront interprétés par un moteur. On peut donc parler de programmes, de fichiers ou encore de scripts PHP.

En fait, la particularité du langage PHP est qu'il s'intègre au cœur même d'une page HTML. Dans ces conditions, il peut être présenté comme un langage qui permet de transformer des pages HTML sur le serveur, en leur ajoutant un comportement dynamique.

Mais PHP peut aussi être considéré comme un ensemble d'instructions dont les zones non encadrées par une balise particulière sont intégralement recopiées dans le fichier de sortie.

Dans cette vision, il s'agit d'un langage de programmation qui utilise son propre format de fichier. Un fichier d'extension PHP peut très bien contenir uniquement du code HTML ou du code PHP. Dans le premier cas, le code ne sera absolument pas modifié. Dans le second, le code dépendra uniquement des instructions PHP qui le génèrent .

Un moteur d'interprétation de code

Côté programmation, PHP est donc un langage dont les différentes instructions peuvent être intégrées dans des fichiers de type texte. La question qui se pose alors est de savoir comment sont interprétés ces ordres. Pour comprendre ce mécanisme, il est nécessaire de posséder quelques notions de programmation sur le Web, de savoir, par exemple, que toute requête (une URL saisie dans le navigateur) émise par un poste client (votre PC connecté à Internet) est interprétée par une machine distante (un serveur web). C'est ce serveur qui va lire le fichier PHP et en extraire les différentes instructions, puis exécuter les tâches correspondantes et enfin vous renvoyer le résultat du traitement au format HTML.

Nous reviendrons sur les méthodes de configuration du moteur avec certains serveurs web du marché. Retenez pour l'instant que si votre ordinateur dispose de suffisamment d'espace disque, vous pouvez d'ores et déjà y ajouter un serveur web (Apache, IIS), y installer le moteur de PHP et le configurer, puis tester la solution en transformant une page HTML quelconque en un script PHP (par exemple, test.html devient test.php). Dès lors, la saisie de l'URL http://localhost/test.php dans le navigateur client provoquera sur le serveur la génération d'un flux HTML qui sera renvoyé au poste client, puis affiché par le navigateur.

Un langage de programmation

Le langage de programmation utilisé par PHP est un langage complet, écrit en C, qui reprend une grande partie des spécificités syntaxiques et sémantiques de ce langage. Cependant, il en facilite grandement l'utilisation, notamment dans les domaines de la manipulation de tableaux, de fichiers et de chaînes de caractères, de l'exploitation de classes, de la gestion de la mémoire, et enfin de l'accès et de la manipulation des ressources du Web. Cette dernière catégorie de fonctions permet d'envisager d'utiliser PHP comme une plate-forme de développement d'applications web : connexions HTTP, accès aux bases de données, génération d'images, manipulation d'URL longues, etc. Tous les composants nécessaires sont fournis, et la syntaxe de PHP facilite leur mise en œuvre.

Le moteur d'interprétation du langage lit un fichier source PHP, puis génère un flux destination, en respectant les définitions et règles suivantes :

- Un bloc PHP est un groupe continu de lignes, encadré par deux balises : <? et ?>.
- Toute ligne située à l'extérieur de ces balises n'est pas interprétée et est recopiée telle quelle dans le flux de sortie.
- Toute ligne située à l'intérieur de ces balises est considérée comme une instruction PHP et est donc interprétée par le moteur.
- Les instructions PHP n'apparaissent pas dans le résultat généré.
- Lorsqu'une erreur survient, un message explicatif est intégré dans le flux de sortie, et la génération du script est interrompue.

Figure 1.1
L'offre PHP et ses modes d'utilisation.

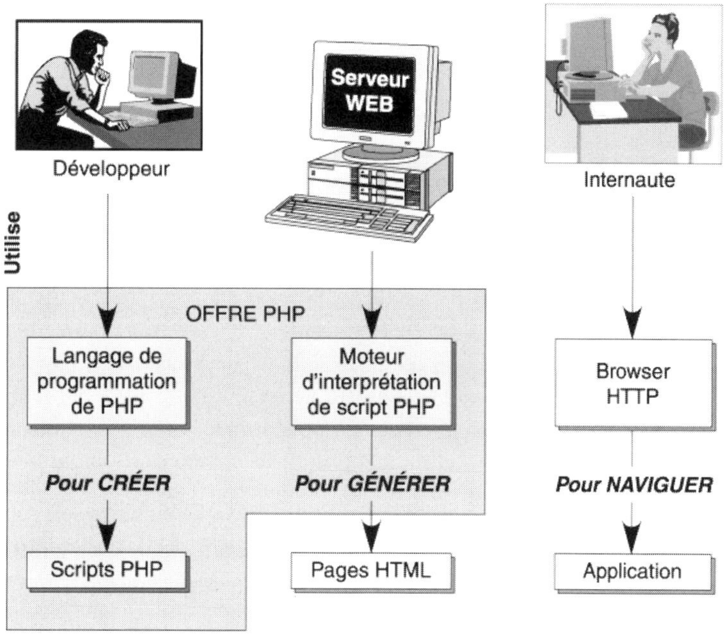

Ce fonctionnement apporte une certaine dynamique à l'application. Il permet, par exemple, de générer du code HTML spécifique au navigateur client qui a sollicité la page, ou des listes de données formatées dont le contenu est stocké dans une base de données, ou encore de gérer des échanges d'informations entre le serveur et les clients distants, par l'intermédiaire de formulaires.

Un peu d'histoire

Un projet personnel

PHP, alias PHP Hypertext Preprocessor, est, à l'origine, un projet personnel, développé par Rasmus Lerdorf dans le courant de l'année 1994 et dédié à l'analyse des connexions établies sur son site. Les fonctionnalités développées à l'époque furent tout d'abord regroupées dans une même distribution, articulée autour d'un exécutable unique et nommée Personnal Home Pages.

Cette première version, qui procurait les couches de base d'un langage de script, ne pouvait à elle seule satisfaire l'ensemble des besoins des programmeurs. Elle dut s'enrichir d'un moteur d'exécution de commandes SQL (mSQL) et d'un outil d'interprétation de formulaire (FI, Form Interpreter). Ces trois composantes répondaient alors aux besoins des informaticiens, en fournissant les fonctions et procédures nécessaires au développement d'applications Internet.

Vint alors la seconde version de l'outil, PHP 2.0. Cette version possédait les atouts d'un langage de script, multi plate-forme, interprété côté serveur et directement intégrable au sein de pages HTML. Ces caractéristiques, proches de la technologie ASP de Microsoft, en firent un langage qui permettait non seulement de s'affranchir de la plupart des spécificités des postes clients (Netscape vs Internet Explorer, NT vs Linux, etc.) mais aussi de proposer des services, non disponibles en HTML, tels que le transfert d'informations d'une page à une autre, la création dynamique d'images (au format GIF), l'accès aux bases de données, l'envoi de courrier, etc.

L'engouement des internautes

De nombreux sites Internet furent implémentés autour de PHP/FI et, les bases semblant solides, un petit groupe de développeurs récrivirent l'ensemble du noyau de PHP en y intégrant des fonctionnalités plus poussées et en améliorant les performances des couches de bas niveau (mémoire, accès fichiers). Ainsi naquit PHP 3.0, un langage de programmation puissant, dense et capable de rivaliser avec la concurrence.

Cette version fut rapidement utilisée par un grand nombre de sites. PHP devint ainsi un acteur important du développement d'applications Internet, en raison de sa qualité fonctionnelle mais également de celle du support : liste des questions le plus souvent posées, problèmes référencés, guides d'installation, exemples de code et forums. Malgré le nombre réduit de ses auteurs, toutes les informations et aides nécessaires furent rapidement disponibles, ce qui rassura une grande partie des internautes qui participèrent à l'évolution de PHP, ainsi que les utilisateurs qui investirent du temps pour le mettre en œuvre.

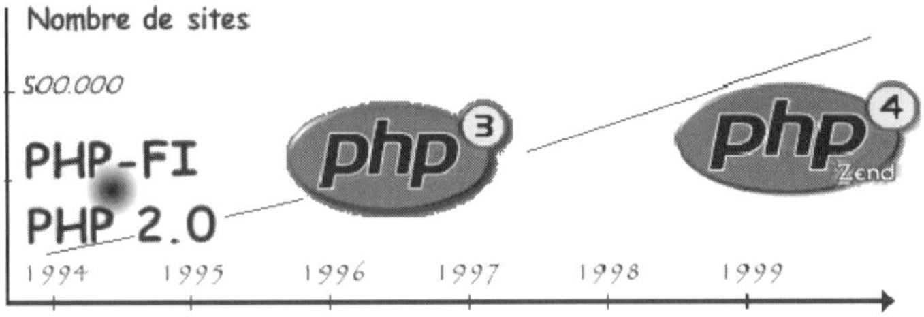

Figure 1.2
Schéma récapitulatif de l'évolution de PHP.

PHP et les OSS

PHP, d'autre part, a été mis à disposition du public sous forme d'OSS, c'est-à-dire de logiciel libre de droits, dont les sources, la documentation et les évolutions sont disponibles sur Internet. Il a donc pris part au mouvement naissant qui consiste à fournir aux internautes la possibilité d'utiliser les atouts incontestables d'Internet sans pour autant investir dans des logiciels et payer des licences. Force est de constater que le monde actuel évolue aujourd'hui dans cette direction, et ce malgré les efforts mis en œuvre par les géants en place pour baisser leurs coûts et faciliter la maintenance et l'évolution de leur systèmes. La mise à disposition immédiate des produits, le sérieux et l'investissement sans conteste des auteurs d'OSS font des outils qu'ils développent des solutions professionnelles qui vont souvent plus loin que leurs concurrents dans certains domaines, même si leur intégration au sein de certains systèmes n'est pas toujours possible ou pas toujours parfaite. Malgré cela, l'engouement des internautes a été bien réel, car la mise à disposition des sources par les auteurs permettait de régler la plupart des problèmes, quitte pour les utilisateurs à mettre la main à la pâte et à recompiler les sources du logiciel.

Arrêtons-nous quelques instants afin d'étudier le cas du Bloc-notes (Notepad) fourni en standard avec Windows. Il a fallu attendre plus de dix ans avant de voir cet outil se doter de la fonction Remplacer (mais sous NT seulement), qui permet, comme son nom l'indique, de remplacer, dans un fichier, une ou toutes les occurrences d'une chaîne de caractères par une autre. Une longue période d'attente, d'autant que la demande était ancienne et que cette fonction classique est parfaitement opérationnelle dans tous les autres logiciels de développement de Microsoft. D'autant que ce dernier prône l'architecture objet ainsi que la réutilisation de code, et que, fourni en standard avec Windows, Notepad présente un caractère stratégique indéniable (ce qui laisse imaginer la pression subie par le développeur pour la mettre en œuvre). Pourtant, il y a un hic ! La fonction est boguée. Elle remplace en effet la totalité de la chaîne source par les 32 premiers caractères de la chaîne destination. Si vous désirez remplacer une chaîne par 32 espaces suivis de la même chaîne, vous aurez la désagréable surprise de voir disparaître la chaîne source !

Inutile d'aller plus loin, l'objectif de ce livre n'étant pas d'évaluer les solutions existantes. Mais il est clair que ce type de problème ne subsisterait pas longtemps dans le monde des OSS, car, les sources étant disponibles, chacun peut donc les consulter, les comprendre et les corriger ! C'est cette possibilité de contrôle et d'amélioration du code source qui attire et rassure les utilisateurs. C'est également elle qui permet le développement rapide de nouvelles solutions, telles que les multiples déclinaisons de Linux. Les solutions propriétaires doivent aujourd'hui lutter contre les milliers de développeurs indépendants qui s'intéressent aux solutions libres. Mission difficile, surtout dans l'état d'esprit actuel.

D'autant que le choix de certains logiciels libres, de Linux à PHP – pour ne citer qu'eux –, est souvent signe :

- De **bonnes performances**, si l'on en croit les nombreux résultats de tests publiés sur Internet et dont l'objectif est de prouver l'efficacité du système, face à ses concurrents les plus féroces.
- D'une **plus grande disponibilité**, car, ne reposant sur aucun schéma existant, les nouvelles architectures sont construites sur de nouvelles bases, plus solides et plus modernes. Les performances sont meilleures, les interfaces moins gourmandes, et le tout plus fiable. Cela en dit long sur la qualité du produit et sur la confiance qui est aujourd'hui accordée aux OSS. Fournir les sources d'un logiciel est devenu le gage d'une certaine qualité ou tout au moins d'une possibilité accrue de contrôle et d'évolution.

Un outil professionnel

Mais revenons à PHP. Sa qualité d'OSS le place donc au cœur d'un mouvement généralisé de partage et d'échange de code, où chacun tente d'intégrer à son système un maximum de passerelles vers les autres systèmes, afin d'en acquérirles apports. Cette attitude est souvent bénéfique, car elle permet la diversification et la mise à disposition universelle de systèmes reconnus utiles ou simplement dignes d'intérêt. N'est-il pas insupportable, aujourd'hui encore, après plus de trente ans d'histoire de l'informatique, que des utilisateurs s'arrachent toujours les cheveux pour transférer des données d'un PC vers un Macintosh ? Plus qu'insupportable, cela n'est-il pas tout simplement inacceptable ? La réactivité et la prise en compte de l'existant sont aujourd'hui incontournables. Quels que soient les choix effectués par une entreprise, choix souvent hétérogènes pour des raisons économiques, politiques, etc., il faut pouvoir répondre à la demande.

Les langages tels que PHP n'ont donc pas pour seul objectif de répondre à des besoins de développement. Ils doivent également pouvoir s'imposer sur un marché où la concurrence évolue chaque jour et dont l'hétérogénéité nécessite de décliner de nombreuses versions des outils ou de développer des fonctions très poussées, capables de s'adapter en fonction des caractéristiques de la plate-forme, du serveur web, du navigateur, etc. Le tout, en restant performants et en gérant la compatibilité ascendante.

Sacré challenge, dont PHP sort vainqueur. L'adaptation du moteur suivant la plate-forme utilisée est exemplaire. Ainsi, comme l'a fait le HTML pour le poste client, PHP rend les sources indépendants du serveur.

Alors, suis-je concerné ?

En résumé, PHP est un langage de programmation de haut niveau, utilisable dans un grand nombre d'environnements de travail. C'est du C, sans ses soucis. Il peut s'interfacer avec Internet Information Server et Personnal Web Server, de Microsoft, même s'il est plus intéressant et plus performant de le faire cohabiter avec Apache. PHP est reconnu par un grand nombre de systèmes d'exploitation (Linux, Unix, NT), bien que, là encore, son domaine de prédilection reste Unix. Il propose de puissantes fonctions et de réelles innovations dans tous les domaines de la programmation. Il évolue de façon constante et rapide, sa maintenance est assurée et un support technique est disponible. Il est utilisé dans plus d''un million de sites Internet sur le Web. Et… il est gratuit.

Ces quelques caractéristiques, fondamentales et sans appel, sont suffisantes pour que chacun puisse se sentir concerné par le phénomène. Que vous optiez pour le tout OSS ou pour une intégration progressive dans un autre environnement, PHP répondra présent. Ce livre a débuté avec la version 3. Il s'achève avec la version 4, qui provoque des remises en cause et des évolutions incontournables. Qu'importe, l'évolution méritait d'être suivie de près.

Un premier programme

Objectifs et réalisation

Commençons par un programme simple : afficher « Hello World » dans une fenêtre du navigateur client. Pour cela, il faut créer un script PHP, puis le stocker dans un répertoire accessible au travers du serveur web pour pouvoir ensuite l'invoquer depuis le navigateur.

La conception du script PHP est réalisée avec un éditeur quelconque, afin de créer un fichier texte contenant le script ci-dessous :

```
<HTML>
<HEAD><TITLE>Test de PHP</TITLE></HEAD>
<BODY>
<? echo( "Hello, world !\r\n" ); ?>
</BODY>
</HTML>
```

Publier le programme

La publication n'est rien d'autre qu'une copie des fichiers sources nécessaires à l'exécution d'un programme, dans le répertoire destiné à les héberger sur le serveur. En effet, la saisie d'une URL dans le navigateur du poste client provoque l'établissement d'une connexion avec le serveur, et c'est ce dernier qui dispose de la page et la renvoie au client.

Si vous travaillez directement sur le serveur, publier vos sources consiste donc à placer les fichiers PHP dans un sous-répertoire du dossier spécifié dans l'option Docroot du fichier PHP.INI. Si vous travaillez sur un poste autre que le serveur, vous aurez besoin d'autorisations pour réaliser la même opération ou de passer par l'administrateur qui gère et centralise ce type de demandes.

Pour débuter, la meilleure solution consiste à installer un serveur Web personnel sur la machine de développement. La version Apache n'utilise que très peu d'espace disque (8 Mo) et permet de mettre rapidement en œuvre les exemples par simple édition (VI, Ultra-Edit) des fichiers situés dans le répertoire de l'application. En ce qui concerne PHP, contentez-vous pour l'instant d'installer la version 3 ou 4. Suivez pour cela la procédure décrite un peu plus loin dans ce chapitre (« Mise en œuvre de PHP »).

Une fois les différents composants installés, démarrez votre serveur web (IIS, Apache ou autre). Ce dernier est maintenant prêt à interpréter les scripts PHP.

Résultat du programme

L'URL à saisir dépend de l'endroit où vous avez placé les sources de votre programme. Dans notre cas, le répertoire regroupant nos tests PHP se nomme « tests », et la racine du serveur web (Docroot) est C:\PHP\TESTS.

Lorsque le serveur web est prêt, l'appel précédent provoque l'affichage suivant :

Figure 1.3
Résultat du premier programme sous Internet Explorer.

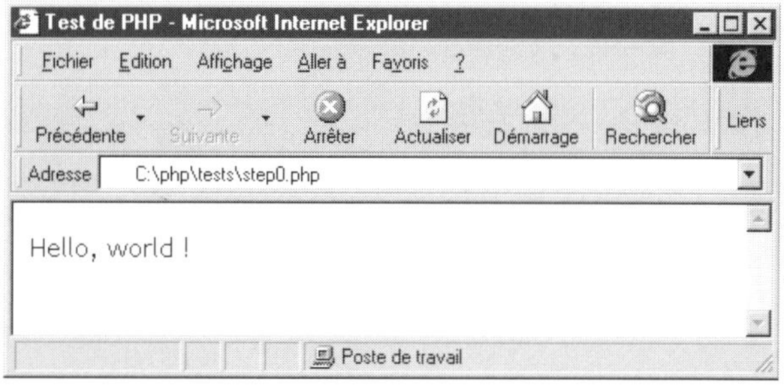

Vous pouvez consulter le code HTML qui a été généré par le serveur Web en éditant le source de la page affichée par le navigateur. Pour cela, sélectionnez la commande « Source de la page » du menu « Afficher » de Netscape.

Ce qui donne :

```
<HTML>
<HEAD><TITLE>Test de PHP</TITLE></HEAD>
<BODY>
Hello, world !<P>
</BODY>
</HTML>
```

Notez que si vous modifiez le script HTML affiché, cela n'aura aucun effet. Le code affiché n'est que le résultat transmis. Les règles qui régissent le code généré se trouvent évidemment dans le script PHP du serveur.

2

Positionnement sur le marché

Un langage de script

Rappel sur les langages

Afin de mieux en comprendre les apports, revenons sur les méthodes de programmation utilisées avant l'apparition des langages de script. On distingue en gros deux catégories : les langages séquentiels et les langages événementiels.

Les langages dits **séquentiels** permettaient d'exécuter une série d'instructions, les unes à la suite des autres, jusqu'à ce que le programme rencontre une instruction finale. Tant que cette dernière instruction n'était pas atteinte, le programme continuait à s'exécuter, restait en mémoire et monopolisait une partie des ressources de la machine sur laquelle il opérait. Bien qu'aujourd'hui les développeurs aient abandonné ces modes de programmation, ils sont toujours présents dans la plupart des systèmes d'exploitation et répondent à des besoins multiples.

La programmation dite **événementielle** permettait, comme son nom l'indique, de réagir à des événements (pression d'une touche du clavier, mouvement de la souris, etc.). Elle est apparue avec les interfaces graphiques et n'a cessé d'évoluer pour intégrer les spécificités de ces dernières. Il est clair que l'introduction de la souris, à l'aide de laquelle on peut activer n'importe quel composant du Bureau à n'importe quel moment, a nécessité la révision de l'ensemble de l'organisation des programmes. Cependant, la syntaxe et les méthodes de programmation n'ont que peu évolué.

Ces deux types de programmation ont géré et gèrent encore une grande partie des systèmes actuellement en place. Force est de constater cependant qu'ils ne répondent pas à tous les besoins. Cela est particulièrement vrai avec l'Internet, qui impose de travailler, sur le poste client, uniquement avec des fichiers statiques de format clairement défini, afin qu'un programme commun (un navigateur) puisse en interpréter les données.

Le nouveau cahier des charges est donc clair. Les **traitements fondamentaux** ne doivent plus être exécutés sur un poste client, mais **sur le serveur**, auquel le client demande des informations. Et ce serveur doit renvoyer les résultats du traitement sous forme d'un **flux HTML**. De nombreuses solutions sont nées pour répondre à ces nouveaux besoins. Certaines se sont contentées d'habiller le résultat d'un programme standard avec du HTML ; d'autres sont allées plus loin en modifiant l'intégralité du programme afin qu'il génère l'ensemble du HTML. Malgré leurs apports novateurs, elles restent, pour la plupart, des solutions binaires, dépendantes du serveur et peu orientées vers la réutilisation, la prise en main rapide et l'évolution du code.

Qu'est-ce qu'un langage de script ?

Les auteurs de langages de script ont apporté de réelles solutions. L'idée de base est que le serveur, quel qu'il soit, doit disposer d'outils de modification de fichiers, qui puissent s'appuyer sur les informations contenues dans une base de données ou plus généralement des fichiers, pour générer les parties dynamiques des pages HTML. Et cela, sans avoir a écrire de programmes proprement dits.

Tant qu'à refaire les choses, certaines procédures, devenues obsolètes, ont été supprimées :

- L'obligation de fournir des composants binaires, qu'il faut recompiler, reconstruire, puis relivrer, avant de pouvoir en utiliser les fonctionnalités. Ces composants restent toutefois dépendants de la plate-forme sur laquelle ils sont placés et nécessitent par conséquent de gérer des versions différentes dans plusieurs environnements, voire de coder des algorithmes propres à la plate-forme dans le programme.
- La nécessité de gérer à la fois les sources des programmes et leur équivalent binaire, ce qui implique de fréquents allers-retours entre le répertoire des fichiers sources du programme et celui de son contexte d'exécution.
- La difficulté d'apporter rapidement une modification au source d'un programme sans passer par un outil de développement ou de reconstruction de programmes.

Bien que disponibles depuis longtemps, ces langages ont pris un essor considérable à l'apparition du HTML, ou plus généralement des systèmes dédiés à la génération de code en amont de son interprétation par un autre système (un navigateur, par exemple). Un langage de script n'est donc qu'un programme stocké sur un serveur et exécuté par celui-ci, qui passe en revue les lignes d'un fichier source pour en modifier une partie du contenu, avant de renvoyer à l'appelant le résultat du traitement.

La tâche d'interprétation des ordres à exécuter est déléguée à un composant, souvent appelé **moteur**, installé **sur le serveur**, qui est doté d'une API et d'un fonctionnement identique, quelle que soit la plate-forme utilisée pour gérer le serveur. Windows a permis de développer des programmes qui s'appuient sur les couches de base d'un système d'exploitation graphique, tout en conservant un certains nombre d'acquis (qu'il était préférable de respecter, faute de voir son programme changer du tout au tout lors de l'installation d'une nouvelle version). Le HTML a apporté la souplesse côté client. De leur côté, les langages de script procurent des avantages semblables, dans la mesure où ils sont multi-plates-formes et permettent de s'affranchir d'un certain nombre de tâches sur le serveur. Par exemple, quel que soit le système utilisé, le moteur du langage de script est capable de transformer des chaînes de caractères, de créer des fichiers textes (HTML) ou binaires (GIF), ou de donner accès à certaines informations sur le système d'exploitation.

Figure 2.1
Fonctionnement général d'un langage de script.

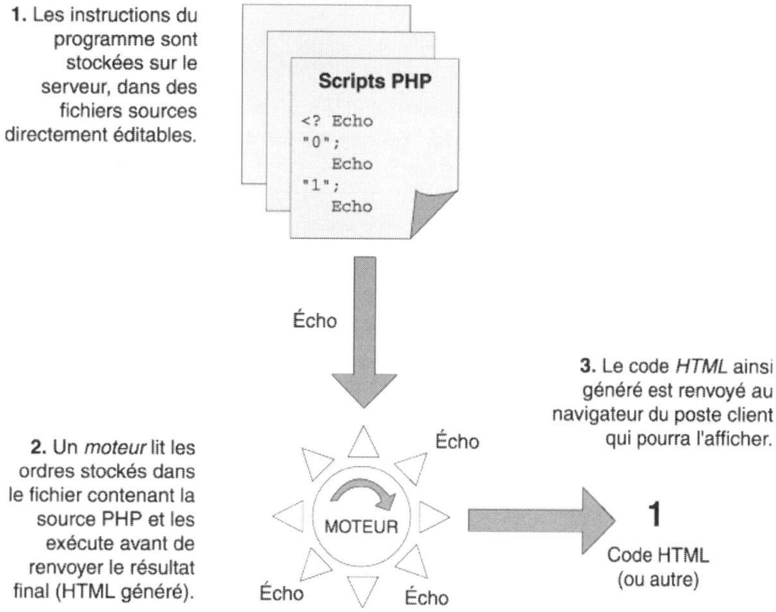

D'autre part, puisque ces langages sont **interprétés par le serveur**, leur source n'a aucun intérêt à être binaire. Plus besoin de compiler, le programme est là, dans un fichier texte, et la moindre modification du code est immédiatement prise en compte par le serveur. Cela veut non seulement dire qu'il est possible d'apporter rapidement des modifications au source, mais également que les personnes qui désirent modifier le code n'ont pas besoin de connaître le langage qu'il utilise. Si des constantes ou des paramètres sont clairement identifiés et gérés par le programme, tout un chacun est à même de les modifier à l'aide d'un éditeur de texte, ou d'une autre interface, sans avoir à exécuter la fastidieuse tâche de reconstruction.

Enfin, ces langages sont **fiables**. Ils proposent en standard des fonctionnalités bien maîtrisées, telles que les boucles et les tests et autres instructions de contrôles. Mais aussi de fonctionnalités nouvelles, apparues pour répondre à des besoins récents et pressants et sur lesquelles ils n'ont pas droit à l'erreur.

Un langage de génération issu de Zend

PHP est intimement lié à un autre langage, nommé Zend. Développé par **Ze**ev Suraski et **And**i Gutmans, cet outil est un langage de script plus généraliste que PHP. Il sert de base à PHP et permet donc, par exemple, de générer un code quelconque dans un fichier quelconque avec des règles variables. Au fur et à mesure que PHP évolue, des couches propres à Zend lui sont peu à peu ajoutées (gestion de la mémoire, gestion de fichiers, etc.). Même si les auteurs affirment aujourd'hui que PHP sera l'unique langage issu de Zend, on peut parier que cela ne s'arrêtera pas là. PHP est très répandu ; sa fiabilité est donc primordiale. Les couches de Zend, revues et testées individuellement, contribuent fortement à l'amélioration de la fiabilité du langage, tout en restant indépendantes les unes des autres. Le rôle de chacun des composants (PHP et Zend) est donc clairement identifié. Même si les spécificités de chacun des outils évoluent séparément, au final, elles sont rassemblées pour donner PHP.

D'autre part, Zend est et restera fidèle à l'esprit OSS. Il s'agit donc d'un outil libre de droits, dont certaines évolutions seront probablement dues au travail de développeurs indépendants qui participent à l'aventure. Équipé d'un compilateur destiné à améliorer les performances des algorithmes et des couches basses du moteur, il est, en outre, indépendant de la plate-forme. À l'inverse des composants Java Beans, également indépendants de la plate-forme, mais qui nécessitent malgré tout la présence d'une machine virtuelle spécifique, le moteur de Zend fonctionne de façon identique sur toute plate-forme qui dispose d'un compilateur ANSI. Enfin, il faut noter que Zend envisage de procurer des interfaces dotées d'une API analogues dans plusieurs environnements. Les développeurs devraient donc pouvoir utiliser des fonctions identiques (même nom, mêmes paramètres, etc.) dans des langages de types différents (pages HTML, procédures SQL, etc.). L'objectif n'est donc pas de fournir un ou plusieurs exécutables généralistes, mais plutôt de décliner les fonctionnalités de base de Zend dans les différents langages utilisés sur Internet. Ainsi, par exemple, les puissantes fonctions de manipulation d'expressions régulières (EREG) pourraient être accessibles dans différents environnements, sous différentes formes : procédures stockées pour les bases de données, scripts INC pour PHP, etc.

Comme nous l'avons vu, Zend est un composant non négligeable de PHP, bien que sa présence soit masquée aux utilisateurs. Retenez qu'il s'agit d'une partie de PHP, qui évolue de façon indépendante. Zend est disponible depuis peu sous forme de Betta. Associée à PHP4, cette version améliore considérablement les performances du langage.

Avantages et inconvénients

Une syntaxe classique et pratique

PHP utilise une syntaxe accessible, car très proche du C dont les standards sont maîtrisés par la plupart des utilisateurs. C'est un langage dense, qui facilite grandement la manipulation des variables, des tableaux et des classes. Il ne requiert pas de compilation, et est indépendant de la plate-forme sur laquelle tourne le moteur, ce qui lui confère un incontestable potentiel d'adaptation. Il possède une impressionnante palette d'outils qui permettent d'accélérer les développements, et fournit la plupart des fonctions nécessaires à l'écriture d'applications Web. Enfin, c'est davantage un langage de script que de programmation, dans la mesure où une partie de l'API est dédiée à l'amélioration des possibilités d'écriture et de condensation du code. L'accès aux fichiers et aux bases de données est des plus intuitif et des plus simple, et aucun autre langage ne gère mieux les tableaux et les inclusions dynamiques de code à l'intérieur du code.

Maintenance facile et possibilité de réutilisation

PHP gère la notion de classes, qui facilitent la maintenance et la compréhension du code. De plus, grâce à la densité des traitements disponibles, PHP permet d'envisager l'écriture de pages plus génériques, ce qui évite la multiplication des sources nécessaires à la gestion de l'ensemble des objets d'un projet. Le navigateur client nécessite de disposer d'un HTML le plus léger possible, mais il est inutile que ce HTML soit stocké en permanence sur le serveur. Avec PHP, il est facile de générer le code nécessaire au navigateur en fonction du contexte fonctionnel actif. On peut donc laisser de côté les dix fichiers HTML nécessaires à la gestion de dix objets pour les transformer en une fonction unique, qui génère à la volée le code spécifique à un objet. Cet atout n'est pas négligeable car, outre la diminution du nombre de sources nécessaires, il permet de distinguer clairement les comportements propres à toutes les pages de ceux imposés par les fonctionnalités de l'application.

Quelques défauts de jeunesse

En matière d'informatique, on peut tout faire avec PHP. Il est évolutif, et sa rapidité de perfectionnement résout en général les problèmes liés à la qualité et à la fiabilité du code.

Cependant, la gestion automatique des types de données peut, dans certains cas, provoquer des erreurs lors de portages d'application. Le masquage des types de données, si confortable en temps normal, peut engendrer des incompréhensions ou des difficultés de débogage.

Le débogage présente d'ailleurs lui aussi de nombreux manques. Même s'il est aujourd'hui possible d'utiliser une méthode en-ligne ou de s'appuyer sur un fichier de journalisation associé à un port du serveur web, il est malgré tout plus fréquent d'avoir à mettre au point des algorithmes complexes, dont l'unique recours, à ce stade, est le mode pas-à-pas, mode qu'il faut alors simuler par des appels aux fonctions `Echo()` ou `phpinfo()`qui affichent une partie des données valides lors de l'exécution du script.

Enfin, l'absence d'un outil de développement, qui permette de prendre facilement en main l'outil et de générer des squelettes de pages ou d'applications, est à regretter. Même si certains projets semblent en cours de réalisation, il est clair que l'offre n'a pas l'air d'émerger réellement et que les développeurs préfèrent conserver leur éditeur paramétrable traditionnel et favori.

PHP face à la concurrence

Active Server Page

ASP (Active Server Page) est une technologie Microsoft qui permet à un serveur web (PWS ou IIS) de générer dynamiquement des pages HTML dont le contenu dépend des requêtes émises par les postes clients. Cette technologie permet de récupérer des informations situées sur la connexion HTTP, sur le navigateur qui sollicite la page ou, plus généralement, sur l'environnement du poste client. Elle donne accès aux bases de données et aux URL longues (qui contiennent des paramètres sous la forme « ?Param1=Valeur1&Param2=Valeur2 »), ce qui permet d'effectuer des traitements en fonction des saisies des utilisateurs distants. Associée aux autres outils de l'éditeur, tels qu'Internet Information Server ou Microsoft Transaction Server, cette solution est très satisfaisante et a maintes fois prouvé son efficacité.

ASP utilise un langage de script – en général **VBScript** –, qui présente des avantages de maniabilité indéniables. La prise en main est intuitive et rapidement abordable, car elle se fonde sur d'autres syntaxes existantes (Visual Basic, en particulier). L'intégration visuelle d'ASP dans le code HTML est réussie. Ce langage propose des structures de contrôle et des normes de programmation standard, donc familières. Grâce à la commande `Option Explicit`

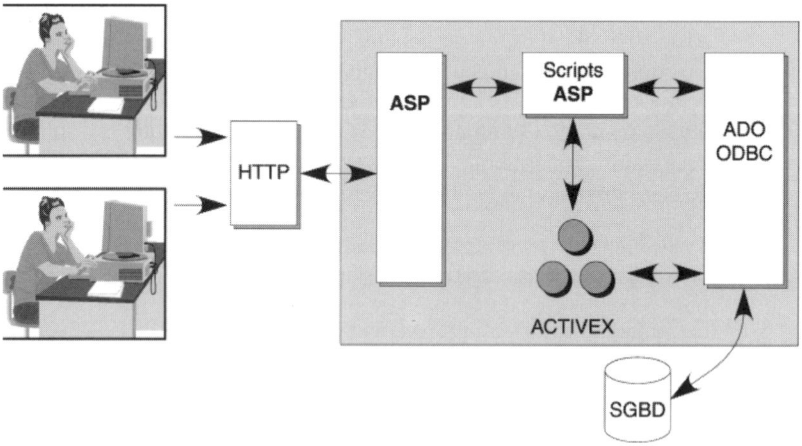

Figure 2.2
Plate-forme standard de mise en œuvre d'ASP.

(qui permet de s'affranchir des déclarations de variables), au type de données `Variant` (donnés de type variable), aux collections (tableaux), aux facilités d'utilisation des bibliothèques de Windows et d'accès aux base de données, on peut aboutir assez rapidement à un résultat très satisfaisant en matière de programmation web.

Avec ASP, la programmation est donc accessible. Il est à noter que la dernière version n'apporte pas grand chose de neuf par rapport aux versions précédentes. Le domaine de la condensation du code et de sa rapidité d'exécution n'est pas non plus celui ou VBScript est le plus à l'aise. Certaines fonctions, telles que `List`, `EregReplace` ou encore `ArrayWalk`, présentes dans PHP, manquent cruellement lorsqu'on veut se lancer dans des tâches un peu complexes, tout en maintenant la lisibilité du code, et sans forcément créer des fonctions.

Perl

Perl est un langage de script apparu avant PHP, dont une grande partie des fonctionnalités sont assez semblables à celles de PHP. Perl est un langage puissant, tant dans le domaine du Web que dans celui des langages de script. Il est aujourd'hui intégré à des centaines de milliers de sites, et a conquis une partie de la communauté des Internautes.

Perl est apprécié, car il est particulièrement adapté au Web, même si on lui reproche souvent un abord difficile et une lisibilité plus que discutable.

CGI

Les CGI sont des composants exécutables (EXE, DLL) dont le rôle est de réaliser sur le serveur la génération des flux HTML à retourner au client. Les tâches qu'ils peuvent accomplir sont très variées et rejoignent naturellement celles fournies par les autres solutions. Les CGI permettent d'écrire dans des fichiers, d'accéder à des bases de données ou de générer le code HTML à renvoyer au serveur. À l'inverse des langages de script, dont le contenu est accessible par simple édition, les CGI sont compilés et leur source n'est jamais visible.

Cependant, bien qu'ils présentent l'avantage d'être rapides, ils restent spécifiques à la plate-forme serveur qui les utilise et doivent être recompilés lors d'un changement de système, même si il est evidemment possible d'utiliser des langages multi-plateforme pour les développer. D'autre part, une instance de l'exécutable ou de la bibliothèque est lancée à chaque connexion HTTP avec le serveur web.

Cette interface présente un autre avantage. Elle permet d'accéder au programme à mettre en œuvre en spécifiant directement dans l'URL le nom de la bibliothèque ou de l'exécutable, le nom de la fonction et la liste des paramètres.

Le fonctionnement des CGI est représenté à la Figure 2.3.

Figure 2.3
Interprétation d'une requête CGI.

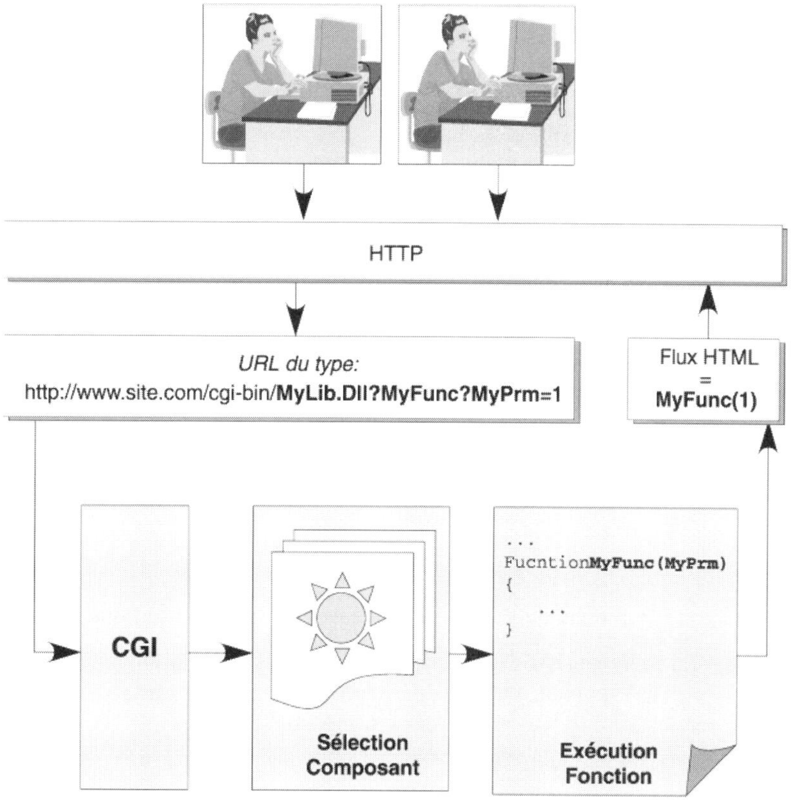

L'avantage de l'interface CGI réside donc dans la simplicité du codage des liens et, plus généralement, de la gestion de l'application.

La guerre des syntaxes

C'est bien de cela qu'il s'agit. Qui trouvera une solution à la fois intuitive, facile à mémoriser, simple à écrire et la plus lisible possible ? Car la paresse nous fait souvent trancher net entre les arguments de tel ou tel concurrent. « Pourquoi apprendrais-je PHP, alors que je programme en Visual Basic depuis des années et que la syntaxe de VB Script lui ressemble fortement ? »

Apprendre un langage n'est pas une tâche trop ardue, mais il faut un minimum de temps pour s'y accoutumer. C'est la raison pour laquelle peu de langages sont vraiment connus d'un grand nombre de développeurs, exception faite des langages d'école, tels que le C ou Pascal qui, paradoxalement, ne présentent pas une syntaxe particulièrement aisée. Il est donc clair qu'une partie des efforts à fournir tourne autour de l'apprentissage et de la compréhension de la syntaxe. Visual Basic, VBScript ou VBA présentent des similitudes et une syntaxe très… basique. En revanche, ils nécessitent de coder toujours de la même façon et de développer des boîtes à outils pour répondre à des besoins plus larges. D'un côté, on gagne en rapidité d'apprentissage, mais, de l'autre, on perd en possibilités immédiatement accessibles.

À l'opposé, les langages de script ont pu, époque de conception oblige, s'adapter dès le départ aux besoins du Web et proposer en standard les fonctions et les facilités de manipulation de données nécessaires au développement d'applications dans cet environnement. La mise à disposition de fonctions de découpage de chaînes de caractères (l'incontournable `parsing`), les facilités de création, d'initialisation et de manipulation de tableaux et de variables, la présence en standard de bibliothèques de génération de fichiers PDF ou de gestion du XML, etc., sont autant de preuves de son adaptation.

Mais, alors, quelle est la meilleure syntaxe ? Question difficile, car la réponse est très subjective. On peut cependant citer quelques règles essentielles pour déterminer si la syntaxe d'un langage est facile à assimiler et à utiliser :

- Le langage doit être souple, et donc permettre de s'affranchir, si possible, de certaines balises ou instructions nécessaires.
- Le langage doit être connu, ou s'appuyer sur des standards connus. Qui voudrait, en effet, utiliser un langage dans lequel le `if…else…` est appelé autrement ?
- Le langage doit être dense et proposer de nombreux raccourcis d'utilisation. On peut alors envisager d'écrire des lignes très lisibles ou très condensées, suivant le degré de compréhension nécessaire.
- Le langage doit disposer de fonctions qui génèrent automatiquement les lignes de code nécessaires. C'est ce que font, par exemple, les fonctions `list()` ou `foreach()` ; elles permettent de s'affranchir des affectations généralement nécessaires dans la programmation usuelle.

PHP **répond à chacun de ces besoins** ; c'est ce qui en fait un langage complet.

PHP permet de s'affranchir des déclarations de variables et, en particulier, de leurs types de données, ce qui épargne de les modifier lorsqu'ils changent, et améliore la lisibilité du code. En outre, il dispose d'un système de conversion particulier qui améliore, là encore, considérablement la lisibilité du code et épargne l'appel des fonctions de conversion particulières. Ceci n'est pas négligeable. En effet, on passe souvent beaucoup de temps (ou plutôt de lignes de code) à convertir des paramètres d'un format vers un autre. Le problème est que, en général, on réalise la conversion uniquement pour faire correspondre le type du paramètre avec celui spécifié dans le prototype de la fonction. Cela entraîne des bogues, surtout lors de demandes d'évolution, et nécessite d'autre part de revoir davantage de lignes de code lors des modifications. Avec PHP, pas de problème, la déclaration des types des paramètres est optionnelle. À l'image des autres langages, le moteur de PHP prend le relais lorsque cela est nécessaire, et effectue correctement les conversions si la logique définie l'accepte.

De plus, PHP dispose d'une instruction, `Array_Walk()`, qui permet d'appeler une fonction pour tous les éléments d'un tableau. Cela renforce l'autonomie des données de la boucle par rapport à son algorithme. En effet, lors de la réalisation d'un algorithme un peu complexe, on transforme souvent les variables d'origine afin d'en récupérer des parties et de prendre des décisions en fonction de la valeur extraite. Supposons que, dans le cadre d'une application de gestion de produits bancaires, un numéro de contrat de dix caractères reprenne les trois caractères du produit associé comme préfixe. Lors du codage, on appelle en général une fonction qui permet de récupérer les trois premiers caractères (`substr()`), que l'on teste ensuite. Ce qui, au premier coup d'œil, donne l'impression que l'algorithme ne dépend que du numéro de contrat. Pourtant, techniquement, il dépend aussi du produit. En revanche, l'utilisation d'un tableau à deux colonnes, qui contient les références du produit et du contrat, et dont les différentes lignes sont passées successivement à l'algorithme, permet de mieux contrôler le flux de données nécessaires.

Figure 2.4
Choix d'un langage de script.

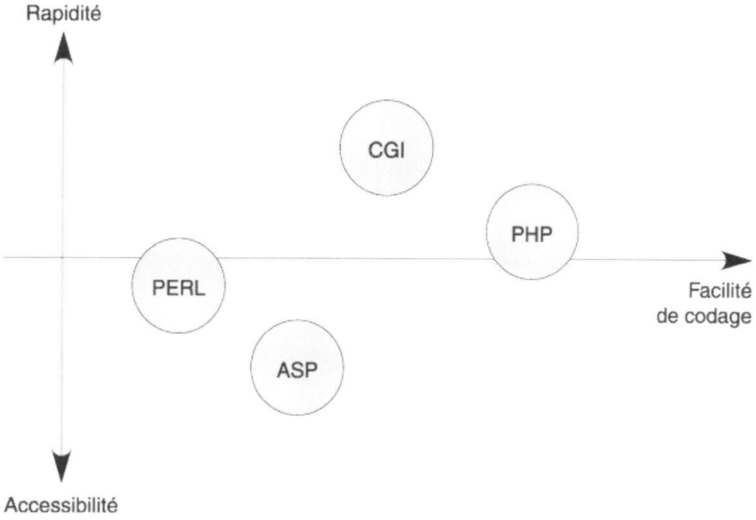

Enfin, PHP possède une telle bibliothèque de fonctions qu'il est, en général, possible d'écrire la plupart des algorithmes en quelques lignes. On dispose toujours de la fonction de test adéquate, ce qui permet de clarifier le code.

Autre avantage : les caractères utilisés. Le point (**.**) assure une meilleur lisibilité lors de la concaténation de chaînes de caractères. Le caractère unique de repérage des variables (**$**) est facilement accessible. En revanche, les incontournables accolades du C ne sont pas spécialement faciles à saisir. Mais, là encore, c'est une affaire de goût.

On retiendra donc que PHP procure une syntaxe claire, facile à condenser et à développer, qui permet de n'écrire que le strict nécessaire, et dont les fondements s'appuient sur des standards connus de la plupart des programmateurs.

3

Mise en œuvre de PHP

Équipement

Un système d'exploitation

PHP est disponible sous Unix, Windows et Macintosh. Il peut s'adapter à chacun de ces systèmes, même si son environnement de prédilection reste Linux. En effet, les auteurs, et plus précisément les acteurs, de ce nouveau courant ne cachent pas leur préférence pour le domaine des OSS. Car, si l'apparition des solutions libres permet aux utilisateurs de bénéficier gratuitement des dernières versions des outils, elles apportent également à leurs auteurs la liberté de n'en publier que les fichiers sources qui affranchissent des tâches de reconstruction. Cela sous-tend de disposer d'un compilateur pour intégrer la version de l'outil dans son propre système. Aujourd'hui, aucun compilateur n'est fourni en standard sous Windows, et il est nécessaire de disposer d'un outil commercialisé ou de la suite Visual Studio pour recompiler PHP, après avoir apporté des modifications personnelles aux sources. Les quelques lignes de Shell nécessaires à l'installation sous Linux sont suffisantes pour comprendre qu'un pas a été franchi dans le domaine des possibilités et du partage. Simplicité rime souvent avec efficacité, et c'est dans cet esprit que se développent les systèmes de demain. Les technologies propriétaires qui dominent actuellement le marché ne pourront bientôt plus revendiquer qu'une supériorité due à leur grande expérience. Il leur faudra s'adapter et trouver de nouveaux modes de gestion pour pouvoir conserver leurs acquis, tout en proposant des solutions innovantes et peu coûteuses. La gestion d'une société telle que Microsoft ne peut en effet être comparée à la maintenance d'un ou de plusieurs sites web. Si de plus en plus de solutions gratuites apparaissant aujourd'hui, c'est grâce au faible coût d'exploitation des structures qui les créent.

Mais l'objectif de ce livre n'est pas de privilégier une solution plutôt qu'une autre. La différence entre les apports des solutions payantes et des solutions libres réside en effet dans d'autres domaines que ceux de la pure performance. Les fonctionnalités sont les mêmes, les interfaces graphiques ne cherchent plus réellement à changer du tout au tout – on préfère s'appuyer sur les standards connus –, et les outils disponibles se déclinent en général sur l'ensemble des plates-formes. Pas question donc de faire du favoritisme envers l'un ou l'autre des navigateurs du marché, ou l'un ou l'autre des systèmes d'exploitation. Vous trouverez dans ce livre des références, des programmes et des captures d'écrans issus aussi bien d'une interface graphique propre à Linux qu'à Windows, qui utilisent les navigateurs Netscape ou Internet Explorer et les serveurs web Apache ou Internet Information Server. L'important est d'utiliser PHP, qui s'adapte avec aisance à une grande partie des systèmes existants.

Un serveur web

Là encore, le choix existe. Bien que Linux cohabite mieux avec Apache, et que Windows préfère IIS, les serveurs plus modestes ne sont pas oubliés.

Si vous choisissez de continuer à travailler avec IIS ou PWS, sous Windows, le fonctionnement CGI provoquera la création d'une instance du moteur à chaque appel au moteur de PHP.

En revanche, avec Apache, il est possible de coupler le moteur de PHP au moteur du serveur web, afin de diminuer le nombre d'instances du programme chargées en mémoire et d'améliorer ainsi les performances globales du système.

Le choix du serveur n'est pas déterminant, à moins que vous ayez besoin d'un grand nombre de connexions, très actives. Dans la pratique, n'importe quel serveur web fera l'affaire. D'autre part, la documentation fournie sur le site Internet dédié à PHP permet de résoudre la majeure partie des problèmes de configuration. Vous trouverez plus de détails concernant l'installation et la configuration de PHP, ainsi que l'installation avec Apache et IIS, un peu plus loin dans ce chapitre. Un récapitulatif des différents paramètres de PHP à configurer pour l'adapter à votre environnement et à vos besoins est fourni en annexe.

Une plate-forme de développement

Les deux sections précédentes ont présenté les pré-requis techniques nécessaires à la mise en œuvre de PHP. Nous avons volontairement laissé de côté la base de données, car il n'est pas obligatoire de disposer d'une base pour débuter. Cependant, puisque les bases de données s'imposent malgré tout du fait de leur capacité à gérer des accès multiples, de la sécurité, des transactions, etc., nous leur avons consacré quelques lignes. D'autant plus que PHP est un vrai champion dans ce domaine !

Dans la suite de cet ouvrage, nous supposons que vous disposez de l'une des bases de données reconnues par PHP et que vous avez pu vous y connecter par l'intermédiaire de votre SGBD. Si ce n'est pas le cas, sachez qu'une version de MySQL est sur le site http://www.mysql.com. Vous pouvez également naviguer sur les sites des auteurs de SGBD libres.

Pour entrer dans le vif du sujet, il ne nous manque plus qu'un outil, qui offre des facilités de développement, permette de déboguer le script et facilite la gestion des fichiers d'un même projet. Dans ce domaine, aucun produit n'est vraiment imposé aujourd'hui. Chaque utilisateur possède ses outils favoris, et les interfaces graphiques actuelles peuvent être organisées de façon à se passer des outils de développement. Le copier-coller des fichiers, leur édition à l'aide d'un éditeur personnel, les facilités d'exécution de commandes personnelles basées sur

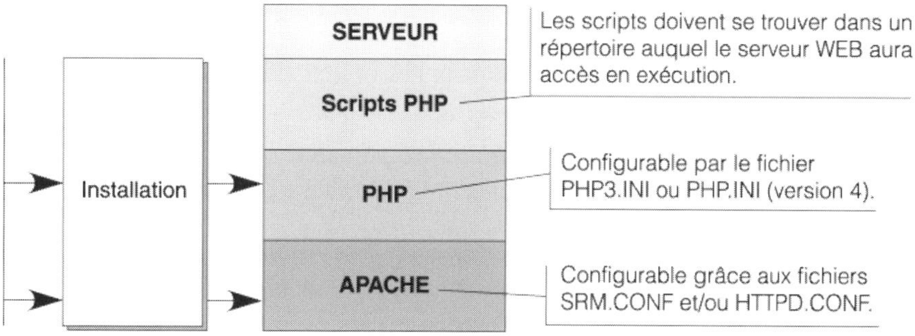

Figure 3.1
Les composants qui interviennent dans la mise en œuvre de PHP.

des fichiers, les fenêtres d'exploration, etc., sont autant de caractéristiques qui facilitent grandement la première partie du travail, à savoir l'organisation. Si vous ne disposez pas d'un outil d'édition digne de ce nom, jetez un coup d'œil sur des sites tels que http://www.ultraedit.com ou http://www.editplus.com. Ce répertoire contient les sources d'un éditeur puissant, qui fournit la plupart des outils nécessaires à la mise au point de programmes informatiques. Pour installer ce logiciel, consultez le fichier LisezMoi.txt, dans le même répertoire.

Installation de PHP

Se procurer les sources

PHP est un OSS. C'est donc un logiciel libre de droits, accessible à toute personne qui dispose d'un ordinateur. Pour vous procurer les dernières versions de l'outil, rendez-vous sur le site de PHP, à l'adresse : http://www.php.net.

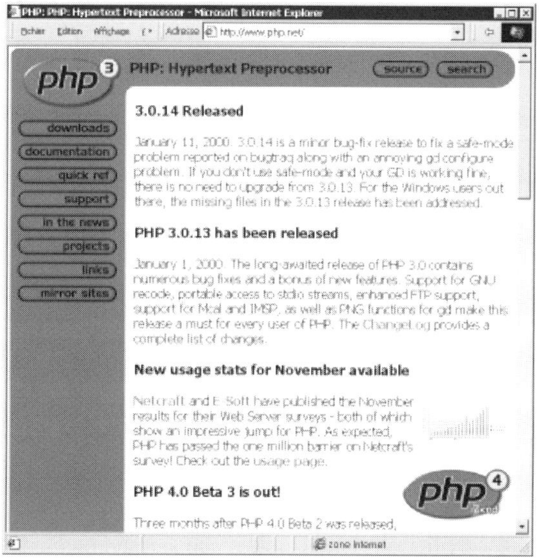

Figure 3.2
La page d'accueil du site consacré à PHP.

Outre des informations de dernière minute, la page d'accueil donne accès à la documentation papier ou en ligne, à la liste des questions le plus souvent posées et à des références de comptes qui ont utilisé PHP dans des projets conséquents. Il ne reste qu'à activer le lien **DownLoads**.

Les quatre premières propositions permettent de télécharger les sources de PHP, ainsi que les exécutables binaires pour Linux et Windows. Le choix de la version binaire sous-entend que vous ne pourrez ni modifier le source de PHP, ni le recompiler avec Apache. Cependant, cette version présente l'avantage d'une mise en œuvre très rapide, dans un premier temps. En revanche, les sources vous seront utiles pour modifier le comportement de PHP et ajouter des fonctions personnelles, par exemple, avant de reconstruire l'exécutable propre à un ensemble de besoins ou à un métier. La simple prise de connaissance des sources est déjà très profitable. D'une part, elle permet de comprendre le langage jusque dans ses moindres recoins, ce qui vous éclairera sur l'architecture générale et les subtilités de l'outil. D'autre part, elle permet d'utiliser PHP comme un composant dynamique et évolutif, commun à tout un groupe d'applications. On peut envisager d'ajouter progressivement des fonctionnalités au moteur, et de recompiler fréquemment le tout, afin de faire bénéficier un ensemble d'applications d'évolutions fonctionnelles équivalentes.

Nous allons détailler l'installation de PHP sous deux environnements (Linux et Windows), ainsi que la configuration avec Apache et IIS. Pour plus de détails sur l'installation d'Apache, consultez l'aide disponible sur le sit d'Apache http://www.apache.com.

Procédure d'installation sous Linux

Que faut-il installer ?

Avant de commencer une quelconque opération, il faut au préalable définir ce que sera l'utilisation future de votre interpréteur PHP.

Pourquoi cette question ? Tout simplement parce la réponse va conditionner le fait que vous pourrez ou non utiliser simplement une version précompilée de PHP et du serveur HTTP Apache.

Si vous comptez exploiter des fonctionnalités exotiques de PHP, telles que le support de LDAP, vous devrez concevoir un exécutable PHP sur mesure.

Le nombre de modules que peut comprendre PHP est tel qu'il est actuellement impossible de créer un paquet précompilé qui possède assez de souplesse pour se plier à toutes les exigences. Cependant, les auteurs de PHP avaient annoncé, dans la FAQ de PHP3, que les choses pourraient bien changer avec PHP4. Et c'est effectivement ce qui se produit avec l'apparition des packages de type RPM qui permettent une installation assistée et presqu'immédiate de l'ensemble des composants nécessaires. Ainsi, si vous cherchez à installer un PHP minimal, avec un serveur HTTP, pour essayer des choses simples dans un premier temps, utilisez ces paquets précompilés qui contiennent une version de PHP prête-à-fonctionner en tant que module Apache.

Vous trouverez ces packages sur le site officiel de PHP, mais également sur les sites des diverses distributions Linux, telles que Debian ou RedHat.

Vous pourrez trouver des paquets prêts-à-installer pour les systèmes RedHat Linux et ses dérivés (Mandrake) sous la forme de fichiers `.RPM`. L'installation peut se faire *via* l'interface graphique du programme Glint, mais, en bon développeur qui se respecte, nous lui préférons cette ligne de commande :

```
rpm -ivh ./mod_php3-3.0.12.i386.rpm
```

Si vous utilisez le système Debian GNU/Linux, le site officiel de Debian, ainsi que tous ses nombreux miroirs, contiennent différentes versions de PHP et Apache, pour les systèmes Debian en versions `stable` et `unstable`, sous la forme de paquets `.DEB`. Leur installation est simple (à condition de disposer d'une connexion Internet active à ce moment, et que apt soit correctement configuré) ; saisissez la commande suivante :

```
apt-get install mod_php3
```

Le programme apt-get gère parfaitement les dépendances. Aussi, si le serveur Apache n'est pas encore installé sur votre système Debian GNU/Linux, apt-get l'installera et le configurera par la même occasion. Dans la plupart des cas, apt installera également les paquets `apache`, `apache-common` et `apache-dev`.

En ce qui concerne FreeBSD 3.x, plusieurs combinaisons Apache/PHP, avec différentes options, sont disponibles parmi la liste des logiciels portés (dans la « port collection »).

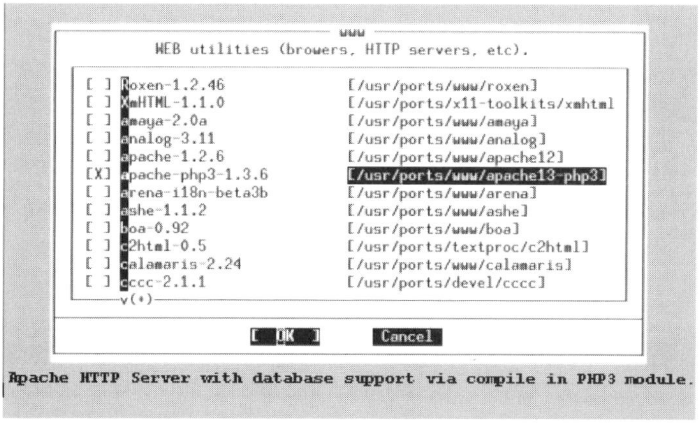

Figure 3.3
L'écran d'installation sous Linux.

Pourquoi recompiler PHP ?

Si vous avez besoin d'une version CGI de l'interpréteur PHP – afin d'effectuer des traitements en ligne de commandes, tels que la production de plusieurs pages HTML à l'aide d'un script déclenché par la crontab –, ou si vous êtes un jour confronté à un message d'erreur qui ressemble à celui-ci :

```
Fatal error: Call to unsupported or undefined function mcrypt_cfb() in blah.html on line 7
```

vous devrez recompiler PHP... Si vous n'avez jamais procédé à une telle opération, armez-vous de patience, tout devrait très bien se passer.

Recompiler PHP

La procédure de recompilation est sensiblement la même sur tous les systèmes Linux, Unix et FreeBSD. Tout d'abord, il faut se procurer les sources (le plus récents possibles) de PHP et d'Apache. Les sources de PHP sont accessibles à l'adresse : http://www.php/net/ ; les sources d'Apache à l'adresse : http://www.apache.org/.

Si vous utilisez un système RedHat ou dérivé, tel Mandrake, vous devez vous procurer un paquet des sources de PHP et d'Apache. Ces paquets présentent néanmoins l'inconvénient d'être en retard de plusieurs versions.

Quoi qu'il en soit, si vous installez les sources depuis un paquet source SRPM, vous trouverez généralement les sources dans le répertoire `/usr/src/redhat/SRPMS/` (ce répertoire peut être différent en fonction de la version ou de la configuration de votre système).

Par souci de clarté, l'exemple suivant part du principe que vous utilisez une archive standard contenant les sources. Ces archives, qui portent l'extension `.tar.gz` ou plus simplement `.tgz`, sont communément appelées des *tarballs* (fichiers tar comprimés).

Sachez enfin qu'il est possible d'extraire l'archive `.tar.gz` contenue dans le paquet SRPM en combinant les deux commandes `rpm2cpio` et `cpio`. (Reportez-vous à la documentation RedHat, à ce sujet.)

La compilation de PHP en tant que module d'Apache est simple. Elle comprend quatre étapes. Ces étapes sont détaillées dans le fichier INSTALL, fourni avec les sources de PHP.

1. Désarchiver les sources

Placez-vous dans un répertoire autorisé à recevoir des codes source sur votre système. En fonction du système, il pourra s'agir de /usr/src, de /usr/local/src ou encore de /usr/src/redhat. (Consultez à ce sujet la documentation de votre système.)

L'archive que vous avez téléchargée doit porter un nom comme php3xx.tar.gz. Décompressez cette archive à l'aide de la commande :

```
gunzip php3xx.tar.gz
```

Ensuite, extrayez les fichiers présents dans l'archive tar à l'aide de la commande :

```
tar xvf php3xx.tar
```

Les deux commandes précédentes peuvent être regroupées en une seule, sur un système qui utilise GNU Tar :

```
tar zxvf php3xx.tar.gz
```

Les actions précédentes ont créé un sous-répertoire nommé `php-3.0.x`. Déplacez-vous dans ce répertoire à l'aide de la commande `cd` :

```
cd php-3.0.x
```

2. Configuration de la compilation de PHP

Si vous utilisez la version 1.3b6 d'Apache, ou une version supérieure, vous devez exécuter une première fois le script `configure` d'Apache AVANT de configurer et de compiler PHP. Lorsque vous exécutez ce script pour la première fois, il n'est pas important que PHP ne soit pas encore configuré.

Dans ce cas, exécutez la commande suivante :

```
cd ../apache_1.3.9
./configure --prefix=/var/www
```

Revenons à PHP. Il est temps de choisir quelles options vous souhaitez ajouter à votre exécutable PHP. Pour obtenir une liste de ces options, saisissez la commande suivante :

```
./configure -- help | more
```

Les options susceptibles de vous intéresser sont celles situées en fin de liste, dont le nom commence par `--enable`.

Une autre façon d'opérer est de lancer le shell script nommé `setup`. Après une série de questions, il lancera le script `configure` avec les bonnes options.

À moins d'avoir des raisons particulières de faire autrement, vous voudrez certainement compiler PHP afin qu'il s'exécute en tant que module d'Apache. Cette option offre de meilleures performances et davantage de possibilités que le traditionnel CGI.

Pour configurer PHP en tant que **module d'Apache**, utilisez l'option `–-with-apache` du script `configure`. Cette directive requiert le répertoire dans lequel se trouvent les sources d'Apache. Supposons que ces sources se trouvent dans le répertoire /usr/local/src/apache_1.3.9. Voici la directive à adresser à `configure` :

```
--with-apache=/usr/local/src/apache
```

Si vous ne précisez aucun répertoire, le répertoire par défaut `/usr/local/etc/httpd` sera utilisé.

Si vous indiquez un répertoire, désignez le répertoire de plus haut niveau contenant les sources. Le script se chargera ensuite de trouver le fichier header `httpfd.h`.

En ce qui concerne le support de la base MySQL, le répertoire par défaut est /usr/local. Aussi, si vous avez installé MySQL dans un répertoire différent, spécifiez-le de la façon suivante :

```
--with-mysql=/opt/local
```

En fonction de vos choix, la ligne de commande devrait ressembler à cela :

```
./configure --with-mysql=/opt/local --with-gd
-with-apach e=../apache_1.3.9 --enable-track-vars
```

NOTE La ligne de commande du script `configure` peut rapidement devenir complexe. Il est judicieux de l'enregistrer dans un shell script que vous pourrez nommer `do-conf.sh`. Ainsi, plus tard, lorsque vous aurez besoin de recompiler PHP, afin d'ajouter une fonctionnalité supplémentaire, il vous suffira d'ajouter cette option au script `do-conf.sh`, puis de le relancer à l'aide de la commande : **sh ./do-conf.sh**

3. Compilation et installation... Saisissez simplement `make install`

À présent, vous devez compiler, puis installer les fichiers compilés à l'endroit requis par Apache. Pour cela, saisissez :

```
make
make install
```

La seconde commande copie les fichiers qui constituent le module Apache dans le répertoire `./src/modules/php3` de votre arborescences de sources d'Apache, si vous utilisez Apache 1.3.x, ou directement dans `/src`, si vous utilisez Apache 1.2.x.

Il ne reste plus qu'à compiler Apache avec le module PHP. Saisissez simplement :

```
cd ../apache_1.3.9
./configure --prefix=/var/www --activate
   -module=src/modules/php4/libphp3.a
make
make install
```

4. Paramétrer le serveur web

Vous disposez maintenant d'un exécutable fonctionnel, nommé `httpd` (il peut porter le nom `apache` sur certains systèmes).

Si un ancien serveur est en fonctionnement, déconnectez-le au moyen de la commande :

```
apachectl stop
```

Éditez votre fichier `httpd.conf` (`srm.conf` pour les versions anciennes d'Apache), et ajoutez-y la ligne suivante :

```
AddType application/x-httpd-php3 .php3
```

Il ne vous reste plus qu'à préparer le fichier de configuration de PHP et à l'éditer. Utilisez les commandes suivantes :

```
cd ../php-3.0.12
cp php3.ini-dist /usr/local/lib/php3.ini
```

Vous pouvez alors relancer votre serveur Apache, de la façon suivante :

```
apachectl start
```

Testez le fonctionnement de PHP en lui fournissant le simple script suivant :

```
<?  phpinfo(); ?>
```

NOTE À chaque modification importante d'Apache (entraînant une recompilation de PHP ou d'Apache), il faut stopper les processus Apache, puis les redémarrer à l'aide des deux commandes :

```
apachectl stop
apachectl start
```

Préférez cette procédure au simple `apachectl restart`, car cette dernière commande ne fait que forcer Apache à relire ses fichiers de configuration en lui envoyant un signal SIGHUP ; mais cela ne permet pas de relancer une nouvelle instance de l'exécutable.

Procédure d'installation sous Windows

La procédure d'installation de PHP décrite dans cette section concerne Windows 95, 98 ou NT.

Nous supposons ici que vous disposez d'un serveur web (Apache, PWS, IIS ou Omni HTTPD). La dernière version du serveur Apache est disponible à l'adresse http://www.apache.com. L'installation ne pose aucun problème ; elle est décrite dans le fichier LISEZMOI.TXT du même répertoire.

Pour installer PHP sous Windows, décompressez les fichiers de l'archiveZIP dans un répertoire (C:\Php3, C:\Program Files\Php3 ou encore C:\PHP). Notez le répertoire choisi car il devra être spécifié dans l'un des fichiers de configuration de votre serveur web.

Configuration d'Apache sous Windows 95/98/NT

Dans cette configuration, le processus d'installation est assez classique.

Il est tout d'abord nécessaire de déclarer à Apache que les URL d'extension .php3 (ou .phtml) correspondent à des fichiers qui doivent être traités par le moteur de PHP, avant d'être renvoyés au poste client. Cette déclaration s'effectue dans le fichier de configuration nommé SRM.CONF. Ce fichier est stocké dans le répertoire de configuration d'Apache : Apache Group\Apache\Conf. Les étapes de configuration sont les suivantes :

1. Désactivez le serveur web.

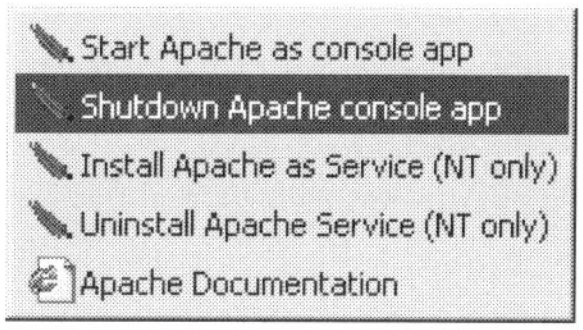

Figure 3.4
Arrêt du serveur web Apache.

2. Éditez le fichier **SRM.CONF** ou **HTTPD.CONF**, puis ajoutez-y les lignes suivantes :

```
# Paramètres de configuration de PHP
ScriptAlias /php3/ "c:/program files/php3/"
AddType application/x-httpd-php3 .php3
AddType application/x-httpd-php3 .phtml
Action application/x-httpd-php3 "/php3/php.exe"
```

La première ligne est un commentaire, elle commence par un dièse (#).

À la deuxième ligne, vous devez veiller à remplacer le chemin spécifié en gras par le nom d'accès complet au répertoire d'installation de PHP, c'est-à-dire celui de l'exécutable (php.exe) et des DLL (php_3*.dll).

Les troisième et quatrième lignes définissent un type MIME pour PHP et l'associent à deux extensions (php3 et phtml). Vous pouvez associer d'autres extensions à PHP en ajoutant d'autres lignes de même structure. Cette possibilité est très utile, surtout si vous comptez inclure du code PHP au sein d'autres types de scripts dont vous ne désirez pas modifier l'extension.

La dernière ligne définit le nom du programme exécutable associé au type MIME de PHP, en l'occurrence, php.exe. Notez que, dans la valeur spécifiée, le composant /php3/ n'est pas le répertoire, mais l'alias défini trois lignes plus haut.

3. Sauvegardez les modifications, puis relancez le serveur web.

À ce stade, le serveur web Apache sait que, à chaque réception d'une URL dont l'extension est php3 ou phtml, il doit exécuter le fichier php.exe en lui passant l'URL comme paramètre, puis attendre qu'on lui renvoie le code HTML résultant. Nous allons maintenant réaliser la même configuration, mais cette fois pour IIS ou PWS.

Configuration de PWS ou IIS sous Windows 95/98/NT

Pour configurer le Personnal Web Server ou Internet Information Server, de Microsoft, vous devez procéder de façon légèrement différente qu'avec Apache. Les paramètres qui permettent de modifier le comportement du serveur web sont en effet stockés dans la base de registre de Windows. Bien que la documentation mette en garde contre les modifications accidentelles du registre, l'opération reste malgré tout simple et contrôlable.

1. Désactivez le serveur web.

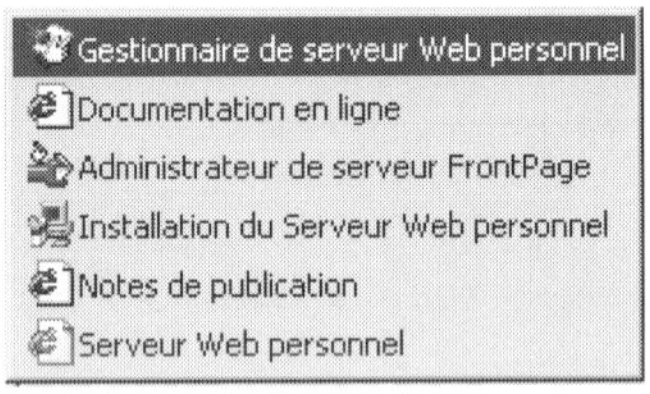

Figure 3.5
Arrêt de Personal Web Server

2. Modifiez la base de registre, afin qu'elle reconnaisse les scripts PHP.
   - Si vous avez installé PHP dans un répertoire autre que C:\Php3, éditez le fichier **PHP_IIS_REG.INF**, puis remplacez toutes les occurrences de la chaîne C:\Php3\Php.exe par le chemin d'accès à votre exécutable PHP (par exemple, C:\Program Files\Php3\php.exe).
     Notez qu'il est préférable d'inclure des doubles quotes au chemin spécifié si ce dernier contient des espaces.
   - Si vous avez installé PHP dans C:\Php3 ou si vous venez de modifier le chemin dans le fichier INF, vous pouvez maintenant utiliser le programme d'installation livré en standard avec Windows.

3. Ouvrez le panneau de configuration et choisissez l'options **Ajout/suppression de programmes.**

Figure 3.6

Le dialogue d'installation d'un nouveau programme.

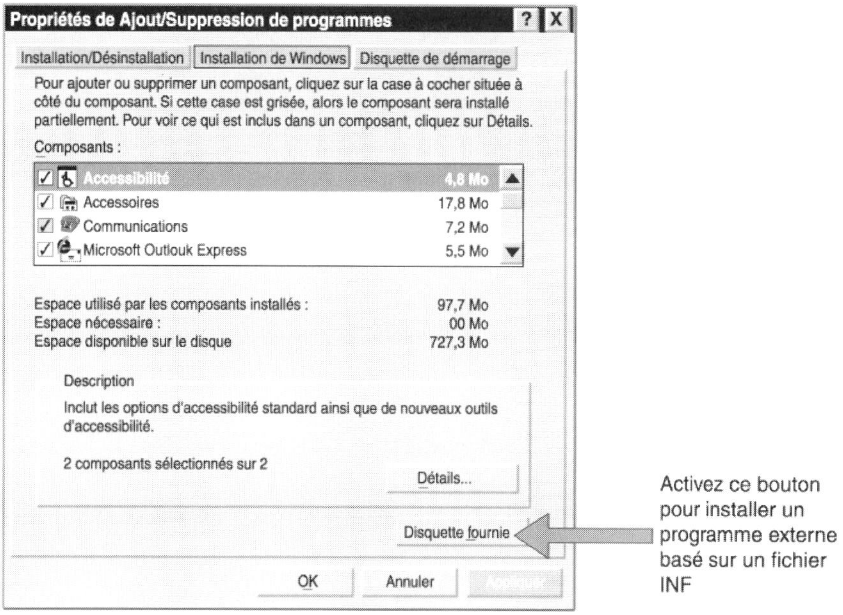

4. Cliquez sur **Disquette fournie…**, puis saisissez le chemin d'accès au répertoire d'installation de PHP. Vous pouvez également utiliser le bouton **Parcourir…** afin de sélectionner directement le fichier PHP_IIS_REG.INF.

Figure 3.7

Le dialogue de recherche du fichier d'informations.

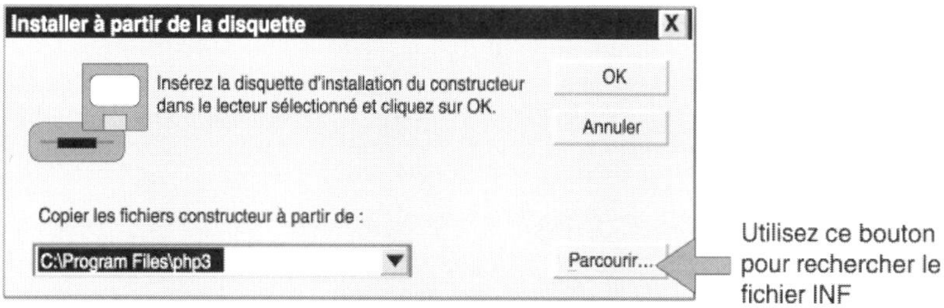

5. Cliquez deux fois sur OK.

   Le programme d'installation doit se dérouler sans incident, et mettre à jour la base de registre. Vérifiez que les options ont bien été référencées en lançant le programme Regedit.exe, à partir du menu Démarrer.

   Si vous êtes familiarisé avec le registre de Windows, vous pouvez créer vous-même les différentes clés nécessaires. Cependant, il est plus simple d'utiliser le fichier d'informations (INF) fourni avec le kit de distribution de PHP.

À l'aide de la fonction de recherche, isolez les clés suivantes :

Tableau 3.1 : Récapitulatif des clés de registre pour PWS et IIS.

Noms des clés	Valeurs	Donnée de la valeur
HKEY_CLASSES_ROOT		
.php	(Défaut)	"phpfile"
.php3	(Défaut)	"phpfile"
.phtm3	(Défaut)	"phpfile"
phpfile\shell\open\command	(Défaut)	"c:\program files\php3\php.exe" "%1"
HKEY_LOCAL_MACHINE\System\CurrentControlSet\Services\ W3SVC\Parameters		
Script Map	.php	"c:\program files\ php3 \php.exe" %s %s
Script Map	.php3	"c:\program files\php3\php.exe" %s %s
Script Map	.phtm3	"c:\program files\php3\php.exe" %s %s

6. Fermez la boîte de dialogue d'ajout de programmes (en cliquant sur OK), puis relancez le serveur web.

Nous venons de voir comment paramétrer les deux serveurs web les plus répandus sur le marché. Il en existe d'autres, tel Omni HTTPd, avec lequel nous achevons notre tour d'horizon des serveurs.

Configuration d'Omni HTTPd 2 sous Windows 95/98/NT

Une fois qu'Omni est installé, la procédure d'installation ne pose, en général, aucun problème :

1. Utilisez le menu d'Omni pour afficher le dialogue des propriétés du serveur web Omni. Cliquez sur **Global Settings.**

2. Activez l'onglet **External** afin de définir les caractéristiques des langages de script externes, puis remplissez les champs de saisie de la façon suivante :

   virtual = .php3
   actual = c:\program files\php3\php.exe

3. Activez l'onglet **MIME** afin de définir les caractéristiques des types MIME, puis remplissez les champs de saisie de la façon suivante :

   virtual = .wwwserver/stdcgi
   actual = .php3

4. Cliquez sur OK. Recommencez l'opération pour **chacune des extensions** que vous désirez affecter à PHP.

Configuration de PHP

L'installation et la configuration de PHP sous Windows se limitent à l'extraction dans un répertoire (php3, Program Files\Php3, etc.) de l'ensemble des fichiers du kit Windows. Il n'y a pas de procédure d'installation, mais vous devez tout de même effectuer les opérations suivantes :

1. Si ce n'est déjà fait, faites une copie du **fichier de configuration de PHP**, nommé PHP3.INI-DIST. Placez cette copie dans le répertoire de Windows, puis renommez-la en PHP3.INI. Ce fichier contient différentes options qui modifient le comportement de PHP. Nous ne passerons ici en revue que les trois options nécessaires à la configuration. Les autres paramètres seront évoqués plus loin.

2. Éditez le fichier **PHP3.INI**, puis modifiez les options de la façon suivante : pour chaque paramètre, la première ligne, représentée en maigre, est celle présente par défaut dans le fichier de configuration ; la seconde, représentée en gras, contient les modifications à y apporter.

   – DOCROOT. Répertoire racine des pages PHP. Ce paramètre n'est pas obligatoire, mais il est intéressant de le renseigner si toutes les applications qui utilisent le serveur web doivent posséder un point d'entrée commun. Il peut s'agir du répertoire par défaut des documents du serveur web (htdocs pour Apache, wwwroot pour PWS et IIS), mais vous pouvez aussi choisir un répertoire sans aucun rapport avec le serveur web. Dans ce dernier cas, il faudra, en outre, partager le dossier pour le Web.

   ```
   doc_root    =   "C:\Program Files\Apache Group\Apache\htdocs" ou
   doc_root    =   "C:\Inetpub\wwwroot"
   ```

   – EXTENSION_DIR. Répertoire dans lequel sont stockés les modules d'extension de PHP. Vous pouvez conserver l'option par défaut si ces DLL se trouvent dans le même répertoire que l'exécutable.

   ```
   Extension_dir = ./ ; directory in which the extensions reside
   Extension_dir = "c:\program Files\php3"
   ```

   – Windows Extensions. Recherchez la section qui regroupe la liste des modules susceptibles d'être chargés automatiquement avec PHP. Vous pouvez également charger les extensions dynamiquement [voir la fonction **dl()**]. Afin qu'une extension soit chargée, il faut supprimer le point virgule (;) en début de ligne et vérifier que le fichier à charger est présent dans le répertoire spécifié, sous l'option EXTENSION_DIR. Répétez cette opération pour chaque module à charger.

   ```
   ;Extension = php3_odbc.dll
   Extension = php3_odbc.dll
   ```

3. Sauvegardez les modifications apportées au fichier PHP3.INI.

Configuration et administration

Une partie des fonctionnalités de PHP sont paramétrables par l'intermédiaire du fichier de configuration livré avec l'application. Nous parlons ici des paramètres dynamiques reconnus par l'exécutable php.exe. Si vous avez décidé de recompiler les sources à votre manière, vous avez en main tous les paramètres nécessaires pour faire varier PHP. Le référencement des possibilités offertes par ce choix dépasse le cadre de cet ouvrage.

Nous nous limiterons donc à l'étude des paramètres fournis dans le fichier PHP3.INI. Rappelons que ce fichier est disponible sous le nom de PHP3.INI-DIST, dans le kit d'installation. Lors de l'appel au moteur de PHP, la recherche du fichier PHP3.INI s'opère à trois niveaux :

- Dans le répertoire **courant**, c'est-à-dire celui de l'exécutable PHP.EXE.
- Dans le répertoire spécifié dans la variable d'environnement **PHPRC**.
- Dans la liste de répertoires **spécifiés lors de la compilation.**

La recherche est effectuée dans cet ordre. Pour ce qui concerne la liste des répertoires, deux cas peuvent se produire. Soit vous avez recompilé les sources à votre manière ; les répertoires en question sont ceux que vous avez spécifiés au moment de la compilation (commande). Soit vous avez opté pour une version binaire Windows ; la liste de répertoire se limite au répertoire principal de Windows (C:\Windows, C:\Win9x, C:\WinNt, etc.), c'est-à-dire celui spécifié dans la variable d'environnement %WINDOWS%.

NOTE L'option **-c** peut être utilisée dans la ligne de commande de PHP.EXE. Cette option permet d'imposer un chemin pour la recherche du fichier PHP3.INI, ce qui place ce dernier dans un répertoire partagé quelconque. Dans ce cas, vous devez mettre à jour vos fichiers SRM.CONF, ainsi, éventuellement, que la base de registre (Windows).

Le fichier PHP3.INI contient une cinquantaine d'options, regroupées de façon fonctionnelle. Chaque option est composée d'un nom et d'une valeur. Prenez garde aux majuscules-minuscules dans les noms : ABC est une option différente de Abc. Voici quelques exemples d'options du fichier de configuration :

```
[Debugger]
debugger.host  =  localhost
debugger.port  =  7869
```

Les options du fichier sont regroupées par fonctionnalités. On y trouve une catégorie qui gère les paramètres du moteur de génération, une autre qui regroupe des informations sur le serveur web utilisé, et d'autres plus spécifiques, qui permettent d'attribuer des valeurs par défaut à des paramètres dynamiques (couleur des liens, adresse e-mail du webmaster) ou de forcer PHP à modifier son comportement (débogage).

NOTE La modification d'un paramètre du fichier provoque l'adaptation immédiate du moteur à sa prochaine exécution. Cette option est utile, car elle permet de configurer le serveur rapidement et dynamiquement. Notez cependant que cela n'est pas valable lors de l'utilisation en module d'Apache ; il faut alors éteindre, puis redémarrer le serveur web.

Partie II

Entités du langage

4

Les variables

Visibilité, affectation, types

PHP n'est pas un langage fortement structuré. À ce titre, il ne contient pas de partie déclarative clairement définie, comme on peut par exemple en trouver dans du code écrit en Pascal. Pour définir une variable, il suffit de l'initialiser.

Les variables PHP sont toutes dotées du préfixe **$**. Ainsi, pour déclarer une variable `var`, on écrira la ligne :

```
$var=1;
```

La variable `$var` est alors définie ; sa valeur est 1. Elle devient immédiatement accessible, et le reste jusqu'à la fin du script.

Suppression de variables

Depuis la version 4 de PHP, il est possible de supprimer purement et simplement une variable à l'aide de la fonction `unset` **:**

```
Unset($var) ; // supprime la variable $var.
```

Références

PHP4 permet également d'exploiter les références aux variables, à l'instar du C. Une référence à une variable est un accès à la zone mémoire qui contient la valeur de cette variable. Cette référence est désignée par le caractère &, placé devant le nom de la variable. Il est donc possible d'attribuer plusieurs noms à la *même* variable. Étudions un exemple :

```
$a = 1 ; // $a a pour valeur 1
$b = &$a ;
// $b et $a pointent sur la même zone mémoire. Ce sont donc deux noms pour
```

```
// la même variable.
echo " $a, $b " ; // Affiche 1, 1
$a = 2 ;
echo " $a, $b " ; // Affiche 2, 2
```

Types de variables et conversion

Le type d'une variable PHP est également défini par la valeur qui lui a été affectée lors de sa création. Il existe cinq types de données (les termes inscrits entre parenthèses indiquent les mots clés du langage qui désignent ces types) :

- *Entier* (int, integer)
- *Décimal* (real, double, float)
- *Chaîne de caractères* (string)
- *Tableau* (array)
- *Objet* (object)
- *Booléen* (bool, uniquement à partir de PHP4)

Si l'on reprend l'exemple précédent, on voit que l'instruction :

```
$var=1;
```

implique que `$var` est de type *integer*. Il est donc inutile de déclarer le type de la variable lors de sa création. Toutefois, il est possible de réaliser des conversions, et, pour cela, le type de données cibles doit être explicitement mentionné :

```
$var=1; // $var est de type " integer " et vaut 1.
$chn=(string) $var;
   // $chn est de type " string " (chaîne de caractères) et vaut " 1 ".
```

Si ce type de conversion est assez trivial (on conserve la même valeur, seul son type change et il est clairement spécifié), il n'en va pas de même avec les conversions implicites.

Lorsque les chaînes de caractères sont additionnées à d'autres types de données, elles suivent quelques règles bien précises, qu'il convient de bien assimiler :

- Si la chaîne de caractères contient un . (point), un *e* ou un *E*, ainsi que des caractères numériques, elle est convertie en nombre décimal.
- Si la chaîne de caractères ne contient que des caractères numériques, elle est convertie en nombre entier.
- Si la chaîne de caractères est composée de chiffres et de lettres, elle est convertie en entier et vaut 0.
- Si la chaîne de caractères contient plusieurs mots, seul le premier est pris en compte et converti selon les règles précitées.

Illustrons ces règles par un exemple :

```
<?
   $var1 = 1;
   $var2 = 12.0;
   $var3 = "PHP";
```

```
    $var4 = false;
    $var5 = "5a";
?>
<body bgcolor="#ffffff">
<h1>Résultat de l'initialisation des variables</h1>
<table border=1 cellpadding=3 cellspacing=0>
   <tr>
      <td><b>Variable</b></td>
      <td><b>Valeur</b></td>
      <td><b>Type</b></td>
   </tr><tr>
      <td><font color="0000aa"><b>$var1</b></td>
      <td><font color="008800"><b><?echo $var1?></td>
      <td><font color="ff0000"><?echo gettype($var1)?></td>
   </tr>   <tr>
      <td><font color="0000aa"><b>$var2</b></td>
      <td><font color="008800"><b><?echo $var2?></td>
      <td><font color="ff0000"><?echo gettype($var2)?></td>
   </tr>   <tr>
      <td><font color="0000aa"><b>$var3</b></td>
      <td><font color="008800"><b><?echo $var3?></td>
      <td><font color="ff0000"><?echo gettype($var3)?></td>
   </tr>   <tr>
      <td><font color="0000aa"><b>$var4</b></td>
      <td><font color="008800"><b>false</td>
      <td><font color="ff0000"><?echo gettype($var4)?></td>
   </tr>   <tr>
      <td><font color="0000aa"><b>$var5</b></td>
      <td><font color="008800"><b><?echo $var5?></td>
      <td><font color="ff0000"><?echo gettype($var5)?></td>
   </tr>
</table>
```

Si ce script est exécuté avec le moteur PHP3, on obtient le résultat suivant :

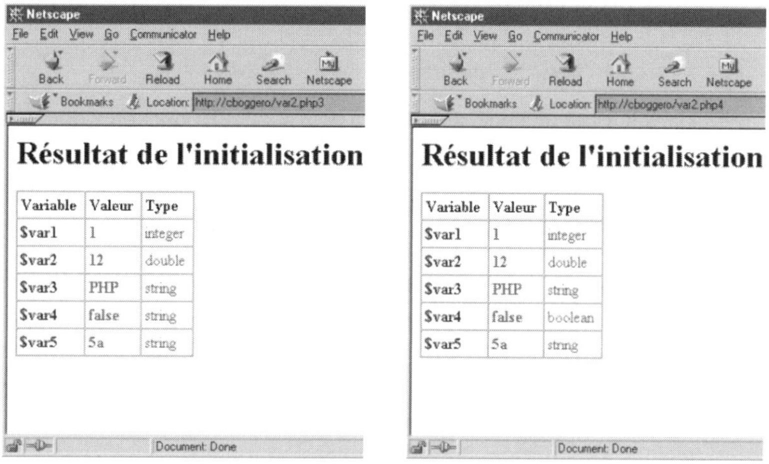

Figure 4.1
Le type booléen sous PHP.

On constate que la variable `$var4` a été traitée comme étant une variable de type `string`. En revanche, avec le moteur PHP4, elle est de type booléen. Ce type booléen est pris en compte par PHP4, mais pas correctement par PHP3.

L'opérande + est évaluée selon un règle précise. Si l'une des variables additionnées est un `float`, toutes les autres variables seront évaluées comme telles. Dans tous les autres cas, les variables seront évaluées comme étant des `integer` ou, s'il s'agit de chaînes de caractères, suivant les règles précitées.

Les types `array` et `object` feront l'objet d'une section particulière, plus loin dans ce chapitre.

Attention : `$var++;` n'équivaut pas toujours à `$var+=1;`.

En effet, si `$var` est une chaîne de caractères, `$var++` aura pour effet d'incrémenter d'une unité le code ASCII du dernier caractère de la chaîne, tandis que `$var+=1` effectuera une addition, suivant les règles de conversion générales des chaînes de caractères :

```
$var = " ab " ;
$var++ ; // $var est de type " string " et vaut " ac "
$var+=1 ; // $var est de type " integer " et vaut 1.
```

Constantes

On ne reviendra pas sur l'intérêt des constantes, il est évident. On les utilise fréquemment dans le cadre d'applications qui offrent des possibilités de personnalisation : les valeurs des constantes sont modifiées une fois au départ et tout le reste du code les utilise à la place des valeurs. Une nouvelle modification de la constante provoque alors l'adaptation de l'ensemble du code à la nouvelle valeur.

Il existe seulement deux constantes prédéfinies en PHP. Il s'agit de **__FILE__** et de **__LINE__**. Elles ont pour valeur respective le nom du fichier PHP, qui est en cours d'interprétation, et le numéro de la ligne courante, au moment où l'interpréteur rencontre la constante.

Il est bien évidemment possible de définir ses propres constantes, grâce à l'instruction `define` :

```
define("CONST", "Bleu");
```

Dans la suite du code, `CONST` aura pour valeur `Bleu`. Notez que, à l'inverse des variables, les constantes ne sont pas dotées du préfixe $.

Variables locales et variables globales

Selon l'endroit du code où les variables sont définies, ces dernières auront une portée plus ou moins grande, c'est-à-dire qu'elles seront définies soit pour une partie du code (une fonction), soit pour sa totalité.

Plus loin dans cet ouvrage, nous verrons en détail comment définir et utiliser les fonctions avec PHP. Nous nous contenterons ici de les définir à l'aide d'un squelette basique, afin de montrer la portée des différents types de variables.

Il existe trois niveaux de définition de variables :

- Le niveau **global**. Il définit des variables visibles dans l'intégralité du code d'une page PHP, qui persistent pendant tout le temps d'exécution du code.
- Le niveau **local**. Il définit des variables propres à une fonction, dont la durée de vie ne dépasse pas le temps d'exécution de cette fonction.
- Le niveau **static**. Il définit des variables propres à une fonction, qui persistent pendant le temps d'exécution de l'intégralité du code de la page PHP.

Illustrons ces niveaux par quelques lignes de code.

Définition d'une variable globale :

```
$a=5;          // $a est une variable globale.
Function test() {
   echo $a;    // affichage de la valeur de la variable locale $a
}
test();
```

Ce code ne produit aucun résultat puisque `$a` est considéré comme étant une variable locale, automatiquement définie par le moteur PHP, à l'intérieur de la fonction `test`. La valeur de la variable globale, qui porte pourtant le même nom, n'est donc pas prise en compte.

Référencement de variables globales au sein d'une fonction :

```
$a=1;
$b=5; // $a et $b sont des variables globales.
Function somme() {
global $a, $b, $c; // référencement des variables globales à l'intérieur de la fonction
   $c = $a + $b; // affectation de la somme de $a et $b à $c.
}
somme();
echo $c;
```

Ce code va afficher la valeur de $c, définie dans la fonction somme.

Ici, $c vaut 6.

Il existe une autre manière de référencer les variables globales à l'intérieur d'une fonction : utiliser le tableau de valeurs GLOBALS. Ainsi, la fonction suivante est équivalente à la fonction somme :

```
Function somme2() {
   $GLOBALS["c"] = $GLOBALS["a"] + $GLOBALS["b"];
// affectation de la somme de $a et $b à $c.
}
```

Variables statiques :

Bien que visibles uniquement à l'intérieur de la fonction où elles sont définies, les variables `static` gardent leur valeur courante, d'un appel de la fonction à l'autre :

```
Function Increment() {
   static $a=0; // déclaration et initialisation de $a.
```

```
    $a++;
    echo $a;
}
Increment(); // affiche " 1 ".
Increment(); // affiche " 2 ".
Increment(); // affiche " 3 ".
```

Tableaux

Dans PHP, comme dans tout autre langage, les tableaux sont une structure de données incontournable. Toutefois, leur utilisation est ici particulièrement simple et efficace.

La déclaration d'un tableau se fait de la même manière que la déclaration d'une variable, c'est-à-dire par affectation :

```
$tableau[0]=1;
// le tableau est créé et sa première valeur est 1.
```

Pour un tableau à deux dimensions, il suffit de mettre un second indice au moment de l'affectation :

```
$tableau[0][0]=1;
```

Il n'est pas obligatoire de préciser l'indice du tableau pour affecter une valeur. On peut, par exemple, procéder de la manière suivante :

```
$tableau[]=1; // équivaut à $tableau[0]=1
$tableau[]=45; // équivaut à $tableau[1]=45
$tableau[]=6; // équivaut à $tableau[2]=6
```

Dans ces exemples, nous avons utilisé des indices chiffrés pour désigner les éléments d'un tableau. Il est également possible d'utiliser des chaînes de caractères :

```
$tableau["rouge"]= " red " ;
$tableau["bleu"]= " blue " ;
```

Il est bien évident que l'utilisation de ce type d'indices annule le caractère ordinal des tableaux qui utilisent des indices numériques.

La **déclaration et l'initialisation** d'un tableau peuvent également se faire par l'intermédiaire de la fonction `array()`. Cette fonction permet de préciser les indices (à l'aide de l'opérateur =>) ainsi que les valeurs du tableau. Ainsi, si l'on reprend les deux exemples précédents, on obtient une déclaration équivalente avec :

```
$tableau=array(0=>1,1=>45,2=>6) ;
$tableau=array("rouge"=>"red", "bleu"=>"blue") ;
```

Enfin la troisième manière (très pratique) de créer un tableau est d'utiliser la fonction `list()`. Cette fonction permet d'initialiser un tableau à partir d'un jeu de valeurs, obtenu par exemple par l'interrogation d'une base de données. Nous aurons l'occasion d'apprécier les qualités de cette fonction lorsque nous étudierons l'accès aux bases de données.

La **navigation** dans les éléments du tableau s'effectue à l'aide des fonctions `next()` et `prev()`, ou plus avantageusement à l'aide de la fonction `each()`.

Le **nombre d'éléments** d'un tableau peut être obtenu à l'aide de la fonction `count()`.

Le **tri** des tableaux est facilité par de nombreuses fonctions : `asort()`, `arsort()`, `ksort()`, `rsort()`, `sort()`, `uasort()`, `usort()` et `uksort()`. (Toutes ces fonctions seront étudiées plus loin dans cet ouvrage.)

Variables externes

Variables d'environnement

L'un des aspects fondamentaux d'une application construite sur une architecture de type intranet est l'utilisation des variables d'environnement du serveur, et notamment des variables générées par le serveur HTTP.

PHP se montre de nouveau particulièrement pratique dans ce cas. En effet, toutes les variables d'environnement du serveur sont automatiquement reprises dans les scripts PHP en tant que variables globales. Ainsi, si l'on a besoin, par exemple, de connaître le PATH défini pour l'utilisateur qui exécute la page, il suffit d'utiliser la variable `$PATH` au sein même du code PHP. Voici un exemple :

```
echo $PATH ;
// affiche le PATH courant de l'utilisateur
echo $REMOTE_ADDR ;
// affiche l'adresse IP de la machine qui a demandé la page courante
// (cette variable est générée par le serveur HTTP)
```

Il peut cependant être utile de désigner explicitement la variable d'environnement. En effet, si une variable locale portant le même nom qu'une variable d'environnement a été déclarée dans le code, cette dernière prend le pas sur la variable globale définie automatiquement par PHP. Un risque de confusion entre les deux valeurs est alors à craindre. Pour remédier à cela, la fonction `getenv()` permet de nommer clairement la variable d'environnement désirée :

```
$PATH = "valeur locale" ;
echo getenv("PATH") ; // affiche le PATH et non "valeur locale"
```

Réciproquement, il est tout à fait possible de créer des variables d'environnement ou de modifier leur valeur. Pour cela, il est impossible de recourir aux variables globales créées par PHP ; il faut utiliser la fonction `putenv()`, de la manière suivante :

```
putenv(" $PATH=/export/home/php/bin ") ;
```

Variables issues de formulaires

Ces variables sont issues de formulaires HTML, c'est-à-dire qu'elles correspondent aux différents champs positionnés entre les tags <FORM> et </FORM> de ce formulaire. La page PHP qui reçoit ces variables est celle qui est pointée par l'attribut ACTION du tag <FORM>.

De la même manière que pour les variables d'environnement, PHP crée automatiquement des variables affublées du même nom que le contrôle du formulaire HTML.

Toutefois, en insérant la clause <?php_track_vars?>, il est également possible de récupérer ces variables dans le tableau $HTTP_POST_VARS si la méthode employée dans le formulaire est POST, ou dans le tableau $HTTP_GET_VARS si la méthode employée est GET.

NOTE Les variables issues de formulaires sont invariablement de type string.

Examinons ce mécanisme à travers un exemple, destiné à récupérer des variables issues d'un formulaire de saisie.

Page « form.php3 » :

```
<body bgcolor="#ffffff">
<h1>Exemple de passage de variables de formulaires</h1>
<FORM action="formres.php3" method=GET>
<table>
   <tr>
      <td><b>NOM :</b></td>
      <td><input type=text length=30 maxlength=30 name="nom"></td>
   </tr>
   <tr>
      <td><b>PRENOM :</b></td>
      <td><input type=text length=30 maxlength=30 name="prenom"></td>
   </tr>
   <tr>
      <td><b>AGE :</b></td>
      <td><input type=text length=3 maxlength=3 name="age"></td>
   </tr>5
   <tr>
      <td colspan=2 align=center>  <br>  <input type=submit value="Envoyer">  </td>
   </tr>
</table>
</FORM>
```

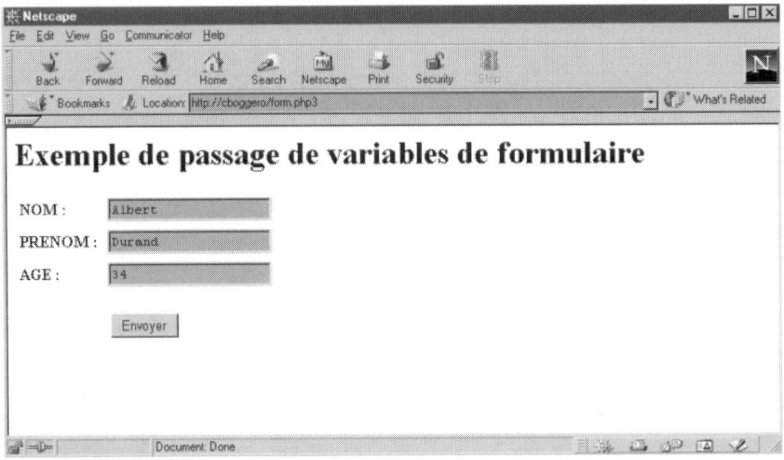

Figure 4.2
Passage de variables à un formulaire.

Page « formres.php3 »

```
<body bgcolor="#ffffff">
<h1>Résultat du passage des variables</h1>
<table border=1 cellpadding=3 cellspacing=0>
   <tr>
      <td><b>Variable</b></td>
      <td><b>Valeur</b></td>
      <td><b>Type</b></td>
   </tr>
   <tr>
      <td><font color="0000aa"><b>$nom</b></td>
      <td><font color="008800"><b><?echo $nom?></td>
      <td><font color="ff0000"><?echo gettype($nom)?></td>
   </tr>
   <tr>
      <td><font color="0000aa"><b>$prenom</b>   </td>
      <td><font color="008800"><b><?echo $prenom?></td>
      <td><font color="ff0000"><?echo gettype($prenom)?></td>
   </tr>
   <tr>
      <td><font color="0000aa"><b>$age</b></td>
      <td><font color="008800"><b><?echo $age?></td>
      <td><font color="ff0000"><?echo gettype($age)?></td>
   </tr>
</table>
```

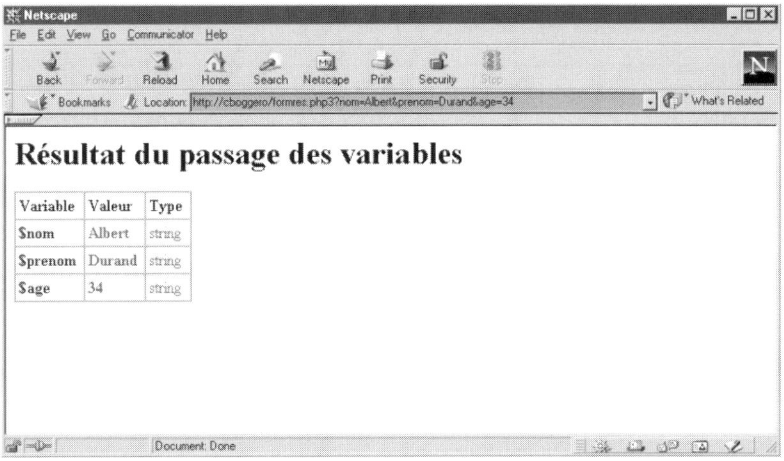

Figure 4.3
Résultat du passage de variables à un formulaire.

Variables « variables »

Il est possible d'utiliser des variables dont le nom est construit dynamiquement tout au long du code PHP :

```
$nom = " ma_variable " ;
$$nom = " ma_valeur " ; // équivaut à $ma_variable = " ma_valeur "
echo " $nom vaut ${$nom} " ; // équivaut à " $nom vaut $ma_variable "
// affiche " ma_variable vaut ma_valeur "
```

Cette possibilité est intéressante lorsqu'on désire écrire du code très générique, sans impératif particulier, notamment en ce qui concerne le nom des variables à utiliser.

Supposons que vous définissiez trois styles :

```
$Style1 = #FFCC33 ;
$Style2 = #FF33CC ;
$Style3 = #CC33FF ;
$Style = "Style$Param"
DoLook (${$Style} )
```

Compte tenu de la valeur de `$Param`, cela équivaut à :

```
DoLook ( $Style1 ), DoLook( $Style2 ) ou DoLook( $Style3 )
```

5

Structures de contrôle

Nous savons à présent déclarer, initialiser et affecter des variables, nous allons maintenant les utiliser. Pour cela, tout langage repose sur des structures de contrôle qui consistent en des tests et des boucles. Une fois combinés entre eux, ces éléments vont constituer des algorithmes, qui sont le cœur de la programmation.

La logique de ces structures repose sur la comparaison des variables entre elles. Nous allons donc, dans un premier temps, nous intéresser aux expressions en PHP. Nous serons alors prêts à décrire les structures du langage.

Expressions

Opérateurs logiques

Les opérateurs logiques permettent de combiner plusieurs tests entre eux. Dans les exemples suivants, les variables $a et $b peuvent prendre les valeurs vrai ou faux (variables booléennes).

Tableau 5.1 : Opérateurs logiques.

Opérateur	Exemple	Effet
`and` `&&`	$a and $b ou $a && $b	Vrai si $a et $b sont vrais tous les deux.
`or` `||`	$a or $b ou $a || $b	Vrai si $a est vrai ou si $b est vrai, ou encore si $a et $b sont vrais tous les deux.
`xor`	$a xor $b	Vrai si $a est vrai ou si $b est vrai, mais faux si $a et $b sont vrais tous les deux.
`not` `!`	! $a (not)	Vrai si $a n'est pas vrai.

NOTE Ce tableau, à l'instar de tous ceux relatifs à l'utilisation du langage, est repris dans l'annexe A.

Opérateurs de comparaison

Ces opérateurs permettent de comparer les valeurs de deux variables. Dans les exemples suivants, $a et $b peuvent être de n'importe quel type, mais doivent impérativement être tous les deux du même type.

Tableau 5.2 : Opérateurs de comparaison.

Opérateur	Exemple	Effet
==	$a == $b	Vrai si $a est égal à $b.
!=	$a != $b	Vrai si $a est différent de $b.
<	$a < $b	Vrai si $a est inférieur à $b.
>	$a > $b	Vrai si $a est supérieur à $b.
<=	$a <= $b	Vrai si $a est inférieur ou égal à $b.
>=	$a >= $b	Vrai si $a est supérieur ou égal à $b.

Ces expressions étant à présent connues, nous pouvons examiner les différentes structures de programmation.

Tests

if... elseif... else

Voici le test de base que l'on retrouve dans la majeure partie des langages. Deux syntaxes différentes peuvent être employées.

La première est très semblable à celle du langage C :

```
if (condition1) {
    Action 1
} elseif (condition 2) {
    Action 2
} else {
    Action 3
}
```

La seconde est une variante de la première dans laquelle les accolades ont été supprimées :

```
if (condition 1):
    Action 1
elseif (condition 2):
    Action 2
else:
    Action 3
endif;
```

Dans les deux cas, le principe de fonctionnement est le même : l'action exécutée est la première dont la condition est respectée. Si aucune des conditions n'est respectée, l'action « sans condition » (celle engendrée par `else`) est exécutée.

Il est important de bien comprendre que, dès qu'une condition est respectée, son action est exécutée et les conditions suivantes ne sont pas évaluées. Ainsi, si deux conditions sont respectées, seule la première verra son action exécutée.

Voici un exemple d'utilisation du test `if` :

Page « form.php3 »

```
<body bgcolor="#ffffff">
<h1>Exemple de test</h1>
<i>Saisir les nombres entiers à tester :</i><br>
<FORM action="formres.php3" method=GET>
<b><input type=text size=3 name="a"> est-il compris entre <input type=text size
➥=3 name="b"> et <input type=text size=3 name="c"> ?</b>
<br><br>
<input type=submit value="Test">
</FORM>
```

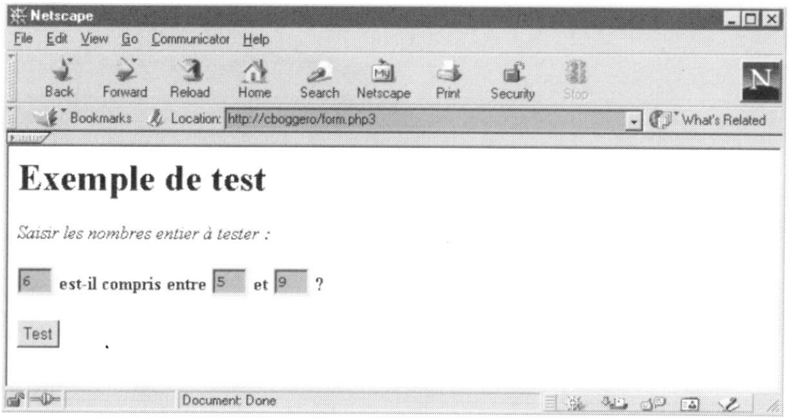

Figure 5.1

Exemple de mise en œuvre d'un test (`if`).

Page « formresp.php3 »

```
<body bgcolor="#ffffff">
<h1>Résultat du test</h1>
<?
$ai = intval($a);
$bi = intval($b);
$ci = intval($c);
if ($ci < $bi) {
   $tmp = $ci;
   $ci = $bi;
   $bi = $tmp;
}
echo "<font color=\"008800\"><b><i>$ai est-il compris entre $bi et $ci ?<br></i>";
echo "</font><font color=\"ff0000\">";
if ($ai < $bi) {
   echo "Non, $ai est inférieur à $bi " ;
} elseif ($ai > $ci) {
```

```
   echo "Non, $ai est supérieur à $ci " ;
} else {
   echo "Oui, $ai est compris entre $bi et $ci " ;
}
?>
```

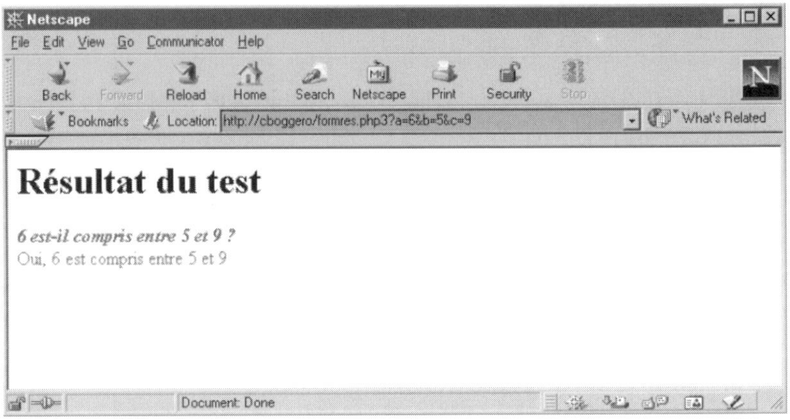

Figure 5.2
Résultat de mise en œuvre d'un test (`if`).

switch... case... default

Si les conditions successives ne portent que sur la valeur d'une variable, on pourra avantageusement remplacer le test `if... elseif... else` par `switch` :

```
switch (var) {
    case valeur 1:
        Action 1
        break;
    case valeur 2:
        Action 2
        break;
    default:
        Action 3
}
```

Le principe de fonctionnement de l'instruction `switch` est assez voisin de celui de l'instruction `if` : l'action qui est exécutée est celle qui est associée à la valeur de la variable `var` au moment du test.

Dans l'exemple ci-avant, le raisonnement est le suivant : si `var` a pour valeur `valeur 1`, l'`action 1` est exécutée, puis on sort du test ; si `var` a pour valeur `valeur 2`, l'`action 2` est exécutée, puis on sort du test ; dans les autres cas, l'`action 3` est exécutée.

L'instruction `break` est ici primordiale. En effet, si celle-ci est omise à la fin de chaque action correspondant à une valeur, TOUTES les actions qui suivent la première action dont la valeur est vérifiée seront exécutées.

Prenons un exemple :

```
switch (var) {
    case valeur 1:
        Action 1
    case valeur 2:
        Action 2
    default:
        Action 3
}
```

Si `var` a pour valeur `valeur 1`, non seulement l'`action 1` sera exécutée, mais également l'`action 2` et l'`action 3`. Ce fonctionnement peut se révéler utile dans certains cas mais n'est cependant pas celui souhaité la plupart du temps.

Voyons un autre exemple :

```
$a = 12 ;
switch ($a) {
    case 10:
 echo " a est égal à 10 " ;
       break;
    case 20:
    echo " a est égal à 20 " ;
       break;
    default:
    echo " a est différent de 10 et de 20 " ;
}
```

Ici, $a ne vaut ni 10, ni 20. L'action qui sera exécutée sera donc l'action par défaut. Ce code produira le résultat suivant : `a est différent de 10 et de 20`.

Boucles

Les boucles sont, avec les tests, la colonne vertébrale de la programmation. D'une manière générale, elles permettent d'effectuer plusieurs fois de suite une série d'instructions.

En PHP, trois types de boucles sont disponibles : `while`, `do…while` et `for`.

while

Comme dans le cas de l'instruction `if`, deux syntaxes existent pour les boucles `while` :

La première est identique à celle du langage C :

```
while (condition) {
   Action
}
```

La seconde en est une variante :

```
while (condition) :
   Action
endwhile ;
```

Leur fonctionnement est le même, quelle que soit la syntaxe : tant que la condition est respectée, l'action est exécutée.

On a donc une évaluation de la condition AVANT l'exécution de l'action. Par conséquent, si la condition n'est pas respectée dès le début de la boucle, l'action n'est jamais exécutée.

Il existe une variante de la boucle `while`, qui évalue la condition APRÈS l'exécution de l'action : la boucle `do...while`.

do...while

`do...while` fonctionne de la même manière que `while`, à la différence que la condition est située après l'action. Voici un exemple :

```
do {
   Action
} while (condition) ;
```

Dans ce cas, si la condition n'est pas respectée dès le début de la boucle, l'action est exécutée une seule fois.

for

Les boucles `for` sont sensiblement différentes des boucles `while` puisqu'elles se définissent par trois expressions : une expression d'initialisation, une condition et une expression d'itération. Il existe là aussi deux syntaxes distinctes.

La première est identique à celle du langage C :

```
for (expression 1; expression 2; expression 3) {
   Action
}
```

La seconde en est une variante :

```
for (expression 1; expression 2; expression 3):
   Action;
endfor;
```

Le principe est le suivant : en partant de l'`expression 1`, et tant que l'`expression 2` est vérifiée, l'action est exécutée en appliquant chaque fois l'`expression 3`.

Il est intéressant de noter qu'aucune des trois expressions n'est obligatoire et que l'on peut les remplacer par des tests au sein de l'action.

Voici une illustration de ces trois types de boucles. Chacun des trois exemples suivants produit le même résultat : l'affichage d'une suite de nombres, de 1 à 10, séparés par le caractère « | ».

Exemple 1 :

```
$i = 1 ;
while ($i <= 10) {
   echo $i ;
```

```
   echo " | " ;
$i++ ;
// cette instruction permet d'incrémenter $i. elle est équivalente à
// $i = $i + 1. Elle est directement issue du langage C.
};
```

Exemple 2 :

```
$i = 1 ;
do {
   echo $i ;
   echo " | " ;
   $i++ ;
} while ($i < 10) ;
```

Exemple 3 :

```
For ($i=1 ;$i<=10 ;i++) {
   echo $i ;
   echo " | " ;
} ;
```

foreach

La boucle `foreach` n'existe qu'en PHP4. Elle permet de parcourir les tableaux très simplement, sans avoir à tenir compte de ses bornes. Deux syntaxes sont possibles :

```
foreach($tableau as $val) {...}
```

ou :

```
foreach($tableau as $cle => $val) {...}
```

Exemple :

```
$tab = array( "valeur 1","valeur 2","valeur 3","valeur 4" );
foreach($tab as $val) {
   echo " $val<br> " ;
}
```

Résultat :

```
valeur 1
valeur 2
valeur 3
valeur 4
```

Les instructions break et continue

Ces deux instructions sont étroitement liées au fonctionnement des différents types de boucles que nous avons vues précédemment.

break

L'instruction `break` permet de sortir de n'importe quelle boucle, à n'importe quel moment, que les conditions qui la régissent soient respectées ou non. Si l'on reprend les exemples précédents, on peut, par exemple, arrêter les boucles à la valeur 5, en introduisant un test `break` dans le code :

```
$i = 1 ;
do {
   if ($i<=5) {
      echo $i ;
   } else {
      break ;
   } ;
   echo " | " ;
   $i++ ;
} while ($i < 10) ;
```

Ou :

```
For ($i=1 ;$i<=10 ;i++) {
   if ($i<=5) {
      echo $i ;
   } else {
      break ;
   } ;
   echo " | " ;
} ;
```

En outre, cette instruction est également primordiale dans l'utilisation du test `switch`, puisqu'elle permet d'exécuter uniquement la partie de code qui correspond à la valeur souhaitée (voir description plus haut).

continue

L'instruction `continue` permet de ne pas exécuter le code contenu dans la boucle et de passer à l'itération suivante. Illustrons ce mécanisme par un exemple :

```
$i = 1 ;
while ($i <= 10) {
   if ($i == 5) {
      $i++ ;
      continue ;
   } else {
      echo $i ;
      $i++ ;
```

```
    } ;
    echo " | " ;
} ;
```

Cette boucle va afficher les nombres de 1 à 10, sauf le 5. En effet, lorsque $i atteint la valeur 5, le test `if` exécute l'instruction `continue` après avoir incrémenté $i, ce qui a pour effet d'ignorer le reste des instructions contenues dans la boucle (ici l'affichage du séparateur « | ») et de commencer une nouvelle itération avec la nouvelle valeur de $i.

Les fonctions each et list

each

La fonction `each()`est, elle aussi, étroitement liée aux boucles. Elle permet de parcourir tous les éléments d'un tableau sans se soucier de ses bornes, ce qui en fait un outil extrêmement pratique. Le fonctionnement de `each()` est simple : elle retourne la combinaison clé-valeur courante du tableau passé en paramètre, puis se positionne sur l'élément suivant de ce tableau. Et cela, du premier au dernier indice. Lorsque la fin du tableau est atteinte, `each()` retourne la valeur `faux` (false).

Étudions l'exemple suivant :

```
$tab = array( "valeur 1","valeur 2","valeur 3","valeur 4" );
// on crée le tableau " tab " en lui affectant 4 valeurs
while ($var = each($tab)){
// test permettant de parcourir tout le tableau $tab tout en affectant les
// couples clé-valeur successifs à $var, qui est de ce fait un tableau
// comprenant 2 éléments.
   echo "$var[0] : $var[1] <br>"; // affichage
};
```

Ce code produit le résultat suivant :

```
0 : valeur 1
1 : valeur 2
2 : valeur 3
3 : valeur 4
```

On comprend bien ici que l'indice de l'élément courant de $tab est affecté au premier élément du tableau $var (que cet indice soit numérique ou alphanumérique) et que la valeur de $tab associée à cet indice est affectée au deuxième élément de $var.

Lorsque la boucle arrive à la fin du tableau, la fonction `each()` renvoie `false`. Cette valeur booléenne est affectée à $var. Puisque $var est évaluée par la boucle `while`, en tant que condition d'exécution, la boucle va se terminer avec cette valeur `false`. Nous avons donc parcouru tout notre tableau sans en connaître les indices limites.

list

La fonction `list()` est très souvent associée à la fonction `each()`. Elle permet d'affecter les éléments d'un tableau à des variables distinctes.

Si l'on reprend l'exemple précédent, on pourra utiliser `list()` de la manière suivante :

```
$tab = array( "valeur 1","valeur 2","valeur 3","valeur 4" );
while (list($cle, $valeur) = each($tab)){
   echo "$cle : $valeur <br>";
};
```

Ce code produit le même résultat que précédemment.

On remplace ici le tableau $var, qui possédait deux éléments, par deux variables distinctes, $cle et $valeur. Remarquez que l'emploi de cette fonction n'est possible que si on connaît le nombre d'éléments à prendre en compte (ici, deux).

Les utilisations les plus pertinentes de `list()` interviennent notamment lors de requêtes effectuées sur des bases de données relationnelles qui renvoient les informations sous forme de tableaux. Nous verrons cela en détail plus loin dans cet ouvrage.

Dans les applications Internet, il est courant de devoir construire des pages qui comportent un nombre indéterminé de champs de saisie, comme une page de saisie d'options. La solution est d'utiliser des champs de type text qui portent le même nom. PHP va automatiquement créer un tableau dans la page cible, pour lequel les fonctions `list()` et `each()` sont particulièrement adaptées. Prenons un exemple :

Page « form.php3 »

```
<body bgcolor="#ffffff"><h1>Exemple de parcours de tableau</h1>
<i>Saisir les valeurs à insérer dans le tableau :</i><br>
<FORM action="formres.php3" method=GET>
<TABLE cellspacing=0 cellpadding=3 border=0>
<tr>
   <td><b>Valeur 1 :</b></td>
   <td><input type=text size=20 name="tabval[]"></td>
</tr>
<tr>
   <td><b>Valeur 2 :</b></td>
   <td><input type=text size=20 name="tabval[]"></td>
</tr>
<tr>
   <td><b>Valeur 3 :</b></td>
   <td><input type=text size=20 name="tabval[]"></td>
</tr>
<tr>
   <td><b>Valeur 4 :</b></td>
   <td><input type=text size=20 name="tabval[]"></td>
</tr>
<tr>
   <td colspan=2 align=center><input type=submit value="Envoyer"></td>
</tr>
</TABLE>
</FORM>
```

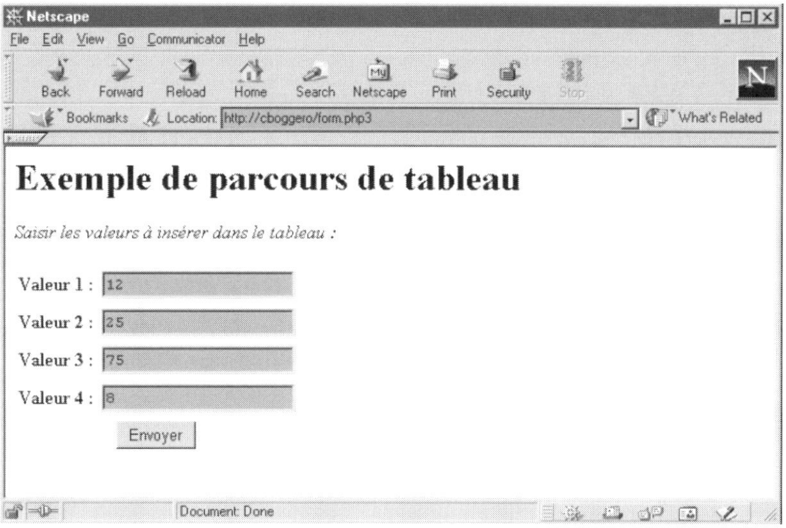

Figure 5.3
Interface de la fonction de parcours d'un tableau.

Page « formresp.php3 »

```
<body bgcolor="#ffffff">
<h1>Résultat du parcours</h1>
<?
// La série de valeurs est reçue sous forme d'un tableau portant
// le nom du champ texte. Il ne reste plus qu'à le parcourir.
while (list($cle,$val) = each($tabval)){
   echo "<font color=\"008800\"><b>tabval[$cle]</b></font> : <font color=\"ff0000
   ➥\">$val </font><br>"; // affichage
};
?>
```

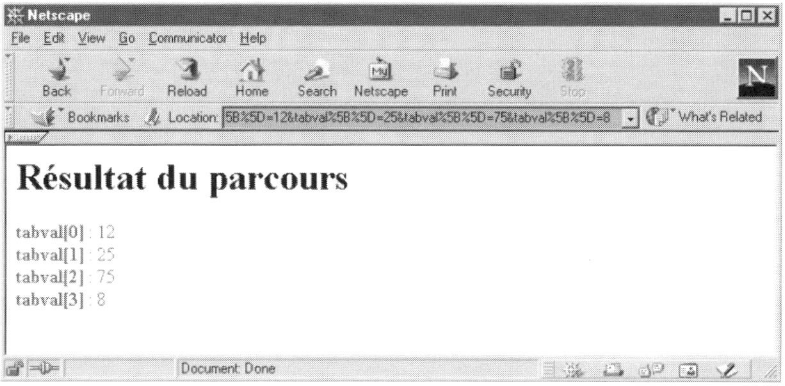

Figure 5.4
Résultat de la fonction de parcours d'un tableau.

include et require

Ces deux instructions permettent de référencer des fichiers qui contiennent du code, à partir d'autres fichiers.

require

`require` est une instruction d'inclusion basique, qui fonctionne sur le même principe que l'instruction `#include` du langage C. En d'autres termes, l'instruction :

require('mon_fichier') ;

va tout simplement insérer le contenu de « mon_fichier » à l'endroit où elle est placée. Cette fonction trouve tout son intérêt dans l'utilisation de bibliothèques de composants PHP. Ce sujet sera étudié plus loin.

include

`include()` a un fonctionnement assez différent de `require()`. En effet, `include()` ne va pas insérer le contenu d'un fichier, mais le lire et l'interpréter.

Ainsi, on peut imaginer, par exemple, d'exécuter le code contenu dans certains fichiers, en fonction d'une variable passée à la page PHP :

```
If ($var_contexte == "ctx1") {
include("fichier1");
}elseif ($var_contexte == "ctx2") {
   include("fichier2");
}
```

On a interprété fichier1 ou fichier2 en fonction d'une variable. Ce type de comportement se révèle très utile dans le cadre d'applications qui doivent tenir compte de contraintes contextuelles importantes.

NOTE Depuis la version 4 de PHP, `include()` est une fonction, c'est-à-dire qu'elle retourne une valeur. On peut donc utiliser directement cette fonction dans un test :

```
If (include("mon_fichier")) {...} ;
```

6

Fonctions et classes

À l'image de tout langage structuré, en PHP, les fonctions sont la base d'une programmation claire et efficace.

On peut tenter de définir une fonction comme étant un sous-programme isolé du reste du code, exécutable à tout moment, depuis n'importe quelle partie du code principal ou n'importe quelle autre fonction, par simple appel.

Nous allons approfondir cette définition un peu abstraite à l'aide d'explications plus détaillées. Nous aborderons ensuite la notion de classe, qui regroupe des fonctions et des variables dans des objets structurés, faciles à manipuler.

Fonctions

Déclaration, paramètres, valeurs de retour

Une fonction est une séquence de code PHP qui peut remplir n'importe quelle tâche. Tout code PHP valide peut figurer dans le corps (le code) d'une fonction.

Déclaration

La syntaxe de déclaration s'appuie sur le mot clé `function`. Ce mot clé est immédiatement suivi du nom de la fonction (celui par lequel on va l'appeler, depuis n'importe quel endroit du code), puis de parenthèses – obligatoires – destinées à accueillir les éventuels paramètres à passer à la fonction (nous étudierons ces paramètres plus loin).

Ainsi, une fonction simple se crée de la manière suivante :

```
Function bonjour() {
   Echo " Bonjour " ;
} ;
```

Cette fonction ne fait qu'afficher « Bonjour ». Elle produit une action (l'affichage), mais ne retourne aucun résultat :

```
bonjour() ; // affiche " bonjour " à l'écran.
```

Si l'on désire que la fonction retourne un résultat, on emploiera le mot clé `return` :

```
Function bonjour2() {
   return " Bonjour " ;
} ;

echo bonjour2() ; // affiche " bonjour " à l'écran.
```

Le mode de fonctionnement de `bonjour2` est sensiblement différent de celui de `bonjour`. En effet, la fonction `bonjour` affiche elle-même le mot « bonjour » à l'écran, alors qu'il faut afficher le résultat de `bonjour2` pour obtenir une action similaire.

Passage de paramètres

Pour personnaliser ce message de bienvenue, on va indiquer à la fonction que l'on désire, par exemple, afficher un prénom après le mot « bonjour », et lui spécifier ce prénom. Pour cela, lui passe un paramètre :

```
Function bonjour3($prenom) {
$chaine = " bonjour $prenom " ;
// on construit la phrase complète dans la variable locale $chaine
   return $chaine ;
// on renvoie la valeur de $chaine comme résultat de la fonction.
} ;

echo bonjour3(" Georges ") ; // affiche " bonjour Georges " à l'écran.
```

Dans cet exemple, on passe uniquement le prénom en paramètre, mais on peut très bien passer d'autres informations. plusieurs. Si on souhaite, par exemple, passer également le nom, on procédera de la même manière :

```
Function bonjour4($prenom, $nom) {
$chaine = " bonjour $prenom $nom" ;
return $chaine ;
} ;

echo bonjour4(" Georges ", " Durand ") ;
// affiche " bonjour Georges Durand" à l'écran.
```

Ici, on se contente de passer des chaînes de caractères comme paramètres, mais il va de soi que n'importe quel autre type de variable peut être passé comme paramètre à une fonction (entier, décimal, tableau, objet) et exploité dans son code.

Par exemple, avec la fonction `bonjour4`, on pourrait passer un tableau :

```
Function bonjour5($identite) {
$chaine = " bonjour $identite[0] $identite[1]" ;
return $chaine ;
```

```
} ;

$idt = array(" Georges ", " Durand ") ;
echo bonjour5($idt) ;
```

Ce code affiche également « bonjour Georges Durand ».

Passage par valeur et par référence

Dans les exemples précédents, nous avons vu comment passer des paramètres à des fonctions. En fait, on passe des valeurs (« Georges » et « Durand ») à la fonction. C'est ce qu'on appelle le passage par valeur.

Il existe une autre manière de procéder : le passage par référence. Avec cette méthode, on passe à la fonction la référence (l'adresse mémoire) d'une variable existante, et la fonction modifie directement la valeur de cette variable :

```
Function bonjour6(&$phrase) { // la référence est spécifiée par le " & "
$phrase = " bonjour Georges Durand" ;
} ;

$chaine = " Phrase qui va disparaître " ;
bonjour6($chaine) ;
echo $chaine ; // affiche " bonjour Georges Durand"
```

On peut également combiner les passages par valeur et par référence :

```
Function bonjour7(&$phrase, $prenom, $nom) {
$phrase = " bonjour $prenom $nom" ;
} ;

$chaine = " Phrase qui va disparaître " ;
bonjour7($chaine, " Georges ", " Durand ") ;
echo $chaine ; // affiche " bonjour Georges Durand"
```

Paramètres par défaut

Certains des paramètres passés à une fonction peuvent être optionnels, c'est-à-dire qu'ils ne seront pas exploités par la fonction. Pour cela, il est nécessaire d'attribuer à ces paramètres optionnels des valeurs par défaut. Ainsi, s'ils ne sont pas passés, ils auront tout de même une valeur exploitable :

```
Function bonjour8($nom, $prenom = " Monsieur ") {
$chaine = " bonjour $prenom $nom" ;
return $chaine ;
} ;

echo bonjour8(" Durand ") ;
// affiche " bonjour Monsieur Durand" à l'écran.
```

Avantages des fonctions

Les avantages de l'organisation du code par fonctions sont multiples :

- **Non répétition de la même séquence de code**
  Répéter plusieurs fois le même code pour répéter la même action peut être une source importante de dysfonctionnements. D'abord, lors de l'écriture originelle du code, on risque de ne pas reproduire les multiples occurrences de la séquence à l'identique, ensuite, lors des modifications, on risque de ne pas ou de mal les répercuter sur toutes les séquences.

De cet objectif de base découlent les avantages qui suivent.

- **Gain de productivité**
  Exécuter une tâche répétitive par simple appel à une fonction est beaucoup plus sûr et rapide que de récrire la séquence de code.
- **Meilleure lisibilité du code**
  Les redondances de code nuisent à la bonne compréhension des mécanismes généraux d'un programme. Désigner une action par un nom significatif est beaucoup plus clair que générer plusieurs lignes de code.
- **Maintenance facilitée**
  Si l'action produite par la fonction doit être modifiée, une seule modification dans le corps de la fonction est préférable à la modification de chaque séquence identique. En effet, cette dernière option peut induire de nombreuses erreurs, outre qu'elle coûte très cher en temps de codage.

Définition et appel

Définition

Une fonction peut être définie à n'importe quel endroit du code PHP. Avec PHP3, elle ne pourra être appelée qu'après avoir été définie ; avec PHP4, elle pourra être appelée avant sa déclaration. Ainsi, le code suivant produit une erreur en PHP3, mais non en PHP4 :

```
$i = test() ; // la fonction test() n'est pas encore définie. Cette ligne
        produit une erreur en PHP3. Pas en PHP4.

Function test() {
...
} ;
```

D'une manière générale, il est préférable de définir l'ensemble des fonctions nécessaires au code principal au début de la page. Cela évite à la fois les problèmes de précédence de déclaration et, pour des questions évidentes, le manque de clarté et de lisibilité du code.

Inclusions

Le fait de devoir définir les fonctions avant de pouvoir les appeler implique donc que la construction des pages PHP soit structurée, en plaçant les fonctions avant le corps de la page. Il devient alors très tentant de regrouper ces fonctions au sein de fichiers indépendants, que l'on positionne en tête des pages PHP, à l'aide de la commande `require`, que nous avons vue plus haut.

On pourra, par exemple, avoir le schéma suivant :

Fichier « fonctions.inc »

```
Function test() {
...
} ;
```

Fichier « principal.php3 »

```
Require(" fonctions.inc ") ;
$i = test() ;
```

Cette manière de procéder est la base de la constitution de bibliothèques de fonctions. Simple, elle peut également être conditionnelle ; on peut alors choisir ou non d'inclure les fonctions, suivant les besoins, ce qui allège le code.

Granularité des fonctions

L'emploi des fonctions représente un plus incontestable dans la programmation. Toutefois, il est primordial de définir les bonnes fonctions, c'est-à-dire de savoir isoler les tâches suffisamment répétitives pour être susceptibles d'être implémentées au sein de fonctions.

Ces tâches peuvent se situer à plusieurs niveaux d'abstraction, du simple calcul à l'interrogation d'une base de données, en passant par le formatage des résultats obtenus. En développant d'abord des fonctions de bas niveau (qui effectuent des tâches élémentaires), on pourra d'autant plus facilement définir des fonctions de niveau plus élevé, qui s'appuient sur ces fonctions de base.

Ce mode de développement par couches offre donc des possibilités d'évolution quasi illimitées. Si l'on pousse le raisonnement à l'extrême, on peut très bien concevoir de développer des applications qui réutilisent uniquement les fonctions de plus haut niveau, réduisant ainsi au maximum la quantité de code à produire.

On voit clairement l'intérêt d'une conception préalable au codage, qui évite de définir des fonctions inutiles, voire inutilisables.

Fonctions récursives

La particularité des fonctions récursives est qu'elles s'appellent elles-mêmes. Le principe général est le suivant : tant qu'une condition est remplie, la fonction se rappelle elle-même. Dans le cas contraire, elle effectue la tâche.

Voici un exemple. Cette fonction affiche les nombres de 1 à $i-1 :

```
function recurs($i) {

   $i--; // on décrémente la valeur du compteur $i

   if ($i>1) {
      recurs($i);
      // tant que le compteur est plus grand que 1 alors la fonction
      // se rappelle elle-même
```

```
    };

    echo $i."<br>";
// affichage du compteur dès que la condition n'est plus respectée, puis
// en cascade de toutes ses valeurs précédentes.
};

recurs(11);
```

L'intérêt de ce type de fonctions est qu'elle s'exécute un certain nombre de fois, déterminé par sa propre action. Cela se révèle surtout utile pour les parcours d'arborescence ou les algorithmes de tri.

Classes

Avec les **classes**, nous entrons dans le domaine de la **programmation orientée objet** (POO). Le but de cet ouvrage n'est pas de disserter sur les avantages de ce type de programmation. Cependant, il est indispensable d'en rappeler les fondements, puisque l'un des atouts majeurs de PHP réside dans cette orientation objet ainsi que dans la possibilité de créer des bibliothèques de composants réutilisables.

Concepts

Il n'existe aucune définition formelle de ce qu'est un objet en programmation. On peut simplement le décrire : un objet possède des méthodes et des attributs, et doit pouvoir utiliser des mécanismes d'héritage et de polymorphisme. Cela mérite quelques éclaircissements :

- **Attribut**
  Caractéristique d'un objet. Que ce soit une propriété, une constante, etc., il s'agit d'une entité fonctionnelle, indissociable de la classe, qui représente l'une de ses caractéristiques intrinsèques.
  Par exemple, pour un objet « voiture », on pourra définir les attributs « couleur », « nombre de portes » ou encore « cylindrée ».
- **Méthode**
  Action qui s'applique à un objet. Il s'agit des capacités d'action de l'objet. Ces méthodes s'appuient sur des paramètres, passés lors de l'appel, ainsi que sur les attributs internes de la classe.
  Dans l'exemple de notre objet « voiture », on aura les méthodes « démarrer », « freiner » ou « accélérer ».
- **Héritage**
  Définition d'un objet comme appartenant à la même famille qu'un autre objet plus général, ce qui permet de lui octroyer les attributs et les méthodes de ce dernier.
  Pour continuer avec notre exemple, on pourra définir un objet « limousine » qui héritera des caractéristiques de l'objet « voiture ». « limousine » reprendra donc toutes les méthodes et tous les attributs de « voiture ». On pourra y ajouter des attributs particuliers, tels que « contenance du réfrigérateur », ou des méthodes particulières, telles que « déclencher la climatisation ».

- **Polymorphisme**
  Capacité d'un ensemble d'objets à exécuter des méthodes de même nom, mais dont le comportement est propre à chacune des différentes versions. Les paramètres de la méthode peuvent varier, car ils sont passés par références. Avec une fonction de ce type, la première étape consiste en général à tester le type des paramètres passés lors de l'appel.

Nous pouvons à présent définir une classe comme étant la description complète d'un objet. Une classe comportera donc la déclaration des attributs de l'objet, ainsi que l'implémentation des méthodes de cet objet.

La création d'un objet est déclenchée par celle d'une instance de la classe qui le décrit.

La programmation objet consiste donc à écrire des classes et à les utiliser. Une bibliothèque de composants est un ensemble de fichiers qui contiennent des définitions de classes, que l'on peut inclure en tête des fichiers qui réutilisent ces classes.

Les classes peuvent être implémentées à l'aide d'autres classes. Elles doivent donc être définies selon le principe des couches successives, par empilage des classes de haut niveau sur les classes de bas niveau, comme pour les fonctions. Les techniques qui permettent de tirer le meilleur parti de la forte réutilisabilité d'un code objet seront abordées au chapitre suivant.

Intéressons-nous maintenant à la programmation concrète des classes en PHP.

Déclaration de la classe

La déclaration d'une classe se fait par l'intermédiaire du mot clé `class`. La syntaxe est comparable à celle de la déclaration des fonctions :

```
Class test {
   ...
}
```

Nous avons ici déclaré la classe `test`. À partir du point du script où se fait la déclaration, le moteur de PHP sait qu'il existe une classe, nommée test. Par conséquent, le script pourra allouer des zones mémoires dédiées à la gestion d'informations de type test.

Cette déclaration n'est bien évidemment pas suffisante pour décrire l'objet test et le rendre utilisable. Pour l'exploiter, il faut définir ses propriétés, et implémenter ses méthodes au sein de la classe. Cette phase est appelée la définition.

Définition de la classe

Pour exploiter les méthodes et les propriétés d'un objet, on utilise une syntaxe particulière, qui consiste à employer un accesseur. Cet accesseur est constitué des caractères « - » et « > », côte à côte, qui forment une flèche. Ainsi, pour invoquer une méthode de la classe `test`, on aura le code suivant :

```
$objet_test -> ma_methode() ; // appelle la méthode " ma_methode "
$objet_test -> ma_propriete ; // accède à la propriété "ma_propriete"
```

Il ne reste plus qu'à coder les méthodes et les propriétés de la classe.

Propriétés

Les propriétés correspondent à des variables dont la visibilité s'étend sur l'ensemble du code qui compose la classe. Bien que PHP ne nécessite pas de déclarer les variables, il est tout de même utile ici de les déclarer, afin de pouvoir définir les propriétés et de les utiliser dans le code qui implémente la classe. Pour créer ces propriétés, on utilise le mot clé `var` à l'intérieur de la classe :

```
Class test {
   Var $ma_propriété; // la propriété " ma_propriété " est créée
   ...
}
```

Méthodes

Les méthodes d'une classe sont tout simplement des fonctions codées, de la même manière que des fonctions classiques. Par exemple, si on veut inclure la méthode `ma_methode` dans la classe `test`, on aura le code suivant :

```
Class test {

Function ma_methode() {
   ...
}

}

$objet_test = new test ;      // instanciation de "test"
$objet_test -> ma_methode() ;   // invocation de "ma_methode"
```

L'atout majeur des méthodes est de permettre de regrouper dans un objet l'ensemble des données et des traitements. La programmation structurée nécessitait d'appeler des fonctions en leur passant des paramètres dont les valeurs provenaient de structures de données.

Les méthodes sont plus faciles à gérer, car elles peuvent être invoquées, dans le script, par l'intermédiaire d'une syntaxe très simple : `Objet->Methode()`. Nous reviendrons un peu plus loin sur ces atouts.

Nous savons à présent comment coder des méthodes et des propriétés dans une classe. Étudions un cas simple, fondé sur des exemples précédents, afin d'illustrer la construction d'une classe, et en particulier, la portée des variables :

Fichier « test.php3 »

```
<?
class test {
// on définit une classe " test "

var $val;     // déclaration de la propriété " val "

function recurs($i)
{
```

```
    // implémentation de la méthode "recurs" chapitre "fonctions"
    $val="/";   // déclaration de la variable locale " val "
    $i--;
    if ($i>1) {
       $this->recurs($i);
       // $this désigne la classe courante
    };
    echo $i.$val.$this->val."<br>";   // utilisation de la propriété "val"
   }
}

?>

<body bgcolor="ffffff">
<font color="0000ff"><b>
<?
$val="fin de l'affichage<br>";
// déclaration de la variable globale " val " et affectation d'une valeur.
$obj_test = new test;
// instanciation de la classe " test "
$obj_test -> val = 12;
// affectation de la valeur 12 à la propriété " val " de la classe  test "
$obj_test -> recurs($obj_test -> val);
// invocation de la méthode " recurs " de la classe " test " en prenant
// pour paramètres la valeur de la propriété " val " de cette classe
echo "</font><font color=\"008800\">";
echo "<i>$val</i>";
// affichage de la variable globale " val "
?>
fin du test <!--affichage HTML -->
```

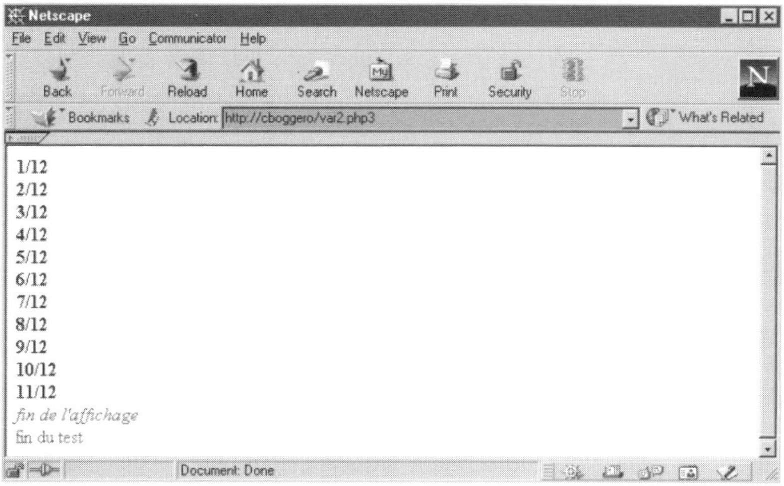

Figure 6.1

Appel de la méthode recurs *de la classe* test.

Dans cet exemple, nous avons volontairement introduit une confusion de nom entre trois niveaux de variables : variable globale, variable locale et propriété de classe. Nous distinguons clairement les différences de portée entre la variable globale (valeur : « fin de l'affichage »), la variable locale à la méthode `recurs` (dont la valeur « / » fait office de séparateur) et la propriété désignée par l'accesseur « -> » (valeur : 12). Bien qu'ayant le même nom, ces trois variables ont leur propre portée et ne sont à aucun moment en position d'interférer les unes avec les autres.

Constructeurs

Un constructeur est une méthode de même nom que la classe qui va être exécutée automatiquement lors de l'instanciation de cette classe. On peut, par exemple, imaginer d'y initialiser les propriétés de la classe, de contrôler si les conditions d'utilisation de la classe sont respectées, etc.

Davantage qu'une recommandation, il s'agit d'une norme de programmation qui s'est imposée au fil du temps. Le constructeur doit être considéré non seulement en tant qu'étape d'initialisation des variables, mais également en tant que première phase d'harmonisation des données disponibles aux traitements de la classe.

Soigner le constructeur est une étape incontournable pour réussir une classe.

Ainsi, grâce au constructeur, on peut envisager de créer l'objet voulu à partir de différents types de données. En jouant sur les paramètres optionnels, vous avez la possibilité d'imposer des comportements par défaut à vos objets...

Instanciation de classes

Pour déclarer l'instance d'une classe (par exemple, « test »), nous devons utiliser le mot clé `new` :

```
$objet_test = new test;
```

La variable `objet_test` est une instance de la classe `test`. On va l'employer dans le reste du script, afin d'invoquer les méthodes et d'accéder aux propriétés de cette classe `test`.

L'instanciation est l'un des apports indéniables de la notion d'objet. Il s'agit de récupérer un pointeur sur une zone mémoire disponible, qui est de la taille de l'objet et peut donc être utilisée pour en gérer le contenu dynamique. Elle gère donc l'allocation de la mémoire ainsi que la mise à disposition d'une variable PHP, dans le reste du script, ce qui permet de manipuler une donnée du format de la classe.

Exemple : quelques véhicules...

Cet exemple est destiné à mettre en œuvre les principaux concepts de la programmation objet (héritage, polymorphisme) en PHP.

Le principe est le suivant : nous commençons par créer une classe « véhicule », qui va regrouper toutes les méthodes ainsi que toutes les propriétés communes à tous les types de véhicules.

Ensuite, nous créons deux autres classes, « voiture » et « camion », qui héritent de la classe « véhicule », et implémentent des propriétés et des méthodes propres aux objets de type voiture et de type camion.

Enfin, pour illustrer le principe du polymorphisme, nous créons une fonction d'affichage, valable pour les objets de types voiture ou camion, ou tout autre objet instance d'une classe qui possède une méthode `etat`.

Création de la classe de base, véhicule

Définition des propriétés et méthodes communes à tous les véhicules.

```
<?
class vehicule {

// déclaration des propriétés de la classe " vehicule " avec des valeurs
// par défaut
   var $puissance = 100;
   var $couleur = "blanc";
   var $moteur = "arrete";

// implémentation des méthodes agissant sur tous les types de véhicules
   function demarrer() {
      $this->moteur = "en marche";
   }

   function arreter() {
      $this->moteur = "arrêté";
   }

   function assigner_puissance($p) {
      $this->puissance = $p;
   }

   function peindre($coul) {
      $this->couleur = $coul;
   }

   function etat() {
      echo "couleur : $this->couleur<br>";
      echo "moteur de $this->puissance chevaux $this->moteur<br>";
   }
}
```

Création de la classe voiture, à partir de la classe véhicule

Cette classe hérite des caractéristiques d'un véhicule et dispose de fonctions particulières, propres aux voitures.

```
class voiture extends vehicule {

// Nous ajoutons ici une propriété, une méthode
// permettant de gérer cette propriété, et une méthode
```

```
// d'affichage propre aux voitures portant le même nom que la
// méthode d'affichage de la classe mère.

   var $nb_porte = 4;

   function assigner_portes($p) {
      $this->nb_porte = $p;
   }

   function etat() {
      echo "Voiture $this->nb_porte portes <br>";
      echo "couleur : $this->couleur<br>";
      echo "moteur de $this->puissance chevaux $this->moteur<br>";
   }
}
```

Création de la classe camion, à partir de la classe véhicule

Cette classe hérite des caractéristiques d'un véhicule, et dispose de fonctions particulières, propres aux camions.

```
class camion extends vehicule {

   // Mêmes ajouts que pour la classe " voiture "
   var $poids = 15;

   function assigner_poids($p) {
      $this->poids = $p;
   }

   function etat() {
      echo "Camion de $this->poids tonnes <br>";
      echo "couleur : $this->couleur<br>";
      echo "moteur de $this->puissance chevaux $this->moteur<br>";
   }
}

// Illustration du polymorphisme : création d'une fonction d'affichage
// valable pour les voitures et les camions.

function affichage($objet) {

// le principe de cette fonction est de pouvoir lui passer en paramètre
// n'importe quel objet implémentant une méthode " etat ".
// Il n'est pas nécessaire de connaître la nature de l'objet (voiture,
// camion, etc.). C'est le polymorphisme.

   $objet->etat();
}
```

Programme principal

Ce programme contient le code PHP qui illustre l'instanciation et l'utilisation des objets.

```
// instanciation de la classe voiture et affectation des propriétés de
// cette voiture.
$v = new voiture;
$v->peindre("rouge");
$v->assigner_portes(2);

// même opération avec la classe camion.
$c = new camion;
$c->assigner_poids(38);
$c->assigner_puissance(250);
$c->demarrer();

// affichage de l'état de chacun des objets " voiture " et " camion " par
// l'intermédiaire de la même fonction " affichage ".
affichage($v);
echo "<br><br>";
affichage($c);
?>
```

L'utilisation du programme principal provoque l'affichage suivant :

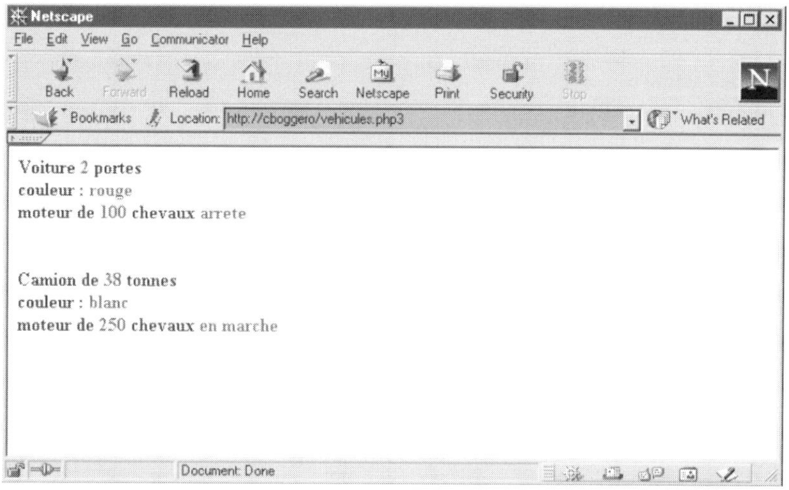

Figure 6.2
Résultat de l'utilisation de la classe véhicule.

Nous savons à présent utiliser et programmer des classes PHP, qui constituent sans aucun doute l'un des points forts de ce langage. Nous allons maintenant voir leur exploitation à travers des bibliothèques personnelles.

En outre, PHP possède une grande quantité de fonctions intégrées, qui permettent de créer des bibliothèques encore plus efficaces. Toutes ces notions seront abordées dans les chapitres suivants, où vous trouverez également de nombreux exemples d'utilisation des classes.

7

PHP avancé

Avant de poursuivre l'étude des apports de PHP, et en particulier les bibliothèques, nous allons introduire un certain nombre de concepts qui facilitent l'utilisation et la mise au point de programmes avec PHP.

Ce chapitre présente donc trois notions :

- le débogage ;
- la coloration syntaxique des sources ;
- le mode ligne de commande.

Ces trois fonctionnalités sont importantes et peuvent rendre de grands services dans la mise au point des développements, la lisibilité des sources et la génération de fichiers page HTML statiques.

Débogage de scripts PHP

Que propose PHP ?

PHP ne propose pas d'environnement de développement intégré en standard. Un environnement de développement intégré propose généralement les fonctionnalités suivantes :

- éditeur de code source, avec coloration syntaxique ;
- aide contextuelle, au sein de l'éditeur, au niveau des noms de fonction et des mots réservés ;
- vérification de la syntaxe ;
- outil de mise au point (débogueur)

Cependant, pour mettre au point un script PHP, plusieurs possibilités s'offrent à vous, que nous allons détailler maintenant.

Exploiter les messages d'erreur

La première possibilité consiste à utiliser les messages d'erreur produits par l'interpréteur PHP. En fonction de la configuration que vous avez effectuée au niveau de l'option « Error handling and logging » du fichier PHP3.INI, différents comportements sont possibles. La configuration des messages d'erreur permet de régler le niveau des messages à afficher, ainsi que la façon de produire ces messages.

Suivant le stade d'avancement de vos développements et l'état de votre site (ouvert au public ou non), vos besoins sont différents. La personnalisation de la configuration des messages d'erreur permet de mieux les gérer.

PHP propose d'inclure les messages d'erreur directement dans le contenu HTML généré, afin que les messages soient visibles lors du test des scripts. Cette fonctionnalité est très intéressante en phase de développement, mais il est exclu de l'utiliser dans des scripts en production, sur un intranet comme sur un site Internet.

D'autre part, si une erreur survient dans un script chargé de générer le contenu d'un tableau HTML, il y a de fortes chances que vous ne voyiez jamais le message s'afficher. En effet, la plupart des navigateurs, en particulier celui de Netscape, n'affichent le contenu d'un tableau que lorsqu'ils ont reçu la balise fermante finale `</TABLE>`. Dans ce cas, si une erreur survient dans une cellule, la génération du tableau sera interrompue et rien ne sera affiché, pas même un message d'erreur.

La seule solution pour visualiser le message d'erreur est de faire afficher le source HTML par le client web. Pour cela, utilisez l'option de menu « Afficher/Source de la page » dans Netscape (raccourci `Ctrl-U`) ou « Affichage/Source » dans Internet Explorer. Vous pouvez également faire un clic droit, puis utiliser l'option de menu « Afficher la source » (valable dans les deux navigateurs).

Configurer les messages d'erreur

La configuration des messages d'erreur PHP est différente en fonction du système d'exploitation sur lequel le serveur HTTP et PHP fonctionnent. En ce qui concerne Windows NT et les systèmes Unix/Linux/FreeBSD, vous pouvez enregistrer les messages d'erreur soit dans un fichier spécifique, soit au même endroit que les messages système (option `syslog` de la directive `error_log`).

Sur un système Linux ou FreeBSD, la directive `syslog` signifie à PHP de transmettre ses messages en tant que messages système. Ces messages système peuvent habituellement être consultés dans le fichier `/var/log/messages`.

Vous pouvez donc ouvrir une session Telnet ou une fenêtre xterm sur votre serveur, puis lancer simplement la commande :

```
tail -f /var/log/messages
```

Dans ce cas, dès qu'un nouveau message y sera ajouté par le système (et par PHP), il apparaîtra dans cette fenêtre.

Sur **Windows NT**, la directive `syslog` a pour effet d'envoyer les messages à l'observateur d'événements (Event Viewer). Cette fonctionnalité est semblable à celle utilisée sur Unix, mais vous devez utiliser l'option « Rafraîchir » pour visualiser les nouveaux messages. Si vous utilisez cette option sur un serveur Windows NT en production, gardez à l'esprit qu'il faut régulièrement purger l'observateur d'événements, faute de quoi vous risquez de voir apparaître un message système indiquant que celui-ci est saturé. Sur un système Windows NT, il est préférable d'écrire les messages d'erreur dans un simple fichier texte. Dans ce contexte, l'observateur d'événements présente plus d'inconvénients que d'avantages.

Sur **Windows 95 ou 98**, il n'existe pas de service d'observateur d'événements. La configuration de la directive `error_log` avec l'option `syslog` sur ces systèmes est donc sans effet. Sur ces systèmes, la seule possibilité est d'enregistrer les messages dans un fichier texte spécifique, ce qui n'est pas vraiment gênant puisqu'il est exclu de les utiliser en tant que serveur de production.

Le niveau de **sévérité** des messages affichés peut être paramétré au moyen de la directive `error_reporting`. Ce paramètre doit recevoir comme valeur numérique la représentation binaire (sous la forme de puissances de deux) des différents niveaux de sévérité.

Tableau 7.1 : Les catégories d'erreurs PHP.

Code	Signification
1	Erreurs normales
2	Avertissements normaux
4	Erreurs de l'interpréteur
8	Notes

Si vous ne souhaitez **afficher que les erreurs**, positionnez `error_reporting` à la valeur 3 (1+2) dans le fichier PHP3.INI. En effet, les deux niveaux d'erreurs sont 1 et 2.

Pour visualiser le **maximum de messages affichés**, affichez-les tous (niveaux 1, 2, 4 et 8). La valeur d'`error_reporting` à utiliser est 1+2+4+8 = 15.

Si vous souhaitez que PHP **insère les messages d'erreur et d'avertissement au sein de la page HTML** produite, positionnez la directive `display_errors` à `On`. En revanche, pour un site en production, il convient de positionner cette directive à `Off`, et de confier l'enregistrement des messages d'erreur à un fichier ou au `syslog`.

NOTE Il est à souligner que la configuration de l'affichage des messages dans le flux HTML et dans un fichier sont deux directives différentes. Vous pouvez donc choisir d'enregistrer les messages avec affichage dans les pages HTML, ou non, ou encore les deux.

Exploiter les informations de phpinfo()

La fonction `phpinfo()` ne présente pas un grand intérêt au premier abord. Mais elle se révèle utile lors de la mise au point de scripts qui exploitent des données envoyées par un formulaire ou le contenu de cookies. En effet, outre les informations générales de configuration de PHP, cette fonction affiche, dans la partie « PHP Variables », les valeurs des paramètres des requêtes POST, GET – *via* les tableaux HTTP_GET_VARS et HTTP_POST_VARS –, ainsi que le contenu des cookies – *via* le tableau HTTP_COOKIE_VARS. Cette possibilité est intéressante, car elle fonctionne sur toutes les versions de PHP ; il suffit d'ajouter au script la ligne suivante pour pouvoir en bénéficier :

```
<? phpinfo(); ?>
```

En outre, la fonction phpinfo()affiche les valeurs des directives du fichier PHP.INI. Cela peut être intéressant lors de la mise au point de scripts qui utilisent, par exemple, le File Upload.

Instrumenter le code

Une autre possibilité, héritée des langages de troisième génération dépourvus d'outils de mise au point, est d'ajouter au code utile des portions de code. L'objectif est de procurer au développeur, lors des tests, un retour sur l'exécution.

Ainsi, avant et après chaque action « sensible », une fonction est appelée, afin d'afficher ou d'enregistrer une trace de l'action en cours.

Pour activer et désactiver cette fonction facilement, utilisez une pseudo-constante dans vos scripts, qui provoquera l'affichage ou le masquage de ces messages d'erreur.

Notez que, à chaque appel de cette fonction, qu'elle soit activée ou désactivée, vos scripts devront effectuer le test, afin de savoir si la fonction doit être exécutée ou non. Cela peut avoir un impact non négligeable sur les performances globales de votre application.

Par exemple, vous pouvez créer une fonction qui affichera le message qui lui est adressé uniquement si le mode Debug est actif. Pour cela, vous devez recourir à une constante (CST_DEBUG_MODE), déclarée dans l'un de vos sources ou dans un fichier d'include, qui contiendra les valeurs TRUE ou FALSE, suivant que vous voulez visualiser les messages de débogage ou non. Voici un exemple de ce type de fonction :

```
define( CST_DEBUG_MODE, "OUI");      # OUI, NON ou TRACE
function DoDebugMessage ( $Msg1, $Msg2 )
{
   # Si mode debug inactif, quitter la fonction
   if (CST_DEBUG_MODE == "NON" ) return;
   # Affichage des deux messages renseignés
   if (CST_DEBUG_MODE == "OUI" ) {
      echo( "<HR><B>Débogage de l'application (actif)</B>"
      if ( $Msg1 != "" ) echo( "<BR>$Msg1" );
      if ( $Msg2 != "" ) echo( "<BR>$Msg2" );
   }
   # Ou insertion des messages dans un fichier
   else if (CST_DEBUG_MODE == "TRACE" ) {
   ...# Ajouter le message au fichier
   }
}
```

Utiliser le débogueur distant

Quand on parle d'outil de mise au point (débogueur), on s'attend généralement à se retrouver face à un outil qui permette de placer des points d'arrêt à certains endroits choisis du code source, et d'exécuter un programme en mode pas à pas en observant les valeurs des variables.

Le débogueur intégré (remote debugger) de PHP ne permet rien de tout cela. Il offre uniquement la possibilité d'observer les messages d'erreur et d'avertissement sur une machine distante, *via* un réseau local.

Dans la pratique, l'interpréteur PHP ouvre un socket sur une machine distante aux fins d'exécution de chaque script, puis y inscrit les messages d'erreur sous une forme standard.

Supposons que l'on dispose de deux machines reliées à un réseau local : pingu et beastie. Pingu est le serveur qui héberge le serveur HTTP et PHP, tandis que beastie est une machine quelconque ou une station de développement.

Du côté du serveur pingu, PHP se charge d'ouvrir le socket et d'écrire les messages. Du côté de la station de développement, en revanche, il n'existe rien en standard pour capturer le flux de données qui transite sur le socket. Il faut donc y installer un programme de type Port Listener, tel `netcat`. Netcat est un petit utilitaire écrit il y a plusieurs années sur Unix, disponible avec ses sources. Il ne semble plus être maintenu par son auteur. Néanmoins, les sources ont été adaptés afin de fonctionner sur les machines Win32. Les deux versions Unix (ainsi que Linux ou FreeBSD) et Win32 **sont disponibles sur le site dédié à cet ouvrage.**

Arrivé à la fin de chaque script, PHP ferme la connexion. Il faut donc écrire un petit shell script, ou un batch pour Windows, qui permette de relancer Netcat lorsqu'il se désactive.

Sur Unix/Linux/FreeBSD, cela donne ce qui suit :

```
# !/bin/sh
while(true)
do
   echo "***";
   echo "    ";
   nc -l -p 1400 -v -v <target host>
done
```

Pour Windows, on écrira un batch de ce type :

```
REM   *** En admettant que ce fichier s'appelle run_netcat.bat
@echo off
echo.  ***
echo.
netcat -l -p 1400 -v -v <target host>
call run_netcat.bat
```

Dans la configuration de PHP, il faut préciser quelle machine et quel port le débogueur doit utiliser. Aussi, dans la section, nous trouverons les lignes suivantes :

```
[Debugger]
debugger.host      =   192.168.100.10   ; adresse IP de beastie
debugger.port      =   1400             ; port à utiliser
debugger.enabled   =   true             ; activer le débogueur intégré
```

Dès lors, à la fin de l'exécution de chaque script, PHP ouvrira le socket 1400 de la machine `beastie` et y écrira le contenu des messages d'erreur et d'avertissement.

Chaque message est écrit sur plusieurs lignes. Il débute par une ligne `start` et se termine par une ligne `end`.

Le format de chaque ligne est le suivant :

```
date heure hostid(pid) type : contenu
```

Et les informations disponibles sont :

- **Date** courante, au format yyyy-mm-dd.
- **Heure** courante, au format hh:mm:sszzzzzz, où la valeur zzzzzz représente les millioniѐmes de secondes.
- Identification du **serveur** (hostid).
- Identification du **processus PHP** (pid).
- **Type** du contenu : start, end, location, message, frame, function.
- **Valeur** du contenu : corps du message.

Selon le type d'erreur, le débogueur intégré produit plusieurs lignes de renseignement. Dans tous les cas, un message commence par une ligne de type `start` et se termine par une ligne de type `end`.

Dans l'exemple suivant, l'erreur concerne un fichier à inclure qui n'a pas été trouvé :

```
1999-11-14 23:52:16968719 pingu(-3885401) start: error
1999-11-14 23:52:16968719 pingu(-3885401) message: Failed opening required '
➥weeknumber.php3'
1999-11-14 23:52:16968719 pingu(-3885401) location: c:\progra~1\apache\htdocs
➥/TestFunctions.php3:402
1999-11-14 23:52:16968719 pingu(-3885401) end: error
```

Il s'agit d'une erreur, intervenue à la ligne `402` du script `TestFunctions.php3` ; une instruction `require()` n'a pas pu trouver le fichier nommé `weeknumber.php3`.

N'oubliez pas de désactiver le débogueur distant, en modifiant la valeur de la directive debugger_enabled, afin de la replacer à false dès que vous n'en aurez plus besoin. En effet, si vous laissez le débogueur actif et que la machine distante utilisée pour l'écriture des traces ne soit plus disponible, l'affichage du résultat de vos scripts sera retardé de façon conséquente, suite aux tentatives répétées de connexion. Ces scripts généreront une erreur (un time-out) dont vous risquez d'en rechercher longtemps la cause.

NOTE Après avoir modifié le fichier de configuration PHP3.INI, si vous utilisez PHP en module chargeable d'Apache, vous devrez relancer le serveur Apache afin que les modifications soient prises en compte.

Que faire en cas d'erreur ?

Malgré tous vos efforts, vous ne parvenez pas à faire fonctionner un script. Rien n'y fait, vous venez d'y passer une demi-heure, et vous n'avez pas la moindre piste. Nous vous proposons une liste de points à vérifier, qui devraient vous sortir d'affaire dans la plupart des cas :

- **Si aucun message d'erreur ne s'affiche.** Placez la directive `error_reporting` du fichier de configuration PHP3.ini à un niveau suffisamment haut. Avec la valeur 0, aucun message n'est affiché. Avec la valeur 1, seules les erreurs sont affichées. Avec la valeur 15, tous les messages sont affichés.

- **Si aucun message ne s'affiche malgré cela.** L'erreur survient peut-être lors de la génération d'un tableau HTML. Certains navigateurs web, tel Netscape, n'affichent rien tant qu'ils n'ont pas reçu la balise finale </HTML>. Affichez alors le source de la page dans votre navigateur, ou consultez le fichier de log de PHP ou encore le log système (voir directive `log_error`).
- **Les messages d'avertissement n'ont aucun rapport avec les symptômes du dysfonctionnement observé.** Corrigez toutes les anomalies et avertissements que produit votre code. Un programme bien écrit ne doit pas produire de message, même avec la directive `error_reporting` fixée à la valeur la plus basse (15).
- **Rien ne s'affiche, mon script s'achève par une erreur de type Time Out.** Soit votre traitement est trop complexe, et son exécution dépasse la limite de temps fixée par la directive `max_execution_time`, soit votre script est en attente d'une ressource externe non disponible : fichier verrouillé, base de données non disponible (serveur planté), connexion réseau absente, etc. Pour cerner le problème, observez la consommation CPU de votre processus PHP (dans le cas d'un PHP en mode CGI) ou de votre serveur HTTP (dans le cas d'un module Apache ou d'une extension ISAPI de IIS). Si la consommation CPU est nulle, il s'agit du second cas : PHP est en attente d'une ressource non disponible. Si votre script consomme beaucoup de temps processeur, vous êtes dans le premier cas : votre script fonctionne, mais dure trop longtemps. Pour y remédier, augmentez la valeur de `max_execution_time`.
- **Si vous n'avez pas trouvé la solution à votre problème**, n'ayez pas d'inquiétude. Notez très exactement la teneur du message d'erreur, décrivez votre problème de façon précise et détaillez votre configuration (système d'exploitation, serveur HTTP, mode de fonctionnement de PHP – à savoir, module ou CGI, ainsi que les versions respectives). Déposez le tout dans la boîte aux lettres du forum français dédié à PHP. Nous avons la chance de disposer de l'un des deux seuls forums Usenet dédiés à PHP, profitons-en !

Ce forum se trouve à l'adresse suivante : news://php3_tut5.html.

Coloration syntaxique

Que propose PHP en standard ?

PHP dispose d'une fonction qui permet d'afficher le script d'une page en couleurs. Les mots clés du langage, les structures de contrôle et les chaînes de caractères sont alors facilement identifiables, ce qui accélère leur recherche et donc la lisibilité des sources.

Ce mode est clairement mis en œuvre sur le site même de PHP, agissant comme un argument commercial puissant. Il suffit d'activer un bouton pour que le source de la page en cours de visualisation apparaisse en couleurs. Voici comment procéder.

Cette coloration est très simple à mettre en œuvre. Il suffit, d'une part, de déclarer un type MIME spécifique dans la configuration du serveur HTTP. Pour le serveur Apache, ajoutez la directive suivante, dans le fichier `httpd.conf` :

```
AddType application/x-httpd-php3-source .phps
```

Ensuite, dans le fichier PHP3.INI, spécifiez les couleurs que vous souhaitez utiliser pour les différents éléments du langage :

Tableau 7.2 : Propriétés de la fonction de gestion de la coloration syntaxique.

Propriété	Éléments concernés
`highlight.string`	Les chaînes de caractères, entre quotes ou doubles-quotes
`highlight.comment`	Les commentaires
`highlight.keyword`	Les mots clé du langage
`highlight.bg`	La couleur de fond (blanc, par défaut)
`highlight.default`	Le reste du code
`highlight.html`	Le reste du code HTML, extérieur aux portions de code PHP

Il ne reste plus qu'à **dupliquer les scripts** dont vous voulez voir le code source en couleurs. Renommez leur extension, de `.php3` en `.phps`, puis chargez la page voulue dans votre navigateur (son URL doit porter l'extension `.phps`).

Il est déconseillé d'utiliser cette fonction de façon systématique sur tous les scripts. En effet, certains codes sont susceptibles de délivrer des informations précieuses à des personnes mal intentionnées (pirates, crackers). En particulier, les mots de passe d'accès aux bases de données risquent d'apparaître en clair…

Les éditeurs de texte paramétrables

Outre la coloration syntaxique fournie par PHP, qui, bien que très lisible, permet d'afficher mais non d'éditer le code en direct, plusieurs éditeurs de texte offrent cette possibilité. La plupart d'entre eux sont entièrement configurables et permettent de spécifier une liste de mots clés, noms de fonctions et opérateurs du langage.

Parmi les principaux, nous pouvons citer UltraEdit 6.x, un partagiciel (shareware) disponible sur les plates-formes Windows 95, 98 et NT.

Directement issus du monde Unix, on trouve les deux frères ennemis, à savoir Emacs et VI, ainsi que leurs déclinaisons, XEmacs et VIM. Ces deux derniers offrent la coloration syntaxique pour la plupart des langages de programmation, et en particulier pour PHP. XEmacs et VIM sont disponibles sur tous les systèmes Unix, Linux et FreeBSD. VIM existe également en version Win32.

Mode ligne de commande

De quoi s'agit-il ?

Comme nous l'a vu, PHP permet de générer du code HTML et de l'intégrer au sein d'une page HTML prédéfinie (on parle alors d'une page HTML statique). Cependant, rien n'empêche d'utiliser PHP de façon différente.

Imaginons que vous réalisiez un site Internet très fréquenté, qui fournisse des informations actualisées une seule fois par jour, par exemple les cotations des valeurs boursières à la clôture de la Bourse de Paris.

Les cours seront très certainement stockés sur une base de données. Le plus simple est de réaliser des scripts PHP qui afficheront, à la demande, le cours des valeurs qui composent le CAC40.

Pour chaque demande, votre serveur web devra régénérer la même page (en effet, les pages dynamiques ne sont pas mises en cache, ni par les proxies, ni par les clients web). Il devra également réaliser une ou plusieurs connexions sur la base de données, recalculer des moyennes et dessiner des graphiques à la volée (à l'aide de la bibliothèque GD).

Dans ce type d'utilisation, il est recommandé de générer l'ensemble des pages une fois par jour, dès la disponibilité des cours, et de placer ce contenu, devenu parfaitement statique, dans l'arborescence du serveur web. Ainsi, votre serveur sera considérablement soulagé, puisqu'il n'aura plus qu'à afficher du contenu statique, qui pourra avantageusement être mis en cache par des proxies.

Mise en œuvre

Pour générer des pages HTML avec PHP, il existe plusieurs possibilités. La première est d'utiliser une version de PHP compilée en tant que CGI (cela est valable même si votre serveur HTTP utilise une version en module ou ISAPI).

Par exemple, la ligne suivante permet d'invoquer l'exécutable PHP, afin qu'il interprète un fichier source nommé test.php3, et génère directement le flux HTML dans un fichier de destination nommé test.html :

```
PHP.EXE -q test.php3 > test.html
```

Cela vaut aussi bien pour Windows que pour Unix/Linux. N'oubliez pas de positionner l'option `-q`, afin de supprimer l'envoi de l'entête HTTP qui contient le content-type :

```
Content-type: text/html.
```

Les autres options de PHP, en mode ligne de commande, sont les suivantes :

```
$ cgi-bin/php -h   => Affichage de l'aide.
      Usage: php [-q] [-h] [-s] [-v] [-i] [-f <file>] | {<file> [args...]}
```

Tableau 7.3 : Les options de la ligne de commande.

Option	Signification
`-q`	Mode silencieux ; en-têtes HTTP non affichés
`-s`	Affichage de la coloration syntaxique
`-f <file>`	Interprète le fichier <file>. (Implique -q)
`-v`	Affiche le numéro de version
`-p`	Précompilation d'un script
`-e`	Exécution d'un script précompilé
`-c <path>`	Impose la recherche du fichier PHP3.INI dans le répertoire spécifié
`-i`	Affiche des informations concernant PHP
`-h`	Affiche l'aide concernant les options de la ligne de commande

Toutefois, si cette utilisation de PHP en mode ligne de commande fonctionne, elle peut ne pas répondre à tous les besoins, pour les raisons suivantes :

- En mode CGI, PHP ne propose pas toutes les options, disponibles en module Apache.
- PHP s'exécute en tant que programme à part entière, en dehors du contexte du serveur HTTP. Certaines variables ou configurations peuvent donc être indisponibles.
- Sur Unix/Linux, PHP ne s'exécute pas forcément sous le même `userid` que lorsqu'il est lancé par le serveur HTTP, d'où des risques de conflits provoqués par les droits d'accès à des répertoires et à des fichiers.

En conséquence, sur une plate-forme Unix/Linux, il est préférable d'utiliser un outil tiers pour produire les pages HTML statiques. L'astuce couramment utilisée consiste à utiliser le navigateur standard en mode texte lynx, en lui passant un paramètre en mode ligne de commande qui lui ordonne de ne pas afficher le contenu de la page, mais de le rediriger vers la sortie standard.

On obtiendra donc :

```
lynx -dump http://www.mon.site.com/sousrep/test.php3 > test.html
```

Partie III

Bibliothèques et composants

8

Bibliothèques standard

Définition

Qu'est-ce qu'une bibliothèque ?

Une bibliothèque est un ensemble de fonctions qui permettent de réaliser des tâches relatives à un même domaine. Il suffit de référencer ces bibliothèques dans une page PHP pour pouvoir utiliser leurs fonctions. Citons, par exemple, les bibliothèques d'accès natif aux SGBD, les bibliothèques de fonctions graphiques ou les bibliothèques de cryptage.

Pourquoi écrire des bibliothèques ?

Tout langage digne de ce nom doit intégrer un certain nombre de fonctionnalités natives, afin de proposer un niveau de productivité suffisant. En effet, les fonctions implémentées dans les bibliothèques intégrées font essentiellement appel à des couches de très bas niveau. Le redéveloppement de ces fonctions serait donc, dans tous les cas, très long voir, même impossible, pour des bibliothèques qui utiliseraient des API auxquelles PHP ne pourrait accéder. En effet, PHP accepte de référencer uniquement les bibliothèques développées pour lui et ne peut donc pas s'interfacer avec d'autres API.

Pour interfacer PHP avec d'autres produits, tels des SGBD ou des utilitaires de compression, il est donc indispensable d'écrire une nouvelle bibliothèque PHP avec un langage qui peut exploiter des API ouvertes (C, C++).

L'écriture de bibliothèques natives PHP est indispensable pour que ce langage puisse communiquer avec les autres éléments qui composent l'architecture logicielle globale dans laquelle il prend place.

Avantages et inconvénients des bibliothèques

Le principal intérêt des bibliothèques intégrées est de proposer des fonctions de haut niveau, qui permettent à PHP de s'interfacer avec son environnement logiciel. Toutefois, l'utilisation de ces bibliothèques est soumis à condition. En effet, lorsqu'on désire exploiter les fonctions de l'une d'entre elles, il faut la référencer au sein du script PHP, et donc la monter en mémoire au moment de l'interprétation du code. On imagine alors les problèmes qui risquent de se poser.

Tout d'abord, des problèmes de performance. Avant d'interpréter la page PHP, il est nécessaire que toutes les bibliothèques référencées par cette page soient montées en mémoire. Si ces bibliothèques sont volumineuses, le temps de chargement devient critique, surtout lors de fortes montées en charge. Ce phénomène peut cependant être très atténué. Il suffit d'indiquer, dans le fichier de configuration de PHP, que les bibliothèques le plus fréquemment employées restent en permanence en mémoire, ce qui supprime le temps de chargement.

Attention ! Les bibliothèques étant conçues pour être montées en mémoire à la demande – afin d'éviter de la surcharger –, le fait d'en conserver un grand nombre en mémoire en permanence peut jouer sur les performances, lorsque la configuration mémoire de la machine est faible.

Ce second aspect est donc à prendre en compte lors de l'utilisation des bibliothèques. Si l'on utilise beaucoup de bibliothèques dans une page, outre le temps de chargement, la capacité mémoire de la machine en cas d'utilisations intensives risque également de poser problème.

Il convient donc de n'utiliser ces bibliothèques qu'à bon escient, et surtout d'éviter de systématiser le référencement de nombreuses bibliothèques dans chaque page PHP. En résumé, il est préférable de ne référencer que les bibliothèques indispensables dans chaque page.

Fonctions du SDK de PHP

PHP et la gestion des bibliothèques

Le référencement des bibliothèques peut être effectué soit de manière permanente (dans le fichier de configuration de PHP), soit de manière ponctuelle (au sein du code PHP, à l'aide de la fonction `dl`.

Sous Windows, le référencement de la bibliothèque d'accès natif à Oracle 7.3 est effectué à l'aide de la ligne suivante :

```
dl(" php3_oci73.dll ") ;
```

Dès lors, toutes les fonctions d'exploitation d'Oracle 7.3 du SDK pourront être appelées au sein de la page qui contient cette ligne.

NOTE La fonction `dl` ne permet qu'une montée en mémoire ponctuelle. Dès que l'interprétation de la page PHP est terminée, la bibliothèque est éliminée de la mémoire. À l'inverse, le référencement **permanent** depuis le fichier de configuration va rendre la bibliothèque accessible depuis toutes les pages PHP, sans qu'il soit nécessaire d'utiliser la fonction `dl`.

Récapitulatif des bibliothèques disponibles

PHP est un langage jeune, en plein développement. La liste des bibliothèques PHP est loin d'être exhaustive. Dès qu'un besoin de s'interfacer avec un produit donné (un nouveau SGBD, par exemple) ou d'exploiter de nouvelles technologies (telle XML) se fait sentir, un groupe de développement se met en place pour y satisfaire. Ces bibliothèques constituent toute l'ouverture de PHP ; à ce titre, elles sont appelées à se multiplier.

Nous pouvons toutefois citer les bibliothèques d'accès aux **SGBD libres** :

```
mSQL, mySQL, PostgreSQL
```

les bibliothèques d'accès aux **SGBD commerciaux :**

```
Informix, MS SQL Server, Sybase, Oracle 7.3, Oracle 8, DBase
```

ainsi que les bibliothèques de **cryptage**, d'accès aux **annuaires** LDAP, de fonctions **graphiques**, **IMAP4**, **SNMP**, de génération de documents au format **PDF**, de compression, de parsing **XML**, et bien d'autres.

NOTE Certaines de ces bibliothèques, la bibliothèque de génération de documents PDF, par exemple, font appel à d'autres bibliothèques externes, parfois payantes, dont toutes les coordonnées sont fournies sur le site officiel de PHP : www.php.net.

Gestion des nombres

Opérateurs disponibles

Tous les opérateurs classiques sont implémentés dans PHP.

Tableau 8.1 : Opérateurs mathématiques.

Opérateur	Opération	Exemple
+	Addition $a + $b	13 + 5 = 18
-	Soustraction $a - $b	13 - 5 = 8
*	Multiplication $a * $b	13 * 5 = 65
/	Division $a / $b	13 / 5 = 2.6
%	Modulo $a % $b	13 % 5 = 3

Tableau 8.2 : Raccourcis des opérateurs.

Opérateur	Opération	Effet
++	Incrément de 1 $a ++	Ajoute 1 à $a et affecte le résultat à $a
+= n	Incrément de n $a += n	Ajoute n à $a et affecte le réulstat à $a
--	Décrément de 1 $a --	Retranche 1 de $a et affecte le résultat à $a
-= n	Décrément de n $a -= n	Retranche n de $a et affecte le résultat à $a
*= n	Multiplication par n $a *= n	Multiplie $a par n et affecte le résultat à $a
/= n	Division par n $a /= n	Divise $a par n et affecte le résultat à $A

Conversions de nombres

Les variables ordinales PHP peuvent être converties. Il suffit d'assigner aux différentes formes de nombres un nouveau type, entre parenthèses :

```
$i = 10 ; // $i est un entier.
$i = (float)$i ;   // $i est converti en décimal. Remarque : on aurait pu
// utiliser " real " ou " double " de manière équivalente
// à " float "
$i = 10.5 ; // $i est un décimal
$i = (int)$i ; // $i est converti en entier et vaut 10.
```

Formatage de nombres

Les nombres peuvent être formatés, grâce à la fonction `number_format`, qui retourne une chaîne de caractères. Cette fonction accepte un, deux ou quatre paramètres.

Si un seul paramètre est passé, le nombre est affiché sans les décimales, et une virgule sépare les milliers : `Number_format`(float nombre). Voici un exemple :

```
Echo number_format(125253.2) ; // affiche " 125,253 "
```

Si deux paramètres sont passés, le nombre est affiché avec le nombre de décimales spécifié, et des virgules séparent les milliers : `Number_format`(float nombre, int decimales). Voici un exemple :

```
echo number_format(125253.2, 3); // affiche " 125,253.200 "
```

Si quatre paramètres sont passés, le nombre est affiché avec le nombre de décimales spécifié, ainsi que les séparateurs de milliers et de décimale requis : `number_format`(float nombre, int decimales, string sep_decimal, string sep_milliers). Par exemple :

```
echo number_format(125253.2, 3, ",", " "); // affiche " 125 253,200 "
```

Gestion des dates

Comment sont stockées et gérées les dates sous PHP ?

PHP gère les dates sous la forme d'un entier long, qui représente le nombre de secondes écoulées depuis le 1er janvier 1970. Il s'agit de l'unique format de date reconnu par PHP.

Tous les stockages, les opérations et les conversions qui portent sur les dates doivent donc se conformer à ce format.

Calculs de durées

Tous les calculs de durées se font à partir de ce nombre de secondes écoulées depuis le 1er janvier 1970. C'est un entier, il se manipule comme tel. Ainsi, pour calculer une durée, il suffit de retrancher l'entier long qui représente la date la plus ancienne de celui qui représente la date la plus récente.

Nous le verrons un peu plus loin, PHP est pourvu de tous les outils nécessaires à la conversion de ces entiers longs en dates lisibles. En revanche, il n'existe aucune fonction intégrée qui permette de convertir un nombre de secondes en une durée découpée en années, jours, heures, minutes et secondes. Une telle fonction doit donc être programmée manuellement. On pourra, par exemple, utiliser la fonction suivante, qui, à partir d'un paramètre de durée exprimé en secondes, retourne une chaîne de caractères de type « A ans J jours H heures M minutes S secondes » :

```
function convert($durée) {
   $minute = 60;
   $heure = 60 * $minute;
   $jour = 24 * $heure;
   $annee = 365 * $jour;
   $chaine = floor($durée / $année)." ans ";
   $reste = $durée % $anné;
   $chaine .= floor($reste / $jour)." jours ";
   $reste = $reste % $jour;
   $chaine .= floor($reste / $heure)." heures ";
   $reste = $reste % $heure;
   $chaine .= floor($reste / $minute)." minutes ";
   $reste = $reste % $minute;
   $chaine .= $reste." secondes";
   return $chaine;
}
```

Opérations sur les dates

Puisque les dates sont représentées par des entiers longs, toutes les opérations effectuées sur les entiers sont donc valables pour les dates.

Les opérations spécifiques aux dates consistent à générer un entier long, qui représente une date définie, ainsi qu'une fonction de contrôle de validité. PHP fournit les fonctions `time`, `mktime` et `gmmktime` pour générer l'entier long, et la fonction `checkdate` pour vérifier la validité des dates.

`Time` retourne l'entier long qui représente la date courante :

```
Echo time() ; // affiche 931721686 le 11 juillet 1999 à 21h 34mn 46sec.
```

`Mktime` retourne l'entier long qui correspond à une date donnée :

```
Echo mktime(21,34,46,7,11,1999) ;
// affiche 931721686 pour le 11 juillet
// 1999 à 21h 34mn 46sec.
```

`GmMkTime` est semblable à `Mktime`, mais retourne l'entier qui correspond à l'heure GMT.

Enfin, `CheckDate` retourne un booléen qui indique si la date passée en paramètre est valide ou non. Les années bissextiles sont prises en compte. Ainsi, on pourra facilement générer un calendrier perpétuel à l'aide de cette fonction :

```
Checkdate(2,29,1999) ; // retourne faux car 1999 n'est pas bissextile
Checkdate(2,29,2000) ; // retourne vrai car 2000 est bissextile
```

Conversions de dates

Les dates sont converties, du format entier long vers un format lisible, principalement par la fonction `date` :

```
Echo date("j/m/Y, H:i:s ",931721686) ;
// affiche 11/07/1999, 21:34:46
```

Les formats reconnus par la fonction `date` sont les suivants :

Tableau 8.4 : Codes des informations renvoyées par les fonctions de dates.

Code de l'indice	Signification, type (plage)
"seconds"	Secondes, au format numérique (0 à 59)
"minutes"	Minutes, au format numérique (0 à 59)
"hours"	Heures, au format numérique (0 à 23)
"mday"	Jour du mois, au format numérique (1 à 31)
"wday"	Jour de la semaine, au format numérique (1 à 7)
"mon"	Mois, au format numérique (1 à 12)
"year"	Année, au format numérique (1970 à…)
"yday"	Jour de l'année, au format numérique (1 à 365)
"weekday"	Jour de la semaine complet, en anglais, au format chaîne (Sunday à Saturday)
"month"	Mois complet, en anglais, au format chaîne (January à December)

Voici le résultat produit avec l'indice « weekday » :

```
$today = Getdate(931721686) ;
Echo $today["weekday"]; // affiche "Sunday".
```

Nous vous proposons un exemple récapitulatif, qui calcule l'écart de temps entre la date courante et une date saisie :

Fichier « form.php3 » :

```
<body bgcolor="#ffffff">
<h1>Exemple de calcul de durées</h1>
<i>Saisir une date (jj/mm/aaaa) :</i><br>
<FORM action="formres.php3" method=GET>
<TABLE cellspacing=0 cellpadding=3 border=0>
<tr>
   <td><b>Date :</b></td>
   <td><input type=text size=2 maxlength=2 name="jour"><input type=text size=2
   ➥maxlength=2 name="mois"><input type=text size=4 maxlength=4 name="annee"></td>
</tr>
<tr>
   <td colspan=2 align=center><input type=submit value="Calculer"></td>
</tr>
</TABLE>
</FORM>
```

Figure 8.1

Interface de l'exemple de calcul des durées.

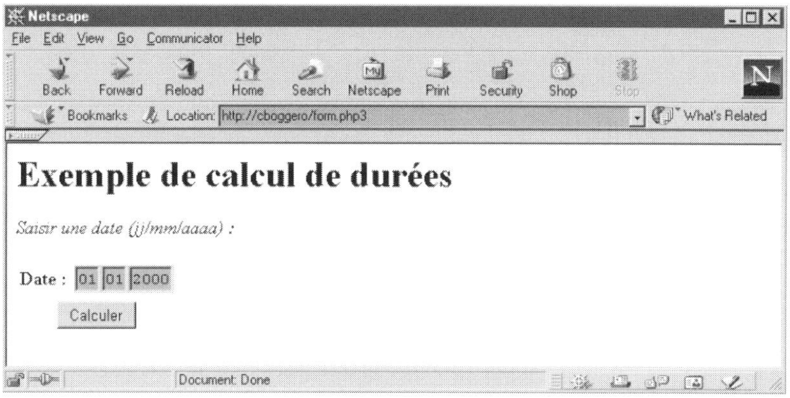

Fichier « formres.php3 » :

```
<body bgcolor="#ffffff">
<h1>Résultat du calcul</h1>
<font color="0000ff"><b>
<?
function convert($duree) {
   $minute = 60;
   $heure = 60 * $minute;
   $jour = 24 * $heure;
   $annee = 365 * $jour;
   $chaine = floor($duree / $annee)." ans ";
   $reste = $duree % $annee;
   $chaine .= floor($reste / $jour)." jours ";
   $reste = $reste % $jour;
   $chaine .= floor($reste / $heure)." heures ";
   $reste = $reste % $heure;
   $chaine .= floor($reste / $minute)." minutes ";
   $reste = $reste % $minute;
   $chaine .= $reste." secondes";
   return $chaine;
}
// vérification de la cohérence de la date saisie
if (Checkdate($mois,$jour,$annee))
{
   $now = time();
   // affichage formaté de la date courante avec la fonction “Getdate”
   $tabdate = Getdate($now) ;
   echo "Nous sommes le <font color=\"008800\">
    $tabdate[mday]/$tabdate[mon]/$tabdate[year]</font>
    et il est <font color=\"008800\">$tabdate[hours]h
    $tabdate[minutes]mn $tabdate[seconds]s</font><br>";
   echo "Vous avez choisi le <font color=\"008800\">
    $jour/$mois/$annee</font> à <font color=\"008800\">
    0h 00mn 00s</font><br>";
   // création d'une date valide à partir de la date saisie
```

```
    $dte = mktime(0,0,0,$mois,$jour,$annee) ;
    $ecart = abs($now-$dte);
    echo "Il y a " . convert($ecart)." de différence entre ces dates";
} else {
    echo "Date invalide";
};
```

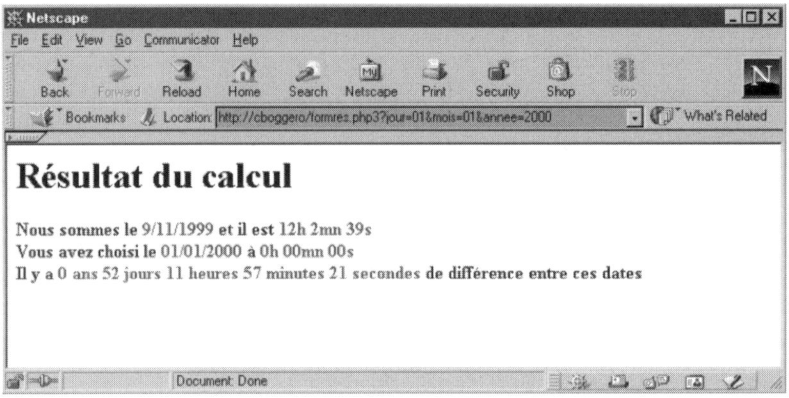

Figure 8.2
Résultat de l'exemple de calcul des durées.

Gestion des tableaux

Les tableaux sont une structure clé en PHP. En dehors de leur intégration dans des mécanismes implicites du langage (tableau GLOBALS des variables globales), de nombreux traitements les utilisent, et de multiples fonctions permettent de les exploiter de manière très puissante.

Déclaration d'un tableau

Un tableau se déclare en PHP de la même manière qu'un autre type de variable. Seule l'initialisation diffère, eu égard à la structure même d'un tableau.

Ce sujet est traité en détail, plus haut dans cet ouvrage, dans la section consacrée aux variables.

Passage d'un tableau en paramètre de fonction

En PHP, un tableau se passe en paramètre d'une fonction, de la même manière que tous les autres types de variables, sans ajout de symbole particulier. Par exemple, pour afficher le premier élément d'un tableau, on peut utiliser la fonction suivante :

```
function affichage($tableau) {
// le paramètre de type tableau ne se différencie en rien d'un autre dans
// la déclaration
      echo $tableau[0];
      // c'est dans le traitement que l'on considère la variable
      // comme étant un tableau.
}
```

```
$tab[0]="test";
affichage($tab);
// le passage du tableau se fait également simplement par son nom,
// sans ajout d'un autre symbole. La fonction affiche " test "
```

Cette facilité de passage des tableaux en paramètre peut toutefois se révéler dangereuse. En effet, rien ne différencie les types de variables entre eux ; il est donc possible de passer à la fonction un entier à la place d'un tableau. Cela génère une erreur, qui peut être difficile à localiser. Pour se prémunir de ce genre d'inconvénient, et assurer un fonctionnement correct à notre fonction, il convient de contrôler que la variable reçue est bien un tableau. Pour cela, PHP propose la fonction `is_array`, qui renvoie un booléen :

```
function affichage($tableau) {
   if (is_array($tableau)) {
   // renvoie False si $tableau n'est pas un tableau.
      echo $tableau[0];
   } else {
      echo " Ceci n'est pas un tableau " ;
   } ;
}
```

REMARQUE Des fonctions similaires existent pour contrôler tous les types de variables (`is_integer`, `is_string`, `is_double`, etc.). Elles sont détaillées en annexe.

Parcourir et accéder aux éléments d'un tableau

Un tableau peut se parcourir de plusieurs manières différentes. La plus élégante est certainement celle qui utilise les fonctions complémentaires `each` et `list`. Elles permettent de s'affranchir de tous les problèmes liés aux bornes (indices minimum et maximum) du tableau :

```
function affichage($tableau) {
   if (is_array($tableau)) {
       while (list($cle, $val)=each($tableau)) {
   // voir le paragraphe consacré aux fonctions " each " et
   // " list " pour tous les détails sur leur fonctionnement.
         echo $val."<br>";
      };
   } else {
      echo "Ceci n'est pas un tableau" ;
   };
}

$tab[0]="bleu";
$tab[1]="vert";
$tab[2]="rouge";
$tab[3]="jaune";
$tab[4]="orange";
$tab[5]="noir";
affichage($tab); // affiche toutes les valeurs du tableau.
```

On peut bien évidemment accéder aux éléments d'un tableau par l'intermédiaire de boucles `for`, ou conserver la boucle `while`, tout en utilisant les diverses fonctions liées aux tableaux, qui permettent de connaître leur longueur ou de naviguer à l'intérieur de ceux-ci. Ces fonctions sont décrites en annexe.

Appel d'une fonction pour chaque élément du tableau

Ici encore, PHP se démarque de beaucoup d'autres langages. En effet, il fournit une fonction qui permet d'en appeler une autre pour chaque élément d'un tableau, au moyen d'une seule ligne de code. Il s'agit de la fonction `array_walk`, qui prend en paramètre le tableau à traiter, ainsi que la fonction à appeler pour chacun de ses éléments :

```
function affichage($valeur) {
   echo $valeur."<br>";
}
$tab[0]="bleu";
$tab[1]="vert";
$tab[2]="rouge";
$tab[3]="jaune";
$tab[4]="orange";
$tab[5]="noir";
array_walk($tab,"affichage"); // affiche tous les éléments de $tab.
```

Cette fonction épargne de construire une boucle de parcours du tableau, ce qui élimine les problèmes liés aux bornes de celui-ci. Elle apporte aussi une grande souplesse dans la manipulation des éléments du tableau.

Gestion des tris

Trier un tableau

Dans n'importe quel langage, le moyen le plus simple de trier un tableau est de le parcourir, puis de classer les éléments lus dans un second tableau, suivant les critères désirés. Cette opération peut se révéler complexe et nécessiter de nombreuses lignes de code. Pour éviter ce fastidieux travail, PHP propose de nombreuses fonctions intégrées de tri de tableaux.

Les tris fondés sur un critère

Différentes méthodes de tri peuvent être effectuées à l'aide des fonctions suivantes :

- `sort`. Trie les éléments d'un tableau passé en paramètre, du plus petit au plus grand ou par ordre alphabétique.
- `asort`. Exécute la même opération que `sort`, mais maintient la corrélation entre les indices et les éléments.
- `arsort` et `rsort`. À l'inverse de `asort` et `sort`, trient les éléments d'un tableau, du plus grand au plus petit ou dans l'ordre alphabétique inversé.
- `ksort`. Trie un tableau par valeurs de clés, de la plus petite à la plus grande ou par ordre alphabétique, tout en maintenant la corrélation entre les indices et les éléments.

Voici un exemple de tri de tableau à l'aide de la fonction `asort` (tiré de la documentation en ligne de PHP) :

```
// déclaration du tableau
$fruits = array("d"=>"citron","a"=>"orange","b"=>"banane","c"=>"pomme");
asort($fruits); // tri du tableau par la fonction " asort "
for(reset($fruits); $cle = key($fruits); next($fruits)) {
   // affichage du tableau trié.
    echo "fruits[$cle] = ".$fruits[$cle]."<br>";
}
```

Ce code produit le résultat suivant :

```
fruits[b] = banane
fruits[d] = citron
fruits[a] = orange
fruits[d] = pomme
```

Les tris fondés sur plusieurs critères

Pour trier les éléments d'un tableau selon plusieurs critères, il faut utiliser des fonctions de comparaison personnalisées. En effet, les fonctions intégrées de PHP ne réalisent que des tris basiques. Par conséquent, si l'on désire utiliser des critères de tri plus fins, il est nécessaire de développer une fonction sur mesure. Cette fonction sera ensuite passée en paramètre aux fonctions `uasort`, `uksort`, et `usort`, qui réalisent respectivement des tris semblables à ceux effectués par les fonctions `asort`, `ksort` et `sort`.

Voici un exemple, qui classe une série de nombres en fonction de leur écart avec la valeur 50 (de l'écart le plus faible au plus important) :

```
// écriture de la fonction de comparaison qui retourne 0 si les 2 nombres
// comparés sont égaux, 1 si le premier est plus éloigné de 50 que le
// deuxième, et -1 dans le cas contraire.
function cmp($a,$b) {
    if ($a == $b) return 0;
   if (abs(50-$a) > abs(50-$b)) {
      return 1;
   }else{
      return -1;
   };
}
// construction du tableau
$a = array(10,25,5,62,118);
// tri du tableau avec la fonction écrite plus haut
usort($a, cmp);
// affichage du tableau trié
while(list($key,$value) = each($a)) {
    echo "$key: $value (écart=".abs(50 - $value).")<br>";
}
```

Ce code produit le résultat suivant :

```
0: 62 (écart=12)
1: 25 (écart=25)
2: 10 (écart=40)
3: 5 (écart=45)
4: 118 (écart=68)
```

Le tableau est donc trié selon nos souhaits. `usort` n'a pas conservé la corrélation entre les valeurs et les indices. Si on utilise `uasort`, on obtient un tableau dans lequel les indices sont conservés :

```
3: 62 (écart=12)
1: 25 (écart=25)
0: 10 (écart=40)
2: 5 (écart=45)
4: 118 (écart=68)
```

Chaînes de caractères

Qu'est-ce qu'une chaîne de caractères ?

Une chaîne de caractères peut être comparée à un tableau de caractères. En effet, PHP propose un ensemble de fonctionnalités qui permettent de réaliser diverses opérations sur les chaînes de caractères, selon des principes de position analogues aux indices d'un tableau. Toutefois, il n'est pas possible d'accéder directement aux différents caractères qui composent la chaîne *via* leur indice. On devra toujours passer par une fonction du SDK.

PHP reprend la plus grande partie des fonctions de traitement de chaînes de caractères du langage C. Il propose, d'autre part, beaucoup d'autres fonctions très utiles, telles que les expressions régulières, divers encodages et parsers spécifiques au protocole HTTP et au HTML, ainsi que des fonctions de cryptage.

Affichage d'une chaîne

Il existe deux catégories de fonctions d'affichage d'une chaîne en PHP : les fonctions d'affichage simple et les fonctions d'affichage formaté.

Les deux fonctions utilisées pour afficher une chaîne de caractères non formatée sont `echo` et `print`.

`Echo` est une instruction ; elle s'écrit sans parenthèses. Ainsi, pour afficher le mot « test », on écrira :

```
Echo " test " ;
```

Cette fonction est apparue de nombreuses fois dans les précédents exemples.

Il est tout à fait possible d'intégrer des variables dans l'affichage :

```
$var = 10 ;
echo $var ; // affiche "10"
echo "la variable var vaut $var" ;
// affiche "la variable var vaut 10"
```

La fonction `print` est d'une utilisation tout à fait similaire. La seule différence réside dans l'obligation d'utiliser des parenthèses :

```
Print($var) ; // affiche "10"
```

Pour afficher une chaîne de caractères formatée, PHP propose deux fonctions identiques à celles du langage C : `printf` et `sprintf`. Ces fonctions vont notamment permettre l'affichage de formats monétaires. Elles possèdent toutes deux une syntaxe voisine :

```
Printf("format", variables) ;
Sprintf("format", variables) ;
```

La différence entre ces deux fonctions réside dans le fait que `printf` produit un affichage immédiat, alors qu'il faut affecter le résultat de `sprintf` à une variable, puis afficher cette variable à l'aide de `echo` ou `print`.

Par exemple, un format monétaire avec deux chiffres après la virgule va s'afficher comme cela :

```
$montant = 110.2 ;
printf ("%01.2f FF", $montant) ; // affiche "110.20 FF"
```

alors que la fonction `sprintf` donne :

```
$montant = 110.2 ;
$montant_formate = sprintf ("%01.2f FF", $montant);
Echo $montant ;
```

La syntaxe complète de `printf` et de `sprintf`, ainsi que leurs paramètres de formatage, est décrite aux annexes.

Initialisation, concaténation

À l'image de tous les autres types de variables PHP, les chaînes de caractères s'initialisent grâce à l'affectation d'une valeur :

```
$var_chaine = "bonjour" ; // $var_chaine est initialisée à "bonjour"
```

La concaténation de deux chaînes se fait au moyen de l'opérateur `.` (point). Voici un exemple :

```
$concat = $var_chaine. " monsieur" ;
// $concat vaut "bonjour monsieur".
```

La contraction de l'affectation et de la concaténation se fait de la même manière que pour les opérateurs mathématiques :

```
$chaine = "bonjour" ;
$chaine .= " monsieur" ;
// $chaine vaut "bonjour monsieur"
```

Traitement des chaînes de caractères

Pour toutes ces opérations de gestion classique de chaînes, PHP propose les fonctions issues du langage C (`strchr`, `strcmp`, `strcspn`, `strlen`, `strrchr`, `strrev`, `strspn`, `strstr` et `strtok`) et beaucoup d'autres, qui facilitent davantage l'exploitation de ces chaînes de caractères.

Toutes ces fonctions, leur rôle et leur syntaxe, sont décrits en détail en annexe. Nous nous attacherons donc ici à donner des exemples classiques d'opérations sur les chaînes de caractères.

Une autre manière de manipuler les chaînes de caractère consiste à utiliser les fonctions fondées sur les expressions régulières, que nous verrons un peu plus loin.

Parcourir une chaîne

Pour parcourir une chaîne de caractères, il suffit de connaître la longueur de cette chaîne et d'intégrer les caractères qui la composent, un à un, dans une boucle :

```
$chaine = "bonjour, ceci est un test";
// initialisation de la chaîne de caractères
for ($i=0;$i<strlen($chaine);$i++) {
// boucle parcourant la chaîne $chaine. Le premier caractère porte
// l'indice 0. Le dernier caractère porte donc l'indice immédiatement
// inférieur à la longueur de la chaîne. " Strlen($chaine) " retourne la
// longueur de $chaine.
   echo substr($chaine,$i,1);
// affichage du caractère de $chaine correspondant à l'indice $i
// courant. La fonction " substr($chaine,$i,1) " retourne
// la sous-chaîne de caractères issue de $chaine à partir de la
// position $i sur une longueur de 1 caractère (donc un seul
// caractère)
}
```

Cette boucle affiche tout simplement la chaîne `$chaine`, caractère par caractère.

Rechercher des composants

La recherche de composant peut être réalisée de différentes manières. La plus simple est d'utiliser les fonctions « `strpos` » ou « `strrpos` » :

- `strpos` retourne la position de la première occurrence d'un caractère dans une chaîne.
- `strrpos` retourne la position de la dernière occurrence d'un caractère dans une chaîne.

Illustrons ces opérations à l'aide d'un exemple :

```
$chaine = "bonjour, ceci est un test de recherche";
echo strpos($chaine,"t"); // affiche 16
echo strrpos($chaine,"t"); // affiche 24
```

Extraire des parties de chaînes

Pour extraire des parties de chaînes, PHP propose, entre autres, les fonctions `strstr` (ou `strchr`, qui est strictement identique), `strrchr` et `substr`.

- `strstr` retourne une chaîne extraite à partir de la première occurrence d'un caractère d'une chaîne.
- `strrchr` retourne une chaîne extraite à partir de la dernière occurrence d'un caractère d'une chaîne.

- `substr` retourne une chaîne extraite à partir d'une position et d'une longueur données.

```
echo strstr($chaine,"t"); // affiche "t un test de recherche"
echo strrchr($chaine,"t"); // affiche "t de recherche"
echo substr($chaine, 14, 3);
// affiche la sous-chaîne commençant à la position 14 sur une longueur
// de 3 caractères : "est"
```

Remplacer des parties de chaînes

Cette fonctionnalité est un des « plus » de PHP par rapport à beaucoup de langages. Alors que l'opération classique pour remplacer une partie d'une chaîne de caractères consiste à isoler cette portion, puis à reconstituer la nouvelle chaîne par concaténation, PHP propose la fonction `str_replace`, qui permet de réaliser cette opération en une seule commande.

`str_replace` va remplacer toutes les occurrences d'un mot par un autre, dans une chaîne donnée :

```
$chaine = "Le mot remplacé est : le_mot";
$modif = str_replace("le_mot", "test", $chaine);
// remplace chaque occurrence de "le_mot" par "test" dans $chaine.
echo $modif; // affiche "Le mot remplacé est : test"
```

Cette fonction est très puissante. Par exemple, elle offre énormément de souplesse dans la génération de code HTML paramétré. En effet, on peut imaginer écrire une page HTML avec des couleurs de texte paramétrées, indiquées sous la forme :

```
<font color= "%couleur%">
```

puis remplacer « %couleur% » par un code couleur valide, passé en paramètre à cette page.

Voici un exemple classique de manipulation de chaînes de caractères.

Fichier « form.php3 »

```
<body bgcolor="#ffffff">
<h1>Exemple de manipulation de chaînes</h1>
<FORM action="formres.php3" method=GET>
<TABLE cellspacing=0 cellpadding=3 border=0>
<tr>
   <td><b>Saisir une chaîne :</b></td>
   <td><input type=text size=50 maxlength=200 name="phrase"></td>
</tr><tr>
   <td><b>Saisir un caractère :</b></td>
   <td><input type=text size=2 maxlength=1 name="car"></td>
</tr><tr>
   <td colspan=2 align=center><input type=submit value="Envoyer"></td>
</tr>
</TABLE>
</FORM>
```

Figure 8.3
Interface de l'exemple de manipulation de chaînes.

Fichier « formresp.php3 »

```
<body bgcolor="#ffffff">
<h1>Résultat de la manipulation de chaînes</h1>
<font color="0000ff"><b>
<?
$tmp = $phrase;
$i = 0;
// Boucle déterminant la position de toutes les occurrences du caractère $car
while (strlen($tmp) != 0) {
   $pos = strpos($tmp, $car);

   // si $pos vaut 0 alors on ne sait pas si le caractère $car est en
   // première position dans la chaîne ou s'il n'est pas présent. On le
   // vérifie donc par ce test.
   if (substr($tmp, $pos, 1) == $car) {
      // calcul de la position absolue de l'occurrence de $car dans
      // la chaîne d'origine $car (la position obtenue avec la
      // fonction substr est relative).
      if ( $i == 0 ) $tabidx[$i] = $pos;
      else   $tabidx[$i] = $tabidx[$i-1] + $pos + 1;
      $i++;
   }
   $tmp = substr($tmp, $pos + 1);
}
// On teste si des occurrences de $car on été trouvées
if (sizeof($tabidx) != 0)
{
   // affichage du nombre et de la position absolue de ces occurrences
   $nb = sizeof($tabidx);
   echo "Ce caractère figure <font color=\"00aa00\">$nb</font>
    fois dans la chaîne saisie en position : <font color=\"00aa00\">";
   for ($i=0;$i<$nb;$i++) {
      echo $tabidx[$i]." ";
   }
```

```
    echo "</font><p>Remplacement de ce caractère par un \"@\" : <br>";

    // Remplacement de $car par "@".
    echo "    " . str_replace( $car,
    "<font color=\"ff0000\">@</font>", $phrase);
  } else {
    echo "Ce caractère ne figure pas dans la chaîne saisie";
  }
  ?>
```

Figure 8.4
Résultat de l'exemple de manipulation de chaînes.

NOTE Le remplacement d'un morceau de chaîne de caractères entre typiquement dans le champ d'application des expressions régulières. Nous allons donc voir à présent ce puissant outil de traitement de chaînes.

Les expressions régulières

Quiconque a eu un jour recours à l'utilisation d'expressions régulières a certainement fait le double constat suivant : les expressions régulières sont aussi puissantes que leur syntaxe est cryptique. Aussi allons-nous progressivement explorer les différents aspects de ce formidable allié du programmeur. Sous Unix, les expressions régulières sont présentes un peu partout, dans VI, SED, LEX et GREP, pour ne citer que les plus connus. Ne pas les utiliser, c'est se priver d'un outil d'une puissance incomparable.

Qu'est-ce qu'une expression régulière ?

Parfois nommée Regular Expression, ou RegEx, une expression régulière est une syntaxe normalisée (Posix 1003.2) qui permet de décrire le format d'une chaîne de caractères. On parle aussi de « motif », bien que ce terme soit trompeur, car il sous-entend une répétition des motifs. Le terme anglais est « pattern », on parle alors de « pattern matching ».

PHP fournit plusieurs fonctions dédiées à la manipulation des motifs. Ces fonctions permettent de vérifier qu'une chaîne correspond à un motif donné (vérification du format de saisie de données dans un formulaire), d'extraire une sous-chaîne correspondant à un motif ou encore de faire subir un traitement aux chaînes correspondant au motif (normalisation, mise en forme, remplacement).

Comment décrit-on un motif ?

Pour décrire un motif, on dispose de trois types de critères :

Tableau 8.5 : Les critères de description d'un motif.

Critère	Description du critère
Caractères	Les caractères qui sont susceptibles d'y figurer, de façon individuelle ou en groupe
Cardinalité	Le nombre de ces caractères ou groupes de caractères
Position	L'endroit où ces caractères ou groupes de caractères sont situés

Les caractères

Un ensemble de caractères doit être inscrit entre crochets, comme ici :

[abc] : ceci décrit une chaîne qui serait réduite à un des caractères « a », « b » ou « c ». Cela autorise les chaînes « a » ou « c », mais non « ac », « ca » ou « A ».

Notez que l'ensemble de caractères [abc] peut également s'écrire sous la forme : **a|b|c**.

On peut également définir les caractères en fournissant uniquement les bornes d'une suite :

[a-c] est alors équivalent à **[abc]**. Cela permet une écriture plus condensée, et évite des omissions. Si nous voulons décrire l'ensemble des vingt-six lettres de notre alphabet, en majuscules et en minuscules, il sera plus simple et visuellement plus parlant d'écrire [a-zA-Z] que d'énumérer les cinquante-deux lettres correspondantes !

Jusqu'à présent, nous avons décrit une chaîne en fonction de ce qu'elle pouvait contenir. Nous pouvons aussi décrire une chaîne par la négative, en indiquant uniquement les caractères exclus.

Pour indiquer la négation, on utilise un caractère spécial, le **caret** (^) . Ainsi, l'expression **[^0-9]** interdit la présence d'un chiffre dans la chaîne considérée.

De la même façon, on peut décrire tout groupe de caractères, qu'il s'agisse d'un caractère alphanumérique ou d'un quelconque caractère de ponctuation – à l'exception toutefois de certains caractères qui ont une signification spéciale, tels le tiret ou le caret que nous venons d'utiliser.

[0-9] Représente les caractères numériques.

[a-z] Représente les vingt-six lettres de l'alphabet, en minuscules.

[a-zA-Z0-9] Représente les caractères alphanumériques.

Les crochets servent à délimiter une liste de caractères. L'expression précédente pourrait également s'écrire en regroupant les trois intervalles [a-z]|[A-Z]|[0-9] au moyen de l'opérateur OU, symbolisé par la barre verticale. Ici, nous décrivons les caractères par leur représentation. Dans certains cas, en particulier pour l'utilisation de caractères de contrôle non affichables, on préférera décrire les caractères par leur représentation ASCII. Les expressions régulières autorisent l'utilisation des codes ASCII, en hexadécimal ou en octal. Ainsi, [0-9] est équivalent à [\x30-\x39].

La norme Posix 1003.2 définit également des classes de caractères, qui doivent figurer entre crochets, telles [[:alpha:]] [[:digit:]], etc.

Tableau 8.6 : Les motifs des regex, norme POSIX.

Séquence	Signification
[[:alnum:]] - [A-Za-z0-9]	Caractères alphanumériques
[[:alpha:]] - [A-Za-z]	Caractères alphabétiques
[[:digit:]] - [0-9]	Caractères numériques
[[:blank:]] - [\x09]	Espaces ou tabulations
[[:xdigit:]] - [0-9a-fA-F]	Caractères héxadécimaux
[[:graph:]] - [!-~]	Caractères affichables et imprimables
[[:lower:]] - [a-z]	Caractères en minuscules
[[:upper:]] - [A-Z]	Caractères en majuscules
[[:punct:]] - [!-/:-@[-`{-~]	Caractères de ponctuation
[[:space:]] - [\t\v\f]	Tout type d'espace
[[:cntrl:]] - [\x00-\x19\x7F]	Caractères d'échappement
[[:print:]] - [-~]	Caractères imprimables, excepté les caractères de contrôle

Dans la pratique, beaucoup d'utilisateurs préfèrent tout de même la syntaxe plus longue, qui utilise les intervalles, car elle est visuellement plus explicite.

Signalons le caractère joker « **.** », qui correspond à n'importe quel caractère.

Comme c'est le cas en langage C et sous Unix, tout caractère qui possède une signification spécifique doit être précédé d'un caractère qui annule cette signification.

Le **caractère d'échappement** à utiliser est la barre oblique inverse, ou backslash (\).

Les caractères qui possèdent une **signification particulière** sont les suivants :

```
^ . [ ] $ ( ) | * + ? { } \
```

Toutefois, tout caractère à signification particulière d'une chaîne écrite entre crochets perd cette particularité et redevient un caractère littéral, y compris le backslash. En conséquence, si vous tentez d'échapper un caractère spécial dans une liste énumérée entre crochets, PHP vous signale l'erreur en émettant un « warning » :

Warning: **Bad escape sequence**: \. *in* /www/htdocs/testscript.php3 *on line* 25

Remarquez que les caractères] et - sont absents de la liste précédente. Pour que ces caractères soient considérés sous leur forme littérale, il faut placer le crochet fermant en première position de la liste des caractères (éventuellement juste après un caret de négation ^), et placer le tiret soit en première ou dernière position, soit en début ou fin d'un intervalle.

Ainsi, pour décrire les crochets, les parenthèses ou les accolades, on écrira : [][(){}], où le crochet fermant est en première position. Pour interdire tous les caractères pouvant entrer dans l'écriture d'une valeur numérique, y compris les signes plus et moins, on écrira : [^+.0-9-], où le tiret est en dernière position.

Cardinalité des caractères

Il s'agit de tout caractère interdit, facultatif ou encore obligatoire dans une chaîne. Un caractère **interdit** doit posséder une cardinalité égale à zéro. Un caractère **facultatif** peut être absent d'une chaîne ou avoir *n* occurrences. Un caractère **obligatoire** peut être présent entre une et *n* fois.

La syntaxe utilisée pour décrire les cardinalités est la suivante :

? Une occurrence, au maximum. Peut être absent ou apparaître une fois.

* Facultatif. Peut être absent ou apparaître *n* fois.

+ Une occurrence, au minimum. Peut apparaître entre 1 et *n* fois.

Les cardinalités peuvent être décrites **entre bornes** ; pour cela on utilise des **accolades :**

{n} Le caractère apparaît exactement *n* fois.

{n,} Le caractère apparaît au moins *n* fois.

{m,n} Le caractère apparaît au moins *m* fois, mais pas plus de *n* fois.

Les expressions de cardinalité se rapportent à l'expression qui les précède immédiatement. Ainsi :

- abc* peut correspondre à ab, abc, abcc ou abcccccc, mais pas à abbcc ;
- a(bc)* peut correspondre à ab, abc, abcc, abbc, ou encore à abcbccbbc ;
- a(bc){2,3} peut correspondre à abbccc mais pas à abcccc ni à abbbbccc.

Position des caractères

Le dernier aspect de la syntaxe utilisée pour décrire les expressions régulières concerne la position des caractères et des motifs au sein d'une chaîne.

On peut avoir besoin de spécifier qu'un motif de recherche doit se situer au début d'une chaîne, en fin de chaîne, ou encore n'importe où dans la chaîne.

Pour positionner le motif en début ou en fin de chaîne, on utilise respectivement le caret (^) et le dollar ($). Le caret a donc deux sens différents dans les expressions régulières, selon qu'il figure dans une liste de caractères (encadré par des crochets []) ou qu'il précède une expression.

^abc Une chaîne commençant par abc (exemple : abc, abcd, abcabc, abc451xyz) ;

abc$ Une chaîne se terminant par abc (exemple : abc, abcabc, toto49abc).

De la même façon, ^abc$ ne correspond qu'à une seule chaîne : « abc ».

```
$mystr = "Commande minimum : 10 articles";
$rc = ereg("\b([0-9]+)\b", $mystr);
// $rc vaut $true $mystr = "Airbus A320";
$rc = ereg("\b([0-9]+)\b", $mystr);
// $rc vaut $false
```

Désormais, nous pouvons décrire n'importe quel motif.

La meilleure façon de comprendre les expressions régulières est d'étudier le fonctionnement de quelques exemples choisis, puis de modifier ces exemples et d'observer les changements de comportement.

Voici donc quelques exemples pratiques :

^(0|[+-]?[1-9][0-9]*)$: Cette expression correspond à une chaîne qui représente un nombre entier ou nul. Le caret initial et le dollar final indiquent que l'on recherche la correspondance avec des chaînes qui contiennent uniquement le motif indiqué. Le motif est divisé en deux parties. Il correspond soit à un zéro, soit à une chaîne qui commence par les signes + ou - suivis d'un chiffre non nul, éventuellement suivie d'autres chiffres. Le résultat peut être égal à 0, à +12, à -4 ou à 451, mais non à +0, à 012 ou encore à -021.

NOTE Certaines formes, qui semblent suffisantes au premier abord, ne permettent pas d'effectuer toutes les vérifications. Par exemple, le motif suivant (qui semble décrire un format de date commun) :
`^(([0-9]{1,2})/([0-9]{1,2}/[0-9]{4}))$`
ne permettrait pas de filtrer les valeurs incorrectes telles que 42/12/1999, 15/99/1999 ou 1/1/0000. Dans ce cas, les expressions régulières montrent les limites de leur utilisation.

Les expressions régulières et PHP

PHP fournit plusieurs fonctions qui permettent de rechercher ou de manipuler des chaînes de caractères en utilisant la puissance des expressions régulières. PHP offre pour chacune de ces fonctions une version qui effectue des recherches, sans tenir compte de la casse des caractères alphabétiques. Cela n'est pas indispensable – nous avons vu comment spécifier les lettres en majuscules et en minuscules –, mais rend l'écriture des expressions plus concise, et donc plus lisible.

Les fonctions offertes par PHP sont les suivantes :

`ereg()`	Recherche d'un motif dans une chaîne
`ereg_replace()`	Remplacement d'un motif dans une chaîne
`eregi()`	Identique à `ereg()`, mais non sensible à la casse
`eregi_replace()`	Identique à `ereg_replace()`, mais non sensible à la casse
`split()`	Segmente une chaîne en se fondant sur des motifs

ereg() et eregi()

Les fonctions `ereg()` et `eregi()`retournent un booléen. Elles permettent de savoir si la chaîne passée à l'appel correspond au motif donné :

```
$mystr = "Commande minimum : 10 articles";
$rc = ereg("([0-9]+)", $mystr); // $rc vaut $true
```

En revanche :

```
$mystr = "Commande minimum : dix articles";
$rc = ereg("([0-9]+)", $mystr); // $rc vaut $false
```

En outre, si on fournit un troisième paramètre, PHP stocke dans cette variable de type tableau les sous-chaînes qui correspondent aux différents motifs trouvés :

```
$mystr = "Commande minimum : 10 articles";
$rc = ereg("([0-9]+)", $mystr, $regs);
// $rc vaut $true et $regs[1] contient "10"
$mystr = "Commande minimum : 10 articles";
$rc = ereg("^([0-9]+)$", $mystr);
// $rc vaut $false car il y a du texte
// avant et après la valeur numérique
```

`eregi()` fonctionne de la même façon, à cela près que les recherches sur des caractères alphabétiques ne tiennent pas compte de la casse.

ereg_replace() et eregi_replace()

Ces fonctions permettent d'effectuer des recherches/remplacements dans des chaînes de caractères.

```
ereg_replace("^", "<BR>", $mystr);
```

Cette ligne permet de conserver les sauts de ligne d'un fichier texte pour le transformer en fichier HTML préformaté.

```
ereg_replace("<[^>]+>", "", $mystr);
```

À l'inverse, cette ligne permet de supprimer tous les tags HTML d'une chaîne. Au sein d'un formulaire, cela empêche quiconque de fournir des informations de mise en forme.

Les sous-chaînes qui correspondent aux motifs décrits peuvent être reprises, afin de constituer la chaîne de remplacement. La syntaxe est un double-backslash, suivi du numéro du motif, de 1 à 9. Neuf motifs peuvent ainsi être utilisés. En outre, \\0 correspond à la chaîne entière.

Ainsi, pour transformer simplement une date au format américain en une date au format français, on utilisera :

```
$mystr = "1998-12-31";
ereg_replace("([0-9]{4})-([0-9]{1,2})-([0-9]{1,2})", "\\3/\\2/\\1", $mystr);
```

Désormais, `$mystr` contient "31/12/1998".

PCRE (Perl Compatible Regular Expressions)

Jusqu'à la version 3.0.10, PHP ne supportait que les expressions régulières, conformes à la norme Posix 1003.2. Depuis la version 3.0.11, PHP supporte les expressions régulières fondées sur la syntaxe utilisée dans le langage Perl. Pour cela, PHP se base sur la bibliothèque PCRE (Perl Compatible Regular Expressions).

Fichiers et URL

Rappels sur les fichiers

PHP est un langage de script interprété sur un serveur. Il offre de larges possibilités de gestion et d'utilisation de son système de fichiers. Toutefois, il est clair que ces possibilités ne sont en aucun cas applicables au système de fichiers du poste client. Si un accès aux fichiers du poste client se révèle nécessaire, il faut recourir à des mécanismes de upload et de download, implémentés par PHP (voir annexes), qui permettent de transférer ces fichiers sur le serveur. Ce dernier pourra ainsi y effectuer les traitements requis.

D'autres mécanismes d'accès aux fichiers clients reposant sur des applets Java ou des composants ActiveX qui s'exécutent sur le client sont envisageables, dans certaines conditions, mais sortent du cadre de la programmation PHP, qui se localise exclusivement sur le serveur.

Dans cette section, nous aborderons donc les méthodes qui permettent la manipulation et le traitement des fichiers sur le serveur qui interprète les pages PHP. En outre, nous aborderons également l'accès à des fichiers localisés par des URL, dont le traitement est semblable à celui des fichiers locaux.

Structure d'un fichier pour PHP

Ici encore, il est difficile de ne pas faire le parallèle entre PHP et le langage C. En effet, PHP reprend toute la base des fonctions de gestion de fichiers du C, et y ajoute une série de fonctions adaptées aux applications fondées sur une architecture intranet.

Pour PHP, tous les fichiers sont ouverts avec la même structure. Seul le mode d'ouverture change (lecture, écriture, modification). Cela implique qu'aucune différence ne sera faite entre l'ouverture d'un fichier binaire et l'ouverture d'un fichier texte, par exemple. Les mêmes méthodes sont applicables, quel que soit le type du fichier ouvert.

Lire et écrire dans un fichier

Qu'il s'agisse de lire ou d'écrire dans un fichier, l'opération se déroule généralement en trois étapes :

- Ouverture du fichier dans le mode approprié.
- Lecture/écriture dans le fichier.
- Fermeture du fichier.

Toutefois, nous allons voir que PHP propose certaines fonctions qui permettent de réaliser des opérations simples de lecture de fichier qui évitent les étapes de fermeture et/ou d'ouverture.

La manière la plus simple de visualiser le contenu d'un fichier en PHP est d'utiliser la fonction `readfile`. Elle permet uniquement le renvoi vers la sortie standard du contenu du fichier passé en paramètre, mais se passe de toute opération d'ouverture ou de fermeture de fichier :

```
Readfile(" mon_fichier ") ;
// affiche à l'écran le contenu de " mon_fichier "
```

La fonction `file` s'utilise de la même manière, mais elle retourne un tableau qui contient les lignes du fichier passé en paramètre, au lieu de l'afficher à l'écran.

La fonction `fpassthru` est analogue à `readfile`, mais nécessite que le fichier à afficher en mode lecture ait été préalablement ouvert.

```
$fichier = fopen(" mon_fichier ", " r ");
fpassthru($fichier);
```

Ce code produit exactement le même résultat que la fonction `readfile`. L'avantage ici est de pouvoir réaliser d'autres opérations sur le fichier avant de l'afficher.

Notons que le fichier ne doit pas être fermé après utilisation de `fpassthru`.

Nous venons d'employer pour la première fois`fopen`, qui est une fonction fondamentale de la manipulation de fichiers. Arrêtons-nous donc sur sa syntaxe. `fopen` renvoie un pointeur sur le fichier passé en paramètre, ouvert dans le mode également stipulé en paramètre. Ce pointeur sera utilisé en tant qu'identifiant dans toutes les fonctions relatives à la manipulation des fichiers. Il est donc d'une importance capitale.

Le mode d'ouverture est également très important. En effet, un fichier ouvert en écriture ne pourra en aucun cas être modifié. De la même manière, un fichier ouvert en écriture ne pourra pas être lu.

Il y a **six modes d'ouverture** de fichiers possibles :

Tableau 8.7 : Modes d'ouverture des fichiers.

Mode d'ouverture	Signification
"r"	Ouvre le fichier en lecture seule. Le pointeur est positionné en tête du fichier.
"r+"	Ouvre le fichier en lecture/écriture et place le pointeur en tête du fichier.
"w"	Ouvre le fichier en écriture seule et place le pointeur en tête du fichier. Si le fichier existe déjà, son contenu est effacé. Si le fichier n'existe pas, il est créé.
"w+"	Ouvre le fichier en lecture/écriture et place le pointeur en tête du fichier. Si le fichier existe déjà, son contenu est effacé. Sinon, il est créé.
"a"	Ouvre le fichier en écriture seule et place le pointeur en fin de fichier. Si le fichier n'existe pas, il est créé.
"a+"	Ouvre le fichier en lecture/écriture et place le pointeur en fin de fichier. Si le fichier n'existe pas, il est crréé.

L'opération classique de **lecture** de fichier se fait de la manière suivante :

```
$fichier = fopen(" mon_fichier ", " r ");
// ouverture de " mon_fichier " en lecture seule
while ($ligne = fgets($fichier,10000)) {
// boucle parcourant le fichier en affichant son contenu
   echo $ligne;
};
fclose($fichier);
// fermeture du fichier
```

Ce code produit un résultat strictement identique aux deux exemples précédents. Étudions-le plus en détail. L'ouverture du fichier se fait de la même manière qu'avec `fpassthru`.

La lecture du contenu du fichier, en revanche, est beaucoup plus intéressante. En effet, il faut parcourir le fichier ligne à ligne et faire afficher ces lignes à l'écran. Pour cela, on utilise la fonction `fgets`.

Cette fonction renvoie l'un des trois résultats suivants :

- une ligne du fichier dont l'identifiant est passé en paramètre ;
- le nombre d'octets spécifié en paramètre, si aucun retour n'est détecté (puisque le retour termine une ligne) ;
- false, si le pointeur arrive en fin de fichier.

Le fait que `fgets` renvoie false en fin de fichier la désigne comme étant la fonction idéale pour définir la condition de la boucle `while` utilisée ici.

Il existe d'autres fonctions pour parcourir un fichier : `fgetc` permet de lire le fichier caractère par caractère ; `fgetss` s'utilise de la même manière que `fgets`, mais supprime les tags HTML et PHP du fichier lu.

Enfin, la **fermeture** du fichier est effectuée par la fonction `fclose`, qui prend en paramètre l'identifiant du fichier.

À la fin de la boucle, le pointeur se trouve en fin de fichier. Si l'on veut procéder à une seconde lecture avant de fermer le fichier, il faut repositionner le pointeur en tête du fichier, avec la fonction `rewind`.

Lire un fichier défini par une URL

PHP a été créé spécialement pour développer des applications Internet/intranet, et cette fonctionnalité en est une illustration typique. De la même manière qu'on a lu un fichier local, on va pouvoir lire un fichier distant, en passant par HTTP ou FTP. Pour cela, il suffit de passer une URL en paramètre à `fopen` au lieu d'un nom de fichier.

```
$fichier = fopen(" http://www.php.net ", " r ");
```

Cette facilité permet d'analyser le code source d'une URL au fur et à mesure de son arrivée, avant son interprétation par le navigateur client. On peut ainsi filtrer le contenu des pages, neutraliser des liens ou encore aspirer un site complet avec un minimum de code.

La même opération est possible en utilisant le protocole FTP. Dans ce cas, il est évident que seul le mode lecture fonctionne avec HTTP, et que les lectures/écritures possibles avec FTP dépendent étroitement des libertés accordées par le serveur référencé.

Exemple de manipulation de fichiers

Voici un exemple d'écriture d'une fonction qui duplique un fichier en le mettant au format HTML, avec mise en gras de la première lettre de chaque ligne et augmentation de la taille de sa police. Un `break` HTML est inséré entre chaque ligne.

```
// désignation des fichiers mis en jeu.
$nom_fichier_ecrit = " fichier_ecrit.html ";
$nom_fichier_lu = " fichier_lu.txt ";
// ouverture des fichier respectivement en écriture et en lecture.
$fichier_ecrit = fopen($nom_fichier_ecrit,'w');
$fichier_lu = fopen($nom_fichier_lu,'r');
// boucle parcourant le fichier à dupliquer
while ($ligne = fgets($fichier_lu,10000)) {
// traitement de chaque ligne lue
$ligne = " <font size=+1><b> " ;
$ligne .= substr($ligne,0,1) ;
$ligne .= " </b></font> " ;
$ligne .= substr($ligne,1) ;
$ligne .= " <br> ";
// écriture dans le fichier résultat
   fwrite($fichier_ecrit,$ligne);
};
// fermeture des deux fichiers
fclose($fichier_ecrit);
fclose($fichier_lu);
// message de fin d'opération
echo "écriture de $nom_fichier_ecrit terminée";
```

Obtenir une liste de fichiers à l'aide de `popen`

L'accès au système de fichiers de la machine peut se faire (entre autres) par l'intermédiaire de l'exécution de commandes système, dont on récupère le résultat, comme s'il s'agissait d'un fichier ordinaire. La fonction `popen` permet d'exécuter ces commandes. Le code suivant permet d'afficher le contenu du répertoire qui contient la page PHP interprétée :

```
// Commande retournant la liste des fichiers du répertoire courant.
// "ls" sous Unix et sons équivalent " dir /B " sous Windows.
$cmd = "ls";
$fichier = popen( $cmd, "r" );
// Exécution commande et affectation résultat au pointeur de fichier
while ($ligne=trim(fgets($fichier,1000))) {
      // Pet affichage du résultat
      echo $ligne."<br>";
};
```

Parcourir une arborescence de fichiers

Pour parcourir une arborescence de fichiers, nous allons utiliser les commandes de manipulation de répertoires (`OpenDir`, `ReadDir`, etc.). Ces commandes sont décrites en annexe.

Fichier « formresp.php3 » :

```
<body bgcolor="#ffffff">
<font color="0000ff">
<?
// Fonction ramenant les sous-répertoires d'un répertoire
Function GetSubDir( $Dir )
{
   if ( ! ( $MyDir = OpenDir( $Dir ) ) ) {
      Echo( "<BR>Erreur lecture: le répertoire $Dir n'existe pas" );
      return FALSE;
   }
   echo( "<font color=\"000000\"><b>Contenu de " . $Dir .
      " : </b></font><BR><BR>" );
   while( $MySubDir = ReadDir( $MyDir ) ) {
      // élimination des répertoires "." et ".."
      if ( $MySubDir == "." || $MySubDir == ".." ) continue;
         if ( Is_Dir( $Dir . $MySubDir )) {
            echo "<img src=\"img/dir.gif\" align=top><b><font
               color=\"FFAB27\">".$MySubDir."</font></b><br>";
         }
      }
   }
   CloseDir( $MyDir );
}
// Fonction ramenant les fichiers lus dans le répertoire
Function GetItems( $Dir )
{
   if ( ! ( $MyDir = OpenDir( $Dir ) ) ) {
   Echo( "<BR>Erreur lecture: le répertoire $Dir n'existe pas");
   return FALSE;
   }
   while( $MyFile = ReadDir( $MyDir ) ) {
      if (! Is_Dir($Dir.$MyFile)) {
         echo "<img src=\"img/file.gif\" align=top>".$MyFile."<BR>";
      }
   }
   CloseDir( $MyDir );
}
// Appel des deux fonction de test :
GetSubDir("c:\\Program Files\\Apache Group\\Apache\\");
GetItems("c:\\Program Files\\Apache Group\\Apache\\");
?>
```

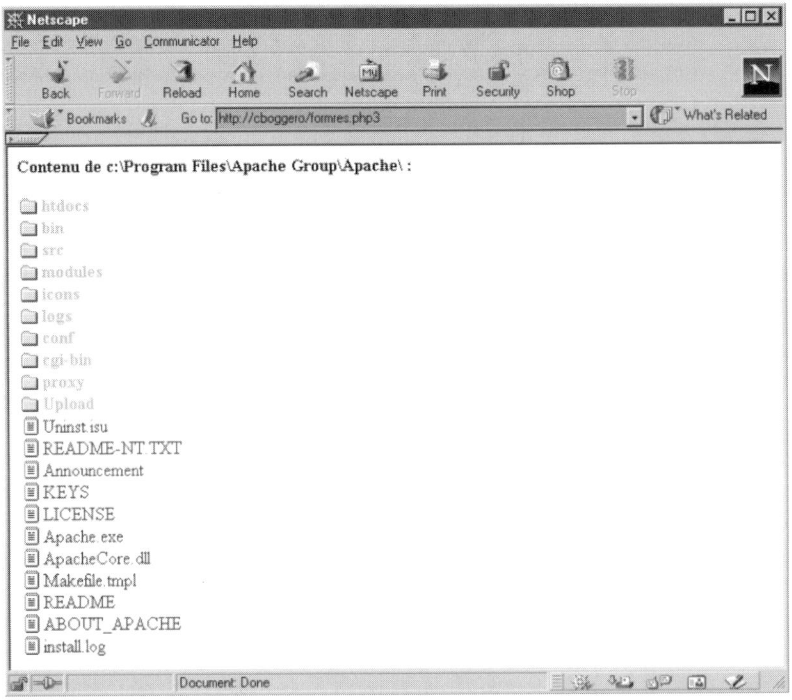

Figure 8.5

Exemple d'extraction d'une liste de répertoires et de fichiers.

9

Accès aux bases de données

Généralités

Rappels sur les bases de données

Dans le cadre d'applications de gestion, les bases données sont devenues incontournables. Les quantités de données traitées par les entreprises s'accroissent de plus en plus, et deviennent très difficilement gérables par l'intermédiaire de fichiers plats. La moindre application va donc devoir s'interfacer avec une base de données, et les applications intranet n'échappent pas à cette règle.

Une base de données peut être définie comme étant un système qui permet de stocker les données de manière logique, sans se préoccuper de l'aspect physique.

Bien évidemment, les données sont physiquement stockées dans des fichiers sur disque. Toutefois, l'organisation de ces fichiers est gérée par un moteur, auquel on se connecte, et par l'intermédiaire duquel on ajoute, supprime, modifie ou lit des données.

Grâce à ce moteur, les contraintes de gestion physique des fichiers (lecture/écriture) disparaissent. Pour communiquer avec lui, on utilise un langage de manipulation logique de données, que ce soit pour créer des structures logiques de stockage ou pour extraire des données de la base.

Ce langage varie suivant le type de base employée. Le plus utilisé actuellement est sans nul doute le type relationnel. On a donc affaire à des bases de données relationnelles (SGBDR, Système de gestion de base de données relationnelles). Il existe d'autres types de bases de données, notamment les bases de données objet (encore peu utilisées, mais promises à un bel avenir dans l'optique de manipulations de données complexes), et les bases de données hiérarchiques (plus anciennes et en voie d'extinction).

Dans cet ouvrage, nous nous intéresserons aux bases relationnelles et, par conséquent, à leur langage, le SQL (Structured Query Language). Il permet aussi bien de créer les structures de données (tables, vues, etc.) que de manipuler les données à l'intérieur de ces structures.

La question se pose de savoir quand mettre en œuvre un SGBD plutôt que des fichiers plats. En fait, dès que la quantité de données à traiter dépasse un certain seuil (relativement peu élevé), il est préférable de gérer ses données au moyen d'une base. En effet, les SGBD offrent, outre des fonctions de stockage et d'interrogation, une sécurité d'accès importante, ainsi que des mécanismes de sauvegarde sophistiqués, qui vont assurer une intégrité totale aux données sensibles de l'entreprise.

Le surcoût engendré par la mise en place et l'utilisation d'une base de données va très vite être amorti. Cela explique la part sans cesse croissante des applications qui reposent sur ces systèmes.

SGBD reconnus par PHP

Les bases de données reconnues en standard par PHP

L'accès aux SGBD est l'un des points forts de PHP. Il supporte, en natif, l'accès à la majorité des SGBD commerciaux, à ODBC (qui permet, sous plate-forme Windows, d'accéder à quasiment tous les SGBD, moyennant un driver adapté) ainsi qu'aux bases OSS majeures. De plus, des bibliothèques qui permettent l'accès à de nouveaux SGBD sont sans cesse en cours de développement, la liste est donc loin d'être exhaustive.

Citons, pour les bases commerciales :

> Oracle 7, Oracle 8, Sybase, MS SQL Server, Informix, Adabas D, Dbase, filePro, InterBase, Solid.

Pour les bases OSS :

> MySQL, mSQL, PostgreSQL, dbm.

Avantages de chacun des types de bases

Le principe général de fonctionnement de toutes les bases de données relationnelles est le même : les données sont stockées dans des tables ; on les manipule grâce à des requêtes SQL, dont la syntaxe de base est standard. Chacun des éditeurs commerciaux a étoffé son SQL, afin d'offrir des fonctionnalités personnalisées, mais le cœur du langage reste le même.

Par ailleurs, il est rare de choisir telle base plutôt qu'une autre pour des questions purement fonctionnelles, puisqu'elles proposent presque toutes des services équivalents.

Les performances pures dans le cadre d'une application intranet ne sont pas non plus un facteur primordial, puisque les différences de temps de traitement entre les bases sont minimes, à condition qu'elles soient utilisées correctement.

En fait, le choix se porte davantage sur l'environnement technique dans lequel la base va s'intégrer, la culture et les connaissances des développeurs qui vont l'utiliser, ou encore les options politiques définies par l'entreprise.

Deux cas peuvent se produire :

- Dans le cas d'une intégration à un système d'informations qui contient déjà d'autres bases, on optera pour le même type de base, afin d'assurer une homogénéité et une compatibilité maximale.

- Dans le cas d'une nouvelle installation, plusieurs critères sont à prendre en compte dans le choix de son SGBD :
  - Tout d'abord, le système d'exploitation sous lequel va tourner le serveur. S'il s'agit d'un système de type Unix, toutes les options sont envisageables, à l'exception de MS SQL Server, qui tourne exclusivement sous MS Windows.
  - Ensuite, dans le cas d'un OS Unix, il faut trancher entre une base commerciale et une base libre. Les bases libres sont gratuites, livrées avec leur code source, recompilables à loisir, et bénéficient de mailing lists et de newsgroups particulièrement efficaces. Les bases commerciales sont payantes (parfois très chères), bénéficient d'un support clairement identifié, sont garanties et offrent toute la crédibilité liée à leur exploitation, déjà ancienne, par de grandes entreprises.
  - Enfin, il faut tenir compte de l'évolution future du système d'information, et donc de sa pérennité dans le contexte de l'entreprise.

On le voit, le choix n'est pas toujours évident, et dépend largement de facteurs extratechniques. En tout état de cause, PHP autorise une grande liberté dans ce domaine, que ce soit au niveau de la base ou de l'OS. Il ne sera donc pas partie prenante dans les critères qui guideront ces choix.

Règles générales d'utilisation

Méthode d'accès à une base de données

En général, la communication entre un programme et une base de données suit un schéma bien rodé.

Figure 9.1
Architecture générale d'accès à un SGBD.

En programmation PHP, il existe deux méthodes pour mettre en place cette architecture :

- La première consiste à accéder nativement à la base, par l'intermédiaire de l'API de son middleware associé.
- La seconde (possible exclusivement en environnement MS Windows) est de passer par ODBC. ODBC permet d'accéder à la majeure partie des SGBD, par l'intermédiaire d'un pilote conçu spécifiquement pour chacun d'eux. L'avantage d'ODBC par rapport à un accès natif est de proposer une API unifiée, quel que soit le SGBD utilisé. Il permet donc d'accéder à des SGBD pour lesquels PHP ne possède pas de bibliothèque d'accès natif (Access, par exemple). Son inconvénient est qu'il ajoute au minimum une couche logicielle dans l'architecture, ce qui influe sur les performances.

Là encore, PHP supporte parfaitement les deux modes d'accès, puisque ODBC ainsi qu'un bon nombre d'accès natifs sont proposés dans le SDK de base.

Connexion, déconnexion, sécurité, logins et mots de passe

Quel que soit le mode d'accès choisi, la communication avec une base de données suit toujours le même processus : connexion, dialogue, déconnexion.

Tous les SGBD gèrent leurs accès sur le même principe. La base identifie les utilisateurs. Ces derniers possèdent des droits de lecture, d'écriture et d'exécution propres sur les objets du SGBD (tables, vues, procédures stockées, etc.).

Pour se connecter à la base, un utilisateur autorisé doit fournir un login et un mot de passe. Une fois cet utilisateur reconnu, la base établit une connexion valide, qui met en place ses droits et privilèges particuliers.

Dans ce cas, l'utilisateur peut dialoguer en SQL avec la base, et gérer les données pour lesquelles il possède les droits adéquats.

Lorsque les opérations (interrogation, insertion, suppression, mise à jour) à effectuer sur la base sont terminées, il faut se déconnecter. En effet, chaque connexion mobilise des ressources serveur, et ne doit donc être activée que le temps nécessaire.

La sécurité des données est assurée par des mécanismes de droits accordés aux utilisateurs, plus ou moins sophistiqués suivant les bases. Chaque utilisateur ne voit et ne peut intervenir que sur certaines données. Ces droits sont définis par les administrateurs de la base de données. Ce sont en fait des utilisateurs qui ont le pouvoir d'attribuer des rôles ou des privilèges aux autres utilisateurs. Si ces administrateurs (la plupart du temps, il n'y en a qu'un seul) mettent en place une politique de gestion scrupuleuse des droits, les données ne pourront être corrompues par des utilisateurs n'en ayant pas la responsabilité.

Exemple de mise en œuvre

Dans cette partie, nous allons voir les différentes opérations standard à effectuer sur un SGBD. Pour nos exemples, nous avons utilisé une base Oracle. Pourquoi Oracle ? Tout d'abord, parce que PHP y accède nativement, ensuite parce que Oracle est sans doute la base la plus répandue et qu'elle fonctionne sur le plus grand nombre de plates-formes.

Les fonctions employées préfixées par « Ora » ont leur équivalent pour chacune des bases supportées par PHP. Toutes ces fonctions sont décrites aux annexes.

Connexion et déconnexion

Les différents types de connexion

Pour toutes les bases qu'il supporte, PHP propose un mode de connexion ponctuel classique, c'est-à-dire qu'une connexion et qu'une déconnexion sont nécessaires pour chaque page.

En ce qui concerne certaines bases (Oracle 8, Sybase, MySQL, mSQL, PostgreSQL), il est possible d'établir des connexions permanentes. Ce mode permet de conserver des connexions actives, et de les réutiliser sur plusieurs pages. Le principe est simple : lorsqu'une commande de connexion permanente est passée, PHP vérifie si une connexion permanente existe déjà sous les mêmes login et mot de passe. Dans ce cas, l'identifiant sur cette connexion est renvoyé ; sinon, une nouvelle connexion est ouverte, et restera active.

Le paramétrage de ces connexions (nombre maximal, timeout, etc.) est réalisé dans le fichier « php.ini ».

Établir une connexion à une base de données

Ouvrons une connexion (non permanente) sur une base Oracle 7 :

```
dl("php3_oci73.dll");
// chargement de la bibliothèque d'accès natif à Oracle.
$cnx = Ora_Logon($login, $password);
// Ouverture de la connexion et récupération d'un identifiant sur celle-ci
// si la connexion est OK, on traite la requête ; sinon, on affiche un message
// d'erreur
if ( ! $cnx ) {
   // problème à la connexion
   echo "La tentative de connexion a échoué. <br>";
   echo "<i>".Ora_Error($cnx)."</i>";
   // Affichage de l'erreur retournée par la base à la connexion
   echo "<br>";
}
else
{
   echo "Connexion établie" ;
} ;
```

En cas de succès, l'identifiant `$cnx` va être utilisé dans la suite du code pour toutes les opérations effectuées sur la base.

Déconnexion

Lorsque les opérations à effectuer sur la base sont terminées, on ferme la connexion à l'aide de la commande :

```
Ora_logoff($cnx);
```

Attention ! Dans le cas d'Oracle, cette commande ferme la connexion ponctuelle active. En revanche, dans le cas de bases pour lesquelles PHP permet d'établir des connexions permanentes, la commande de déconnexion ne ferme que les connexions ponctuelles, mais est sans effet sur les connexions permanentes.

REMARQUE Si on a une connexion unique par page et qu'aucune ambiguïté ne nécessite de la fermer clairement, il est inutile d'employer la commande de fermeture, puisque PHP ferme automatiquement toutes les connexions non persistantes à l'issue de l'exécution de chaque page.

Rapatriement de flux de données

Qu'est-ce qu'un flux de données ?

Un flux de données est le résultat retourné par une requête SQL d'interrogation de la base (requête SELECT). Les structures logicielles qui permettent l'exploitation de ce flux varient d'une base à l'autre.

Exécution à l'aide de procédures stockées ou de SQL dynamique

Lorsqu'on interroge une base de données, deux cas peuvent se présenter. Soit les requêtes sont envoyées une par une par PHP, et le résultat de chacune d'elles est exploité par ce dernier. Soit PHP se contente d'appeler une procédure stockée, développée au sein du SGBD, qui exécute et traite les mêmes requêtes, puis renvoie le résultat final.

Les avantage d'une procédure stockée sont nombreux :

- Rapidité : une procédure stockée s'exécute toujours plus rapidement que ne le fait PHP, car :
  - elle est compilée au sein même du moteur du SGBD, ce qui épargne de passer les commandes SQL lors de chaque exécution ;
  - un seul échange se produit avec la base, lors de l'appel de la procédure stockée et de la récupération de son résultat, alors que l'exécution de chaque commande SQL en nécessite plusieurs.
- Sécurité : une procédure stockée est exécutée de manière atomique par le SGBD. En cas d'erreur, toute opération antérieure réalisée au sein de la procédure est annulée, ce qui garantit la cohérence des données (sauf en cas de gestion manuelle des transactions par `commit/rollback`, qui laisse toute liberté au programmeur). Ce point est surtout sensible dans le cas d'opérations d'écritures de données ; il est moins important pour ce qui concerne la lecture.
- Diminution du trafic réseau (dans le cas où PHP et le SGBD ne se trouvent pas sur la même machine) : Étant donné que les résultats intermédiaires de chaque requête ne sont pas transmis au serveur d'application, les échanges par le réseau se résument à l'appel de la procédure ainsi qu'à la transmission du résultat final.

En revanche, les procédures stockées introduisent une confusion dans la lisibilité du code. En effet, la plupart du temps, elles sont écrites dans un langage différent de celui employé par le serveur d'application ; leur code n'est donc pas directement lisible. Cela nécessite la connaissance d'un langage supplémentaire : le langage procédural du SGBD utilisé.

Si l'on procède à l'aide du SQL Dynamique (c'est-à-dire que l'on construit les requêtes avec le serveur d'application, puis qu'on les passe une par une au SGBD), on gagne en lisibilité. Mais les performances et la sécurité en pâtiront.

En résumé, lorsque l'interrogation de la base se limite à une requête, on peut tout à fait employer le SQL Dynamique, sans pénaliser d'une quelconque manière l'application. Toutefois, dès que plusieurs requêtes doivent s'enchaîner, l'emploi de procédures stockées sera toujours préférable au SQL Dynamique.

Gestion de la taille des flux de données multilignes

La taille du flux de données à afficher conditionne la manière de l'afficher, et par conséquent l'ergonomie de toute l'application. Ce facteur est donc important.

Là aussi, les moyens de contrôler la taille de ce flux varient selon les bases. Pour certaines, PHP propose des fonctions intégrées, qui permettent de connaître immédiatement le nombre d'enregistrements retourné. Pour d'autres, il faut le calculer « manuellement », en parcourant une première fois tout le flux *via* l'incrémentation d'un compteur.

Si le nombre de lignes à afficher est conséquent, la quantité d'informations présentes à l'écran le rend illisible. Il faut donc procéder par affichages successifs de plus faibles quantités de lignes. Ce nombre de lignes constitue une page ; il doit être déterminé en fonction de la nature et de l'abondance des informations qui composent une ligne. Avec des lignes d'informations simples, il est conseillé de ne pas excéder une quinzaine d'enregistrements par écran.

Cette gestion de l'affichage implique de pouvoir naviguer au sein du flux de données, dans le but de pouvoir l'afficher partiellement. En général, cela se traduit, au niveau de l'interface, par la présence de deux boutons, « précédent » et « suivant », qui permettent de passer de l'écran actuel à l'écran qui présente le groupe d'enregistrements précédent ou le groupe d'enregistrements suivant.

Gestion des boutons « précédent » et « suivant »

Pour certaines bases, PHP offre la possibilité de se placer directement à un endroit précis du flux de données. Mais, pour la grande majorité d'entre elles, il est permis uniquement de parcourir ce flux séquentiellement. Il faut donc créer des fonctions qui prennent en paramètre le premier enregistrement à afficher, ainsi que le nombre d'enregistrements par page, ce qui permet, grâce à des parcours successifs du flux, d'afficher uniquement la portion voulue.

Ces fonctions constituent par excellence des fonctions réutilisables, à intégrer dans une bibliothèque personnelle de composants.

Nous allons écrire une page PHP, qui exécute une requête SQL dynamique, avec affichage des données et gestion du défilement des pages.

Cette fonction se connecte à une base Oracle 7, et retourne les résultats d'une requête sur une table d'employés.

Fichier « recordset.php3 »

```
<?
// Chargement de la bibliothèque Oracle 7.3
dl("php3_oci73.dll");
// Ecriture de la fonction qui gère l'affichage du flux de données
function result_set($cur, $debut, $longueur) {
```

Cette fonction prend en paramètre un curseur Oracle valide, le numéro de la première ligne de résultat à afficher, et le nombre de résultats à afficher par page :

```
$ftc = ora_fetch($cur);
```

Lecture du premier enregistrement du curseur. `ora_fetch` renvoie l'enregistrement s'il existe, sinon elle renvoi `false` :

```
if ($ftc) {
```

Le curseur contient les résultats suivants :

```
    echo "<table border=1>";
```

Affichage du libellé des colonnes en tête de la page :

```
    echo "<tr>";
    $cl = 0;
```

```
    do {
       $col = Ora_ColumnName($cur, $cl);
```

`ora_columnname` retourne le nom de la colonne dont l'indice est passé en paramètre. Si cet indice ne correspond à aucune colonne du curseur, `false` est retourné.

```
    if ($col) {
          echo "<td><b>$col</b></td>";
    }else{
       break;
    }

    $cl++;
 } while ($cl > 0);
```

Voici une boucle infinie, qui permet de parcourir toutes les colonnes :

```
 echo "</tr>";
```

Affichage des lignes :

```
 $nb = 1;
```

Compteur d'enregistrements :

```
 do {
    if (($ftc) && ($nb>=$debut)) {
```

On contrôle si une ligne est ramenée du curseur, et si elle doit être affichée dans cette page. Si ce n'est pas le cas, on sort de la boucle infinie :

```
 if ($nb<=$debut+$longueur-1) {
    $cl = 0;
    echo "<tr>";
    do {
       $res = ora_getcolumn($cur,$cl);
```

`ora_getcolumn` retourne la valeur de la colonne dont l'indice est passé en paramètre. Si cet indice ne correspond à aucune colonne, `false` est renvoyé :

```
 if ($res) {
```

Si une valeur correspond à l'indice de colonne, on l'affiche. Dans le cas contraire, on sort de la boucle infinie :

```
       echo "<td valign=top><pre>$res</pre></td>";

    }else{
       break;
    }
    $cl++;
 } while ($cl > 0);
```

Voici une boucle infinie, qui permet de parcourir toutes les colonnes d'une ligne :

```
            echo "</tr>";
         }else{
            break;
         }
      }

      $ftc = ora_fetch($cur);
      $nb++;

   } while ($ftc);

   echo "</table>";
   echo "<center>";
   echo "<br>";
   $nv_debut = $debut + $longueur;
```

Calcul du numéro de la première ligne à afficher sur la page suivante :

```
      if ($debut > 1) {
         $old_debut = $debut - $longueur;
```

Calcul du numéro de la première ligne à afficher sur la page précédente :

```
      };

      if ($old_debut > 0) {
```

On affiche le lien « précédent » uniquement si on ne se trouve pas au début du curseur :

```
      echo "<a href=\"recordset.php3?debut=$old_debut&longueur=$longueur\"><< Page
      ➥Précédente</a>";
      };
      echo " | ";
      if ($ftc) {
```

On affiche le lien « suivant » uniquement si on ne se trouve pas à la fin du curseur :

```
         echo "<a href-\"recordset.php3?debut=$nv_debut&longueur=$longueur\
         ➥">Page Suivante >></a>";
      };
   }
   };
```

Fin de la fonction. Début du programme principal.

Création de l'ordre SQL et des paramètres de connexion

```
   $sql = "SELECT emp_nom,emp_dept FROM employes";
   $login = "phpuser";
   $password = "phppwd";
```

Connexion à la base :

```
   $cnx = Ora_Logon($login, $password);
```

Si la connexion est correcte, on traite la requête. Sinon, un message d'erreur est affiché :

```
if (! $cnx) {
```

Problème à la connexion :

```
   echo "La tentative de connexion a échoué. <br>";
   echo "<i>".Ora_Error($cnx)."</i>";
   echo "<br>";
}
else
{
```

Connexion correcte. Ouverture du curseur :

```
$cur = ora_open($cnx);
```

Parsing de la requête :

```
$par = ora_parse($cur, $sql, 1);

if ($par) {
```

Parsing correct. Exécution de la requête :

```
   $exe = ora_exec($cur);

   if ($exe) {
```

Exécution correcte. Parcours du curseur :

```
   if (($debut >= 1) && ($longueur >= 1)) {
      result_set($cur, $debut, $longueur);
   }else{
      result_set($cur, 1, 15);
   };

}
else
{
```

Erreur d'exécution :

```
   echo "Exe error : <i>" . Ora_Error($cur)."</i>";
   echo "<br>sur l'ordre SQL : <b>$sql</b>";
}

lse
```

Erreur de parsing :

```
   echo "Parse error : " . Ora_Error($cur)."</i>";
   echo "<br>sur l'ordre SQL : <b>$sql</b>";
}
```

Fermeture du curseur :

```
$cur_close = ora_close($cur);
```

Fermeture de la connexion :

```
$off = ora_logoff($cnx);
```

On vérifie que la déconnexion s'effectue correctement :

```
if ($off) {
        echo "Erreur pendant la déconnexion.";
   }
}
?>
```

La plupart des fonctions utilisées dans cet exemple sont décrites à l'annexe C.

Mises à jour de la base de données

Cette section traite de la génération et de l'exécution de commandes SQL de mise à jour de la base de données. Par mise à jour, on entend, en général, la création, la modification et la suppression d'entités qui appartiennent à la table.

Nous considérons ici que les informations (colonnes) propres à la table à prendre en compte sont stockées dans un tableau, que nous nommons `$Arr_Cols`. Ce tableau comprend huit éléments, qui représentent chacun une propriété propre à la colonne.

Ce tableau est parcouru par les algorithmes qui génèrent les commandes SQL à exécuter, ce qui nous épargne de traiter une partie de la structure des données. D'autre part, nous réutiliserons ces fonctions un peu plus loin, afin de créer un composant, qui sera lui-même repris dans la partie « capitalisation ». Vous retrouverez donc ce tableau dans un grand nombre d'exemples, au cours de cet ouvrage. En voici la structure :

Tableau 9.1 : Caractéristiques du tableau des colonnes.

Caractéristiques des colonnes	Exemple
Nom de la table mère	typ_client
Nom de la colonne	cod_typcli
Description de la colonne	Code
Type des données de la colonne	char/long/number/date
Taille des données de la colonne	10
Flag de la colonne clé	Y/N
Flag de la colonne identité	Y/N
Flag de la colonne null	Y/N

Génération d'un ordre d'insertion dans la base de données

Le rôle de cette fonction est de générer un ordre d'insertion dans une base de données. En termes de SQL, cela signifie qu'il faut générer une chaîne semblable à celle qui suit (la syntaxe est en mise en gras, les valeurs variables en italique) :

```
Insert
Into   <TableName>
(
      <ColumnName>,
<ColumnName>s, …
)
Values
(
      <Value>,
<Value>s, …
)
```

La fonction parcourt le tableau des colonnes. Pour chaque colonne rencontrée, qui n'est pas de type identité (génération automatique), on place le nom de la colonne dans la chaîne SQL finale, et les valeurs dans une chaîne temporaire, `$val_str`, qui sera concaténée à la chaîne finale après la boucle.

Voici le code de la fonction `Build_SQLDelCmd()` :

```
#
# Construction d'une requête dynamique d'insertion dans une table
#
function Build_SQLInsCmd ( $Tab_Name, $Prm_Str, $Arr_Cols )
{
   # Contrôler la validité des paramètres
   if ( ( ! isset( $Tab_Name ) ) || ( ! isset( $Prm_Str ) ) ) return false;
   if ( ! isset( $Arr_Cols ) || count( $Arr_Cols ) <= 0 ) return false;
   # Chaines de base de l'insertion
   $sql_string = "Insert Into $Tab_Name ( ";
   $value_string = "";
   $one_done = false;
   # Parcourir le tableau des colonnes de la table
   while( list( $k, $v ) = each( $Arr_Cols ) )
   {
```

Le fichier des colonnes contient huit informations (nom, type, taille, etc.). On découpe donc la ligne courante en un tableau de huit lignes, chacune des lignes contenant un des composants :

```
      # Découpage informations colonne courante
      $a_col = Split( "~", $v, 8 );
      # Si ce n'est pas une colonne générée automatiquement
      if ( $a_col[6] != "Y" )
      {
         # Chercher si la valeur de la colonne est renseignée
         # dans la chaine des paramètres
         $col_name = $a_col[1];
         if ( ( $prm_val = strstr( $Prm_Str, $col_name."=" ) ) )
         {
```

Lorsque plusieurs variables ont été détectées, on doit insérer un séparateur de colonnes (ou de valeurs), à savoir la virgule. On doit donc uniquement gérer l'apparition de la première colonne (le séparateur est ajouté au début de chaque nouvelle ligne, excepté la première) :

```
            # Ajouter une virgule entre colonnes et entre valeurs
            # si une colonne a déjà été trouvée !
            if ( $one_done == true ) {
               $sql_string .= ", ";
               $value_string .= ", ";
            } else {
               $one_done = true;      # Première colonne trouvée !
            }
            $sql_string .= $col_name;
            # Récupère la valeur du paramètre dans l'url
            $val_str = Param_GetVal( $Prm_Str, $col_name );
            # Suivant le type de données
            if ( $a_col[3] == "date" ) {
               # Cas particulier, spécifique à Oracle.
               $val_str = "To_Date( '$val_str', 'DD/MM/YYYY' )";
            } elseif ( $a_col[3] == "char" ) {
               $val_str = "'$val_str'";
            }
            $value_string .= $val_str;
         }
      }
   }
   # Construction de la clause Values
   $sql_string .= " ) Values ( ";
   $sql_string .= $value_string;
   $sql_string .= " )";
   # Retourner la chaîne contenant l'ordre SQL d'insertion complet
   return $sql_string;
} // Build_SQLDelCmd
```

Génération d'un ordre de mise à jour dans la base de données

Cette fonction est analogue à la précédente. Elle permet de générer une commande SQL de mise à jour dans une base de données. (Rappel : la syntaxe d'une commande SQL doit être mise en gras, et ses valeurs variables en italique.) :

```
Update   <TableName>
Set      <ColumnName> = Value ,
<ColumnName> = Value , …
Where   <ColumnName> = Value
And      <ColumnName> = Value …
```

Nous réaliserons une commande de modification « standard », qui mettra à jour les colonnes non-clé (c'est-à-dire celles où la clé vaut ...).

Voici le code de la fonction `Build_SQLUpdCmd()`. Il est très semblable à celui de la fonction précédente, mais présente une différence de structure inhérente à la position des valeurs dans la commande (les valeurs sont placées après le nom de la colonne plutôt qu'en fin de commande) :

```
#
# Construit une requête dynamique de mise à jour dans une table
#
function Build_SQLUpdCmd ( $Tab_Name, $Prm_Str, $Arr_Cols )
{
   # Contrôle de la validité des paramètre
   if ( ( ! isset( $Tab_Name ) ) || ( ! isset( $Prm_Str ) ) ) return false;
   if ( ! isset( $Arr_Cols ) || count( $Arr_Cols ) <= 0 ) return false;
   # Chaînes de base de la mise à jour
   $sql_string = "Update $Tab_Name Set ";
   $whr_str = " Where ";
   $one_done = false;  # true quand une des colonnes de la liste est traitée
   $one_done_whr = false;    # Pareil, mais pour la clause where
   # Pour chaque colonne de la table
 while( list( $k, $v ) = each( $Arr_Cols ) )
   {
      # Découpage informations colonne courante
      $a_col = Split( "~", $v, 8 );
      # Chercher si la valeur de la colonne est renseignée
      # dans la chaine des paramètres
      $col_name = $a_col[1];
      if ( ( $prm_val = strstr( $Prm_Str, $a_col[1]."=" ) ) )
      {
         # Récupère la valeur du paramètre dans l'url
         $val_str = Param_GetVal( $Prm_Str, $col_name );
         # Suivant le type de données
         if ( $a_col[3] == "date" ) {
```

À l'image de la fonction d'insertion, la fonction de mise à jour nécessite le codage d'une spécificité, en ce qui concerne Oracle. En effet, dans Oracle, le schéma des dates par défaut est en général plus complexe que le classique DD/MM/YYYY. Il faut donc convertir la chaîne, à l'aide de la fonction Oracle prévue à cet effet. Nous verrons un peu plus loin que cela nous obligera à stocker le nom du SGBD, le format de date, ainsi que le nom de la fonction de conversion au sein même de la classe.

```
            # Cas particulier, spécifique à Oracle.
            $val_str = "To_Date( '$val_str', 'DD/MM/YYYY' )";
         } elseif ( $a_col[3] == "char" ) {
            $val_str = "'$val_str'";
         }
         # Si ce n'est pas une colonne clé, remplir section set
         if ( $a_col[5] == "N" )
         {
            if ( $one_done == true ) { $sql_string .= ", ";
            } else { $one_done = true; }
            $sql_string .= "$col_name = $val_str";
         # Si colonne clé, remplir section where
         } else {
```

```
                if ( $one_done_whr == true ) { $whr_str .= " And ";
                } else { $one_done_whr = true; }
                $whr_str .= "$col_name = $val_str";
            }
        }
    }
    # Construction de la clause Where
    $sql_string .= $whr_str;
    # Retourner la chaîne SQL de mise à jour
    return $sql_string;
} // Build_SQLUpdCmd
```

À l'instar de la procédure d'insertion, cette fonction intervient dans la page de gestion de la liste des référentiels. Elle est appelée lorsque les paramètres `Action` et `Confirm` de l'URL valent respectivement `Upd` (update) et `OK`. À partir de ce moment, les données postées par le formulaire de mise à jour deviennent également accessibles ; elles contiennent les valeurs modifiées par l'utilisateur de l'application.

Génération d'un ordre de suppression dans la base de données

Suite logique des deux fonctions précédentes, la fonction de suppression en reprend les principes. Elle génère un ordre SQL qui permet de supprimer des données de la base. La commande à créer est la suivante (la syntaxe est mise en gras, les valeurs variables en italique) :

```
Delete
From   <TableName>
Where   <ColumnName> = Value
And      <ColumnName> = Value …
```

Le codage de la fonction `Build_SQLDelCmd()` est plus simple que celui des deux autres, car une seule clause est à prévoir, celle du Where, qui doit porter sur les colonnes clés de la table. Ici encore, on passe les colonnes de la table en revue, en s'arrêtant sur celles qui appartiennent à la clé, et on construit peu à peu l'ordre SQL en récupérant les valeurs des paramètres dans la chaîne `$prm_str`.

Voici le code de la fonction `Build_SQLDelCmd()` :

```
#
# Construit une requête dynamique de suppression dans une table
#
function Build_SQLDelCmd ( $Tab_Name, $Prm_Str, $Arr_Cols )
{
   # Contrôle de la validité des paramètre
   if ( ( ! isset( $Tab_Name ) ) || ( ! isset( $Prm_Str ) ) ) return false;
   if ( ! isset( $Arr_Cols ) || count( $Arr_Cols ) <= 0 ) return false;
   # Chaines de base de la suppression
   $sql_string = "Delete From $Tab_Name ";
   $whr_str = " Where ";
   $one_done_whr = false;
   # Pour chaque colonne de la table
   while( list( $k, $v ) = each( $Arr_Cols ) )
```

```
    {
      # Découpage informations colonne courante
      $a_col = Split( "~", $v, 8 );
      if ( StrToUpper( $a_col[5] ) != "Y" ) continue;
      # Chercher si la valeur de la colonne est renseignée
      # dans la chaine des paramètres
      $col_name = $a_col[1];
      if ( ( $prm_val = strstr( $Prm_Str, $a_col[1]."=" ) ) )
      {
        # Récupère la valeur du paramètre dans l'url
        $val_str = Param_GetVal( $Prm_Str, $col_name );
        # Suivant le type de données
        if ( $a_col[3] == "date" ) {
          # Choix fonctionnel, propre à ORACLE …
          $val_str = "To_Date( '$val_str', 'DD/MM/YYYY')";
        } elseif ( $a_col[3] == "char" ) {
          $val_str = "'$val_str'";
        }
        if ( $one_done_whr == true ) $whr_str .= " And ";
        else $one_done_whr = true;
        $whr_str .= "$col_name = $val_str";
      }
    }
  # Construction de la clause Where
  $sql_string .= $whr_str;
  # Retourner la chaîne SQL de suppression
  return $sql_string;
} // Build_SQLDelCmd
```

Exécution d'une requête SQL dynamique de mise à jour

La fonction SQL_ExecProc() réalise une simple connexion à la base de données, suivie, si tout se passe bien, d'une exécution de la commande SQL passée en paramètre. Cette fonction intervient lors de l'exécution des commandes d'insertion, de mise à jour et de suppression des données des tables de référence, qui ne ramènent aucune ligne.

Voici le code de la fonction SQL_ExecProc() :

```
#
# Exécution d'une requête SQL, sur une base de données Oracle, par ODBC
#
function Exec_SqlProc( $SQL_CnxDsn, $SQL_CnxUsr, $SQL_CnxPwd, $SQLString )
{
  $sql_cnx = false;
  $sql_res = false;
  # Connexion ODBC (ou autre …)
  $sql_cnx = odbc_connect( $SQL_CnxDsn, $SQL_CnxUsr, $SQL_CnxPwd );
  # Connexion ratée
  if ( $sql_cnx == false )   {
    return "<B>Erreur de connexion à Oracle par ODBC.</B>\n";
  } else {
```

```
      # Connexion réussie -> Exécution commande SQL
      $sql_res = odbc_exec( $sql_cnx, $SQLString );
      # Déconnexion ODBC
      odbc_close( $sql_cnx );
      # Exécution ratée
      if ( $sql_res == false )
      {
         return "Erreur d'execution de l'ordre SQL:<P>".$SQLString."<P>\n";       }
   }
   return "";
} // Exec_SqlProc
```

10

Fonctionnalités Internet

Le courrier électronique

Mail()

`Mail()`est la principale fonction d'envoi de courrier électronique utilisée en PHP.

Elle nécessite :

- une configuration préalable de la machine sur laquelle tourne l'application PHP, afin de servir elle-même de serveur e-mail (par exemple, avec Sendmail sous Linux, ou le serveur SMTP de IIS sous Windows), ou pour communiquer avec un serveur e-mail donné ;
- une configuration du fichier « php.ini », dans la section `[mail function]`. Les paramètres `SMTP` et `Sendmail_from` (Windows) ou `Sendmail_path` (Unix) doivent être renseignés.

La fonction `Mail()`contient quatre paramètres, et retourne une valeur booléenne :

```
Mail($adresse, $sujet, $message, $headers) ;
```

$adresse : adresse des destinataires du message, séparées par des virgules.

$sujet : objet du message.

$message : corps du message.

$headers (facultatif) : lignes supplémentaires à faire figurer dans l'en-tête du message, séparées par des retours.

Les attributs particuliers du message (pièce jointe, CC, Bcc, etc.) doivent être construits respectivement dans le corps et dans l'en-tête du message.

Voici un exemple très simple d'envoi de message :

```
// définition des paramètres du message
$adresse = " dest1@adr1.com, dest2@adr2.fr " ;
```

```
$sujet = " Envoi de message " ;
$message = " Ceci est un message envoyé avec PHP " ;
$headers = "From: expediteur1@adr3.com\r\nReply-To: expediteur1@adr3.com " ;
// envoi du message
if (mail($adresse, $sujet, $message, $headers)) {
   echo " Message envoyé avec succès à $adresse <br> " ;
} else {
   echo " L'envoi du message à $adresse a échoué <br> " ;
} ;
```

Voici maintenant un exemple plus dense, qui illustre toutes les possibilités de PHP relatives à l'envoi de messages complexes (merci à Léo West, qui est l'auteur de la classe `cls_mail` utilisée ici) :

Fichier « form.php3 »

```
<body bgcolor="#ffffff">
<h1>Exemple d'envoi de mail</h1>
<FORM action="formres.php3" method=POST>
<TABLE cellspacing=0 cellpadding=3 border=0>
<tr>
   <td><font color="0000ff"><b>De :</b></td>
   <td><input type=text size=20 name="de"></td>
</tr>
<tr>
   <td><font color="0000ff"><b>A :</b></td>
   <td><input type=text size=50 name="a"></td>
</tr>
<tr>
   <td><font color="0000ff"><b>CC :</b></td>
   <td><input type=text size=50 name="copies"></td>
</tr>
<tr>
   <td><font color="0000ff"><b>Organisation :</b></td>
   <td><input type=text size=50 name="organisation"></td>
</tr>
<tr>
   <td><font color="0000ff"><b>Priorité :</b></td>
   <td><select name="priorite">
      <option value=1>La plus haute
      <option value=2>Haute
      <option value=3 selected>Normale
      <option value=4>Basse
      <option value=5>La plus basse
       </select>
   </td>
</tr>
<tr>
   <td><font color="0000ff"><b>Fichier attaché :</b></td>
   <td><input type=file name="fic" size=50></td>
</tr>
```

```
<tr>
   <td><font color="0000ff"><b>Sujet :</b></td>
   <td><input type=text size=50 name="sujet"></td>
</tr>
<tr>
   <td><font color="0000ff"><b>Texte :</b></td>
   <td><textarea name="corps" cols=50 rows=5></textarea></td>
</tr>
<tr>
   <td colspan=2 align=center><input type=submit value="Envoyer"></td>
</tr>
</TABLE>
</FORM>
```

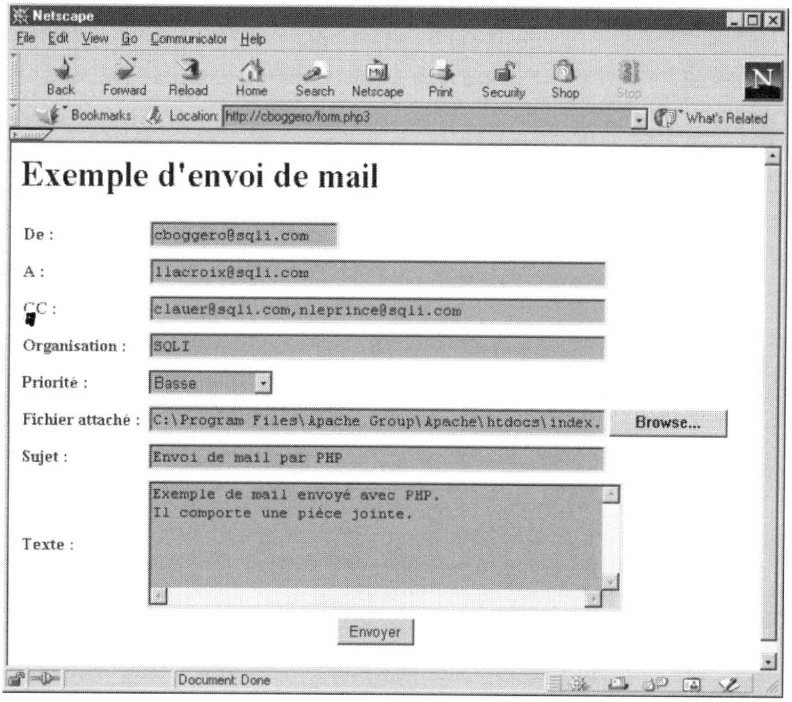

Figure 10.1
Interface de l'exemple d'envoi d'un e-mail.

Fichier « formresp.php3 »

```
<body bgcolor="#ffffff">
<font color="0000ff">
<?
if ((strlen($de)==0)||(strlen($a)==0)||(strlen($sujet)==0)) {
   echo "Les champs DE, A et SUJET sont obligatoires";
}else{
   include "./cls_mail.php";
   $taba = explode(",",$a);
   $tabcc = explode(",",$copies);
```

```
   $m= new Mail($de, $taba, $sujet);
   if (strlen($corps)!=0) $m->Body($corps);
   if (strlen($copies)!=0) $m->Cc($tabcc);
   if (strlen($organisation)!=0) $m->Organization($organisation);
   $m->Priority($priorite) ;
   if (strlen($fic)!=0) $m->Attach(str_replace("\\\\","\\",$fic));
   $m->Send();
   echo "Le message a été envoyé à $a $copies";
}
?>
```

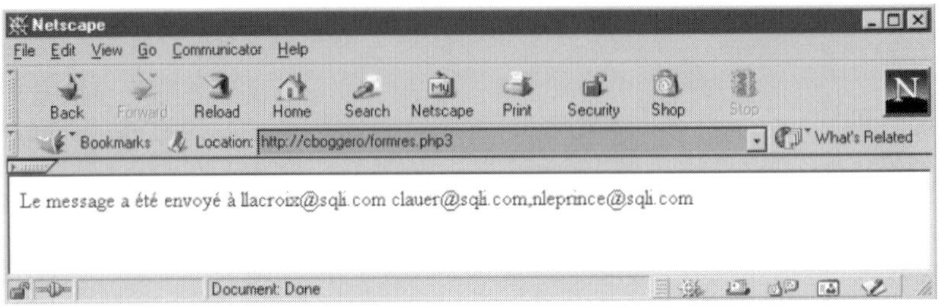

Figure 10.2
Résultat de l'exemple d'envoi d'un e-mail.

Fichier « cls_mail.php3 »

```
<?
// Cette classe exploite la fonction mail() de PHP.
// Elle implémente les fichiers attachés, les CC, Bcc, et les priorités.
// AUTEUR   Leo West (lwest@free.fr ;-)
class Mail
{
   var $sendto= array();
   var $from;
   var $acc= array();
   var $abcc= array();
   var $aattach= array();
   var $priorities= array(
     '1 (Highest)', '2 (High)',
       '3 (Normal)', '4 (Low)',
       '5 (Lowest)' );
// Constructeur
function Mail($from, $to, $subject= '')
{
   if( is_array($to) ) {
      $this->sendto= $to;
   } else {
      $this->sendto[0]= $to;
   }
   if( ! is_string($from) ) {
      echo "Class Mail: erreur, \"from\" n'est pas une chaîne!";
      exit;
   }
   $this->from=$from;
```

```
    $this->xmailer = "cls_mail";
    if( $subject != '' )
      $this->Subject($subject);
    if( ! $this->CheckAdresses( $this->sendto ) )
      return false;
}
// Positionne les adresses de copies (CC)
// Cette méthode accepte un tableau ou une seule chaine en paramètre
function Cc($cc)
{
    if( is_array($cc) )
      $this->acc= $cc;
    else
      $this->acc[0]= $cc;
    $this->CheckAdresses( $this->acc );
}
// Positionne les adresses en Bcc
// Cette méthode accepte un tableau ou une seule chaine en paramètre
function Bcc( $bcc)
{
    if( is_array($bcc) )
      $this->abbc= $bcc;
    else
      $this->abcc[0]= $bcc;
    $this->CheckAdresses( $this->abcc );
}
// Affecte le sujet du message
function Subject( $subject )
{
    $this->subject= $subject;
}
// Affecte le corps du message
function Body( $body )
{
    $this->body= $body;
}
// Construit l'en-tête
function _build_headers()
{
    $this->to= implode( ",", $this->sendto);
    $this->cc= implode( ",", $this->acc);
    $this->bcc= implode( ",", $this->abcc);
    $from= $this->from;
    // Création du header e-mail
    $this->headers= "From: $from\n";
    if( isset($this->organization) )
      $this->headers .= "Organization: $this->organization\n";
    if( $cc != '' )
      $this->headers .= "CC: $this->cc\n";
    if( $this->priority )
      $this->headers .= "X-Priority: $this->priority\n";
```

```
   if( $this->xmailer )
      $this->headers .= "X-Mailer: $this->xmailer\n";

}
// Envoi du message
function Send()
{
   // construction de l'en-tête
   $this->_build_headers();
      // inclusion des fichiers attachés
   if( sizeof( $this->aattach > 0 ) ) {
      $this->_build_attachement();
      $this->body= $this->body . $this->attachment;
   }

   // envoi du mail au destinataire principal
   for( $i=0; $i< sizeof($this->sendto); $i++ ) {
      $sendto= $this->sendto[$i];
      mail($sendto, $this->subject, $this->body, $this->headers);
   }
   // envoi du mail aux CC
   for( $i=0; $i< sizeof($this->acc); $i++ ) {
      $sendto= $this->acc[$i];
      mail($sendto, $this->subject, $this->body, $this->headers);
   }
   // envoi du mail aux Bcc
   for( $i=0; $i< sizeof($this->abcc); $i++ ) {
      $sendto= $this->abcc[$i];
      mail($sendto, $this->subject, $this->body, $this->headers);
   }
}
// Affecte le champ "Organization"
function Organization($org )
{
   $this->organization= $org;
}
// Affecte une priorité au message ex: $m->Priority(1) ; => Highest
function Priority($priority )
{
   if( isset( $this->priorities[$priority-1]) ) {
      $this->priority= $this->priorities[$priority-1];
   } else {
        echo "Class Mail, méthode Priority : mauvaise priorité ( $priority ).
        ➥Les priorités valides sont ( de la plus haute à la plus basse) : 1,2,3,4,5";
         exit;
   }
}
// Attache un fichier au message
function Attach($filename, $filetype="application/x-unknown-content-type")
{
```

```
    $sz= sizeof($this->aattach);
    $this->aattach[$sz] = $filename;
    $this->actype[$sz]= $filetype;
}
// Retourne l'e-mail envoyé
function getMail()
{
    if( ! isset( $this->headers ) ) {
        echo "Class Mail, méthode getMail : e-mail mal formaté. Invoquer la méthode
        ➥Send() avant getMail()";
        exit;
    }
    return ($this->headers . $this->body);
}
// Renvoie l'e-mail courant
function Show()
{
    $this->_build_headers();
    if( sizeof( $this->aattach > 0 ) ) {
        $this->_build_attachement();
        $this->body= $this->body . $this->attachment;
    }
    $mail = $this->headers;
    $mail .= "\n$this->body";
    return $mail;
}
// Renvoie true si l'adresse e-mail est valide
function ValidEmail($address)
{
    if (strlen($address)>0) {
   if(ereg( "^[^@  ]+@([a-zA-Z0-9\-]+\.)+([a-zA-Z0-9\-]{2}|net|com|gov|mil|
   ➥org|edu|int)\$",$address) ) {
            return true;
        }else{
            return false;
        }
    }else{
        return true;
    }
}
// Vérification des adresses
function CheckAdresses( $aad )
{
    for($i=0;$i< sizeof( $aad); $i++ ) {
        if( ! $this->ValidEmail( $aad[$i]) ) {
            echo "Class Mail, méthode Mail : adresse invalide $aad[$i]";
            exit;
        }
    }
}
```

```
// Vérifie et encode les fichiers attachés
function _build_attachement()
{
   $this->boundary= "------------36B1A07664D99CFE8E10B242";
   $this->headers .= "MIME-Version: 1.0\nContent-Type: multipart/mixed;\n
                boundary=\"$this->boundary\"\n\n";
   $this->body= "This is a multi-part message in MIME format.\n--$this->
           boundary\nContent-Type: text/plain; charset=us-ascii\n
           Content-Transfer-Encoding: 7bit\n\n" . $this->body ."\n";
   $sep= chr(13) . chr(10);
   $ata= array(); $k=0;
   // Pour chaque fichier attaché...
   for( $i=0; $i < sizeof( $this->aattach); $i++ ) {
      $filename= $this->aattach[$i];
      $ctype= $this->actype[$i];   // content-type
      if( ! file_exists( $filename) ) {
         echo "Class Mail, méthode attach : fichier $filename introuvable";
         exit;
      }
      $subhdr= "--$this->boundary\nContent-type: $ctype;\n
           name=\"$filename\"\nContent-Transfer-Encoding:base64\n
           Content-Disposition: inline;;\n  filename=\"$filename\"\n";
      $ata[$k++]= $subhdr;
      $linesz= filesize( $filename)+1;
      $fp= fopen( $filename, 'r' );
      $data= base64_encode(fread( $fp, $linesz));
      $deb=0; $len=72; $data_len= strlen($data);
      do {
         $ata[$k++]= substr($data,$deb,$len);
         $deb += $len;
      } while($deb < $data_len );
      fclose($fp);
   }
   $ata[$k++]= "$this->boundary--";
   $this->attachment= implode($sep, $ata);
}
}
?>
```

IMAP et POP3

PHP propose une bibliothèque destinée à utiliser les boîtes aux lettres IMAP. Sous Unix, il est nécessaire de recompiler PHP en lui adjoignant un module disponible à l'adresse : ftp://ftp.cac.washington.edu/imap/. Sous Windows, il faut charger la bibliothèque php_imap4r1.dll.

L'utilisation du protocole POP3 pour gérer les boîtes aux lettres est actuellement possible uniquement *via* les fonctions réseau de bas niveau de PHP. En clair, il faut employer des sockets, et implémenter soi-même ce protocole. Il reste cependant très simple à mettre en œuvre. Sa description complète figure dans la RFC 1725.

Le « file upload »

Le « file upload » est l'action de transférer un fichier depuis le poste client vers le serveur (par opposition au « download », qui transfère un fichier depuis le serveur vers le client). Cette opération est souvent difficile à implémenter et peut, selon le serveur d'application utilisé, nécessiter l'apport d'un composant externe payant. Avec PHP, cette fonctionnalité clé des applications Internet est nativement incluse dans le moteur. De plus, il n'y a rien à programmer ! En effet, aucune fonction particulière ni aucune bibliothèque ne sont nécessaires. Il suffit de référencer une page PHP dans le formulaire qui contient le champs de transfert de fichier. Le fichier est transféré automatiquement dans le répertoire d'upload spécifié dans le fichier « php.ini » (paramètre *upload_tmp_dir*), et ses caractéristiques sont intégrées à des variables globales de la page référencée.

Illustrons ce mécanisme par un exemple :

Page « browse.html »

```
<FORM ENCTYPE="multipart/form-data" ACTION="upload.php4" METHOD=POST>
<INPUT TYPE="hidden" name="MAX_FILE_SIZE" value="1000">
Fichier à transférer : <INPUT NAME="fichier" TYPE="file">
<INPUT TYPE="submit" VALUE="Transférer">
</FORM>
```

Dans cette page, il est impératif que le champ caché, « MAX_FILE_SIZE », précède le champ de type « file ».

NOTE Quelle que soit la taille spécifiée dans cette variable cachée, la taille du fichier transféré ne pourra pas dépasser la taille maximale spécifiée dans le fichier "php.ini" (paramètre `upload_max_filesize`).

Page « upload.php4 »

Il n'y a rien à faire dans cette page ! Si l'upload s'est déroulé correctement, à ce stade, le fichier est déjà présent sur le serveur, et des variables globales ont intégré toutes les valeurs utiles à la gestion de ce fichier. Elles sont au nombre de quatre :

$fichier. Nom temporaire sous lequel le fichier a été enregistré sur le serveur.

$fichier_name. Nom original du fichier sur la machine de l'expéditeur.

$fichier_size. Taille du fichier transféré, en octets.

$fichier_type. Type MIME du fichier transféré, si le navigateur du client envoie cette information.

NOTE Le préfixe de ces quatre variables, à savoir "fichier", est le nom donné au champ de type "file" dans la page "browse.html". Il peut bien entendu prendre n'importe quel nom.

On peut donc afficher ces renseignements, en guise de confirmation de transfert :

```
<?
Echo " Le fichier $userfile_name ($userfile_size octets) de type $userfile_type a été
auvegardé sous le nom $userfile " ;
?>
```

La génération d'images

L'exemple suivant illustre l'utilisation de la bibliothèque de fonctions graphiques "php3_gd". L'objectif est de créer une image qui représente un graphique de type camembert, en prenant en entrée un tableau de valeurs :

```
<?
// on monte en mémoire la bibliothèque " php3_gd.dll " (ici sous Windows)
dl("php3_gd.dll");
// ************************************************************************
// création d'une fonction qui permet de dessiner une portion de camembert
// ************************************************************************
function portion($xc,$yc,$diametre,$epaisseur,$dep,$couleur,$image,$caption) {
   // Définition de la couleur blanche sur l'image en cours de construction
   $blanc = ImageColorAllocate($image, 255,255,255);
   for ($i=$diametre;$i>=0;$i--) {
      // on utilise la fonction imagearc qui fait partie de la
      // bibliothèque graphique et qui trace des arcs d'ellipse.
      imagearc($image,$xc,$yc,$i,$i,$dep,$dep+$epaisseur,$couleur);
   }
   // Détermination des coordonnées d'affichage de la légende
   $alpha = ($dep + ($epaisseur/2)) * ((2*M_PI)/360);

   $cs = 95 * cos($alpha);
   $sn = 95 * sin($alpha);
   $xt = $xc + $cs;
   $yt = $yc + $sn;

   // Affichage de la légende
   imagestring($image, 2, $xt, $yt, $caption, $blanc);
}
// ************************************************************************
// Fonction qui construit le camembert à partir du tableau de valeurs
// ************************************************************************
function pie_chart($tabval) {
   // création de l'image gif d'une taille de 200 x 200 pixels.
   $img = imageCreate(300,300);
   // remplissage de l'image avec un fond noir
   $noir = ImageColorAllocate($img, 0, 0, 0);
   imagefill($img, 0, 0, $noir);

   // calcul du total des valeurs
   $total = 0;
   for($i=0;$i<sizeof($tabval);$i++) {
      $total = $total + $tabval[$i];
   }
   $unite = 360/$total;
   $begin = 0;
   // dessin des portions
   for($i=0;$i<sizeof($tabval);$i++) {
      // création d'une couleur aléatoire pour la portion courante
```

```
        srand((double)microtime()*1000000);
        $coul = ImageColorAllocate($img,
           rand(0,255),rand(0,255),rand(0,255));
        $part = $tabval[$i]*$unite;
        portion(150, 150, 150, $part, $begin, $coul, $img, $tabval[$i]);
        $begin = $begin + $part;
     }
     // Génération d'un fichier GIF contenant le résultat.
  // Remarque : le paramètre qui fournit le nom du fichier étant optionnel,
   // on aurait tout aussi bien pu générer l'image dans le flux HTTP
   // retourné au navigateur client, et ainsi l'afficher directement
     imagegif($img,"imagephp.gif");
}
// ***********************  Programme principal ***************************
// Création du tableau de données
$tb = array(22,50,180,150,80,250,30,100);
// Appel de la fonction de création du camembert
pie_chart($tb);
?>
```

Voici le résultat obtenu dans le fichier "imagephp.gif" :

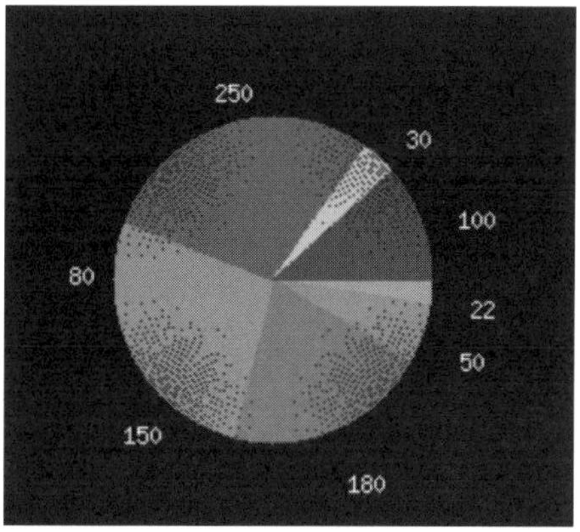

Figure 10.3
Résultat de l'exemple de génération d'une image.

L'intérêt de ce type de fonctions dans des applications de gestion, afin de représenter des graphiques ou des histogrammes, est évident. Ces fonctions sont également utiles pour représenter graphiquement des boutons ou des liens, sans avoir à gérer des fichiers images.

Le traitement des URL

Codage des URL

Comme nous le verrons dans le chapitre relatif au contexte applicatif, les URL peuvent contenir, outre l'adresse de la page, des variables et leurs valeurs. Cependant, un certain nombre de caractères spéciaux (tous les caractères non alphanumériques, à l'exception de « - » et de « _ ») ne peuvent pas être insérés tels quels dans l'URL, et doivent être codés. Le format de codage est constitué du symbole « % », suivi d'un code hexadécimal, à l'exception de l'espace, qui est codé par un « + ». Voici le tableau de codage des principaux caractères :

Caractère	Code	Caractère	Code	Caractère	Code	Caractère	Code
espace	+	|	%7C	°	%B0	%	%25
&	%26	è	%E8	+	%2B	*	%2A
é	%E9	`	%60	=	%3D	/	%2F
"	%22	\	%5C	}	%7D	:	%3A
~	%7E	ç	%E7	¨	%A8	§	%A7
#	%23	^	%5E	^	%5E	!	%21
'	%27	à	%E0	$	%24	µ	%B5
{	%7B	@	%40	£	%A3	?	%3F
(	%28	)	%29	¤	%A4	,	%2C
[	%5B	]	%5D	ù	%F9	;	%3B

PHP propose deux fonctions pour gérer ce codage. `UrlEncode()` permet de coder une chaîne qui contient des caractères spéciaux. `UrlDecode()` est sa réciproque, c'est-à-dire qu'elle remplace les codes hexadécimaux par leur caractère équivalent.

Exemple

```
< ?
Echo urlencode("http://www.url.org/page.php3?param1=valeur1&param2=valeur2");
?>
```

Affiche

```
http%3A%2F%2Fwww.url.org%2Fpage.php3%3Fparam1%3Dvaleur1%26param2%3Dvaleur2
```

Et, réciproquement

```
<?
Echo urldecode(" http%3A%2F%2Fwww.url.org%2Fpage.php3%3Fparam1%3Dvaleur1%26
➥param2%3Dvaleur2 ");
?>
```

Affiche

```
http://www.url.org/page.php3?param1=valeur1&param2=valeur2
```

parse_url()

Cette fonction va servir à disséquer une URL, c'est-à-dire à isoler, au sein d'un tableau, les différents éléments qui constituent l'URL passée en paramètre. Ces éléments sont : « scheme », « host », « port », « user », « pass », « path », « query » et « fragment ». Ils constituent chacun une des clé du tableau retourné. Seuls les éléments qui possèdent une valeur affectée sont retournés dans le tableau.

Exemple

```
<?
$tab=parse_url(http://www.url.org/page.php3?param1=valeur1&param2=valeur2);
foreach($tab as $cle => $val) {
      echo "$cle : $val<br>";
   }
?>
```

Affiche

```
scheme : http
host : www.url.org
path : /page.php3
query : param1=valeur1&param2=valeur2
```

La gestion du contexte applicatif

Qu'est-ce que le contexte applicatif ?

Une des principales particularités d'une application fondée sur une architecture Internet est qu'elle ne procède qu'à des connexions ponctuelles avec la base de données. Par opposition, une application client-serveur va posséder des connexions permanentes avec cette base. En effet, les connexions sont ouvertes, puis fermées, pour chaque page PHP. (Nous nous référons ici à PHP, mais le problème est exactement le même avec d'autres serveurs d'applications, tel ASP de Microsoft, ou encore avec des programmes qui s'exécutent par le biais de l'interface CGI).

La conséquence immédiate de cette particularité est que les informations, relatives notamment à l'utilisateur courant, doivent être renvoyées à la base lors de chaque connexion, afin que celui-ci puisse être identifiée et retrouver ses droits sur les données. La plupart du temps, ces informations ne sont pas suffisantes. Il est nécessaire, par exemple, de connaître les actions et les choix effectués antérieurement (sur d'autres pages) par l'utilisateur, afin de générer un contenu de page cohérent. Toutes ces informations doivent donc pouvoir être prises en compte à tout moment, sur n'importe quelle page. Cet ensemble de données est appelé le contexte applicatif. Il va permettre de ressituer l'utilisateur dans son contexte, lors de chaque connexion à la base.

L'étape suivante consiste à mettre à disposition de chaque page les informations suffisantes afin d'établir ce contexte. La gestion du contexte est donc la capacité de passer des paramètres d'une page à une autre. Pour cela, il existe cinq grandes méthodes, que nous allons étudier à présent.

Les différentes méthodes de gestion

URL longue

Cette méthode se base sur l'URL de la page. En effet, il est possible de passer des variables au sein même de l'URL. Pour cela, il suffit de compléter l'URL de base de la page avec le nom des variables à passer, suivi de leur valeur.

L'URL se forme sur le modèle suivant :

http://mon_serveur/ma_page.php3?variable1=valeur1&variable2=valeur2

- Le « **?** » marque la séparation entre l'URL de base, qui désigne la page, et l'extension de l'URL, qui contient les variables.
- Le « **&** » marque la séparation entre chaque couple « variable-valeur ».

Dans la page PHP référencée, ces variables seront accessibles simplement par leur nom (ici, `$variable1` et `$variable2`). Cette méthode permet donc très facilement de transmettre des informations de page en page. Cependant, plusieurs facteurs sont à prendre en compte :

- La taille d'une URL est le plus souvent limitée à 2 ou 4 Ko (en fonction de l'OS utilisé), ce qui limite la quantité de variables et la longueur de leur valeur.
- Les URL s'accommodent très mal des caractères spéciaux. Il faut donc penser à encoder l'URL au moment de sa construction, à l'aide de la fonction `urlencode()`, afin de ne pas provoquer d'erreurs.
- L'appel à la page s'effectue nécessairement à l'aide d'un hyperlien ou d'une fonction JavaScript.
- Le contenu des variables est visible dans la zone d'affichage d'URL du navigateur, ou dans la fenêtre d'information qu'il propose, ce qui peut être gênant pour des raisons de sécurité ou de robustesse.

Il faut toujours tenir compte de ces limitations lorsqu'on emploie cette méthode.

Variables cachées

Cette méthode consiste à utiliser un formulaire, afin de faire passer les données sous forme de variables cachées (`<INPUT TYPE=HIDDEN>`).

Notons que, si le formulaire est envoyé au moyen de la méthode `GET`, on se retrouve dans un contexte très proche des URL longues, ce qui implique la même limitation de longueur et la même visibilité des valeurs transmises.

On considérera donc que le formulaire est envoyé au moyen de la méthode `POST`.

Pour transmettre les mêmes valeurs que celles utilisées dans l'exemple précédent, on aura le code HTML suivant :

```
<FORM ACTION= " ma_page.php3 " METHOD=POST NAME= "ma_form">
<INPUT TYPE=HIDDEN NAME= " ariable1" VALUE= "valeur1">
<INPUT TYPE=HIDDEN NAME= "variable2" VALUE= "valeur2">
</FORM>
```

Pour valider ce formulaire, et ainsi transmettre les variables à la page « ma_page.php3 », plusieurs solutions sont possibles :

- Passer par un bouton classique de type « submit », inclus dans le formulaire (<INPUT TYPE=SUBMIT>).
- Passer par une image cliquable, incluse dans le formulaire (<INPUT TYPE=IMAGE>).
- Passer par une fonction JavaScript, qui valide le formulaire (document.ma_form.submit();) déclenché par un clic sur un hyperlien ou sur un simple bouton (<INPUT TYPE=BUTTON>).

Seule la troisième méthode possède une restriction. En effet, toute action fondée sur du langage JavaScript est soumise au paramétrage du navigateur de l'utilisateur, qui peut refuser son exécution. Aucune autre contrainte ne vient trancher entre ces trois méthodes. Le choix doit donc être effectué en fonction de l'ergonomie et du design des pages concernées.

Cookies

Un cookie est une information stockée sur le poste client, c'est-à-dire sur celui où s'exécute le navigateur. Comme pour les fonctions JavaScript, l'utilisation des cookies est dépendante de la configuration du navigateur du client, ce qui peut constituer un handicap.

En pratique, chaque cookie peut stocker une ou plusieurs informations. Le principal avantage de cette technique est qu'une information stockée dans un cookie peut être consultée depuis n'importe quelle page ; il n'est pas nécessaire de la faire passer de page en page tout au long de l'application.

En PHP, l'utilisation des cookies est extrêmement simple, et ne nécessite qu'une seule fonction : `SetCookie()`.

Exemple

```
<?
   SetCookie(" variable1 ", " valeur1 ") ;
   SetCookie(" variable2 ", " valeur2 ") ;
// écrit des cookies ayant pour nom " variable1 " et " variable2 " sur le
// client. Pour accéder à ces cookies, il suffit d'utiliser la variable
// globale du même nom créée automatiquement par PHP.
echo $variable1 ; // affiche la valeur du cookie " variable1 "
?>
```

Variables de session

Ce type de variables n'est implémenté qu'à partir de PHP4. Dans PHP3, plusieurs bibliothèques de composants les simulent, à l'aide d'une base de données (voir paragraphe suivant), mais elles n'en offrent pas les avantages.

Une variable de session est une variable stockée sur le serveur. Elle est propre à un utilisateur donné, et est accessible à tout moment, depuis n'importe quelle page appelée par cet utilisateur. Elle offre donc les mêmes avantages qu'un cookie. Toutefois, l'identifiant de l'utilisateur doit être passé dans toutes les pages. Pour cela, il est nécessaire d'employer une des méthodes vues plus haut.

Mise en œuvre

La première opération consiste, lors de l'accès au site, à créer une session, puis à transmettre son identifiant au navigateur. On fait alors appel à la fonction `session_start()`, sans lui passer aucun paramètre. Cette fonction doit être placée en tout début de script. En effet, étant donné qu'elle génère un cookie, elle doit être placée avant l'envoi des headers HTTP, sinon une erreur se produit.

À ce moment, la session est créée. Dans la suite du script, l'appel à « session_id() » retourne la valeur de cet identifiant unique, qui peut ressembler à CA3F1261FB81395BB4A.

Pour transmettre la valeur d'une variable d'une page à une autre, il faut spécifier que l'on souhaite faire enregistrer cette variable en tant que variable de session. Pour cela, on utilise la fonction `session_register()`, à laquelle on passe en paramètre le nom de la variable, débarrassé de son préfixe $.

```
<?
 // Session créée ? Si Non, en créer une nouvelle
 if ($PHPSESSID)
   session_start($PHPSESSID);
 else
   session_start();
?>
<!-- Début du Html, envoi des entêtes par le serveur Http -->
<html>
  <head>
    <title>PHP4 Session Start</title>
  </head>
  <body>
    <h1>PAGE 1 : PHP4 Session Start</h1>
    <hr>
    <br>
<!-- Affichage de la clé de session, enregistrement d'une variable -->
<?
    $sid = session_id();
    $sname = session_name();
    echo "Votre clé de session est : $sid <br>
       Le nom de cette session est : $sname <br>\n";
    // Ajout de la variable $venant_depuis au contexte de la session
    $venant_depuis = $HTTP_REFERER;
    session_register("venant_depuis");
    // La variable est désormais dans le contexte
?>
    <br>
    <hr>
    <center>
       <A href="start_shopping.php">
       Cliquer ici pour commencer votre shopping</A>
    </center>
  </body>
</html>
```

Pour passer la clé de session à la page suivante, il est conseillé de la placer dans l'URL de la page de destination. PHP4 propose un raccourci, afin de rendre cette écriture plus concise et plus facile à interpréter. Il s'agit d'une écriture condensée, calquée sur la syntaxe des ASP de Microsoft. Le lien vers la seconde page s'écrira donc : <?=SID?>.

```
// Ecriture courte
<a href="start_shopping.php?<?=SID?>">Commencer votre shopping</a>
// Ecriture longue
<a href="start_shopping.php?session_name()=session_id()">
Commencer votre shopping</a>
```

Par la suite, toute autre page utilisée dans la session devra répercuter la clé de session sur les pages suivantes. Toute page devra commencer par les lignes suivantes :

```
<?
  if ($PHPSESSID)
   session_start($PHPSESSID);
 else
   session_start();
// Normalement, on ne doit pas créer de session d'un script de la page
?>
```

Base de données

Le principe d'utilisation d'une base de données dans le but de gérer les contextes applicatifs est le même que pour les sessions. En effet, ici aussi, il faut transmettre un identifiant utilisateur, mais la méthode de récupération des données est différente. Avec les sessions, les variables peuvent être stockées dans un fichier local au serveur, et également dans une base de données. Dans ce dernier cas, il s'agit d'une gestion du contexte dans une base de données, et la programmation des pages est strictement identique.

Il existe une bibliothèque de composants très utilisée, qui simule les sessions par l'utilisation d'une base de données. Il s'agit de la phplib, disponible à l'adresse : http://phplib.shonline.de.

Quelle méthode de gestion choisir ?

La méthode de gestion du contexte dépend de la quantité de données à gérer dans le contexte applicatif. Le Tableau 10.1 récapitule les avantages et les inconvénients de chacune des cinq méthodes que nous venons de voir.

Tableau 10.1 : Avantages et inconvénients des différentes méthodes de gestion des sessions.

Méthode	Avantages	Inconvénients
URL longue	– Simplicité d'utilisation – Lisibilité	– Quantité d'informations limitée à 2 ou 4 Ko – Informations visibles – Encodage des données
Variables cachées	– Données cachées (méthode POST) – Pas de limitation de longueur des données transmises	– Nécessité de passer par des formulaires HTML – Importance du code HTML généré si la quantité de données est volumineuse
Cookies	– Disponibilité de l'information à tout moment, sans nécessité de passage de page en page	– Dépendants de la configuration du navigateur du poste client
Sessions	– Id. cookies	– Disponibles uniquement à partir de PHP4
Base de données	– Id. cookies – Adaptée aux gros volumes de données	– Traitements importants supplémentaires dus aux échanges entre PHP et le SGBD

11

Création de composants

La notion de composant

Dans les chapitres précédents, nous avons vu comment mettre en œuvre les fonctions et les bibliothèques disponibles sous PHP. Cependant, nous ne nous sommes attachés qu'à l'utilisation directe de ces fonctions, au travers de leur interface et d'exemples plus ou moins approfondis.

Mais, dans le monde du développement professionnel, il est souvent opportun de capitaliser les développements. À cet effet, il est préférable d'écrire du code de façon plus générique, qui sera donc plus facilement réutilisable. La notion de composant intervient alors, car elle permet de regrouper les méthodes utilisées pour coder une fonctionnalité particulière dans un « objet », qui dispose de ses propres paramètres, et n'autorise aux utilisateurs externes que certaines actions (configuration et utilisation).

Nous allons donc, dans un premier temps, créer un composant d'accès à une base de données (Oracle). Pour cela, nous reprendrons les résultats de certains exemples du Chapitre 10, relatifs à l'accès aux bases de données. Rappelons que ce chapitre porte sur la génération des différents ordres SQL d'une insertion, d'une mise à jour, ainsi que d'une suppression, à partir d'un tableau qui contient les colonnes de la table, et d'une chaîne qui contient la valeur de chacun des paramètres. Outre ces fonctions, une fonction d'exécution des commandes générées et de récupération de l'erreur retournée par le SGBD est disponible.

Tout cela nous permet d'écrire un composant, dont le rôle sera de générer la commande appropriée, de l'exécuter, puis de renvoyer l'éventuelle erreur au demandeur. Nous allons d'autre part l'enrichir d'une fonction, qui permet de ramener automatiquement le détail d'une ligne de table correspondant à une clé passée en paramètre.

Création de la classe

Nous allons maintenant intégrer les fonctions que nous venons de décrire dans ce que l'on appelle un composant.

La notion de composant est vaste. Elle peut englober le service applicatif, le simple script PHP ou la classe fouillée. Dans tous les cas, l'objectif est de s'abstenir complètement des spécificités du composant pour bénéficier de ses apports à moindre frais. Pour cela, la personne qui le crée doit prévoir à la fois le paramétrage, la livraison et l'utilisation future du composant.

Parce qu'elles sont faciles à mettre en œuvre, nous avons choisi d'utiliser une classe. Un script PHP, `GestionSGBD.Inc`, contient cette classe, que nous appellerons CBase. Ce script reprend les fonctions décrites au Chapitre 10, relatif aux bases de données.

D'autre part, la syntaxe de création d'une classe a été évoquée au Chapitre 7, relatif aux classes. Nous vous invitons à vous reporter à ce chapitre, en cas de besoin.

Rappelons simplement que, pour créer une classe, il faut utiliser la syntaxe suivante :

```
Class CBase {
   Var $MaPropriete;
   Function MaFonction( $MonParametre ) {
      echo $MonParametre;
   }
}
```

Cette syntaxe peut être employée dans le script, *via* les commandes :

```
$aCBase = new CBase;
$aCBase->$MaPropriete = "Une valeur";
$aCBase->MaFonction( "Une valeur de paramètre" );
unset( $aCBase );
```

Codage des propriétés

Le codage des propriétés consiste à définir les différentes propriétés à associer à la classe. Il s'agit des paramètres de configuration du composant ; il est donc nécessaire de les renseigner avant d'utiliser le composant. L'intérêt de cette méthode est évident. Non seulement, la classe permet d'éviter les ambiguïtés (variables propres), mais elle dispose de propriétés qui réduisent le nombre d'arguments des fonctions qu'elle utilise.

Pour déterminer ce composant, nous allons paramétrer :

- le nom de la table traitée ;
- le tableau des caractéristiques des colonnes ;
- les paramètres de connexion (serveur, utilisateur, mot de passe) ;
- le nom du SGBD de destination ;
- le caractère qui délimite les chaînes de caractères ;
- le format des dates reçues sous forme de chaînes ;
- le nom de la fonction utilisée pour convertir les dates.

À chacun de ces paramètres, nous associons une propriété de la classe. Ainsi, quel que soit le contexte de mise en œuvre du composant, les règles d'accès aux données n'auront pas à être retouchées. On peut comparer le composant à une boîte noire, à laquelle il est nécessaire de fournir certaines informations avant de pouvoir l'utiliser, et dont le comportement ne peut influer sur le reste de l'application.

Une fois initialisé, le composant peut être employé avec différentes chaînes de valeurs, sans aucune spécification supplémentaire.

Codage des méthodes

À l'instar de la précédente, cette étape permet d'enrichir la classe associée au composant par l'ajout de fonctions. Ces fonctions, propres à la classe, peuvent (et doivent) en utiliser les propriétés. C'est la raison pour laquelle les méthodes diffèrent quelque peu des fonctions d'origine : elles disposent de moins de paramètres en entrée.

Nous allons donc définir plusieurs méthodes :

- génération d'une chaîne SQL de création d'une entité (INSERT) ;
- génération d'une chaîne SQL de modification d'une entité (UPDATE) ;
- génération d'une chaîne SQL de suppression d'une entité (DELETE) ;
- exécution d'une requête SQL, qui ne retourne pas d'informations (EXEC SQL).

Toutes ces méthodes dépendent d'un seul paramètre : la chaîne de caractères qui contient la commande SQL à exécuter, pour la première ; la chaîne des valeurs pour les autres.

Cette chaîne sera du type :

```
"NomColonne1=Valeur&NomColonne2=Valeur&...",
Par exemple :
"CodVin=ROUGE&LibVin=Vins+rouges"
```

Ce code nous permettra de connaître la valeur à associer à chaque colonne, et ainsi de prendre des décisions en fonction de cette valeur.

Notez cependant, qu'avant d'intégrer nos fonctions, il est nécessaire de les modifier en partie, afin qu'elles prennent en compte les différentes propriétés de la classe.

Écriture de la classe CBase

La classe de base

Pour réaliser le développement du composant, il suffit d'écrire la classe proprement dite, puis de l'intégrer au fichier GestionSGBD.Inc. Pour faciliter la prise en main de la bibliothèque livrée (.INC), il est conseillé de l'agrémenter de commentaires qui reprendront la méthode de mise en œuvre.

Les lignes suivantes contiennent la structure de la classe développée. Les modifications apportées aux fonctions apparaissent en gras, et ne sont répercutées que pour la commande de suppression.

```
Class CBase
{
      # Propriétés
      Var $TAB_Name    = "";
      Var $Arr_Cols    = Array();
      Var $SQL_CnxDsn  = "";
      Var $SQL_CnxUsr  = "";
      Var $SQL_CnxPwd  = "";
      Var $SQL_SrvTyp  = "ORACLE";        # Par défaut, Oracle
      Var $STR_Del     = "'";             # Par défaut, la Quote
      Var $DAT_Fmt     = "DD/MM/YYYY";    # Par défaut, français
      Var $FCT_CnvDat  = "TO_Date";       # Celle d'Oracle
      #
      # Méthodes
      Function Build_SQLInsCmd ( $Prm_Str ) {
         ...
         # Pour Oracle (idem delete)
         ...
         return "";   # Pas d'erreur
      }
      Function Build_SQLUpdCmd ( $Prm_Str ) {
         ...
         # Pour Oracle (idem delete)
         ...
         return "";
      }
      Function Build_SQLDelCmd ( $Prm_Str ) {
         ...
         if ( $a_col[3] == "date" ) {
            # Pour Oracle …
            if ( $SQL_SrvTyp == "Oracle" ) {
               $val_str = $FCT_CnvDat . "( $STR_Del$val_str$STR_Del,
                     $STR_Del$Dat_Fmt$STR_Del )";
            # Pour d'autres SGBD ?
            elseif ( ... ) {
               ...
            }
         } elseif ( $a_col[3] == "char" ) {
         ...
         return $sql_str;
      }
      Function Exec_SqlProc( $SQLString ) {
         ...
         return True;      # Pas d'erreur
      }
   }
```

Transformation des fonctions en méthodes

Nous n'avons fourni ici que la structure de la classe, car les modifications à apporter aux fonctions, afin de les transformer en méthodes, sont minimes. Pour rappel, au lieu de passer la chaîne de connexion, le nom d'utilisateur et le mot de passe, ces informations doivent être directement récupérées parmi les propriétés de la classe.

Pour alléger la tâche, il suffit donc de donner aux propriétés le même nom que celui du paramètre utilisé par la fonction, puis de modifier le synopsis de la fonction en supprimant les paramètres transformés en propriétés.

Pour notre exemple, nous avions préalablement harmonisé les noms des paramètres utilisés d'une fonction à l'autre. Ce n'est pas toujours le cas ; il faut alors accomplir un petit travail de remplacement au sein de la fonction, afin de la transformer en méthode.

NOTE Nous avons fait apparaître en gras les spécificités propres à Oracle. Il est donc possible de réutiliser ces couches en tant que composant d'accès à d'autres bases de données.

Utilisation du composant

La classe contenue dans le fichier peut maintenant être utilisée dans d'autres scripts PHP. Pour cela, ces derniers doivent effectuer les actions suivantes :

- **Référencer le composant** dans l'en-tête du script :

```
Require ("GestionSGBD.Inc");
```

- Définir un **nouvel objet**, pour la table en cours :

```
$aCBase = new CBase;
```

- Initialiser les **propriétés** de l'objet :

```
$aCBase->$TAB_Name   = "Code_Des_Vins;   # Nom table
$aCBase->$Arr_Cols   = FILE( "COLUMNS.TXT" );   # Fichier
$aCBase->$SQL_CnxDsn = "DSN_VIN";   # Serveur
$aCBase->$SQL_CnxUsr = "VIN";   # Utilisateur
$aCBase->$SQL_CnxPwd = "PW_VIN";   # Mot de passe
$aCBase->$SQL_SrvTyp = "ORACLE";   # SGBD
$aCBase->$STR_Del    = "'";   # Délimiteur
$aCBase->$DAT_Fmt    = "DD/MM/YYYY";   # Format dates
$aCBase->$FCT_CnvDat = "TO_Date";   # Conversion dates
```

- Utiliser les **méthodes** de l'objet :

```
# Construction de la commande SQL après réception de l'URL
# L'URL en question provient en général d'un formulaire
$TheUrl = "CodVin=ROUGE&LibVin=Vins+rouges";
$TheCmd = $aCBase->Build_SQLInsCmd( $TheUrl );
if( $TheCmd != "" ) {
   Echo("Erreur de construction de la commande: $TheCmd");
} else {
   $sts = $aCBase->Exec_SqlProc ( $TheCmd );
```

```
        if ( $sts != ) {
            Echo("Exécution de la commande $TheCmd OK <BR>");
        } else {
            Echo("Erreur: $sts (exécution de la commande $TheCmd)");
        }
    }
```

Notre composant peut donc être facilement réutilisé. Il est clair. On renseigne les paramètres de connexion, on génère la commande en fonction du contexte, puis on l'exécute. L'utilisateur qui désire mettre en œuvre le composant n'y trouvera donc que ce qui semble « logique » d'y trouver. (Les éventuels paramètres techniques ne l'intéressent pas forcément.)

Mais, il faut aller un peu plus loin. En effet, rien ne sert de créer une classe d'accès si elle ne permet pas de répondre à l'intégralité des besoins : connexion et rapatriement d'un flux de données.

Enrichissement du composant

Capture des erreurs dans l'une des propriétés de la classe

L'exemple de mise en œuvre du composant pose un problème, car il nous oblige à définir une variable, `$sts`, qui contienne le message d'erreur. En général, on préfère écrire quelque chose qui ressemble à cela :

```
    if( ! $aCBase->Exec_SqlProc( $TheCmd ) ) Echo( $aCBase->$ErrMsg );
```

Ce code épargne la déclaration de la variable, et permet de garder une trace de la dernière erreur intervenue au sein même du composant. D'autre part, pour les cas – assez fréquents – où il est nécessaire d'exécuter une autre commande après la première, on pourra se contenter de passer en paramètre la référence à l'objet (composant) plutôt que l'ensemble des informations sous différentes formes (commande, erreur, etc.).

Pour cela, nous allons modifier les deux méthodes d'exécution, afin qu'elles retournent un booléen, après avoir stocké l'éventuel message d'erreur dans la propriété `$ErrMsg` (les modifications apportées apparaissent en gras).

Ajout d'une propriété à la classe :

```
        Class CBase
        {
            Var $ErrMsg = "";
            ...
```

Modification du script de la méthode `Exec_SQLOne()`**:**

```
# Exécution d'une requête SQL, sur une base de données Oracle, par ODBC
function Exec_SqlProc( $SQLString )      # Version 2
{
    $sql_cnx = false;
    $sql_res = false;
    $ErrMsg = "";
    # Connexion ODBC (ou autre …)
    $sql_cnx = odbc_connect( $SQL_CnxDsn, $SQL_CnxUsr, $SQL_CnxPwd );
```

```
   # Connexion ratée
   if ( $sql_cnx == false )   {
      $ErrMsg = "<B>Erreur de connexion à Oracle par ODBC.</B>\n";
      return false;
   } else {
      # Connexion réussie -> Exécution commande SQL
      $sql_res = odbc_exec( $sql_cnx, $SQLString );
      # Déconnexion ODBC
      odbc_close( $sql_cnx );
      # Exécution ratée
      if ( $sql_res == false )
      {
         $ErrMsg = "Erreur d'execution commande SQL:<P>".$SQLString."<P>\n";
         return false;
      }
   }
   return true;
}
```

Création d'une fonction de connexion à la base

Si l'on veut que l'utilisateur tire pleinement partie de la classe, il faut que ce dernier puisse s'en servir pour se connecter et se déconnecter (indépendamment de toute autre action). Cette fonction permettra donc d'activer ou de désactiver une connexion à la base de données.

Elle prendra un paramètre, `bConnect`, qui vaudra `True` si l'opération à réaliser est une connexion, et `False` dans le cas d'une déconnexion. De plus, elle utilisera les propriétés de la classe, afin de réaliser la connexion, et ne nécessitera donc aucun autre paramètre :

```
#
# Fonction de connexion/déconnexion à la base Oracle par ODBC
Function DoConnect( $bConnect, $sql_cnx )
{
   # Connexion (ODBC, ou autre !)
   if ( $bConnect ) {
      $sql_cnx = odbc_connect( $SQL_CnxDsn, $SQL_CnxUsr, $SQL_CnxPwd );
      if ( ! $sql_cnx )   {
         $ErrMsg = "<B>Erreur de connexion à Oracle par ODBC.</B>\n";
         return False;
      }
      return $sql_cnx;      # Connexion OK
   }
   # Déconnexion (ODBC, ou autre !)
   else {
      $sql_cnx = odbc_close( $sql_cnx );
      if ( ! $sql_cnx ) {
         $ErrMsg = "<B>Erreur de déconnexion à Oracle par ODBC.</B>\n";
         return False;
      }
      return True;      # Déconnexion OK
   }
}  // DoConnect
```

Muni de cette fonction, nous devons de nouveau modifier le code de la fonction d'exécution de commande SQL (vue plus haut), afin qu'elle utilise la fonction de connexion/déconnexion. Nous allons également la réorganiser afin qu'elle soit plus condensée (les modifications apparaissent en gras) :

```
# Exécution d'une requête SQL, sur une base de données Oracle, par ODBC
function Exec_SqlProc( $SQLString )      # Version 3
{
   $sql_cnx = false; $sql_res = false; $ErrMsg = "";    # (Sur une ligne)
   # Connexion
   if ( ! ( $sql_cnx = DoConnect( True, 0 ) ) ) return False;
   # Exécution commande SQL
   if ( ! ( $sql_res = odbc_exec( $sql_cnx, $SQLString ) ) ) {
      $ErrMsg = "Erreur d'execution commande SQL:<P>".$SQLString."<P>\n";
      DoConnect( False, $sql_cnx );      # Déconnexion
      return False;
   }
   # Déconnexion ODBC
   if ( ! DoConnect( False, $sql_cnx ) ) return False;
   return True;
} // DoConnect
```

Génération d'une commande SQL de sélection monoligne

Cette fonction permet d'exécuter une commande SQL, destinée à renvoyer une information unitaire sur une entité particulière (un client, une commande, etc.). La requête à générer est du type :

```
Select   *
From   <TableName>
Where    <ColumnName> = Value
And       <ColumnName> = Value …
```

Cette fonction est importante, car elle permet de récupérer, par exemple, le détail d'un élément de liste, identifié par sa clé.

La clause Where de l'instruction `select` devra donc identifier une clé unique, ce qui assurera que la requête ne ramènera qu'une ligne.

NOTE Vous pouvez également forcer le SGBD à ne rapatrier qu'une seule ligne, en imposant une condition supplémentaire à la clause Where, par exemple `And Rownum=1` pour Oracle. Cependant, il est recommandé de ne pas coder ce type de comportement, car il masque les éventuelles erreurs dues à des doublons.

Voici le code de la fonction `Exec_SQLOne()` :

```
#
# Exécution d'une requête SQL Select ramenant une seule ligne de la base
function Exec_SqlOne( $SQL_CnxDsn, $SQL_CnxUsr, $SQL_CnxPwd, $SQLString )
{
   $sql_cnx = false; $sql_res = false;
```

```
      # Connexion
      if ( ! ( $sql_cnx = DoConnect( True, 0 ) ) ) return False;
      # Exécution commande SQL
      if ( ! ( $sql_id = odbc_exec( $sql_cnx, $SQLString ) ) ) {
         # Exécution ratée
         $ErrMsg =  "Erreur lors de l'execution de la commande: $SQLString";
         DoConnect( False, $sql_cnx );
         return False;
      }
      # Exécution réussie, récupérer la ligne
      $arr_res = array();
      if ( odbc_fetch_into( $sql_id, 1, &$arr_res ) ) {
            $sql_res = "";
            while( list( $k, $v ) = each( $arr_res ) ) {
               $col_name = StrToLower( odbc_field_name( $sql_id, $k+1 ) );
               $sql_res .= "&$col_name=$v";
            }
         # Exécution réussie mais aucune ligne ramenée
         } else {
            $sql_res =  "Aucune donnée trouvée";
         }
      }
      # Déconnexion ODBC
      DoConnect( False );
      }
      return $sql_res;
   } // Exec_SLQOne
```

Récapitulatif

Nous disposons d'une classe d'accès aux bases de données, dédiée à la mise en œuvre d'Oracle, à l'aide de ODBC.

Le Tableau 11.1 récapitule les fonctionnalités de cette classe.

Tableau 11.1 : Récapitulatif des méthodes de la classe associée au composant.

Méthode / Propriété	Table	Arr_Cols	CnxDsn	CnxPwd	CnxUsr	Dat_Fmt	Fct_Dat
Build_SQLInsCmd	X	X				X	X
Build_SQLUpdCmd	X	X				X	X
Build_SQLDelCmd	X	X				X	X
Exec_SqlProc	X		X	X	X		
Exec_SqlOne	X		X	X	X		

Ce type de tableau est très important pour une bonne prise en main du composant. En lui adjoignant éventuellement les arguments supplémentaires (externes) des méthodes, on peut immédiatement comprendre comment il fonctionne, sur quoi il s'appuie, et quelles sont les dépendances entres les méthodes et les propriétés de la classe.

Partie IV

Étude de cas

12

Étude de la mise en œuvre d'un site web marchand

Contexte du projet

Présentation

Fondées en 1918, les éditions Eyrolles sont aujourd'hui l'un des premiers éditeurs scientifiques et techniques français. Spécialisées à l'origine dans le bâtiment et les travaux publics, les éditions Eyrolles ont élargi progressivement leur spécialisation à l'ensemble des sciences et techniques : informatique, sciences fondamentales, techniques de l'ingénieur, bâtiment-travaux publics, artisanat et vie pratique constituent le cœur d'un catalogue d'un millier de titres. S'orientant naturellement vers les nouvelles technologies, les éditions Eyrolles ont décidé de s'ouvrir au Web et offrent l'accès à leur catalogue à travers leur site de commerce électronique.

La Librairie Eyrolles a décidé de permettre aux internautes de rechercher ses ouvrages puis de les commander par l'intermédiaire de son site web.

Dans ce chapitre, nous décrivons, étape par étape, l'ensemble des phases nécessaires à la réussite du projet, depuis le cahier des charges – qui récapitule les besoins fonctionnels – jusqu'à la livraison de l'application sur le serveur de production.

Objectif : créer un site commercial, qui regroupe toutes les fonctionnalités de recherche, de sélection et d'achat d'ouvrages.

Cahier des charges

Le cahier des charges a pour objectif de délimiter le périmètre fonctionnel de l'application. Il décrit les principaux besoins et traitements à inclure dans le site. Il donne une vision d'ensemble, ce qui permet de cerner l'infrastructure technique adéquate.

Un site de cette catégorie répond à des besoins fonctionnels bien précis :

1. Répertorier le plus rapidement possible les livres qui répondent au mieux à l'attente du visiteur.

La première étape pour l'internaute est de trouver l'ouvrage souhaité, à travers l'ensemble du catalogue. Les références de cet ouvrage étant plus ou moins précises, différentes méthodes de recherche doivent être conçues. Une méthode va porter sur une recherche multicritère qui définit les références précises du livre recherché (titre, auteur, ISBN, etc.), une autre va utiliser une classification thématique (à l'aide d'Unix, de la programmation Java, de systèmes d'exploitation, etc.).

2. Sélectionner un ouvrage et le mettre dans son panier.

Dans un véritable magasin, un client flâne dans les rayons, choisit ses articles les uns à la suite des autres, les dépose dans son panier, puis se rend à la caisse pour régler le tout. Les sites marchands tentent de reproduire ces habitudes d'achat le plus fidèlement possible. Ainsi, une fois un article sélectionné, il est mémorisé dans un panier virtuel. L'internaute peut ainsi sélectionner plusieurs articles. Ce n'est qu'une fois son choix arrêté sur une liste d'ouvrages qu'il est amené à passer sa commande.

3. Régler sa commande simplement, et en toute sécurité.

À tout moment, le client peut accéder au formulaire du bon de commande, dans lequel il saisit ses coordonnées et son numéro de carte de crédit. Pour garantir la sécurisation et la confidentialité des échanges, il est impératif que l'envoi des données se fasse de manière cryptée. Le protocole HTTP ne remplit pas cette condition. Il faut donc utiliser le mode SSL (Secure Socket Layer) ou HTTPS, qui crypte les échanges vers le serveur, et offre toutes les garanties.

Un site de qualité

Pour obtenir un site de qualité, quelques règles doivent être respectées :

1. Construction graphique sobre et efficace.

Acheter un livre sur Internet demande du temps et un nombre important de clics. La mise en page du site doit faciliter au maximum la démarche à l'aide d'une présentation claire et intuitive. Les sites trop complexes, dont la mise en page est trop dense, n'incitent pas à l'achat, car ils demandent un effort de compréhension.

2. Formulaire de commande simple.

Très souvent, l'acte d'achat s'arrête au moment de la commande pour une raison simple : l'effort le plus important à fournir est le renseignement du bon de commande ! La conception et la présentation de celui-ci doivent donc être particulièrement soignées.

Environnement technique

Nous allons décrire, un à un, tous les éléments techniques qui composent l'architecture retenue, répondant aux besoins décrits dans le cahier des charges. Voici les principaux : système d'exploitation, serveur HTTP gérant le protocole SSL (pour le paiement sécurisé), serveur de base de données, langage de script, moteur de recherche. L'architecture retenue résulte du meilleur rapport sécurité/fiabilité/qualité de réalisation, au vu de l'ensemble des offres disponibles sur le marché.

Système d'exploitation : Linux

Linux est un système d'exploitation dont le source est produit par différents groupes de travail, répartis dans le monde, orchestrés par Linus Torvald. À la base, Linux ne constitue que le code source d'un noyau (kernel), compilable sur la plus grande majorité des plates-formes. De multiples extensions, logiciels, langages de programmation (Apache, Samba, Perl, Xfree86, etc.) viennent s'y ajouter, et permettent ainsi à Linux d'être le système d'exploitation le plus complet du marché.

Autour de Linux est née l'idée de travail en collaboration. Des milliers de personnes, de l'étudiant au chercheur, joignent leurs efforts pour faire de Linux une plate-forme fiable et performante, tout en mettant à la disposition de tout un chacun le source de leurs travaux. Toutes les briques logicielles ainsi réalisées sont estampillées au label OSS (Open Source Software).

À l'inverse des logiciels propriétaires, un logiciel OSS est libre de diffusion et d'exploitation (aucune licence n'est requise) et, pour la plupart, totalement gratuit.

Serveur http : Apache

Apache est la référence en matière de serveur HTTP. Selon un sondage réalisé par Netcraft en mai 1999, il était utilisé par plus de 57 % des sites web. Il fait partie des logiciels OSS du monde Linux. Son nom vient du fait qu'il est constitué de codes existants ainsi que de certains modules qui lui sont adjoints (patches).

Le serveur Apache s'adapte selon les besoins, par l'ajout ou la suppression de modules spécifiques. Encore récemment, le changement de modules nécessitait une recompilation du serveur HTTP ; il est maintenant possible de charger des modules dynamiquement.

Pour notre projet, les modules suivants sont nécessaires :

- **mod_ssl**. Permet l'utilisation du système de chiffrement SSL (Secure Socket Layer). Avec ce système, toutes les requêtes sont chiffrées afin d'améliorer la confidentialité, c'est le protocole HTTP sécurisé (HTTPS). Le chiffrement s'effectue sur 128 bits.
- **Open_ssl**. Ce module réalise une implémentation des protocoles TLS (Transport Layer Security) et SSL.
- **mod_perl**. Permet au serveur Apache d'interpréter le langage Perl, nécessaire au fonctionnement d'un serveur d'indexation.
- **mod_php**. Ce module est nécessaire pour que le langage PHP soit interprété par le serveur HTTP. Php aurait pu être installé en tant que CGI, mais l'installation en module améliore nettement les performances par rapport au fonctionnement CGI standard, grâce à une interconnexion plus efficace entre le serveur HTTP et les environnements d'exécution des scripts. Avec le CGI standard, lorsqu'on exécute un script, le serveur HTTP crée un nouveau processus, puis lance l'interpréteur PHP, ce qui constitue une opération très coûteuse en temps et en ressources machines. Grâce à ce module, ce n'est plus le cas, tout est intégré dans le serveur.

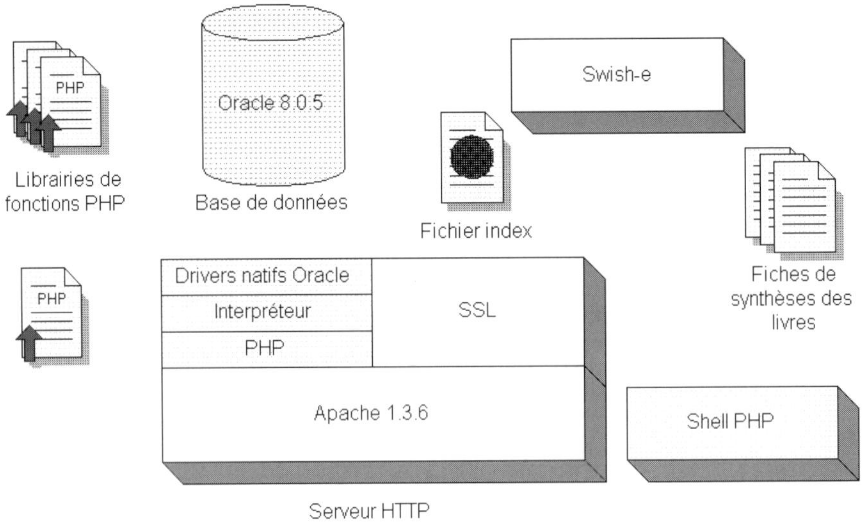

Figure 12.1
Schéma récapitulatif de la plate-forme.

Base de données : Oracle 8

Dans ce type de projet, comme dans bien d'autres, le SGBDR est la pierre angulaire de l'application. Quel que soit le type de technologie employée, client-serveur, intranet, L4G, langage de scripting, il demeure le centre vital qui distribue ses données à qui les réclame.

Oracle est l'un des premiers éditeurs de bases de données à s'être tourné vers Linux, en y apportant tous ses SGBDR depuis la version 8.0.5. C'est pourquoi, alors que de nombreux autres SGBDR existent sur Linux (par exemple, MYSQL), Oracle a été choisi pour les prestations de suivi garanties par son éditeur.

Moteur de recherche : Swish-e

Un moteur de recherche est un logiciel qui permet d'effectuer une recherche rapide sur un grand nombre de documents indexés. Un moteur de recherche efficace est également un moteur d'indexation.

Le moteur d'indexation le plus répandu à l'heure actuelle est Swish-e (Swish-Enhanced) ; c'est tout naturellement qu'il a été retenu pour la conception de ce site. Swish-e est un moteur d'indexation de pages web ou autres fichiers texte (documents Word, par exemple). Il permet d'effectuer des recherches en mode « Full text » sur la globalité du document, ou de restreindre ces recherches à des balises HTML (les métatags). Il est gratuit, et livré avec des programmes Perl qui permettent à quiconque de créer et de maintenir ses propres fichiers d'index. Voici les caractéristiques de cet outil :

- **rapidité** : une recherche sur un millier de documents ne prend que quelques secondes ;
- **flexibilité** : de nombreuses options de configuration permettent de le paramétrer et de l'utiliser à sa convenance ;

- **puissance :** il permet les recherches en mode « Full text » ou restreintes à des balises HTML (métatags). Il accepte les opérateurs ET, OU et NON, le parenthèsage et la troncature droite (le début d'un mot suffit pour trouver ce mot).

Spécifications fonctionnelles

Les spécifications fonctionnelles décrivent de manière précise chacun des traitements effectués par l'application. Elles permettent de dégager une structure générale du modèle conceptuel de données, en définissant les tables majeures et leurs interactions. En voici les grandes lignes.

Architecture des traitements

Mise à jour automatique des données de référence

Les informations relatives aux ouvrages présentés sur le site proviennent essentiellement (80 à 90 %) de deux sources de données complémentaires. L'une sert à alimenter la base avec tous les nouveaux ouvrages, l'autre sert à mettre à jour toutes les données qui concernent le prix et l'état du stock des livres. Ces deux sources proviennent d'un site central. Elles se présentent sous forme de fichiers structurés, qui seront automatiquement chargés dans la base de données Oracle de la façon suivante : une fois par jour pour le premier, deux fois par jour pour le second. Toutes les autres informations seront saisies manuellement au moyen d'une petite application intranet, dédiée à l'enrichissement des données relatives aux ouvrages.

Mise à jour depuis les formulaires du site

Les données saisies depuis le site web, et enregistrées dans la base, décrivent les coordonnées des utilisateurs, ainsi que les caractéristiques de leurs commandes.

Les coordonnées de l'utilisateur sont mémorisées. Dans un premier temps, elles permettent d'envoyer un colis. Dans un second temps, cela épargne de les saisir de nouveau lors des prochaines commandes.

Les commandes sont enregistrées, puis traitées ultérieurement manuellement. L'utilisateur peut consulter l'historique de toutes ses commandes.

Le caddie

L'application laisse à l'utilisateur la possibilité de choisir plusieurs ouvrages et de les placer dans un caddie, ou panier, avant de passer commande. L'utilisateur a la possibilité de gérer lui-même son caddie, en y ajoutant ou en y supprimant les ouvrages de son choix.

Le caddie n'est en aucune façon sauvegardé dans la base. Sa durée de vie n'excède pas celle de la visite de l'utilisateur.

Étude de la transaction du processus de paiement sécurisé

La saisie du numéro de carte de crédit doit s'effectuer de manière sécurisée, en cryptant le transfert HTTP, *via* le protocole SSL. La commande et le numéro de la carte sont stockés dans la base, jusqu'au traitement de la commande. Le traitement s'effectue au moyen d'un PAD relié à une banque. Cette dernière valide la transaction. À cette étape, le numéro de la carte de crédit est supprimé de la base de données.

Le maquettage

Il est temps de représenter de manière concrète ce qui est suggéré par les spécifications fonctionnelles. La maquette, au format HTML, va représenter toutes les pages de l'application, elle n'est en aucun cas un prototype de l'architecture. Elle ressemble plutôt à un décor cinématographique, sans aucun lien avec des traitements ou une base de données. Elle permet de dresser la liste exhaustive de tous les types de pages rencontrées, de valider l'enchaînement des écrans(cinématique), ainsi que leur apparence, et d'affiner le dictionnaire des données.

Interface et ergonomie

Une ergonomie adaptée est indispensable pour attirer des internautes de plus en plus exigeants, habitués à naviguer à travers des interfaces intuitives, qui permettent de trouver rapidement l'information dont ils ont besoin. Aussi, un site doit-il être conçu en ayant à l'esprit deux points fondamentaux :

1. Les pages ne doivent pas être surchargées ; chacune doit contenir une seule information majeure, clairement identifiée.
2. Le nombre de navigations entre les pages pour atteindre l'information recherchée doit être réduit au maximum.

Afin d'obtenir des pages claires et lisibles, la maquette doit combiner ces deux principes.

La maquette

On confond souvent le prototype de la maquette avec la maquette elle-même.

Le prototype permet de valider toute la chaîne technique, depuis le navigateur jusqu'à la base de données. En général, il est constitué de deux pages. La première fait appel à un formulaire (avec envoi de données vers le serveur) ; la seconde au résultat attendu (retour de la réponse du serveur vers le navigateur client). Ce prototype permet de vérifier que toutes les couches techniques sont bien traversées, dans un sens comme dans l'autre (par exemple, navigateur → serveur HTTP → page PHP → middleware → pilote de la base de données → procédures stockées → données).

La maquette a pour but de valider l'ensemble des données et des traitements, la navigation (cinématique) et l'aspect graphique. En aucun cas, elle ne valide l'aspect technique du site. Ainsi, aucune des pages présentes dans une maquette n'est dynamique, aucune ne fournit un accès à une base de données. C'est le décor. Ce qu'il y a derrière est laissé à la charge du prototype.

Exemples de pages

Cette page permet de décrire la structure générale de l'ensemble des pages du site.

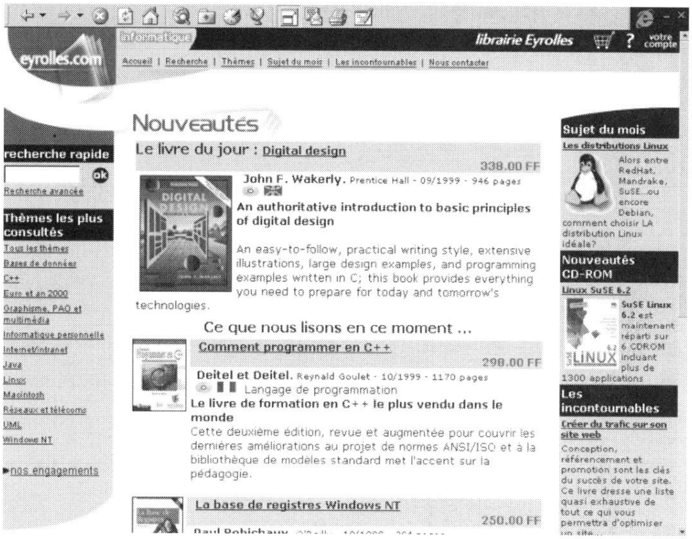

Figure 12.2

La page d'accueil du site marchand des éditions Eyrolles.

Elle est composée des éléments suivants :

- un bandeau horizontal, qui permet l'accès à l'ensemble des principaux menus ;
- un bandeau situé à gauche, qui permet un accès rapide aux ouvrages, par recherches multicritères ou thématiques ;
- un bandeau situé à droite, qui renseigne le visiteur sur le contenu éditorial. L'éditorial apparaît uniquement sur la page d'accueil ; son contenu, à la fois sobre et riche, doit retenir le visiteur ;
- le corps de la page, ou contenu. Ici, la page présente les dernières nouveautés parues.

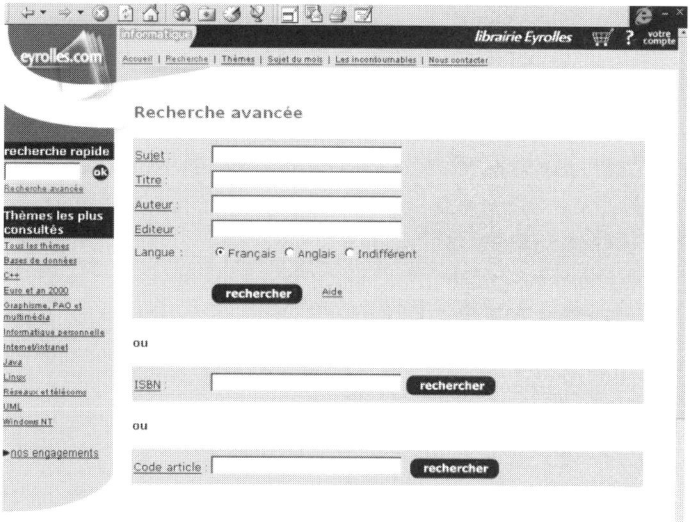

Figure 12.3

La page de recherche d'un livre.

Page de recherche

Dans toutes les pages suivantes, on retrouve les bandeaux haut et gauche, grâce auxquels on peut, d'un clic, changer d'orientation de navigation, soit en modifiant la recherche ou la sélection thématique, soit en changeant de menu principal :

- le contenu présente tous les critères de recherche pertinents pour la recherche d'ouvrages ;
- un accès rapide par code ISBN ou par code Article est également prévu.

Figure 12.4
La page de résultat d'une recherche de livres.

Page de résultat de recherche

Si la recherche précédente a produit plusieurs réponses, son résultat est présenté sous forme de liste, qui résume les principales caractéristiques des ouvrages.

Notez que les deux bandeaux de navigation haut et gauche sont toujours présents (figure 12.5).

Page de description d'un ouvrage

Cette page décrit un ouvrage de manière plus précise.

Outre les caractéristiques qui figurent dans la liste de résultat, elle présente un résumé de l'ouvrage, sa couverture, ainsi que son thème. Elle permet également d'ajouter le livre dans son panier, et d'en passer immédiatement commande (figure 12.6).

Page de description du contenu du panier

Enfin, on trouve la page qui répertorie les ouvrages retenus dans le panier.

Elle permet de modifier le contenu du panier (ajout ou suppression). Elle ne constitue pas la commande en tant que telle, mais l'avant-dernière étape.

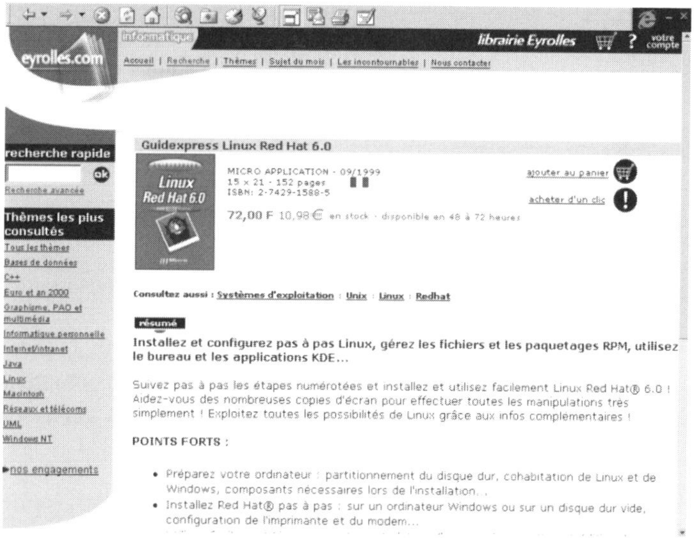

Figure 12.5
La page de description d'un ouvrage.

Figure 12.6
La page de description du panier de l'utilisateur.

Itérations

Pour arriver à ce résultat, plusieurs présentations successives (itérations) sont indispensables, afin d'affiner tous les concepts mis en œuvre.

Deux, trois itérations au maximum, sont nécessaires pour aboutir à la création d'un site. Au-delà, on peut considérer que leur organisation n'a pas fonctionné.

La première itération consiste à définir les exigences du client, en s'appuyant sur le cahier des charges. En fonction de cela, le fournisseur, fort de son expérience, doit rapidement concevoir toute la cinématique du site (mais pas encore son ergonomie).

Une équipe de concepteurs et de graphistes se met ensuite au travail. Ils doivent se conformer à la charte graphique du client, si elle existe. Ils produisent l'ensemble du site avec des pages HTML, qui intégreront la totalité des données ainsi que la simulation des traitements.

La seconde itération est la présentation du résultat obtenu. Elle est elle également très importante, car elle permet de valider tous les concepts mis en œuvre : traitements, cinématique, ergonomie et données.

La maquette est enfin validée pour la réalisation de l'ensemble du site.

Le Modèle conceptuel de données

Tous les éléments sont à présent réunis pour constituer le Modèle conceptuel de données (MCD). Les spécifications générales ont permis de comprendre comment chaque élément interagit avec les données présentes dans la maquette.

Le MCD

Figure 12.7
Le modèle conceptuel des données.

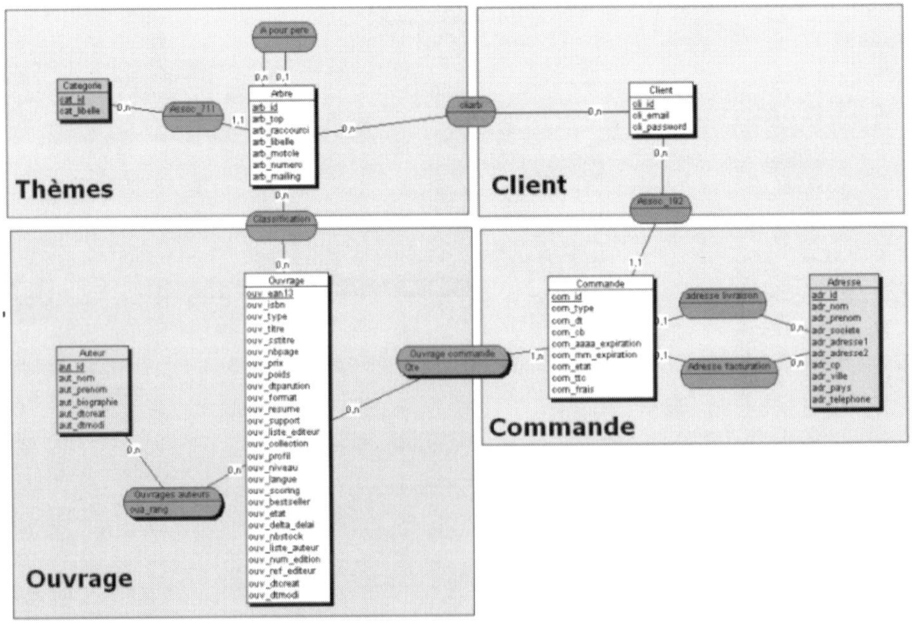

Entités majeures

On appelle entités majeures toutes les tables qui correspondent aux grandes notions que le projet invoque, et qui sont indispensables. Ici, ces tables sont au nombre de quatre. Une table permet de gérer les ouvrages, une autre les clients, une autre les commande, et la dernière les thèmes associés aux ouvrages. Ces quatre tables constituent le cœur du MCD. Toutes les autres ne serviront qu'à préciser chacune d'entre elles.

Entités mineures

Les entités mineures sont les tables qui permettent de compléter les descriptions des entités majeures. Ces tables sont au nombre de deux : la table des auteurs (liée à la table ouvrages) et la table des adresses de livraison (liée à la table commandes).

Entités de paramétrage

Les entités de paramétrage contiennent les données qui permettent de paramétrer l'application. Leur utilisation autorise une certaine souplesse. Ainsi, un module d'administration peut en modifier la valeur. Mais, en aucun cas, la modification ne doit porter sur le code des pages réalisées. Une seule table de ce type est présente dans le MCD. Elle décrit les grandes catégories de thèmes, par exemple l'informatique ou le management.

Spécifications détaillées

La maquette validée et le MCD terminé, nous allons nous appliquer à préparer la phase de développement. Les spécifications détaillées ont pour objectif de décrire toutes les données, tous les traitements et tous les événements de l'ensemble des pages qui seront soumis aux développeurs

Enjeu

Avant de débuter la réalisation, la description des spécifications détaillées est indispensable pour lever toutes les ambiguïtés qui peuvent survenir lors du développement. Ces documents sont également l'occasion de recueillir l'accord de toutes les parties concernées (client, fournisseur, maître d'ouvrage et maître d'œuvre) sur ce qui va être livré à la fin du projet, car ils décrivent toutes les règles de gestion mis en œuvre.

Que décrire ?

La description des spécifications doit répondre à toutes les attentes du programmeur, afin qu'il puisse procéder au développement de la page. La page doit contenir toutes les données présentes, toutes les règles de gestion de la page, tous les traitements effectués ainsi que leurs algorithmes, et tous les noms des pages auxquelles il est possible d'accéder depuis cette page.

Modèle de document

Titre

Titre de la page.

Image

Insertion de l'image de la page.

Navigation

Bouton Bxx	Description, nom de la page appelée
Lien Lx	Description, nom de la page appelée

Association MCD

Champ de la page	Champ de la table	M	O	Valeurs d'initialisation
Libellé Lxxx	Table. Colonne	O	N	V1
M Modifiable, O Obligatoire				

Règles de gestion

Règle	Description
R1	Si valeur saisie = XX, alors champ YY obligatoire

Contrôles de saisies

Champ	Contrôle
Montant visé	La valeur saisie doit être numérique (de type 14,4)
Date de début	La date saisie doit être inférieure à la date de fin

Traitements

Traitement	Description
T1	Mise à jour de l'enregistrement…
T2	Tri par ordre alphabétique…

13

Réalisation de l'application

Ce chapitre traite de la réalisation de l'application, en fonction des spécifications émises dans le chapitre précédent. Il utilise de nombreux exemples de code source réels, et s'appuie sur des solutions techniques mises en œuvre sur de nombreux projets.

Interface

Le besoin fonctionnel est désormais suffisamment précis pour que nous puissions commencer la réalisation de l'application en PHP.

Architecture technique de l'application

La première tâche à effectuer sur ce type de projet est de le rendre modulaire, afin de mieux répartir les tâches de chacun. Les modules seront donc réalisés séparément, jusqu'à leur intégration finale.

Dans ce chapitre, nous allons décrire cinq d'entre eux, chacun étant représenté par une page spécifique qui met en œuvre leur concept :

- la page d'accueil : notion de modèle de page ;
- la page panier : gestion du contexte ;
- la page ouvrage : accès à la base de données ;
- la page commande : modes SSL ;
- la page de recherche : interfaçage avec le moteur d'indexation Swish-e.

Structure des pages

Structure physique d'une page

La recherche d'une structure générique des pages d'une application est un aspect primordial. C'est elle qui va permettre d'automatiser le développement, et ainsi de gagner du temps et d'obtenir un produit de qualité.

Cette généralisation doit conduire à la réalisation d'un modèle de page. Correctement initialisé, ce modèle va permettre de représenter n'importe quelle page de l'application.

En parcourant la maquette du site, il se dégage une structure commune à chaque page. C'est cette structure qu'il convient de « factoriser ».

Plusieurs éléments peuvent alors être décrits :

- Un bandeau de navigation en haut de page. Ce bandeau permet de naviguer entre les rubriques à contenu éditorial : « nouveautés » (page d'accueil), « sujet du mois », « parole d'expert », « les incontournables » et « best-sellers ». Il permet aussi d'accéder au panier, à l'aide et au suivi de commande.
- Un bandeau gauche, qui propose la recherche rapide, un lien vers la recherche avancée, ainsi qu'une liste de thèmes phares.
- Le corps proprement dit, qui distingue les pages entre elles.
- Un pied de page, qui rappelle l'ensemble des principaux menus.

Le schéma suivant illustre la structure du modèle :

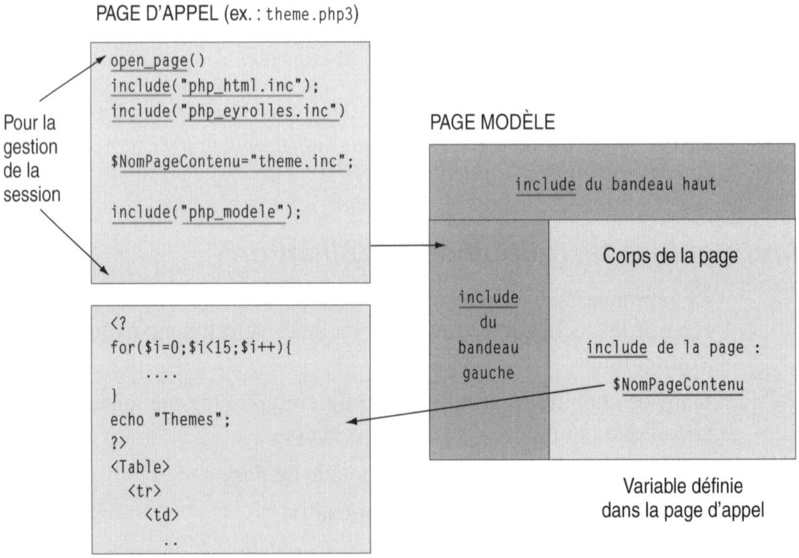

Figure 13.1
Organisation du modèle de page.

Une page, appelée php_modele.inc, représente cette structure sous forme de tableau où figurent tous les bandeaux. Le contenu de chacun d'entre eux est constitué à partir de fichiers d'include.

Ainsi, au cours du développement, une page est construite à l'aide d'une séquence d'appel de fichier.

On procède à l'appel de la page exemple.php3, qui inclut toutes les bibliothèques d'outils PHP (fonctions et classes qui génèrent du HTML). Cette page ne contient aucun code HTML ; elle positionne ses variables contextuelles, en les valorisant avec le nom du fichier exemple.inc qui représente son contenu.

Elle appelle le fichier modele.inc, qui créé le tableau HTML, puis y inclut le bandeau haut, le bandeau gauche et le fichier exemple.inc.

Voici le source du fichier modèle **php_modele.inc** :

```
<? include("$DOCUMENT_ROOT/inc/php_html.inc"); ?>
<html>
<head>
<title><? echo $strPageTitre; ?></title>
<META name="Author" content="">
<meta http-equiv="Content-Type" content="text/html; charset=iso-8859-1">
</head>
<body topmargin=0 leftmargin=0 marginwidth=0 marginheight=0>
<table border=0 cellspacing=0 cellpadding=0 width=100%>
<tr>
```

Début du bandeau haut

```
<td colspan="2">
<? include($pathIncSite."bandeauHaut.inc") ?>
</td>
```

Fin du bandeau haut

```
</tr><tr>
<td colspan="2"><table border=0 cellspacing=0 cellpadding=0 width=100%>
<tr>
```

Début du bandeau gauche

```
<td align="LEFT" valign="TOP">
<?include($pathIncSite."bandeauGauche.inc") ?>
</td>
```

Début du corps de la page

```
<td valign="TOP" align="LEFT" width='100%'>
<? include($strPageNomPage) ?>
</td>
```

Fin de la page

```
   </tr>
</table></td>
</tr>
</table>
</body>
</html>
```

Les pages d'appel se présentent sous la forme suivante :

```
<?
```

Inclusion de la configuration du site (style des polices, couleurs, chemins d'accès, etc.)

```
require("$DOCUMENT_ROOT/Leol/inc/prepend.inc");
```

Gestion de sessions

```
page_open(array("sess" => "Poe_Session"));
```

Description des classes du projet Eyrolles

```
include("$DOCUMENT_ROOT/inc/php_c_html_Eyrolles.inc");
```

Boite à outils PHP

```
include("$DOCUMENT_ROOT/inc/php_util.inc");
```

Boite à outils Eyrolles

```
include("$DOCUMENT_ROOT/inc/php_util_eyrolles.inc");
```

Titre de la page

```
$strPageTitre="Eyrolles: ".$objRS->field("ouv_titre");
```

Nom de la page de contenu xx.inc

```
$strPageNomPage="exemple.inc";
```

Inclusion du modèle de page

```
include($pathIncSite."php_modele.inc");
page_close();
?>
```

En respectant ce processus, on garantit une totale homogénéité pour l'ensemble de l'application.

L'une des principales erreurs commises dans la généralisation d'une structure commune est de vouloir utiliser les frames, dans un souci de simplicité et de clarté. L'expérience montre que, dans le cadre d'une application transactionnelle, il n'en est rien. À l'inverse, leur utilisation n'apporte que confusion et difficultés de mise en œuvre. Pour comprendre la complexité induite par l'utilisation des frames, rappelons que, pour le serveur HTTP, une page qui contient deux frames est considérée comme utilisant deux navigateurs différents. En général, les bandeaux haut et gauche sont contextuels ; leur contenu varie selon l'endroit de l'application où l'on se trouve (les menus sont différents). Ainsi, l'appel d'une page doit être capable de mettre à jour le bandeau haut, le bandeau gauche, ainsi que le corps de la page, c'est-à-dire qu'il devra non pas mettre à jour le contenu d'un navigateur, mais de trois ! Cela est impossible depuis une page PHP coté serveur, mais réalisable côté client, si l'on utilise du code JavaScript sur chacun des liens qui figurent sur les pages. La volonté d'industrialisation du code à l'aide de frames se voit confrontée à une méthode peu fiable, très artisanale et fortement déconseillée.

Gestion du contexte

L'une des principales difficultés rencontrées par toute application fondée sur la technologie Internet est de pouvoir garder, de page en page, toutes les informations inhérentes à la navigation de l'internaute. Ces informations sont diverses. Dans le cas du site Eyrolles, elles consistent essentiellement en la mémorisation des ouvrages choisis dans un panier virtuel. Ce principe de mémorisation des données s'appelle la **gestion du contexte**.

En PHP, l'un des moyens les plus courants de mettre en œuvre cette gestion est l'utilisation d'une bibliothèque développée par des programmeurs de la communauté PHP. Cette bibliothèque s'appelle la **Phplib**.

La Phplib

Les fonctionnalités offertes par la Phplib ne se réduisent pas uniquement à une classe Session, qui permet de conserver les mêmes variables sur plusieurs pages PHP. Cette bibliothèque permet également de gérer des sessions avec authentification des utilisateurs et protection des pages, selon un système de droits. Elle offre également un système de panier.

Fonctionnement de la session

La bibliothèque fonctionne avec un objet Session, qui utilise une base de données pour conserver les données. Les SGBD supportées par la Phplib sont de deux sortes. Certaines sont accessibles au moyen de pilotes natifs (MySQL, PostgreSQL et Oracle) ; d'autres au moyen d'un pilote ODBC (Sybase, SQL Server et Access).

Afin de savoir quelles sont les données propres à un utilisateur, un identifiant de session unique lui est attribué, dès sa connexion à la page d'accueil. Cet identifiant sert de clé à l'objet session ; il lui permet de retrouver, dans la base, toutes les données réservées à l'internaute, tout au long de sa navigation. Il est donc indispensable de le conserver, et de le transmettre à toutes les pages de l'application. Cela peut être réalisé à l'aide de la méthode des cookies ou de la méthode des URL longues. Par défaut, ce sont les cookies qui sont activés. Si le navigateur a été configuré pour refuser les cookies, les URL longues sont alors utilisées.

Adaptation de la Phplib au projet Eyrolles

Les adaptations à réaliser sur la Phplib sont mineures ; elles sont surtout liées à l'utilisation d'Oracle. À l'origine, cette bibliothèque avait été développée pour fonctionner avec la base de données MySQL, gratuite, très prisée dans la communauté PHP. Le support fourni pour les bases Oracle n'est que très récent, il a donc fallu modifier les codes source de la bibliothèque, afin qu'elle s'interface correctement avec Oracle.

La première correction à apporter est le doublement de tous les caractères **'** (apostrophe) présents dans les variables de type chaîne que l'on veut mémoriser dans l'objet Session. Pour Oracle, ce caractère sert de délimiteur de chaînes de caractères ; il est donc nécessaire de le doubler pour qu'une chaîne soit interprétée comme telle. Ce traitement n'est pas réalisé nativement par la Phplib, ce qui provoque des erreurs dès l'enregistrement d'une variable dont la valeur est, par exemple : **'**12 rue d'Argenteuil**'**. Ce traitement des chaînes a dû être appliqué chaque fois que la Phplib dialoguait avec la base de données. En reprenant l'exemple précédent, le résultat du traitement donne : **''**12 rue d'Argenteuil**''**. (Il s'agit bien ici de deux apostrophes, et non d'un guillemet).

Pour enregistrer toutes les valeurs dans la base, la Phplib ne se sert que d'une seule chaîne de caractères, constituée de toutes les valeurs que l'on veut mémoriser mises bout à bout. Plus précisément, Phplib retranscrit directement du code PHP dans cette chaîne, ce qui lui permet, pour chaque accès, de l'interpréter comme n'importe quel autre code PHP, et ainsi d'en retrouver les valeurs.

Cette chaîne est limitée à 65.535 caractères. Paradoxalement, elle est associée à une variable de type VARCHAR d'Oracle qui, elle, est limitée à 2 000 caractères.

C'est pourquoi, des erreurs dans la programmation rendaient impossible l'enregistrement d'une chaîne qui contenait plus de 2 000 caractères. Cela était très gênant, car il suffisait d'enregistrer peu de chose en session pour que la limite soit dépassée. Nous avons donc modifié le code afin de pouvoir exploiter au maximum la taille du champ. Pour résoudre le problème, nous avons rattaché une variable PHP à une variable PL/SQL, afin d'insérer les données dans la base. Il est alors devenu possible d'enregistrer jusqu'à 65 535 caractères pour reconstruire les variables de session. Cette limite ne peut d'ailleurs pas être augmentée, à moins de modifications importantes, car la taille des variables PHP est limitée, elle aussi, à 65 535 caractères.

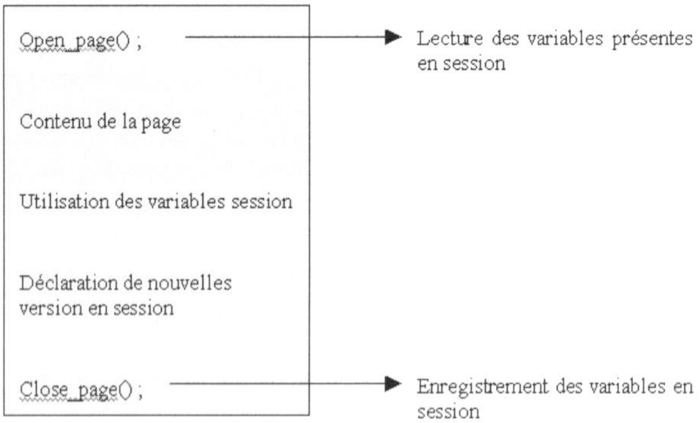

Figure 13.2
Gestion de session avec la Phplib.

Pour utiliser la gestion du contexte, il faut effectuer une ouverture de session en début de page (ce qui entraîne la lecture des variables dans la base), puis une fermeture en fin de page pour l'écriture des données.

Navigation au sein de l'application

Liens présents dans toutes les pages

Les liens présents dans toutes les pages du site sont ceux présents dans le bandeau haut ainsi que dans le bandeau gauche.

Pour gérer les thèmes, nous avons mis en place une structure d'arbre. Les ouvrages sont classés dans les feuilles de cette arborescence. Cette arborescence est gérée par l'application intranet.

Sur le site web, l'internaute a la possibilité de se déplacer dans cette arborescence, afin de rechercher des ouvrages avec un certain thème.

Page d'erreur commune — gestion des messages d'erreur

Le minimum qu'un internaute est en droit d'attendre d'un site web marchand est une qualité irréprochable de la gestion des messages. Il est impensable de faire apparaître au cours de la navigation un message n'ayant aucun sens, dû à une erreur de saisie d'une date, ou d'un problème de connexion entre le serveur HTTP et la base de données !

Il est impératif d'encapsuler tous les types de messages d'erreurs qui peuvent survenir, afin de rester maître de leur représentation.

Le warning

Le warning est un message d'information qui a pour objectif d'aider l'utilisateur dans la navigation où dans la saisie de son formulaire. Typiquement, ce message apparaît lorsqu'un formulaire n'a pas été correctement saisi, lorsqu'il y manque des informations obligatoires ou lorsque des règles de gestion n'y sont pas respectées. En général, deux cas se présentent lorsqu'une erreur survient après l'exécution d'un formulaire :

1. Un message d'erreur est affiché dans une page d'erreur commune à toute l'application, qui se charge avec le libellé adéquat. Un clic sur le bouton BACK permet de revenir dans le formulaire où la faute à été commise, afin de permettre à l'utilisateur de la corriger.
2. La page formulaire est rechargée avec les données précédemment saisies, de façon visible. Le message d'avertissement est positionné en tête de page.

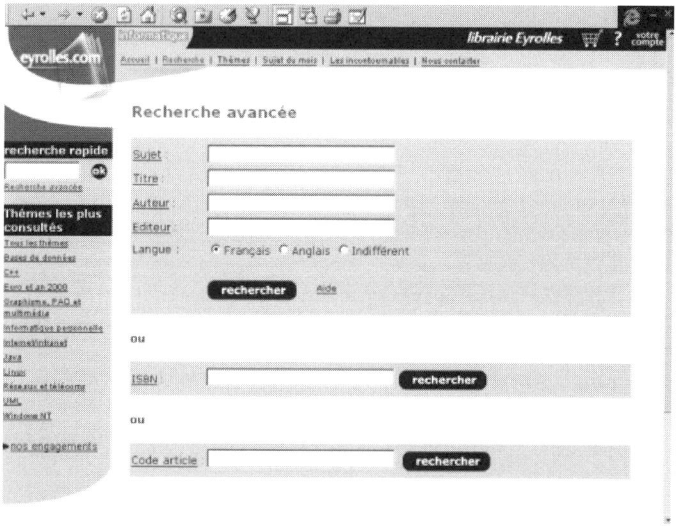

Figure 13.3
Validation du formulaire de recherche, sans renseignement des champs.

Pour le projet Eyrolles, la seconde solution a été retenue, car elle exige un clic de moins que la première.

Lorsque le formulaire appelle la page de traitement et que celle-ci détecte un warning, elle enregistre le message d'erreur dans une variable session, puis le dirige vers la page qui vient de l'appeler.

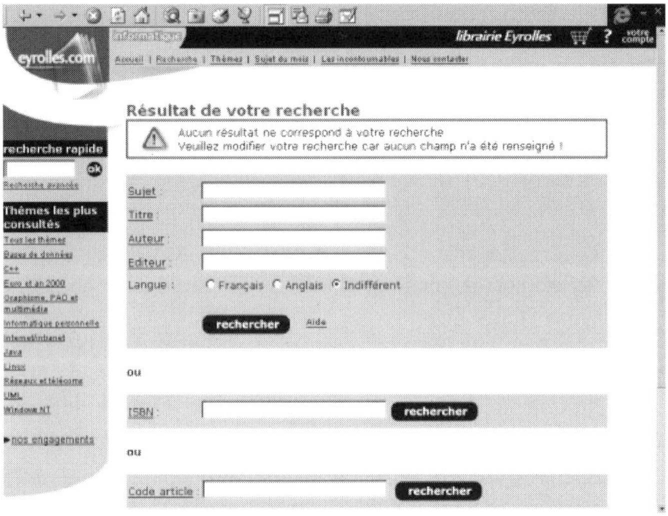

Figure 13.4
Affichage d'un message de warning en haut de page.

Cette page affiche le message d'erreur, puis réinitialise le message et le flag à blanc :

```
function Warning( $strMsg )
{
  global $sess, $gMessageWarning;
  page_open(array("sess" => "Poe_Session"));
  $gMessageWarning .= $strMsg;
  $sess->register("gMessageWarning");
  page_close();
}
```

La fonction `warning` *est appelée par la page d'action, et positionne le message d'erreur dans une variable session.*

```
function AfficheWarning()
{
  global $sess, $gMessageWarning;
page_open(array("sess" => "Poe_Session"));
  if ($gMessageWarning != "") {
    $result = '<table width="95%" cellspacing="0" cellpadding="5" border="1"
    ➥bordercolor="#FF0000">'.
          '<tr>'.
            '<td>'.
              '<table width="100%" cellspacing="0" cellpadding="0" border="0">'.
                '<tr>'.
                  '<td valign="TOP">'.php_f_DotClear(10,1).php_f_Img("panneau.gif").
                  ➥'</td>'.
```

```
                    '<td>'.php_f_DotClear(10,1).'</td>'.
                    '<td width="100%">'.php_f_Text($gMessageWarning,2).'</td>'.
                  '</tr>'.
                    '</table>'.
                  '</td>'.
                '</tr>'.
              '</table>';
        echo $result;
        $gMessageWarning = "";
        page_close();
    }
}
```

La fonction `affiche_warning` est appelée dans chaque page.

Le message d'erreur

À l'inverse du message d'avertissement (ou message applicatif), le message d'erreur concerne une erreur système, et n'attend donc pas de correction de la part de l'utilisateur. Dans ce cas, l'affichage du message dans une page consacrée à cette effet est justifié. La page extrait du contexte le message d'erreur à afficher.

Codage

Organisation de l'arborescence de travail

Pour être le plus homogène et le plus structuré possible, le découpage de projets web écrits en PHP doit être construit comme suit :

- le répertoire public_html regroupe tous les sites web accessible depuis le serveur HTTP Apache ;
- un sous-répertoire INC contient tous les fichiers correspondants à des bibliothèques d'outils PHP, accessibles depuis tous les sites web du serveur HTTP ;
- un sous-répertoire par projet, ici *LEOL*.

Ensuite, pour chaque répertoire projet, on aura :

- un sous-répertoire INC regroupant tous les fichiers d'include propres au projet ;
- un sous-répertoire par entité fonctionnelle.

Enfin, pour chaque entité fonctionnelle, on aura :

- un fichier de déclaration *fichier.php3* ;
- un fichier de description *fichier.inc* ;
- éventuellement, un fichier de traitement appelé depuis un formulaire *fichier_a.php3*.

Fonctions PHP créées

Il est impératif d'encapsuler tout le code HTML à l'aide de fonctions PHP qui retournent le code HTML adéquat. Il sera ainsi aisé d'assurer la maintenance du code et de paramétrer le site. Pour simplifier, disons que ne doit subsister, en tant code HTML, que ce qui concerne la représentation de la structure de la page (TABLE, TR, TD, etc.). Tout le reste est généré par des fonctions PHP !

Voici la liste des différentes représentations HTML gérées par des fonctions développées pour le projet Eyrolles (elles peuvent être enrichies, puis réutilisées dans n'importe quel autre projet) :

- texte formaté (police, taille, style) ;
- liens hypertexte ;
- images, simples ou de type lien hypertexte ;
- images sensibles, c'est-à-dire qui se comportent comme étant des boutons de formulaire ;
- titres ;
- « DotClear » : images transparentes, très utiles pour le graphisme (en jouant sur leur taille, il est possible de représenter des tableaux à taille fixe) ;
- listes à puces dont les éléments peuvent être du texte normal ou des liens hypertexte ;
- boutons ;
- champs de saisie ;
- zones de texte, listes déroulantes ;
- cases à cocher, boutons radio ;
- champs de formulaire cachés ;
- nombres formatés au format monétaire (deux chiffres après la virgule, une virgule comme séparateur de décimales et un espace comme séparateur de milliers) ;
- liens hypertexte qui ouvrent une nouvelle fenêtre du navigateur.

Ces fonctions utilisent toutes des constantes définies dans un fichier de configuration, inclus dans chacune des pages.

Variables de définition des couleurs

```
$couleurFond = "#FFCC33";
$strTab_colorTitre="#0000AA";
$strTab_colorTitreTexte="#FFFFFF";
$strTab_colorFond1="#CCCCCC";
$strTab_colorFond2="#CCCCFF";
$strBG_colorDomaine="#0000FF";
$strCP_colorDomaine="#FFCC33";
...
```

Variable pour la police

```
$strPolice = "Verdana";
$strSize = "+1";
...
```

Fichier de configuration inclus dans toutes les pages

Ce fichier permet de fixer certains paramètres (polices de caractères, couleur des titres, etc.) qui définissent la représentation de certains des tags HTML générés par les fonctions, et permet ainsi de créer un style propre à l'application.

Prenons deux exemples de fonctions génériques. La première permet d'afficher une chaîne de caractères ; la seconde un champ `input` d'un formulaire.

Fonction php_f_Text

```
function php_f_Text($strText,$intSize, $strStyle="", $strColor="", $police="")
{
global $strPolice;
```

Police de caractères

```
if ($police=="") $police=$strPolice;
$strRes= '<font size="'.$intSize.'" face="'.$police;
```

Couleur

```
if ($strColor<>"")
   $strRes .= '" color="'.$strColor;
$strRes.= '">';
```

Gras

```
if ($strStyle=="b") {
   $strRes .= '<b>'.$strText.'</b>';
   }
```

Italique

```
else if ($strStyle=="i") {
   $strRes .= '<i>'.$strText.'</i>';
   }
else { $strRes .=$strText; }
$strRes.= '</font>';
return $strRes;
}
```

Fonction php_f_textField

```
Function php_f_textField($strName,$intSize,$intMaxLength,$strValueInit="",
➥$booPassword=false, $tabIndex="")
{
   $strResult = '<input type="';
   if ($booPassword) {
      $strResult .= 'Password';
   } else {
      $strResult .= 'text';
   }
   $strResult .= '" name="'.$strName.'" ';
```

```
        if ($intSize !="")
            $strResult .= 'size="'.$intSize.'" ';
        if ($intMaxLength !="")
            $strResult .= 'maxlength="'.$intMaxLength.'" ';
        if ($strValueInit !="")
            $strResult .= 'value="'.htmlentities($strValueInit).'" ';
        if ($tabIndex != "")
            $strResult .= 'tabindex="'.$tabIndex.'" ';
        $strResult .= ' >';
        return $strResult;
}
```

On remarque que la généralisation de l'emploi de ces fonctions réduit considérablement la charge de travail liée à la représentation HTML des pages dynamiques, ce qui permet au développeur de se consacrer d'avantage à l'élaboration des traitements.

Mise en œuvre sous forme de classes

Pourquoi créer des classes ?

PHP3 est un langage orienté objet, même s'il ne possède pas de hiérarchie de classes préétablie (comme c'est le cas du JavaScript), qui fournit au développeur un framework complet. On construit soi-même ses propres objets.

Cette construction doit prendre en compte la spécificité de l'application. On parle ainsi de classes qui permettent de gérer les connexions à Oracle et d'exécuter des requêtes SQL, de classes qui génèrent du code HTML, afin de réaliser des affichages spécifiques (par exemple représenter les données d'un ouvrage sous des différentes formes).

Le panier

L'une de ces classes est chargée de mémoriser tous les ouvrages retenus par l'internaute, en simulant le principe d'un panier dans lequel on dépose ou enlève des produits.

Cet objet a été réalisé grâce à la gestion de contexte, qui permet d'en mémoriser le contenu, page après page. La gestion de contexte dispose de méthodes de manipulation performantes. On emploie un tableau de vecteurs ; chaque case est repérée par un index – le numéro de l'ouvrage commandé – et par sa valeur – la quantité voulue. Cette structure permet d'utiliser la puissance des fonctions de manipulation de tableaux, offerte par PHP.

Cette classe Panier pourra être facilement adaptée, afin d'être utilisée dans d'autres projets en PHP. Il suffira de changer les méthodes d'affichage du contenu. Voici les fonctionnalités offertes par cette classe Panier :

- L'objectif est de gérer une liste d'objets de même nature (ici, des ouvrages). Seul l'identifiant de l'article est enregistré dans la liste, avec sa quantité. Par exemple, l'article doté du code *XX* est stocké dans le panier, avec une quantité *n*.
- Pour chaque utilisateur, l'objet Panier instancié est, bien entendu, enregistré en session, grâce à la gestion de contexte décrite plus haut.

```
class Panier {
```

Contenu du panier : array ("id" => nombre_d_elements correspondants à cette ID).

```
  var $contenu = array();
```

Méthode ajouter($article, $nombre = 1)

Ajout $nombre d'article d'identifiant $article dans le panier :

```
function ajouter($article, $nombre = 1) {
    global $total;
```

On récupère le nombre d'$article présents dans le panier

```
    $nb = $this->nombreDe($article);

    if ($nb>0) {
```

L'$article était déjà dans le panier ; on incrémente la quantité :

```
      $this->contenu[$article] += $nombre;
    } else {
```

C'est un nouvel article :

```
      $this->contenu[$article] = $nombre;
    }
```

Le total a changé ; il faut le recalculer :

```
    $total = 0;
}
```

Méthode modifierQuantité($article, $nombre)

Modifie la quantité de $article pour la passer à $nombre. Si $article n'est pas dans le panier ou que $nombre est négatif, aucun changement n'est effectué :

```
function modifierQuantite($article, $nombre) {
    global $total;

    if ($nombre <0)
```

On veut mettre une quantité négative => on quitte :

```
      return false;
```

On récupère le nombre de $article :

```
    $nb = $this->nombreDe($article);

    if ($nb>0) {
```

$article est dans le panier :

```
      if ($nombre > 0) {
```

La nouvelle quantité est positive :

```
        $this->contenu[$article] = $nombre;
      } elseif ($nombre == 0) {
```

La nouvelle quantité est nulle ; on désactive la variable :

```
        unset($this->contenu[$article]);
      }
      return true;
    } else {
```

$article n'était pas dans le panier ; on ne peut pas modifier la quantité :

```
      return false;
    }
```

Le total a changé ; il faut le recalculer :

```
    $total = 0;      }
```

Méthode enlever($article)

Retire complètement l'article d'identifiant $article du panier :

```
function enlever($article) {
    global $total;

    $nb = $this->nombreDe($article);

    if ($nb>0) {
```

On désactive la variable :

```
      unset($this->contenu[$article]);
    }
```

Le total a changé ; il faut le recalculer

```
    $total = 0; }
```

Méthode liste( )

Renvoie le contenu du panier dans un tableau à deux colonnes. La première colonne contient les identifiants des articles, la seconde colonne les quantités :

```
function liste() {
    reset($this->contenu);
    while ( list($art,$num) = each($this->contenu) ) {
      $result[]=array("ID"=>$art,"Qte"=>$num);
    }
    return $result;
  }
```

Méthode nombreDe($article)

Renvoie la quantité qui correspond à l'article d'identifiant $article :

```
function nombreDe($article) {
    reset($this->contenu);
    while (list($IDarticle,$nombre) = each($this->contenu)) {
```

$article est dans le panier ; la fonction en retourne la quantité :

```
        if ($IDarticle == $article) return $nombre;
        }
```

$article n'est pas dans le panier ; la fonction retourne 0 :

```
    return 0;
  }
```

Méthode nombre( )

Renvoie le nombre d'articles différents entreposés dans le panier, sans tenir compte de la quantité, pour chaque article :

```
function nombre() {
    return count($this->contenu);
  }
```

La classe Ouvrage

Le panier représente un exemple de classe spécifique, liée à une contrainte fonctionnelle et technique, qui peut être utilisé par une autre application. En revanche, la classe Ouvrage est un exemple d'objet non transposable. Elle correspond à la représentation, sous différents formats, des données relatives à un ouvrage (synthèse, ligne, données exhaustives, résumé, etc.). Elle représente ce que l'on appelle communément un objet métier.

class php_c_LigneOuvrage

```
class php_c_LigneOuvrage
{
```

Déclaration de variables pour le titre :

```
  var $str_titreFond ="";
```

Déclarations de variables qui définissent le titre gauche :

```
  var $str_titreGSize ="";
  var $str_titreGLienPage ="";
  var $str_titreGLienVar ="";
```

Déclarations de variables qui définissent le titre droit :

```
  var $str_titreDSize ="";
  var $str_titreDLienPage ="";
  var $str_titreDLienVar ="";
```

Déclarations de variables qui définissent les éléments du texte qui se trouvent sur la deuxième ligne :

```
var $str_elem1Color ="";
var $str_elem1Size ="";
var $str_elem2Color ="";
var $str_elem2Size ="";
var $str_elem3Color ="";
var $str_elem3Size ="";
var $str_img="";
var $boo_numero="";
var $str_numSize="";
var $str_numColor="";
```

constructeur php_c_Ouvrage

```
function php_c_Ouvrage ( $str_titreFond,
         $str_titreGSize,
         $str_titreGLienPage,
         $str_titreGLienVar,
         $str_titreDSize,
         $str_titreDLienPage,
         $str_titreDLienVar,
         $str_elem1Color,$str_elem1Size,
         $str_elem2Color,$str_elem2Size,
         $str_elem3Color,$str_elem3Size,
         $boo_numero= false,
         $str_numSize="1",
         $str_numColor="#FFFFFF"
         )
{
$this->str_titreFond = $str_titreFond;
$this->str_titreGSize = $str_titreGSize;
$this->str_titreGLienPage = $str_titreGLienPage;
$this->str_titreGLienVar = $str_titreGLienVar;
$this->str_titreDSize = $str_titreDSize;
$this->str_titreDLienPage = $str_titreDLienPage;
$this->str_titreDLienVar = $str_titreDLienVar;
$this->str_elem1Color = $str_elem1Color;
$this->str_elem1Size = $str_elem1Size;
$this->str_elem2Color = $str_elem2Color;
$this->str_elem2Size = $str_elem2Size;
$this->str_elem3Color = $str_elem3Color;
$this->str_elem3Size = $str_elem3Size;
$this->boo_numero = $boo_numero;
$this->str_numSize =  $str_numSize;
$this->str_numColor = $str_numColor;
}
```

Méthode Dessiner

```
Function Dessiner(   $strTitreGText,
                $intTitreGId,
                $strTitreDText,
                $intTitreDId,
                $strElem1Text,
                $strElem2Text,
                $strElem3Text,
                $intImg="",
                $int_num=""
                )
   {
   $strRes = "<tr>";
```

Si boo_numero, affichage des numéros :

```
   if( $this->boo_numero ) {
      $strRes.= '<td bgcolor="'.$this->str_titreFond.'">';
      $strRes.= php_f_Text(" ".$int_num,$this->str_numSize,"b",
      ➥$this->str_numColor);
      $strRes.= "</td>";
   }
```

Affichage du titre gauche avec le lien, après création du lien pour le titre (avec d'éventuels paramètres) :

```
      if ( $intTitreGId <> "" ) { $strLienParam = "?".$this->str_titreGLienVar.
      ➥"=".$intTitreGId ;
      } else { $strLienParam =""; }
   $strRes .= '<td width="100%" align="LEFT" bgcolor="'.$this->str_titreFond.'">';
   $strRes .= php_f_Text("  ","1");
   $strRes .= php_f_Href($strTitreGText,"",$this->str_titreGLienPage.$strLienParam,
   ➥$this->str_titreGSize,"b");
   $strRes .= "</td>".chr(13).chr(10);
```

Affichage du titre droit avec le lien, après creation du lien pour le titre (avec d'éventuels paramètres) :

```
      if ( $intTitreDId <> "" ) { $strLienParamD = "?".$this->str_titreDLienVar.
      ➥"=".$intTitreDId ;
      } else { $strLienParamD =""; }
   $strRes .= "<td align='RIGHT' bgcolor='$this->str_titreFond' >";
   $strRes .= php_f_Href($strTitreDText,"",$this->str_titreDLienPage.$strLienParamD,
   ➥$this->str_titreDSize,"b");
   $strRes .= php_f_Text(" ","1");
   $strRes .= "</td>".chr(13).chr(10);
   $strRes .= "</tr>".chr(13).chr(10);
```

Création de la ligne des renseignements :

```
   $strRes .= '<tr>';
```

Si boo_numero, affichage des numéros :

```
if( $this->boo_numero ) {
   $strRes.= '<td>';
   $strRes.= php_f_Text(" ",1);
   $strRes.= "</td>";
}
$strRes .= '<td colspan=2 >';
$strRes .= php_f_Text("  ".$strElem1Text,$this->str_elem1Size,
➥"b", $this->str_elem1Color);
$strRes .= php_f_Text(" ".$strElem2Text,$this->str_elem2Size,"",
➥$this->str_elem2Color);
$strRes .= "</td></tr>".chr(13).chr(10);
```

Création de la ligne avec les gifs :

```
$strRes .= "<tr>";
```

Si boo_numero, affichage des numéros :

```
if( $this->boo_numero ) {
   $strRes.= '<td>';
   $strRes.= php_f_Text(" ",1);
   $strRes.= "</td>";
}
$strRes .= '<td colspan=2 >';
$strRes.= php_f_Text(" ",1);
```

Si $booImg <> "", affichage de l'image :

```
if ( $intImg <> "" and $intImg!=0 ) {
   if ( $intImg == 1 ) $strImg="cd.gif";
   if ( $intImg == 2 ) $strImg="disket.gif";
   $strRes .= php_f_Img($strImg,"0",$strImg,"top");
} else { $strRes .= php_f_DotClear (16,1); }

$strRes .= php_f_Text("  ",1,"");
$strRes .= php_f_Text($strElem3Text,$this->str_elem3Size,"",
➥$this->str_elem3Color);
$strRes .= "</td></tr>".chr(13).chr(10);
 return $strRes;
```

}

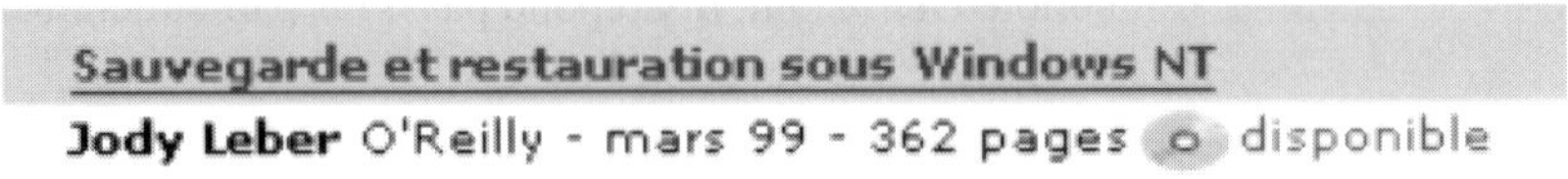

Figure 13.5

Un élément de la liste des ouvrages.

Accès aux bases de données

Étudions maintenant les moyens d'accéder à la base de données, et voyons de plus près les spécificités liées à l'utilisation de la base Oracle.

Pilotes

PHP offre deux moyens d'accéder aux bases de données :

1. le pilote **ODBC**, qui accède ensuite au SGBD ;
2. le pilote **Natif**, propre aux base de données du type du SGBD choisi.

Voyons les possibilités que nous offre l'emploi de l'un ou de l'autre pilote.

Le pilote ODBC permet au code PHP de se désolidariser du type de la base de données (Oracle, SQL Server, Informix, etc.). Il offre aux développeurs une gamme de fonctionnalités qui représentent le plus petit dénominateur commun de l'ensemble des fonctionnalités des SGBD du marché. Ces fonctionnalités permettent d'exécuter une requête SQL, ou autre, qui, à son tour, exécute une procédure stockée. Rappelons qu'une procédure stockée représente la forme compilée d'une requête SQL. Leur emploi est grandement recommandé pour deux raisons principales La première est d'ordre méthodologique : en considérant une approche objet, on associe les données d'une classe à une table, et les méthodes de cette classe aux procédures stockées. La seconde raison est d'ordre purement technique : les accès entre le serveur et la base de données sont réduits, et l'exécution des procédures est plus rapide que leur équivalent sous forme de chaînes de caractères.

L'emploi du pilote ODBC est recommandé lorsqu'on veut se rendre indépendant du SGBD. En pratique, le code PHP utilise des fonctions qui ne devraient pas être récrites en cas de changement de base de données. Son emploi est également appréciable lorsqu'une application accède à deux bases de données hétérogènes, ou plus, afin de rendre le code PHP lui homogène.

Le pilote natif associe le code PHP à la base de données. Les fonctions PHP écrites devront être récrites en cas de changement de type de SGBD. En revanche, son utilisation sera dédiée et optimisée pour l'accès à la base de données choisie.

Le choix de l'un ou l'autre pilote doit être motivé par la connaissance des possibilités offertes par ODBC, ainsi que des drivers natifs de la base de données choisie.

Pour notre projet, nous avons choisi d'employer Oracle, et de généraliser la portée des traitements SQL dans des procédures stockées. Ainsi, tous les ordres d'importation, de batch, de mise à jour, et de sélection de données, sont écrits en PL/SQL (le langage SQL propre à Oracle) dans des procédures stockées.

Or, si l'emploi du pilote natif Oracle permet de répondre à l'ensemble de ces contraintes, l'emploi d'un pilote ODBC, lui, n'y répond pas. Plus particulièrement, il n'y répond pas dans un cas bien précis : la récupération du résultat d'un ordre SELECT d'une procédure stockée.

En effet, lorsqu'une procédure stockée a pour objectif de retourner sous forme de buffer (recordset) un enregistrement ou un ensemble d'enregistrements (SELECT code FROM table, etc.), Oracle retourne au programme appelant non pas le buffer résultat (ainsi que d'autres SGBD le feraient) mais un curseur, qu'il faudra parcourir ligne à ligne afin de récupérer le résultat de la requête.

ODBC ne sait pas récupérer ce curseur. Il ne sait récupérer le résultat d'un ordre SELECT que si ce dernier à été écrit dans une chaîne de caractères, depuis la page PHP, puis envoyé pour exécution à Oracle. Ainsi, l'emploi d'un pilote ODBC avec Oracle oblige à déporter au niveau de PHP tous les ordres de sélection, et de ne laisser au niveau d'Oracle que les procédures stockées de mise à jour.

Pour le projet Eyrolles, le choix s'est donc porté sur l'utilisation du pilote natif : un seul type de base de données, un SGBD Oracle et l'emploi exclusif de procédures stockées.

Connexion et requêtes

Pour accéder à une base Oracle, l'application a besoin de trois paramètres : le code de l'utilisateur, son mot de passe et la chaîne de connexion.

Le code de l'utilisateur (login) Oracle utilisé sera le même pour toutes les personnes qui accèdent à l'application. On lui associe des droits de lecture et d'exécution de procédures stockées. La chaîne de connexion est propre à Oracle ; elle définit à elle seule l'endroit où se trouve l'instance de la base données sur laquelle on va travailler.

Connexion

Classe Connection

```
Constructeur Connection($strUser, $strPasswd, $strAlias = "")
   var $conn_id;
   var $strErreur = "";      // contient la dernière erreur
```

Le constructeur établit une connexion avec la base de données Oracle, puis met le mode AutoCommit en marche, c'est-à-dire qu'un COMMIT est exécuté automatiquement après chaque appel de procédure stockée, si elle s'est exécutée correctement :

```
function Connection($strUser, $strPasswd, $strAlias = "") {
   $strLogin = "$strUser/$strPasswd";
   if ($strAlias!="")
      $strLogin.="@$strAlias";
   $this->conn_id = @Ora_logon($strLogin,"");
   if ($this->conn_id) {
      Ora_CommitOn($this->conn_id);
   } else {
      $this->strErreur = "Problème de connexion à Oracle";
   }
}
```

Méthode Close()

Cette méthode ferme la connexion à la base de données. Elle doit être appelée une fois que l'objet Connexion est devenu inutile :

```
function Close() {
   Ora_Logoff($this->conn_id);

}
```

Pour adresser une requête à la base de données, deux procédés sont disponibles :

1. l'exécution d'une requête SQL passée dans une chaîne de caractères ;
2. l'appel à une procédure stockée.

Méthode SQLQuery($query)

Cette méthode exécute un SELECT, puis renvoie un objet RecordSet comme résultat. Le paramètre $query est la requête SQL à exécuter.

Prenons, par exemple, **SQLQuery**(« Select * from table ») :

```
    function SQLQuery($query) {
       $cur = Ora_Open($this->conn_id);
       Ora_Parse($cur, $query);
       if (!@Ora_Exec($cur)) {
          $this->strErreur = Ora_error($cur);
       } else {
          $this->strErreur = "";
          $aryRow = "";
          while ( Ora_Fetch_Into($cur, &$aryRow) != false ) {
             $aryResultat[] = $aryRow;
             $aryRow = "";
          }
          for($i=0;$i<Ora_numcols($cur);$i++) {
             $aryResNames[strtoupper(Ora_columnname($cur, $i))] = $i;
        }
           Ora_Close($cur);
          $objRecordset = new RecordSet;
          $objRecordset->setData($aryResultat, $aryResNames);
           return $objRecordset;
       }
    }
 Méthode ExecuteProc( $query )
 Cette méthode exécute une procédure stockée de mise à jour.
 Le paramètre $query est le nom de la procédure stockée, suivi des paramètres
➥entre parenthèses. Par exemple: ExecuteProc( "ma_proc('parametre1', 'parametre2')" );
    function ExecuteProc($query) {
       $cur = Ora_Open($this->conn_id);
       $requete="begin $query; end;";
       Ora_Parse($cur, $requete);
       if (!@Ora_Exec($cur)) {
          $this->strErreur = Ora_error($cur);
          //$this->Close();
       } else {
          $this->strErreur = "";
       }
       Ora_Close($cur);
       return $this->strErreur;
    }
```

Méthode Erreurs()

Cette méthode retourne un numéro d'erreur Oracle, ainsi que son libellé :

```
function Erreurs() {
   $err = $this->strErreur;
   while (strlen($err) != 0) {
      $codes[] = substr($err, 0, 9);
      $err = substr($err, 11, strlen($err) - 11);
      $pos = strpos($err, "ORA-");
      if ($pos == 0) {
         $libelles[] = $err;
         $err = "";
      } else {
         $libelles[] = substr($err, 0, $pos - 1);
         $err = substr($err, $pos, strlen($err) - 7);
      }
   }
   return array("code"=>$codes,"libelle"=>$libelles);
}
```

Parcourir un recordset

Dans la classe précédente, la méthode SQLQuery permettait de récupérer un recordset. Étudions maintenant la classe Recordset, qui permet la manipulation des données reçues.

Classe RecordSet

La classe RecordSet contient les enregistrements récupérés après un SELECT. Ces enregistrements sont sauvegardés dans un tableau. L'utilisation de la classe RecordSet est semblable à celle de son homonyme en VBScript. Un index est placé sur le premier enregistrement, on peut alors récupérer les champs de cet enregistrement. On déplace l'index sur l'enregistrement suivant, puis on récupère les champs de ce nouvel enregistrement. Et ainsi de suite jusqu'à la fin des enregistrements.

Cependant, à l'inverse de VBScript, cette classe RecordSet permet, en PHP, de revenir sur des enregistrements déjà consultés, de se positionner à un endroit précis (déterminé par l'index), et de parcourir le RecordSet dans un sens puis dans l'autre :

```
class RecordSet {
  var $classname = "RecordSet";
  var $persistent_slots = array("aryData","aryNames","intIndex","intRowCount
  ➥","intColCount");
```

Tableau contenant les données :

```
var $aryData;
```

Tableau servant à récupérer le numéro de colonne, en fonction du nom de colonne :

```
var $aryNames;
```

Index servant à parcourir les enregistrements qui commencent à l'index 0 :

```
var $intIndex = 0;
```

Nombre d'enregistrements :

```
var $intRowCount = 0;
```

Nombre de colonnesMéthode field($colonne) :

```
Cet var $intColCount = 0;
```

Méthode setData($aryNewData, $aryNewNames)

Cette méthode sert à créer l'objet recordset, en fournissant les données $aryNewData et les références de noms de colonnes $aryNewNames.

Par exemple :

Pour les valeurs du recordset :

```
$aryNewData[] = array ($ouv_ean13,$ouv_titre)
```

Pour leur nom et leur index :

```
$aryNewNames[strtoupper("ouv_ean13")]=0;
$aryNewNames[strtoupper("ouv_titre")]=1;
```

Appel à la méthode :

```
$objRS = new RecordSet;
$objRS->setData($aryNewData,$aryNewNames);
```

Méthode :

```
Function setData($aryNewData, $aryNewNames) {
    $this->intIndex = 0;
    $this->aryData = $aryNewData;
    $this->aryNames = $aryNewNames;
    $this->intRowCount = count($this->aryData);
    if ($this->intRowCount == 0) {
       $this->intColCount = 0;
    } else {
       $this->intColCount = count($this->aryData[0]);
    }
  }
```

À présent que l'objet est instancié et renseigné avec les données, voyons de plus près quelques méthodes qui permettent de le manipuler :

Méthode BOF( )

Teste si l'index est situé avant le premier enregistrement :

```
function BOF() {
   return (($this->intIndex == -1) or ($this->intRowCount == 0));
  }
```

Méthode EOF( )

Teste si l'index est situé après le dernier enregistrement :

```
function EOF() {
   return ($this->intIndex == $this->intRowCount);
  }
```

Méthode isEmpty( )

Teste s'il existe au moins un enregistrement :

```
function isEmpty() {
   return ($this->intRowCount==0);
  }
```

Méthode moveStart( )

Place l'index sur le premier enregistrement :

```
function moveStart() {
   $this->intIndex = 0;
  }
```

Méthode moveEnd( )

Place l'index sur le dernier enregistrement :

```
function moveEnd() {
    if (isset($this->aryData))
      $this->intIndex = $this->intRowCount - 1;
  }
```

Méthode moveNext( )

Place l'index sur l'enregistrement suivant :

```
function moveNext() {
   if ((isset($this->aryData)) && (!$this->EOF()))
      $this->intIndex++;
  }
```

Méthode movePrev( )

Place l'index sur l'enregistrement précédent :

```
function movePrev() {
    if ((isset($this->aryData)) && (!$this->BOF()))
      $this->intIndex--;

  }
```

Méthode move($intDest)

Place l'index à $intDest :

```
function move($intDest) {
    if ((isset($this->aryData)) && ($intDest>=0) && ($intDest<$this->intRowCount)) {
       $this->intIndex = $intDest;
    }
  }
```

Une fois positionné sur un enregistrement, voyons comment en récupérer la valeur.

Méthode field($Colonne)

Cette méthode renvoie le champ qui correspond à $colonne de l'enregistrement courant. Le paramètre $colonne peut être un entier, il représente alors la position du champ dans le SELECT. $colonne peut également être une chaîne de caractères (dont la casse n'a pas d'importance), il s'agit dans ce cas du nom du champ, tel que le renvoie le SELECT. Par exemple, les instructions :

```
$recordset->field(0)
$recordset->field("0");
$recordset->field("cli_email")
$recordset->field("CLI_EMAIL")
$recordset->field("Cli_Email")
```

renvoient le même résultat, avec `cli_email` en tant que première colonne du recordset :

```
function field($Colonne) {
   if (isset($this->aryData)) {
      if (gettype($Colonne) == "integer") {
         if (gettype($this->aryData[$this->intIndex][$Colonne]) != "array") {
            return trim($this->aryData[$this->intIndex][$Colonne]);
         } else {
            return $this->aryData[$this->intIndex][$Colonne];
         }
      } else if (gettype($Colonne) == "string") {
         if (gettype($this->aryData[$this->intIndex][$this->aryNames[strtoupper
         ➥($Colonne)]]) != "array") {
            return trim($this->aryData[$this->intIndex][$this->aryNames
            ➥[strtoupper($Colonne)]]);
         } else {
            return $this->aryData[$this->intIndex][$this->aryNames
            ➥[strtoupper($Colonne)]];
         }
      }
   } else {
      return "";
   }
  }
```

Le parcours d'un recordset dans le sens normal se traduit alors de la façon suivante :

```
$rs->moveStart();
while (!$rs->EOF()) {
      echo $rs->field("Nom");
      $rs->moveNext();
      }
```

SSL

Pour terminer ce chapitre, examinons en détail le processus qui permet de transférer le numéro de carte de crédit, ainsi que sa date d'expiration, depuis le navigateur de l'internaute jusqu'à notre serveur, de manière totalement sécurisée, en utilisant le protocole SSL.

Pour passer une commande, l'utilisateur doit saisir les références de sa carte de crédit dans un formulaire. Ces références sont transmises de façon sécurisée, grâce au protocole SSL (Secure Socket Layer) .

Le SSL a été créé par Netscape ; il est intégré dans tous les navigateurs du marché. Il assure l'authentification, la confidentialité et l'intégrité des données échangées, au moyen d'un système de cryptographie, qui utilise le résultat d'opérations effectuées sur des nombres premiers : l'algorithme à clé publique RSA (dont le nom est formé des initiales de ses concepteurs : Rivest, Shamir et Adleman).

Processus

Le navigateur de l'utilisateur entre en communication avec le serveur. Ce dernier possède déjà sa paire de clés publique/privée. C'est cette paire de clés qu'il utilise dans ses communications avec tous les logiciels clients. Le processus est le suivant :

1. Une fois reconnu par le logiciel serveur, le logiciel client génère une paire de clés publique/privée.
2. Le logiciel client demande au logiciel serveur de lui fournir sa clé publique (celle du serveur).
3. La clé publique du client est aussitôt encryptée avec la clé publique de serveur, puis transmise au serveur.
4. Le serveur décode le message à l'aide de sa clé privée serveur, puis authentifie la clé publique de l'utilisateur.
5. Le serveur envoie ensuite au logiciel client une confirmation, encryptée, du bon déroulement de l'opération.

Toutes les informations futures, échangées entre l'utilisateur et le serveur, seront désormais cryptées. De plus, seul ce serveur est en mesure de communiquer avec cet utilisateur, car il est le seul à connaître la clé publique de cet utilisateur. L'utilisateur et le serveur peuvent maintenant échanger toutes les données voulues, de façon sûre. L'ensemble de ce processus est complètement transparent pour l'utilisateur.

Avec ce protocole, une nouvelle paire de clés est générée à chaque établissement de la communication entre le logiciel client de l'utilisateur et le logiciel serveur. La communication est donc entièrement sûre, mais en aucun cas le serveur commercial ne peut s'assurer de l'identité de l'utilisateur à l'autre extrémité.

Une façon de résoudre ce problème est de joindre à ce processus un système de validation, par exemple un numéro d'identification personnel, qui s'obtient par une inscription préalable.

Fonctionnement

Le système repose sur l'algorithme RSA, un standard utilisé pour le cryptage des données et la signature de messages électroniques. Cet algorithme est très utilisé pour l'authentification et le cryptage des données dans le domaine informatique.

Deux paires de clés (une pour le verrouillage, l'autre pour le déverrouillage) à 40 bits sont utilisées. Chaque paire est composée d'une clé publique et d'une clé privée. La clé publique est distribuée, alors que la clé privée ne l'est jamais ; cette dernière est toujours gardée secrète. Les données cryptées avec la clé publique peuvent uniquement être décryptées avec la clé privée, et inversement.

Exemple d'utilisation

L'authentification est la procédure de vérification d'identité. Dans l'exemple suivant, la notation {message} CLE signifie que {message} a été crypté ou décrypté à l'aide d'une clé CLE.

Imaginons que Alice (A) désire authentifier Bernard (B). B possède une paire de clés, une clé publique et une clé privée. Il révèle à A sa clé publique. A génère un message aléatoire qu'elle envoie à B :

A B MESSAGE-ALEATOIRE

Bernard utilise sa clé privée pour crypter le message reçu, puis le retourne à Alice :

B A {MESSAGE-ALEATOIRE} CLE-PRIVEE-BERNARD

Alice reçoit le message et le décrypte à l'aide de la clé publique révélée précédemment. Elle compare le message décrypté avec l'original qu'elle a envoyé à Bernard ; s'ils correspondent, elle est sûre qu'il s'agit bien de Bernard. Un imposteur n'aurait pas connaissance de la clé privée de Bernard, et par conséquent serait incapable de crypter correctement le message envoyé à Alice pour validation.

Une fois qu'Alice a authentifié Bernard, elle peut lui envoyer des messages, que seul Bernard peut décoder.

A B {MESSAGE-SECRET} CLE-PUBLIQUE-BERNARD

Seule la clé privée de Bernard est capable de décoder le message. Par conséquent, si un tiers a connaissance de la communication entre Alice et Bernard, il ne peut déchiffrer le message.

Certificats

Un certificat est un document électronique qui atteste qu'une clé publique est bien liée à une organisation ou à un individu. Il permet la vérification de la propriété d'une clé publique, afin de prévenir la contrefaçon de clés publiques. Un certificat contient généralement une clé publique, un nom, ainsi que d'autres champs qui identifient le propriétaire, une date d'expiration, un numéro de série, le nom de l'organisation qui contresigne le certificat, et la signature elle-même. Le format des certificats est défini par la norme X509.

Le certificat donne donc l'assurance que les informations qu'il contient sont exactes. Pour cela, le certificat doit être généré par un tiers de confiance, c'est-à-dire un organisme indépendant, qui contrôle la véracité de ces informations. Le CA (Certifying Authority, l'organisme certificateur) donne la crédibilité au certificat.

Il existe deux types de certificats utilisés avec SSL : pour le serveur et pour le client. Techniquement, ils utilisent le même format, mais diffèrent par l'information qu'ils contiennent. Ainsi, un certificat coté client sert à identifier un utilisateur ; il contiendra donc des information sur cet utilisateur. Coté serveur, le certificat a pour mission d'authentifier le serveur, ainsi que l'organisme qui l'exploite. C'est de ce type de certificat dont nous avons besoin dans la mise en place d'un serveur « sécurisé » HTTPS.

Installation de SSL

Pour pouvoir utiliser le protocole SSL avec le serveur HTTP Apache, il faut installer des modules spécifiques. Les modules nécessaires sont disponibles gratuitement sur Internet. Les modules que nous avons installés sont les suivants :

- OpenSSL 0.9.2b, disponible à l'adresse http://www.openssl.org/ ;
- Mod_ssl 2.2.8-1.3.6, disponible à l'adresse http://www.modssl.org/.

Une fois ces modules installés, nous avons créé des certificats de test, que nous avons signés en tant qu'autorité de certification. Ces certificats permettent de tester le bon fonctionnement du protocole SSL. Les navigateurs préviennent l'utilisateur que le serveur utilise des certificats qui n'ont pas été signés par une CA reconnue, mais cela permet malgré tout de tester le bon fonctionnement de l'installation.

Cependant, avant cela, il faut configurer le serveur Apache, afin de lui indiquer qu'il doit se mettre à l'écoute du port 443 (port classiquement utilisé par HTTPS), et également activer la protection par SSL sur les répertoires qui doivent être protégés.

Conclusion

Bilan

Nous vous avons proposer une méthode d'organisation de travail qui respectée étape par étape permet de garantir une réalisation de haute qualité et facilement maintenable

Facilité de maintenance et d'évolution

Les classes PHP permettent de découper le développement en correspondance avec les besoins fonctionnels. Rien de plus simple ensuite de prendre en compte les évolutions du système :

- soit par l'ajout d'une fonctionnalité liée à une classe existante (par exemple rajouter une table des matière à un ouvrage) qui se traduit par l'écriture d'une nouvelle méthode
- soit par l'ajout d'un nouveau sujet (par exemple la vente de CDROM) qui lui se traduit par l'écriture d'une nouvelle classe qui pourra être dérivée d'une autre déjà existante (la classe ouvrage) pour en hériter toutes ses méthodes.

De plus l'écriture d'un bibliothèque de fonctions PHP toutes liées à la génération du code HTML de présentation (listes, puces, champ texte…) limite les erreurs HTML à cette seule librairie. La maintenabilité est par la même réduite au minimum et permet de se concentrer aux seuls bugs fonctionnels.

Enfin le modèle de page permet une très grande souplesse lors d'évolution du look des pages. Dans un seul fichier, le site peut gagner un nouveau bandeau (par exemple un pied de page)

Pièges évitables et évités

Attention, ce type de développement impose une forte réflexion en amont de la réalisation. Il ne faut en aucun cas avoir à remettre en question la structure objet des classes PHP lorsque les équipes ont déjà commencées la réalisation. Cela causerait le plus souvent une remise en cause de tout ce qui à déjà été conçu jusqu'à lors.

En résumé…

Les avantages du site Eyrolles fondés sur le PHP sont nombreux. Grâce à PHP, Eyrolles à pu disposer d'un site e-commerce opérationnel, réalisé seulement par une équipe de quatre personnes en l'espace de trois mois. Avec la souplesse de PHP, le site est en constante évolution en fournissant la richesse et l'exhaustivité de contenu attendu par l'internaute exigeant.

Sur le plan technique, la conception et la réalisation de l'offre en ligne du site Eyrolles nous ont permis de sonder le potentiel de PHP. Nous avons ainsi pu aborder :

- Les modèles de page
- La gestion du contexte
- Les librairies de fontions "Boite à outils"
- Le codages objets
- Les accès à la base de données
- La mis en œuvre d'un échange SSL avec un serveur HTTP.

14

Mise en œuvre de Swish-e

Présentation de Swish-e

Nous allons voir le principe de fonctionnement d'un moteur d'indexation de type Swish-e, et étudier en détail son mécanisme, afin de l'adapter au projet Eyrolles.

Le moteur d'indexation Swish-e fonctionne à l'image de n'importe quel autre moteur de recherche. Son fonctionnement peut se décomposer en trois phases : l'indexation, la recherche et la restitution du document.

L'indexation consiste à créer un fichier d'index, qui sert à répertorier les documents relatifs à la recherche. Ces fichiers d'index répertorient tous les mots qui ont été indexés. Le fichier d'index, créé par Swish-e, utilise un fichier de configuration, qui définit toutes les règles d'indexation des mots et des métatags. Dans ce fichier, on spécifie également les répertoires à indexer, le format des fichiers à indexer, etc.

La recherche consiste à interroger le fichier d'index. Elle retourne en résultat le nom des fichiers qui contiennent les mots recherchés. Les recherches peuvent être effectuées en mode « Full text » ou sur des métatags (afin d'optimiser la recherche). Une recherche en mode Full text s'effectue uniquement sur le corps de la page, non sur les métatags.

Enfin, la restitution des documents représente l'affichage des informations liées aux documents (titre, taille, lien vers le document, métatags, etc.).

Les modes de recherche supportés par Swish-e sont les suivants :

- la recherche booléenne (PHP, OSS ou Linux) ;
- la troncature droite (Linux) ;
- la recherche sur les métatags (author = SQLI).

Swish-e supporte également le parenthésage, mais ne supporte pas la recherche d'une chaîne de caractères (recherche uniquement sur des mots).

Swish-e peut indexer les formats de fichiers suivants :

- html ;
- texte.

Site officiel de Swish-e : http://www.sunsite.Berkeley.

Fonctionnalités de Swish-e

Tableau 14.1 : Récapitulatif des fonctionnalités de Swish-e.

Plates-formes	Windows, Unix, Linux (source sous licence GNU)
Types de fichiers indexés	Texte, html
Indexation des métatags	Oui
Possibilité d'ajouter ses propres métatags	Oui
Modes de recherche supportés	Utilisation des booléens (AND, OR, NOT), troncature droite (exemple, jav*), limitation d'une recherche à un métatag
Gestion des caractères accentués	Non, sauf modification du code source
Taille de l'index	Théoriquement, entre 1 et 5 % de la taille des documents indexés, mais se révèle en réalité supérieure
Possibilité de plusieurs index	Oui
Lancement de l'indexation	En ligne de commande, (attention, Swish-e n'indexe pas à la volée)
Limitation de l'indexation	Par répertoires, par types de fichiers, utilisation de mots vides, suivant le taux d'apparition d'un mot dans le fichier
Mode d'interrogation	Exécutable à lancer en ligne de commande
Récupération des résultats	En général, sous la forme d'un tableau
Qualité, quantité de la documentation	Le site est clair et bien documenté

Principes de bases de Swish-e

Génération d'un fichier d'index

Le fichier d'index est un fichier dans lequel Swish-e répertorie et classe tous les mots qu'il aura indexés, en leur associant les fichiers auxquels ils appartiennent. Lorsqu'on effectue la recherche d'un mot, Swish-e interroge ce fichier. C'est donc grâce à ce fichier que nous allons pouvoir effectuer une recherche.

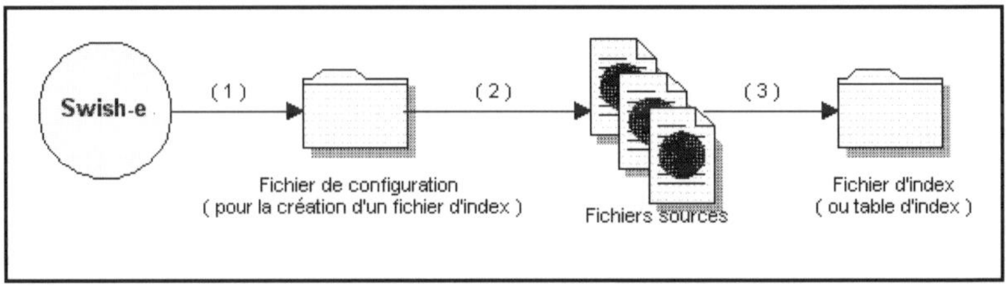

Figure 14.1
Génération d'un fichier d'index.

Principe de l'indexation

Les étapes d'indexation sont les suivantes :

1. Swish-e interroge le fichier de configuration (passé en paramètre), afin de générer le fichier d'index. Ce fichier de configuration contient, entre autres, les répertoires à indexer, le type de fichiers à indexer ou à ne pas indexer, la taille maximale des mots à indexer, etc. Il s'appuie également sur ses fichiers sources (extension .h) dans lesquels sont configurées toutes les variables par défaut (config.h). Nous trouvons également la liste des mots vides (c'est-à-dire qui ne sont pas indexés) dans le fichier swish.h, ce qui présente l'inconvénient de devoir recompiler Swish-e si nous voulons que les modifications soient prises en compte lors de l'indexation.
2. Le fichier de configuration indique à Swish-e les répertoires dans lesquels se trouvent les fichiers à indexer. Il vérifie que chaque mot indexé répond bien aux critères des fichiers de configuration.
3. Enfin, Swish-e génère le fichier d'index.

REMARQUE La génération de la table d'index n'est pas automatique ; Swish-e n'indexe pas à la volée les nouveaux documents que l'on insère dans les répertoires indexés. On est donc obligé d'exécuter une commande, à l'aide de l'instruction suivante :

```
swish-e -c fichierDeConfiguration
```

Ainsi, lorsqu'on ajoute un document dans l'un des répertoires indexés, on doit relancer la génération du fichier d'index.

Format du fichier d'index

Voici un exemple de fichier d'index généré par Swish-e :

```
activex: 5 580 5 5 5 580 13 1
asp: 2 193 5 3 2 193 5 5 2 193 5 9 2 193 13 1 3 193 5 5 3 193 13 1
banexi: 5 580 5 3 5 580 13 1
bekhdadi: 1 580 5 2 1 580 13 1
bible: 4 580 5 9 4 580 13 1
consultation: 5 1160 5 7
debutant: 3 1160 5 8
debuter: 3 386 5 3 3 386 5 9 3 386 13 1
developpeurs: 4 580 5 9 4 580 13 1
document: 1 193 5 6 2 193 5 6 3 193 5 6 3 193 5 9 3 193 13 1 4 193 5 6
ergonomie: 4 580 5 3 4 580 13 1
est: 4 580 5 9 4 580 13 1
etait: 1 580 5 9 1 580 13 1
etapes: 3 580 5 9 3 580 13 1
expert: 1 580 5 8 2 580 5 8
explique: 3 580 5 9 3 580 13 1
fois: 1 580 5 9 1 580 13 1
```

Les mots que Swish-e indexe sont classés par ordre alphabétique.

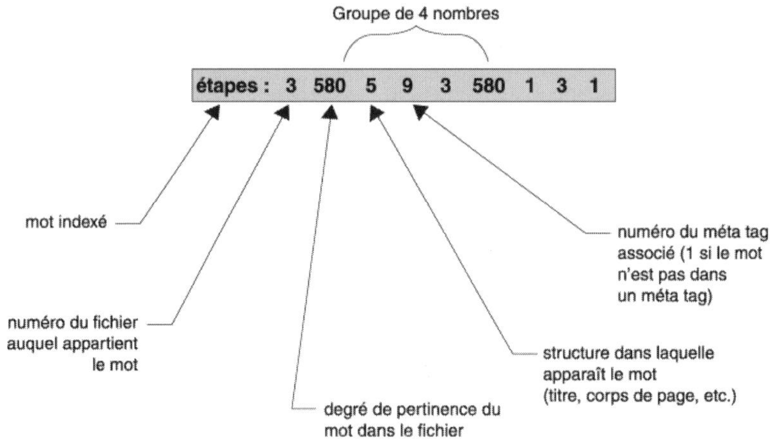

Figure 14.2
Format de la table d'index.

Chaque enregistrement d'un mot est composé d'un ou de plusieurs groupes de quatre nombres. Nous allons voir le rôle de chacun de ces nombres à l'aide d'un exemple.

Interrogation du fichier d'index

Lorsque le fichier d'index est créé, c'est-à-dire que tous nos documents sont indexés, on peut l'interroger, afin d'effectuer une recherche de documents (ce qui est le rôle premier d'un moteur de recherche).

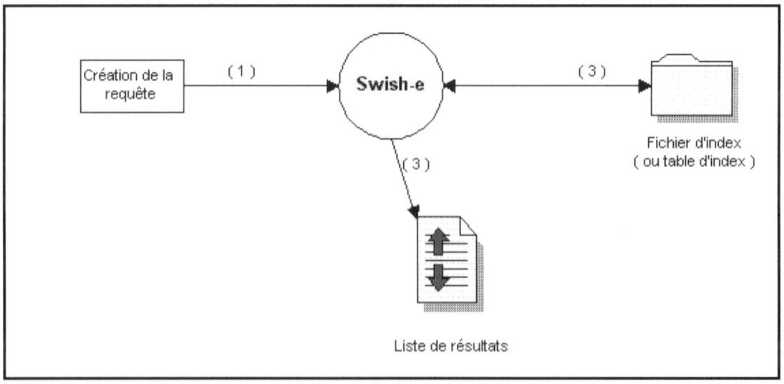

Figure 14.3
Processus d'interrogation de Swish-e.

- Description des étapes :
  1. Pour interroger Swish-e, la première étape consiste à créer une requête, puis à l'exécuter.
  2. Ensuite, le moteur de recherche consulte le fichier d'index correspondant (précisé dans la requête), afin de trouver le où les mots qui correspondent à la recherche.
  3. Enfin, Swish-e retourne une liste des documents qui correspondent au résultat de la recherche, avec un degré de pertinence.

- Exemples de requêtes :

```
swish-e -f  fichier_d_index -w java
swish-e -f  fichier_d_index -w java and jdbc
```

- Format de la liste des résultats retournée par Swish-e :

```
1000  /home/eyrolles/public_html/Eyrolles_dev/Fiches/fiche01.html  "fiche01"  1722
1000  /home/eyrolles/public_html/Eyrolles_dev/Fiches/fiche02.html  "fiche02"  1696
540   /home/eyrolles/public_html/Eyrolles_dev/Fiches/fiche03.html  "fiche03"  1712
180   /home/eyrolles/public_html/Eyrolles_dev/Fiches/fiche04.html  "fiche04"  1701
82    /home/eyrolles/public_html/Eyrolles_dev/Fiches/fiche05.html  "fiche05"  1709
```

Le premier chiffre correspond au degré de pertinence de la recherche. Il est calculé en fonction du nombre de fois où le mot a été trouvé dans le corps du document. Il dépend également du fait que le mot a été trouvé dans le titre ou dans un métatag.

Ensuite, nous avons l'URL du document, puis, entre guillemets, le titre du document.

Enfin, le dernier numéro correspond au numéro du fichier, pour Swish-e.

Installation et configuration de Swish-e

La configuration de Swish-e ne pose pas vraiment de problème. Un document, disponible sur le site officiel, en détaille pas à pas les différentes étapes.

La première étape consiste à configurer le moteur lui-même. Pour cela, on doit modifier certains fichiers sources, dans lesquels sont définies les règles d'indexation (config.h, swish.h). Une fois cette configuration terminée, on peut compiler le code source.

Lorsque le code source est compilé, la dernière étape consiste à configurer un fichier qui permettra la création de la table d'index, et que Swish-e viendra par la suite interroger.

Avantages de Swish-e

Simple et rapide

Le principal avantage de Swish-e réside dans sa simplicité de mise en œuvre et dans son efficacité (sur un nombre peu important de documents).

En effet, en ce qui concerne l'installation et la configuration de Swish-e, il suffit de suivre la fiche d'installation, que l'on trouve sur le site officiel de Swish-e. Ensuite, il ne reste plus qu'à paramétrer deux fichiers, avant de pouvoir utiliser efficacement le moteur d'indexation.

En ce qui concerne ses performances, les temps de réponse sont relativement courts, sur un petit volume de documents.

REMARQUE Pour juger des performances de Swish-e, vous pouvez tester la recherche d'ouvrages sur le site http://www.eyrolles.com. Toutefois, gardez bien à l'esprit que l'affichage des données est relativement long, comparé à celui d'un moteur de recherche.

Plusieurs fichiers d'index

Un autre avantage de Swish-e réside dans la possibilité d'exploiter plusieurs fichiers d'index. En effet, pour chaque fichier d'index, il suffit de disposer d'un fichier de configuration différent.

De plus, Swish-e permet de fusionner deux fichiers d'index.

Récupération du contenu des métatags

À l'issue d'une recherche, Swish-e permet de récupérer, dans le résultat, le contenu d'un ou de plusieurs métatags, grâce à l'option `–p NomDuMetaTag`. Pour cela, il faut modifier le fichier de configuration du fichier d'index, en précisant le nom des métatags que l'on veut récupérer (variable **PropertyNames**). Un exemple de fichier de configuration se trouve en annexe.

Exemple :

```
swish-e -f NomDuFichierIndex -w MotRecherche -p NomDuMetaTag
```

Inconvénients de Swish-e

Gestion des accents

Le plus gros problème que nous avons rencontré avec Swish-e est la médiocre gestion des accents.

En effet, lorsque Swish-e génère le fichier d'index, il fait la différence entre un mot accentué et le même mot non accentué. Ainsi, les mots « élève » et « eleve » sont tous deux indexés, c'est-à-dire qu'une entrée est générée pour chacun de ces mots dans la table d'index. Par conséquent, lorsqu'on effectue une recherche sur le mot « élève », on obtient uniquement le fichier dans lequel ce mot est présent, et non ceux qui pourraient contenir « eleve », « éleve » ou encore « elève ».

Ce problème est relativement gênant, car il peut fausser considérablement les résultats d'une recherche. Il s'agit en fait d'un bogue de Swish-e.

Pour résoudre ce problème, nous avons décidé de modifier le code source, afin de créer notre propre version de Swish-e qui, elle, gère correctement les accents.

Nous avons donc modifié le code source de Swish-e afin qu'il remplace chaque caractère accentué – mais uniquement au niveau du html (&eacute ;) – par une lettre non accentuée. De plus, pour que la conversion réussisse, il faut que la variable ASCIIENTITIES soit égale à 0.

Nous avons également ajouté une variable dans le fichier config.h, qui définit si la suppression des accents doit être effective lors de l'indexation ou non.

Extrait du fichier config.h:

```
#define ASCIIENTITIES 0
/* If defined as 1, all entities in search words and indexed
** words will be converted to an ASCII equivalent. For instance,
** with this feature you can index the word "resum&eacute;" or
** "resum&#233;" and it will be indexed as the word "resume".
** If defined as 0, only numerical entities will be converted
** to named entities, if they exist.
```

```
*/
/****** ASCIIENTITIES n'a pas vraiment l'air de fonctionner comme ça... ******/
#define NOACCENT 1
/* Si défini à 1, les mots seront indexés sans accent. La recherche
** pourra alors s'effectuer sans tenir compte des accents, que les
** mots recherchés soient accentués ou non.
*/
```

Les mots vides

Pour optimiser l'indexation des documents, les moteurs de recherche disposent la plupart du temps d'une liste de mots vides. Ces mots vides sont des mots qui ne sont pas indexés, car ils sont très courants (par exemple : le, la, les, autre, sauf, sera, serait, etc.).

Swish-e dispose d'une liste de mots vides, mais, étant donné que ce moteur d'indexation a été développé par une équipe américaine, ces mots sont en anglais ! L'intérêt de cette liste est donc limité.

Nous avons donc récupéré la liste des mots vides d'Index Server, que nous avons ajoutée à la liste des mots vides de Swish-e. Nous avons ainsi réussi à créer une liste de plus de 600 mots vides.

NOTE La liste des mots vides de Swish-e se trouve dans le fichier **swish.h**.

Problème avec les signes > et <

Un autre inconvénient de Swish-e est qu'il ne comprend pas les signes supérieur (>) et inférieur (<). Cela est très ennuyeux, surtout si on veut faire des recherches sur une date (par exemple, date > 1999) ou sur des chiffres.

ANNEXE 1 : Exemple de fichier de configuration pour la génération d'un fichier d'index.

```
######################################################################
# Fichier        : fiches.config
# Description    : Fichier de config utilisé par swish-e ( le moteur de
#                  recherche ) pour générer le fichier d'index des fiches
#                  de synthèses. Utilisé pour la recherche simple.
######################################################################
####################################################
#       the config file using the forward slash, as
#       in /thisdirectory.
#
####################################################
IndexDir /home/eyrolles/public_html/Eyrolles_dev/Leol/Fiches/temp/
# For the FileSystem Method:
# This is a space-separated list of files and
# directories you want indexed. You can specify
# more than one of these directives.
# For the HTTP Method:
# Use the URL's from which you want the spidering
# to begin.
# NOTE: use  hmtl files rather than  directories
```

```
# for this method.
IndexFile /home/eyrolles/public_html/Eyrolles_dev/Leol/Index_swish/temp/index_fiches
# This is what the generated index file will be.
IndexName "Fichier d'index pour la recherche en Full Text "
IndexDescription "This is an index des fiches."
IndexPointer "/home/intranet/mathieu/indexe/index.html"
IndexAdmin "SQL Ingenierie "
# Extra information you can include in the index file.
# List of all the meta names used in the file to index, must be on one line.
# If no metanames DO NOT deleted the line.
IndexReport 3
# This is how detailed you want reporting. You can specify numbers
# 0 to 3 - 0 is totally silent, 3 is the most verbose.
FollowSymLinks yes
# Put "yes" to follow symbolic links in indexing, else "no".
UseStemming no
# Put yes to apply word stemming algorithm during indexing,
# else no. See the manual for info about stemming. Default is no
# List of meta tags names that can be retrieved with the -p option.
# Index size increases as by the formula in the manual.
# Comment out if no PropertyNames. Case insensitive
IgnoreTotalWordCountWhenRanking yes
# Put yes to ignore the total number of words in the file
# when calculating ranking. Often better with merges and
# small files. Default is no.
#ReplaceRules remove "/doc165/"
#ReplaceRules replace "[a-z_0-9]*_m.*\.html" "index.html"
#ReplaceRules replace "/ghill" "moreghillmore"
# ReplaceRules allow you to make changes to file pathnames
# before they're indexed. This directive uses C library
# regex.h regular expressions.
# NOTE: do not use replace <string> "" to remove a string,
# use remove <string> instead - you might get a core dump otherwise.
MinWordLimit 1
# Set the minimum length of an indexable word. Every shorter word
# will not be indexed.
# Commenting out the line will give the defaults
MaxWordLimit 60
# Set the maximum length of an indexable word. Every longer word
# will not be indexed.
# Commenting out the line will give the defaults
#WordCharacters abcdefghijklmnopqrstuvwxyz&#;,.0123456789"_?()
# WORDCHARS is a string of characters which SWISH permits to
# be in words. Any strings which do not include these characters
# will not be indexed. You can choose from any character in
# the following string:
#     abcdefghijklmnopqrstuvwxyz0123456789_\|/-+=?!@$%^'"`~,.[]{}()
# Note that if you omit "0123456789&#;" you will not be able to
# index HTML entities. DO NOT use the asterisk (*), lesser than
# and greater than signs (<), (>), or colon (:).
#
```

```
# Including any of these four characters may cause funny things to happen.
# NOTE:Do not escape \ nor " and they cannot be the first letter in string
# Commenting out the line will give the defaults
#BeginCharacters abcdefghijklmnopqrstuvwxyz&#0123456789"(
# Of the characters that you decide can go into words, this is
# a list of characters that words can begin with. It should be
# a subset of (or equal to) WordCharacters
# Same rule of syntax as for WordCharacters
#EndCharacters abcdefghijklmnopqrstuvwxyz;,.0123456789"?)
# Of the characters that you decide can go into words, this is
# a list of characters that words can begin with. It should be
# a subset of (or equal to) WordCharacters
# Same rule of syntax as for WordCharacters
#IgnoreLastChar ,."?)
# Array that contains the char that, if considered valid in the middle of
# a word need to be disreguarded when at the end. It is important to also
# set the given char's in the ENDCHARS array, otherwise the word will not
# be indexed because considered invalid.
# Commenting out the line will give the defaults
# NOTE: if " is the first char in the string it needs to be escaped with \
# Do not escape otherwise
#IgnoreFirstChar "(
# Array that contains the char that, if considered valid in the middle of
# a word need to be disreguarded when at the beginning. This was to solve
# the problem of parenthesis when there is no space between ( and the
# beginning of the word.
# Remember to add the char's to the BEGINCHARS list also.
# Commenting out the line will give the defaults
# NOTE: if " is the first char in the string it needs to be escaped with \
# Do not escape otherwise
IgnoreLimit 100 25000
# This automatically omits words that appear too often in the files
# (these words are called stopwords). Specify a whole percentage
# and a number, such as "80 256". This omits words that occur in
# over 80% of the files and appear in over 256 files. Comment out
# to turn of auto-stopwording.
IgnoreWords SwishDefault
# The IgnoreWords option allows you to specify words to ignore.
# Comment out for no stopwords; the word "SwishDefault" will
# include a list of default stopwords. Words should be separated by spaces
# and may span multiple directives.
IndexComments 0
# This option allows the user decide if to index the comments in the files
# default is 1. Set to 0 if comment indexing is not required.
##################################
# DIRECTIVES for FILESYSTEMS ONLY
# Comment out if using HTTP
##################################
IndexOnly .html .htm
# Only files with these suffixes will be indexed.
NoContents .gif .xbm .au .mov .mpg .pdf .ps
```

```
# Files with these suffixes will not have their contents indexed -
# only their file names will be indexed.
# pour ne pas indexer un repertoire
#FileRules pathname contains .*doc165
#FileRules pathname contains .*doc152
#FileRules filename contains # % ~ .bak .orig .old old.
#FileRules title contains construction example pointers
#FileRules directory contains .access
#FileRules filename is index
# Files matching the above criteria will *not* be indexed.
# The patter matching uses the C library regex.h
##########################################
# DIRECTIVES for HTTP METHOD ONLY
# Comment out if using FILESYSTEM
#############################################
#MaxDepth 5
#(default 5)  This defines how many links the spider should
#follow before stopping.  A value of 0 configures the spider to
#traverse all links
#Delay 60
#(default 60)  The number of seconds to wait between issuing
#requests to a server.
#TmpDir /home/ghill/swishRon/
#(default /var/tmp)  The location of a writeable temp directory
#on your system.  The HTTP access method tells the Perl helper to place
#its files there.
#SpiderDirectory /home/ghill/swishRon/src/
#(default ./)  The location of the Perl helper
#script.  Remember, if you use a relative directory, it is relative to
#your directory when you run SWISH-E, not to the directory that SWISH-E
#is in.
#EquivalentServer http://library.berkeley.edu http://www.lib.berkeley.edu
#EquivalentServer http://sunsite.berkeley.edu:2000 http://sunsite.berkeley.edu
#(default nothing)  This allows you to deal with
#servers that use respond to multiple DNS names.  Each line should have
#a list of all the method/names that should be considered equivalent.
#If you have multiple directives, each one defines its own set of equivalent
#servers.
```

Mécanisme de la recherche

Fonctionnement général

Génération des fiches

La première étape est la génération des fiches de synthèse, qui seront indexées par la suite. Les informations de la base de données qui doivent être indexées sont stockées dans ces fiches, soit dans des métatags, soit dans le corps de la page.

Indexation des fiches

L'indexation de ces fiches se fait à partir d'un fichier de configuration (fiches.config), dans lequel sont définis :

- le répertoire à indexer ;
- le nom de tous les métatags présents dans les fiches ;
- le nom du fichier d'index généré par Swish-e, ainsi que l'endroit où il sera stocké ;
- le nom des métatags récupérables en ligne de commande lors d'une recherche.

À la fin de l'indexation, un fichier d'index (index_fiches) est créé (ce fichier contient tous les mots indexés). C'est ce fichier qui sera interrogé lors d'une requête.

Requêtes

Lorsque le fichier d'index est créé, il est possible d'effectuer des requêtes, afin de rechercher des éléments à partir d'un script PHP.

Détail de fonctionnement

La génération, ainsi que l'indexation, des fiches sont lancées depuis l'intranet à l'aide du bouton Indexer. Ce bouton exécute le script PHP **« generation_fiches.php3 »**, situé dans le répertoire **/Intranet/Ouvrage/**. Le script « generation_fiches.php3 » se décompose en plusieurs étapes :

Mise à jour de la table recherche :

La première action réalisée dans ce script est la mise à jour de la table recherche, à l'aide de la procédure stockée **p_rec_upd**. Cette table contient tous les ouvrages valides qui devront donc être indexés. Cette table est composée :

du champ **rec_aut_nom**, qui correspond aux noms des auteurs de l'ouvrage, séparés par des espaces ;

du champ **rec_ouv_motcle**, qui contient le thème dans lequel est classé le livre, ainsi que celui de tous ses thèmes pères (jusqu'à la racine).

Les étapes sont les suivantes :

1. Génération des nouvelles fiches de synthèse dans le répertoire **/Leol/Fiches/temp/** (répertoire temporaire).
2. Indexation des fiches, et donc génération du fichier d'index (**index_fiches**) dans le répertoire **/Leol/Index_swish/temp/.**
3. Suppression des anciennes fiches présentes dans le répertoire **/Leol/Fiches/.**
4. Déplacement des fiches présentes dans /Leol/Fiches/temp/ vers **/Leol/Fiches/.**
5. Suppression de l'ancien fichier d'index présent dans **/Leol/Index_swish/.**
6. Déplacement du nouveau fichier d'index, depuis **/Leol/Index_swish/temp/ vers /Leol/Index_swish/.**
7. Suppression de toutes les fiches présentes dans le répertoire temporaire **/Leol/Fiches/temp/.**

Un tel mécanisme permet d'utiliser la recherche avec Swish-e, pendant la génération et l'indexation des fiches (ces actions prennent toutefois plusieurs minutes).

Remarque sur la récupération des données à partir d'une requête Swish-e :

Afin d'optimiser les performances de la recherche, ainsi que celles de l'affichage des résultats, les données à afficher ne sont plus lues dans les fiches de synthèse (comme c'était le cas initialement en PHP), mais récupérées directement à l'aide de Swish-e. Car Swish-e permet de retourner, dans le résultat d'une recherche, le contenu des métatags précisés après l'option `-p`.

Exemple :

Pour rechercher « intranet » et récupérer le contenu des métatags : ouv_titre, ouv_ean13, ouv_auteur, le format de la requête est le suivant :

```
Swish-e -f index_fiches -w intranet -p ouv_titre ouv_ean13 ouv_auteur
```

Voici le résultat :

```
1000    /home/Eyrolles_dev/Fiches/fiche01.html  "fiche01" 1722
➥''l'intranet pour les nuls''    ''966855214''    ''Chauvet''
1000    /home/Eyrolles_dev/Fiches/fiche02.html  "fiche02" 1696
➥''l'intranet pour les nuls''    ''966855299''    ''Chauvet''
540     /home/Eyrolles_dev/Fiches/fiche03.html  "fiche03" 1712
➥''l'intranet pour les nuls''    ''966855219''    ''Chauvet''
```

Figure 14.4
Le bandeau de recherche rapide d'un ouvrage.

La recherche simple

Critères de la recherche

La recherche rapide (ou simple) s'effectue, de manière indifférente, sur les éléments suivants :

- le **thème** (mot clé) du livre (qui correspond au contenu du métatag **rec_ouv_motcle** des fiches de synthèse) ;
- l'**auteur** (qui correspond au contenu du métatag **rec_aut_nom** des fiches de synthèse) ;
- le **titre**, ainsi que le **sous-titre** (qui correspondent au contenu des métatags **ouv_titre** et **ouv_sstitre**) ;
- le code **ISBN** (qui correspond au contenu du métatag **ouv_isbn**).

Pour que la recherche simple puisse s'effectuer indifféremment sur un ou plusieurs des critères cités précédemment, elle s'effectue en mode full-text sur les fiches de synthèse. C'est-à-dire que les informations sont recherchées dans le corps de la page, défini par le tag « BODY », qui ne comprend donc pas de métatags. C'est pour cette raison que les données de ces métatags sont répétées dans le corps de la fiche.

Figure 14.5

Intégration de métatags dans les fiches des ouvrages.

```
<HTML>                Fiche de synthèse

<META NAME= "titre" CONTENT=" java pour les nuls">

<META NAME= "sous-titre" CONTENT=" débuter avec java">

<META NAME= "resume" CONTENT=" ce livre décrit ...">

<META NAME= "etat" CONTENT=" 2 ">
...
```

Mécanisme de la recherche

La requête passée à Swish-e est relativement simple à créer, puisqu'il s'agit d'une recherche en mode full-text (on n'a donc pas besoin de préciser le nom d'un métatag).

Le traitement effectué autorise d'utiliser indifféremment les opérateurs suivants : ET, &, AND et OU, +, OR, en tant qu'opérateurs booléens, afin d'affiner une recherche. Il réalise également une troncature droite automatique (c'est-à-dire que si l'utilisateur saisit les lettres « int », il trouvera tous les livres qui contiennent intranet, internet, integer, etc.). Voici quelques exemples qui illustrent ce mécanisme (par défaut, s'il n'y a pas de séparateur entre les mots, Swish-e fera un ET logique).

Tableau 14.2 : Les opérateurs logiques utilisables dans les requêtes Swish-e.

Mots saisis par l'utilisateur	Mots envoyés à Swish-e après transformation
Java	java*
jav + perl et intranet	jav* OR perl* AND intranet*
(jav + perl) & not c++	(jav* OR perl*) AND NOT c++
java perl php	java* AND perl* AND php*

La recherche avancée

Figure 14.6

Le formulaire de recherche avancée d'un ouvrage.

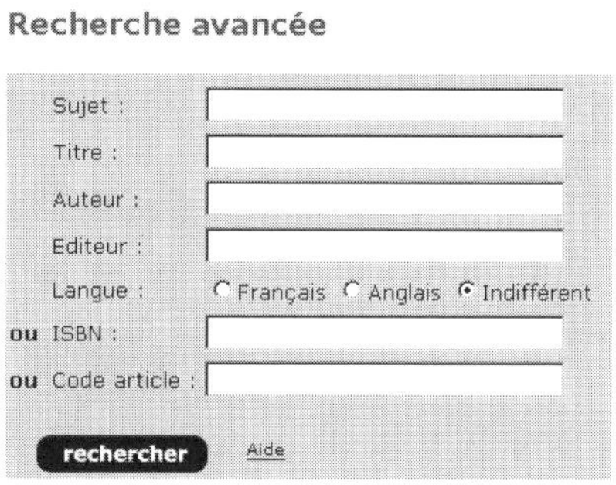

Critères de la recherche

La recherche avancée permet d'effectuer une recherche sur les champs suivants :

- **sujet** ou mots clés (métatag **rec_ouv_motcle**) ;
- **titre** (métatag **ouv_titre**) ;
- **auteur** (uniquement son nom) [métatag **rec_aut_nom**) ;
- **éditeur** (métatag **ouv_liste_editeur**) ;
- **langue** (métatag **ouv_langue**) ;
- **ISBN** (métatag **ouv_isbn**) ;
- référence **éditeur** (métatag **ouv_ref_editeur**).

De plus, il est possible de préciser la langue dans laquelle est écrit le livre.

REMARQUE La recherche ne prend en compte la référence ISBN ou le code article uniquement si aucun autre champ n'a été renseigné. De plus, la recherche sur l'un de ces deux critères ne prend pas en compte la langue. Si, en revanche, ces deux champs sont renseignés, la recherche sera effectuée prioritairement sur la référence ISBN.

Interrogation de Swish-e

Dans la recherche avancée, chaque critère correspond à un métatag des fiches de synthèse ; la recherche suivant un critère s'effectue ainsi sur le métatag associé.

Le formatage de la requête au format Swish-e s'effectue à l'aide d'une fonction.

Étant donné que Swish-e supporte uniquement une recherche mot à mot, et non par groupe de mots, la fonction précise devant chaque mot le nom du métatag sur lequel va porter la recherche. Par exemple, pour rechercher le livre dont le titre est « Java sur Linux », le format de la requête passé est le suivant : « titre=java and titre=sur and titre=linux ».

Cette fonction effectue également une troncature droite automatique. Si plusieurs champs sont renseignés, un ET logique est établi entre ces différents champs.

Exemple :

Si les champs sont renseignés de la manière suivante :

Tableau 14.3 : Stockage des critères de recherche avancés.

Code	Valeur
Sujet	Java
Titre	Java pour les nuls
Auteur	Chauvet
Éditeur	
Langue	
ISBN	12569123543
Code article	

la requête correspondante sera :

```
(
        sujet=java*
)
AND
(
       titre=java*
  AND   titre=pour*
  AND   titre=les*
  AND   titre=nuls*
)
AND
(
         auteur=chauvet*
)
```

Partie V

Capitalisation

15

Présentation de la capitalisation

De quoi s'agit-il ?

Définition

En informatique, la capitalisation est l'art de rendre générique certains des composants d'un projet, afin de les réutiliser dans un environnement différent, avec d'autres données, d'autres normes, etc. Plutôt que d'en donner une définition figée, nous allons analyser certains des principes qui en font une notion théoriquement incontournable, et cependant peu répandue.

La capitalisation nécessite une importante réflexion préalable, de la méticulosité, beaucoup de courage et une grande confiance dans le résultat à obtenir.

Elle permet d'envisager le développement rapide d'applications, de définir des normes de comportement ou de syntaxe, voire d'imposer l'utilisation de composants référencés, documentés et fortement paramétrés, qui serviront de squelettes à un grand nombre de programmes.

La capitalisation est difficilement dissociable de la notion de génération, primordiale aujourd'hui. L'association de ces deux principes permet d'envisager non seulement de référencer des composants, mais également de les intégrer facilement dans un nouveau projet. C'est pourquoi elle doit prendre en compte des paramètres, souvent laissés de côté lors du développement standard d'applications, mais pourtant nécessaires à la mise en œuvre d'un processus de réutilisation.

L'idée générale est de travailler avec des modèles de sources qui ne dépendent d'aucun environnement, et d'écrire des outils de transformation de ces sources qui puissent réaliser un certain nombre de tâches prédéfinies et dépendantes de paramètres valorisés dynamiquement.

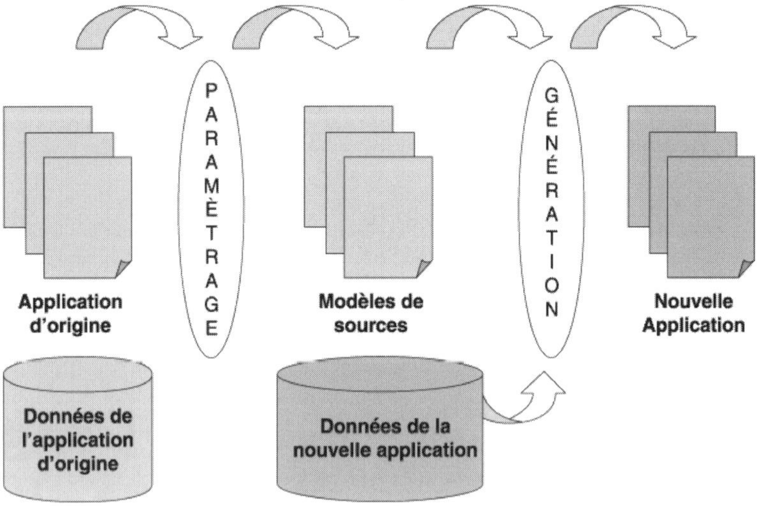

Figure 15.1
Principe de paramétrage-génération.

Il ne s'agit donc pas de développer des dizaines de fonctions qui disposent d'un grand nombre de paramètres. Dans un tel cas, on pourrait, en effet, envisager d'ajouter les paramètres de la capitalisation à l'ensemble des fonctions, mais cette méthode ne sera pas envisagée ici, pour trois raisons :

- Ce type de comportement augmente le nombre des paramètres des fonctions, et ces dernières finissent par dépendre d'informations inutiles. Autant la date de création de l'application est importante lorsqu'on génère une première version des sources (en-têtes de fichiers, par exemple), autant elle n'a plus aucun intérêt après cette première génération. Les fonctions de l'application ont donc tout avantage à garder un nombre restreint d'arguments significatifs, même si leur comportement doit pouvoir dépendre d'autres informations.
- Les développement actuels s'orientent plutôt vers le traitement par couches successives. Dans le cas qui nous intéresse, on part de modèles de sources référencés afin de générer les sources d'une application PHP/Oracle. Puis, ces mêmes sources sont utilisés par le serveur web, afin de générer, à leur tour, du HTML. Ce HTML est ensuite interprété par le navigateur, qui l'affiche sous forme d'un document lisible. Chaque étape possède donc ses propres paramètres et services. Par conséquent, les données techniques et fonctionnelles ont tout intérêt à être indépendantes de celles de la capitalisation.
- Le développement de ces fonctions nécessite de toute façon de les maintenir. Étant donné que les responsables de la maintenance sont rarement les responsables du développement, il faut que le code final dépende uniquement des paramètres utiles, et que les fonctions les plus techniques soient masquées. Des solutions permettent de masquer ces fonctions, et leur mise en œuvre est à la portée de tous. Cependant, l'expérience prouve que, dans ce domaine, la simplicité l'emporte sur le reste.

Pour ces quelques raisons, la tâche de capitalisation sera par la suite considérée comme étant une opération indépendante de la tâche de développement proprement dite, même si sa mise en œuvre peut intervenir à n'importe quel moment du déroulement du projet. D'autre part, nous tentons d'adopter une démarche elle aussi réutilisable, c'est-à-dire indépendante de PHP. Pour cela, nous allons en étudier les principes avant de les mettre en œuvre avec PHP.

Pourquoi capitaliser ?

Nous avons vu que la capitalisation permet de référencer des morceaux de codes et des modèles de pages, afin de les mixer avec un jeu de données variables, afin de générer automatiquement les sources d'une application, dans différents environnements, avec des bases de données différentes, etc. Les apports d'une telle organisation sont multiples, et sortent parfois du domaine de la programmation. De plus, ils dépendent également des besoins et de l'existant, qu'il faut prendre en compte, ce qui complique encore la tâche consacrée à cette analyse. On peut cependant citer un certain nombre d'avantages directs.

Éviter de récrire toujours les mêmes fonctions

Les outils de développement disposent souvent des mêmes bibliothèques d'outils : manipulation de chaînes de caractères, accès aux bases de données, gestion de fichiers. Mais les interfaces qu'elles proposent nécessitent d'appeler la fonction conformément à ses paramètres et à leur type. Pour changer de langage de script au sein d'une page HTML, il est donc nécessaire de revoir intégralement les données, constantes et variables manipulées par la fonction, afin de les faire correspondre au nouveau langage, aussi bien en ce qui concerne leur type que l'ordre dans lequel elles sont passées à la fonction. Pour éviter cela, il faut disposer de fonctions capables d'adapter leur comportement à l'environnement dans lequel elle sont utilisées. PHP présente de nombreux atouts dans ce domaine. Il permet d'écrire du code indépendant de la plate-forme et de mettre à disposition des fonctions « autonomes », qui s'adaptent automatiquement au système d'exploitation ou au système de gestion des fichiers en vigueur.

Éviter de ressaisir toujours les mêmes données

L'écriture du code, qu'il soit destiné à une maquette ou à l'application finale, nécessite de saisir, à des endroits particuliers, des données propres aux projet en cours. Au cours de la réalisation, ces données évoluent : leur structure change, leur valeur est modifiée ; souvent, dans le cas de gros volumes, on finit par s'y perdre, à en oublier une. D'autre part, au cours du projet, les sources de manipulation de ces données évoluent. On passe d'un outil de modélisation au fichier de création de la base de données, puis à la base de données elle-même. La source de données qui sert de référence peut donc changer à tout moment. Pour que la capitalisation reste valable, il faut donc qu'elle s'appuie sur un jeu de données « exportables » par tous les outils de manipulation. Un tableur le permet, grâce à la fonction copier-coller. Les outils de modélisation mettent à disposition des méthodes afin de générer des formulaires, ou du moins des fichiers plats, à partir des informations saisies. Les bases de données, enfin, recèlent des possibilités afin d'aboutir à ces listes de données. On peut donc envisager un format de fichier commun, qui contiendra, à chaque génération, l'ensemble des données de l'application, et sera généré à partir de la source de données de référence active à ce moment précis.

Manipuler un nombre restreint de types d'applications

Dans la majeure partie des cas, les intranet de gestion sont des applications dédiées à la saisie et à la consultation de données. On distingue ainsi les applications de visualisation pures, qui disposent de nombreuses possibilités de filtrage et d'analyse de données, et qui affichent leur résultat sous forme de HTML. Mais également les applications dites commerciales, dont l'objectif est de mettre en valeur et de vendre un produit particulier. Enfin, un troisième type concerne les applications de publication de documents, qui doivent permettre de diffuser facilement des informations sur un intranet commun. Même si ces trois besoins fonctionnels sont différents, l'application proposée reposera certainement sur le même type de comportements. Par exemple, le lien hypertexte d'une liste pointera toujours vers le détail de l'élément qu'il représente. La fonction qui génère le SQL de cette liste aura donc la même allure dans les trois projets, ce qui en fera une fonction commune capitalisable. De même, ces applications posséderont toutes deux une page d'accueil, qui affichera, par exemple, le titre et les menus principaux. Là encore, cette page peut être capitalisée. En fait, c'est en général le cheminement vers l'information (la navigation) qui diffère d'une application à l'autre. Les composants de base restent souvent les mêmes, et donnent accès à des fonctionnalités de même nature.

Diminuer les bogues dus à la manipulation de texte

Les bogues sont fréquents et difficiles à cerner. Et pour cause. On s'est tellement habitué au code que l'on récupère, qu'il semble correct au premier coup d'œil. Malheureusement, les phases d'intégration sont souvent complexes, et il est très rare que l'ensemble des paramètres à modifier afin de passer un script d'un projet à un autre sautent aux yeux. On oublie un paramètre, mais sans s'en rendre compte. Évidemment, c'est celui qui va créer le bogue suivant, mais pas tout de suite. Non, plutôt le jour où l'on est pressé par le temps… Pour éviter ce genre de problème, il faut référencer les paramètres nécessaires à la mise en œuvre de l'algorithme. Quitte à le rendre un peu plus complexe, pour en faire un bloc de script indépendant et facilement intégrable dans le source du nouveau projet, au moyen, par exemple, d'un assistant qui permet de valoriser, un par un, ou plus ou moins automatiquement, des paramètres clairement définis et commentés.

Mettre de nouvelles informations à disposition

Les possibilités de capitalisation dépendent étroitement du stade du projet, au moment où on veut le réutiliser. Repartir depuis des sources mis en production peut être valable à condition de se fonder sur les dernières versions, les plus poussées. En revanche, ces sources contiennent des traitements spécifiques ou qui utilisent une organisation volontairement différente, pour des besoins de performances ou d'adaptation propres au projet. Prenons le cas du JavaScript, souvent intégré dans les pages HTML du poste client. Il intervient pour limiter les accès serveur, et ne devrait être utilisé, en théorie, que pour des traitements communs à tout un ensemble d'applications (test de validité de date, test de dépassement de capacité). Faute de quoi, il devient difficile d'établir un processus sans équivoque qui permette de comprendre la structure d'une page. Dans notre cas, le code JavaScript ne peut être efficace que si les contrôles qu'il propose sont universels. Plutôt que le code, il faut tenter de récupérer la règle qui a engendré la nécessité d'inclure ce script à cet endroit précis. Dans notre cas, cette règle stipule simplement : « Toute date saisie par l'utilisateur devra subir un contrôle client réalisé par du code JavaScript, et afficher un message d'erreur standard si une erreur est détectée. » Cela signifie qu'un algorithme de génération digne de ce nom devrait permettre de prendre des décisions relatives au code à générer, en fonction du type de la colonne (date) et de son accessibilité (modifiable ou non).

Travailler par couches successives

Ces informations sont malheureusement rarement disponibles en natif dans les outils de développement. Il faut donc les écrire soi-même, ce qui sous-entend, entre autres, la gestion de bibliothèques personnelles et propriétaires. L'objectif du traitement par couches est de déléguer une partie du développement à des outils qui génèrent des squelettes d'applications poussés, et s'appuient en grande partie sur les informations SQL en provenance de la base de données. Peu nombreux sont les programmes du marché qui permettent de prendre facilement en compte des informations telles que le nom, la catégorie ou le nombre de colonnes d'une table, ou encore le nom, le type, la taille et la nullité d'une colonne. Ces données sont pourtant cruciales, et permettent d'envisager de coder des tests ou de réaliser des boucles sur les colonnes clés de toutes les tables de référence. On peut alors envisager d'écrire en quelques lignes, et sans redondances, des masques de saisie universels, dont la lecture et la maintenance sont grandement facilitées, au point qu'il devient possible d'en décliner plusieurs modèles. À chaque modèle est associé un comportement, et plusieurs comportements sont utilisés afin de modéliser l'ensemble des pages de l'application.

Ces multiples raisons sont suffisantes pour être assuré que l'effort supplémentaire vaut la peine d'être fait, tout du moins dans le cas d'un investissement à long terme.

L'offre du marché

Comme nous l'avons déjà dit, rares sont les outils qui permettent de mettre réellement la capitalisation en place, même si les améliorations progressives évoluent dans ce sens.

Ce sont tout d'abord les **interfaces graphiques**, avec leurs facilités d'édition de texte et de manipulation de fichiers, qui ont permis, notamment grâce au copier-coller, de faciliter considérablement les échanges de texte et la réutilisation de code. En revanche, ces interfaces manquent d'outils généralistes dédiés à la réutilisation, et ne peuvent par conséquent pas répondre à l'ensemble du besoin à elles seules. En général, les développeurs construisent leur propre boîte à outils, sous forme de bibliothèques ou de programmes indépendants, qui répondent à des besoins, tels que le remplacement d'une ou de plusieurs chaînes de caractères dans un ou plusieurs fichiers, la sélection d'informations comprises entre deux marques référencées, ou encore la génération de squelettes d'applications (tous les fichiers nécessaires) à partir d'informations issues de bases de données SQL. Les interfaces graphiques ont apporté des possibilités nouvelles, une souplesse d'utilisation ainsi qu'une méthodologie commune de développement d'applications fondées sur des fichiers de type texte. Mais leurs possibilités standard sont aujourd'hui bien en deçà de ce que l'on est en mesure d'attendre.

Pour ce qui est des **outils de développement**, il existe un peu de tout. La plupart savent en effet répondre à une demande, en fournissant des assistants qui permettent de réaliser des tâches d'envergure qui n'utilisent que les fonctionnalités de base mises à disposition par l'outil et les saisies utilisateurs nécessaires à la prise en compte des informations propres au projet. Cependant, il est très rare que ces assistants soient réellement paramétrables. Et, même si l'utilisateur est guidé d'un bout à l'autre du processus, il n'a en général pas le contrôle des modèles utilisés en amont de la génération.

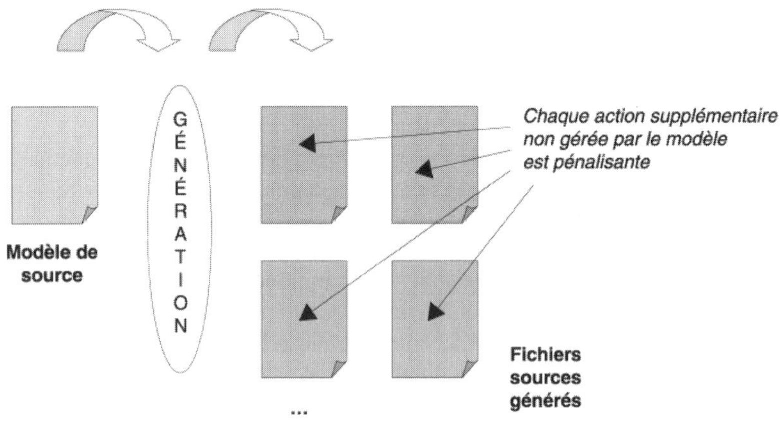

Figure 15.2
Conséquences d'un manque de contrôle des modèles.

Par conséquent, si on utilise un générateur afin de créer facilement les dix pages HTML (similaires) qui correspondent aux dix objets de notre projet, nous ne disposerons que du résultat de la génération, c'est-à-dire dix fichiers texte. La moindre volonté de modification de l'un des comportements devra donc se faire au sein des dix fichiers, par des éditions successives. C'est ce qu'on veut éviter, car investir dans l'utilisation d'un générateur est une opération coûteuse. En outre, lorsqu'on commence à s'en servir afin de créer automatiquement d'autres modèles, il est frustrant de devoir finalement rajouter des comportements à l'application en éditant chacun des fichiers. L'idéal est de pouvoir améliorer peu à peu le modèle, afin d'aller plus loin dans la génération, tout en s'appuyant sur les données le plus proches possible des données de production.

NOTE Il arrive cependant que l'outil de remplacement manipule des notions, telles que les expressions régulières, qui permettent alors de reporter la plupart des modifications sur une ou plusieurs lignes de fichier. Mais, là encore, rares sont les outils qui permettent d'effectuer des remplacements « réalistes », c'est-à-dire qui portent sur des morceaux de fichiers, donc des blocs de lignes de taille variable, encadrés par une série de caractères sans équivoque (deux tags HTML, par exemple).

Outre leurs limites intrinsèques, ces outils souffrent donc d'un manque d'ouverture qui, paradoxalement, fait que la partie la plus intéressante du logiciel n'est que très peu utilisée. D'autre part, rien n'est prévu non plus pour retrouver la structure d'une application et en extraire facilement les parties dynamiques – l'opération inverse de la génération, en quelque sorte. Si peu d'outils offrent cette possibilité, cela vient du fait que c'est une opération vaste et complexe, du moins sans la connaissance préalable des normes et méthodes utilisées par l'application. Tout au plus, il est possible de récupérer certaines parties clairement identifiées de l'application (la page d'accueil ou la liste des produits). Mais, dès que l'application devient conséquente, il est difficile, voire impossible, de faire le tri et de ne récupérer que ce qui doit l'être.

Alors, suis-je concerné ?

Il existe de nombreux domaines dans lesquels la capitalisation se justifie. Nous allons en étudier certains de plus près afin de bien comprendre les tenants et les aboutissants de cette technique.

Vous souhaitez investir dans un outil durable

Quand on parle de capitalisation, on pense souvent d'abord à la réutilisation de code. Ce besoin apparaît, par exemple, en fin de projet, lorsque tous les composants sont livrés, et qu'il va falloir tout recommencer ailleurs. À ce stade, on dispose d'une application complète et fonctionnelle, mais dans laquelle un grand nombre d'éléments doivent malgré tout être revus.

Le principal travail consiste alors à paramétrer et/ou à factoriser le code, afin de réduire sa taille et sa disparité, et de faciliter l'apparition naturelle des modèles. Cette tâche consiste à reprendre toutes les procédures de l'application, et à les regrouper fonctionnellement, techniquement, ou suivant d'autres critères. Il peut s'agir de paramétrer un ensemble de scripts, de regrouper des composants dans des classes ou des bibliothèques, d'écrire des guides de prise en main et de compréhension rapide de la structure de l'application, etc. En bref, de toute chose que l'on est susceptible de refaire.

Si votre besoin est d'investir sur un outil durable, la capitalisation à mettre en œuvre consiste à paramétrer les sources de vos boîtes à outils, afin de les rendre indépendantes de la plateforme, de la base de données ou encore du langage. En associant à ces script un petit programme de génération qui construise l'ensemble des fichiers en fonction de certains paramètres, vous pourrez mettre à disposition les sources d'une même boîte à outils dans des environnements différents.

Vous voulez harmoniser vos développements

Ce besoin rejoint un peu le précédent, mais il va plus loin, car il permet d'envisager de réutiliser des modèles d'applications, donc des comportements.

La prise en compte de ce type de besoins s'appuie sur un recensement et un paramétrage des actions à mener afin d'intégrer une fonctionnalité complète dans une application. Il nécessite donc d'adopter des normes. En général, ces normes s'imposent au rythme des développements, et on les adopte afin d'écrire des modèles plus poussés que les simples boîtes à outils. On peut alors se contenter de construire des couches supérieures paramétrées qui s'appuient sur les normes en place et répondent à des besoins de génération.

On peut classer dans cette catégorie toutes les possibilités de création de squelettes d'applications qui remplissent les en-têtes des fichiers, de maquettes aux sources de données diverses, de prototypes au style et à la navigation paramétrable, etc.

Les avantages sont nombreux. On peut imposer une architecture applicative commune à un groupe de développeurs, et ainsi faciliter la prise en main du langage par les débutants, diminuer le nombre de fichiers manipulés, réduire la taille des données stockées sur le disque, harmoniser la casse, les tabulations et les en-têtes, faciliter la maintenance, etc.

Faire du RAD

L'objectif du RAD est de permettre un passage rapide depuis les spécifications fonctionnelles ou techniques à un prototype complet. En cela, le RAD s'appuie sur un grand nombre de normes. Cependant, il ne faut pas croire que l'ensemble des traitements fonctionnels pourront être traités. En revanche, on peut envisager de générer toutes les pages afin de valider la solution techniquement, ou de générer des prototypes dont le lien entre l'interface et les fonctionnalités métier est clairement identifié.

Méthodes de capitalisation

Il est clair que, pour capitaliser, il faut accepter d'adopter des méthode de travail différentes car nécessitant d'écrire des traitements qui permettent d'aboutir au source final, plutôt que de développer les sources eux-mêmes. Cet apprentissage passe par celui des méthodes de travail utilisées.

Étudions le comportement d'un développeur qui désire récupérer un composant d'un autre projet dans sa nouvelle application. Il va procéder par étapes.

La première étape consiste à **trouver le source** qui contient ce que le développeur désire récupérer. Cela veut dire naviguer dans les différentes versions des sources du projet précédent, les réétudier, les comparer… afin d'extraire à coup sûr la version qui fonctionnait correctement. À moins que les sources n'aient été prévus pour être réutilisés, cette phase est souvent fastidieuse, car elle nécessite un réel investissement et oblige le développeur à se replonger dans le contexte d'un ancien projet. En général, le développeur préfère tout recommencer. Il est vrai que la tâche n'a rien de comparable avec la sélection d'un modèle générique, clairement référencé, et qui dépend de paramètres qui pourront être valorisés automatiquement et/ou au moyen d'un assistant.

La seconde étape consiste à **extraire ce que le développeur veut récupérer de la page**. Cette opération peut revêtir deux formes. Soit on ne récupère que la partie nécessaire de la page (le petit morceau de PHP qui génère la boucle nécessaire), soit on tente de reprendre l'intégralité de la page. Dans le premier cas, on se heurte nécessairement à des problèmes d'intégration du source, dans la mesure où les composants de l'algorithme à récupérer (déclaration de variables, initialisation, boucle et tests de mises en œuvre) sont souvent répartis dans la page, ce qui oblige le développeur à se souvenir ou à comprendre comment cela pouvait bien fonctionner ! Dans le second cas, on peut avoir affaire au même type de problème si la page à récupérer dépend de variables globales au projet (communes à toutes les pages), qu'il faudra réintégrer. Mais, le principal problème est que rien ne permet en général d'isoler rapidement et efficacement les morceaux de la page qu'il va falloir retoucher afin que la page s'intègre au nouveau projet.

La troisième et dernière étape consiste à **effectuer les opérations qui permettent d'aboutir au nouveau source**. Il s'agit en général des sélections ou suppressions de morceaux de codes inadaptés, ou bien des opérations de type rechercher-remplacer qui consistent à affecter aux paramètres « codés en dur » la valeur qu'ils doivent posséder dans le nouveau projet. En ce qui concerne certaines notions, telles que le nom ou la date de création de l'application, les informations peuvent être remplacées en masse, surtout si une norme permet de les identifier sans équivoque. Cependant, pour la plupart des autres paramètres, le développeur est obligé de faire du cas par cas, afin de s'assurer que le remplacement de la chaîne n'aura pas d'influence sur le reste de l'algorithme. En résumé, les méthodes de mise en œuvre de la réutilisation de code s'articulent essentiellement autour de trois types d'opérations : recherche de fichiers ou de chaînes de caractères, filtrage des fichiers ou de parties des fichiers, et remplacement de chaînes de caractères.

Cette méthodologie permet de réaliser la plus grosse partie du travail. Cependant, elle n'évite pas les retouches finales et, de toute façon, l'ensemble des tâches qui la constituent devront être effectués à chaque nouvelle modification.

En fait, il lui manque des possibilités d'automatisation.

En réponse à ces trois points, le couple **modélisation-génération** apporte quelques solutions.

Tout d'abord, il facilite la manipulation des sources, ainsi que leur référencement, car le nombre de modèles mis en jeu est souvent bien inférieur au nombre de fichiers, HTML ou autres, nécessaires à l'exploitation d'un site. Moins de sources égale plus de contrôle.

Il en est de même en ce qui concerne l'extraction des données et la structure de la page. Mais les problèmes d'intégration du morceau de script à récupérer sont moins difficiles à résoudre, dans la mesure où, plutôt que coder pour la énième fois l'appel au composant dans le nouveau projet, on fait évoluer un modèle unique. À ce moment précis, on est dans le contexte connu d'une page référencée, et dont une partie des caractéristiques et des comportements sont déjà entièrement paramétrés.

Enfin, en ce qui concerne les opérations de remplacement, d'extraction ou de génération, les possibilités des langages de script sont vastes, grâce aux fonctions étendues, telles que les variables « variables », les appels de fonctions pour tous les éléments d'un tableau, les expressions régulières et les chaînes de caractères formatées.

Investissement nécessaire

La capitalisation est donc un outil puissant, mais qui nécessite une organisation extrêmement méticuleuse. Rien de bien attrayant ! Cependant, à l'image de toute chose, elle ne peut convaincre que lorsque les premiers apports se font sentir. Il faut donc trouver l'intérêt dans la phase préliminaire, celle de la construction du minimoteur et de l'écriture des modèles. D'autre part, il faut savoir que le meilleur moment pour référencer les différents besoins d'un algorithme est le moment où on l'écrit (les fameux commentaires) et que toute opération en amont nécessitera de se replonger dans des scripts anciens (sans intérêt).

C'est donc lors du développement que l'on intègre les paramètres et les parties variables de nos scripts dans le code. Il s'agit de simples mots clés, ou des balises, qui permettent d'identifier ce que l'on veut dire. Par exemple, le nom de l'application, APP_NAME, sera le même partout où il sera utilisé ; ou encore, le bandeau horizontal de menu qui donne accès aux options avancées sera repérable, et inclus uniquement à la demande.

La capitalisation nécessite de penser son code de façon plus fouillée. Autrement dit, la mise en œuvre de sources réutilisables va être obligatoirement plus compliquée. Même si, avec un peu d'habitude, on arrive à intégrer cette couche de façon naturelle, son utilisation reste donc difficile dans les premiers temps, et il est donc nécessaire de se pencher sur les notions supplémentaires à prendre en compte afin que les sources puissent s'adapter à différents projets.

La démarche

Le script HTML suivant présente une page d'accueil simplifiée, qui peut être générée pour tout un ensemble d'applications :

```
<HTML>
   <HEAD>
  <TITLE>Page d'accueil de Mon Application</TITLE>
   </HEAD>
   <BODY BACKGROUND="Mon image de fond variable.Gif">
      <H1>Mon application.
      <HR>Bienvenue sur l'intranet de gestion des données de référence
          de l'application Mon application.
      <HR><A href="mailto::mon_nom.ma_société.mon_pays> 
          Dernière mise à jour le 18/07/1999 à 19:23
   </BODY>
</HTML>
```

Pour pouvoir réutiliser ce script, il faut qu'un algorithme permette d'en isoler les parties variables, afin, qu'une fois paramétrées, ces dernières puissent faire varier le comportement de la page. Supposons que les informations qui nous intéressent soient le nom de l'application, l'image de fond, une partie du message d'accueil et l'adresse du webmaster.

L'idéal serait de disposer d'un assistant qui, dès l'accès au fichier, isolerait automatiquement les parties variables, et demanderait, pour chacune d'entre elles, les valeurs à leur affecter. Cependant, cela reste peu concevable sans normes, à moins de demander la valorisation de toutes les chaînes non référencées comme étant propres au langage (tout, sauf les BODY, TR, TD, HR, etc.).

En ce qui concerne la mise en œuvre du paramétrage, nous réaliserons donc les tâches de paramétrage nous-mêmes, à l'aide d'opérations de recherche et de remplacement successives. Nous pourrons alors définir un assistant qui permette de présenter le modèle, d'en afficher les parties variables, et d'en générer le source après valorisation des paramètres et/ou sélection des morceaux de codes optionnels.

Les paramètres de la capitalisation

Paramétrage interprojet: les mots clés

La plupart du temps, une page HTML, ou plus généralement un programme, est composée de plusieurs types d'informations : statiques, pseudo-statiques et dynamiques.

Les informations **statiques** sont des données dont la valeur est figée, et qui ne sont donc amenées à évoluer que de façon exceptionnelle. La date de création d'une application, qui apparaît par exemple dans une page de présentation d'application, ne sera amenée à changer que si l'on s'est trompé en la saisissant. Elle est figée, pour ce projet ; il est alors possible de la « coder en dur », même si on définit en général des constantes pour ces données.

Les informations **pseudo-statiques** sont des entités qui peuvent évoluer au cours de l'existence de l'application, mais qui subissent des modifications peu fréquentes. Il peut s'agir de l'adresse du webmaster ou de la date de dernière mise à jour d'une page. Mais il peut également s'agir de toute une partie de l'interface de l'application (des blocs de texte, des menus supplémentaires), que l'on peut envisager de générer à chaque appel de la page par des fonctions classiques, mais qui a malgré tout grand intérêt à rester statique (du HTML) afin d'améliorer les performances. Ces informations vont donc être valides à un moment donné ; elles pourront évoluer pour des motifs divers, mais devront être disponibles sous forme de HTML dans la page.

Les informations **dynamiques** sont celles qui doivent subir des modifications fréquentes. Ces informations sont souvent stockées dans une base de données, et sont mises à jour au moyen d'interfaces propres au SGBD ou de l'application elle-même ! Par exemple, la liste des commandes d'un client est dynamique, et sa mise à jour est fréquente. La gestion de ces données doit donc être la plus automatisée, mais également la plus légère, possible.

La notion de mot clé regroupe toutes ces informations, et en harmonise l'utilisation en proposant des normes d'identification, de nomination et de comportement. Utiliser un mot clé consiste ainsi à manipuler un code qui identifie un morceau de script, plutôt que le morceau de script lui-même.

Dans le cas évoqué pour la page d'accueil, il nous est possible de définir nous-mêmes les parties variables de ce script, en les repérant par un mot clé. Ce qui donne, par exemple :

```
<HTML>
   <HEAD>
  <TITLE>Page d'accueil de {KEY_APP_NAME}</TITLE>
</HEAD>
   <BODY BACKGROUND="{KEY_APP_BACKGROUND_IMAGE}">
      <H1>{KEY_APP_NAME}.
      <HR>Bienvenue sur l'intranet de {KEY_APP_WELCOME_MESSAGE}.
      <HR><A href="mailto::{KEY_APP_WEB_MASTER_MAIL}> 
          Dernière mise à jour le {KEY_LAST_UPDATE}
   </BODY>
</HTML>
```

NOTE Les caractères qui encadrent les mots clés (en gras) sont arbitraires, mais il est préférable qu'ils soient sans équivoque et peu utilisés dans le code, afin d'éviter les ambiguïtés.

Dans ce script, les quatre premiers paramètres sont des informations dites statiques, car une valeur leur sera rapidement imposée dans le projet. Le mot clé `KEY_LAST_UPDATE`, quant à lui, est une information dynamique ; il contient ici la date de dernière mise à jour du fichier. Les avantages sont de plusieurs ordres.

Tout d'abord, nous sommes maintenant assurés qu'une même donnée du projet sera représentée par un même et unique code. Supposons que l'on veuille modifier le titre de l'application d'un site HTML. Rien ne permet, en effet, d'être sûr que la chaîne de caractères n'apparaîtra pas ailleurs, sous une forme différente. Le mot clé apporte cette certitude, et permet donc de gérer sans équivoque certaines données du projet.

D'autre part, la représentation par mot clé permet de réaliser des simulations, c'est-à-dire envoyer des ordres de régénération complète après modification d'un ou de plusieurs paramètres de style, de comportement, etc.

Les valeurs des mots clés peuvent provenir de sources diverses. Il suffit de s'entendre sur un format de fichier pour pouvoir récupérer les valeurs des paramètres issus d'un fichier, luimême mis à jour par un assistant quelconque, capable d'extraire automatiquement les informations variables de la page.

Enfin, les mots clés peuvent représenter des chaînes de paramétrages très complexes ou très volumineuses, et permettre ainsi de manipuler des entités plus légères. Il peut s'agir de noms de fonctions, dont on désire masquer une partie des paramètres ou masquer la mise en œuvre technique réelle.

L'utilisation des mots clés dans le script est donc gage d'**unicité**, d'**évolutibilité** et d'**harmonisation du code**.

Morceaux de code optionnels : les services

Il est fréquent que des morceaux de code soient spécifiques à une plate-forme, à une base de données ou, plus généralement, à une technologie. La plupart des outils permettent de répondre au besoin de paramétrage de ces scripts, par l'intermédiaire de fonctions de tests (`if`) ou de directives de précompilation (`#ifdef`). Cependant, dans les deux cas, elles utilisent une syntaxe propre à l'outil et ne sont donc pas universelles. En les encadrant au moyen de balises propres à l'outil de génération, on peut prendre en compte les notions qu'elles représentent, tout en sachant qu'elles n'auront plus d'intérêt après.

C'est le cas, par exemple, de l'écriture de scripts qui peuvent s'adapter, soit à PHP, soit à Perl. Une fois que le choix est fait (PHP, bien sûr), on ne veut plus voir traîner de Perl dans le source. Mais on veut pouvoir paramétrer le comportement de la page en fonction du langage.

Un autre exemple est celui de l'écriture de modèles indépendants de la base de données. Bien que des couches telles que ODBC apportent une certaine harmonie dans l'écriture du SQL, elles sont loin de prendre en compte les différences majeures qui existent entre les outils (nom de la fonction qui renvoie la date système, différence de comportement entre les colonnes de type identité de Sybase et les Rowid d'Oracle, etc.).

Toujours dans le cadre de la page d'accueil, on peut envisager de paramétrer la présence de la date de dernière mise à jour de la page, en encadrant la ligne par deux balises qui référencent un service, ce qui donne :

```
...
      <HR><A href="mailto::{KEY_APP_WEB_MASTER_MAIL}> 
{DEB_UPD_DAT_IN_FOOTER}
            Dernière mise à jour le {KEY_LAST_UPDATE}
{FIN_UPD_DAT_IN_FOOTER}
    </BODY>
...
```

Les services (ou options) permettent donc de répondre à un paramétrage général, qui intervient avant l'utilisation réelle des scripts générés. Il faut cependant garder à l'esprit que le code généré doit fonctionner quels que soient les choix effectués par l'utilisateur du générateur. Par conséquent, une modification, même légère, dans l'algorithme qui correspond à l'une des configurations peut avoir une influence plus importante dans une autre configuration, voire engendrer des bogues difficilement décelables.

Caractère générique des traitements : les boucles et les tests

Les deux notions que nous venons d'évoquer permettent de paramétrer facilement une partie des composants d'une application. Cependant, ces composants ne répondent pas à tous les besoins, et ont en général un rôle transversal.

Il existe une autre forme de dynamique, celle qui permet de distinguer les différentes pages associées à des objets de même type. Par exemple, lorsqu'on gère des clients, des produits et des commandes, il est préférable de disposer d'une seule page (la liste ou le détail) dont les parties variables (titre, en-tête, etc.) s'adaptent à l'objet en cours. On peut alors facilement construire le squelette de l'application. Où qu'elle apparaisse, la génération prend alors toute son ampleur, car elle fournit le code HTML des en-têtes, des listes ou des formulaires, en s'appuyant sur des informations issues de la base de données ou qui proviennent toutes d'une même source.

Pour mettre en œuvre ce type de capitalisation, il faut disposer de procédures qui permettent de réaliser des boucles sur des informations propres à la base, et capables de manipuler ces informations au moment même de la génération du code source HTML.

PHP dispose d'un grand nombre de fonctions intéressantes à ce sujet, depuis `ora_colname` (qui retourne le nom d'une colonne d'une table Oracle) jusqu'à `ArrayWalk` (qui réalise des appels de fonctions pour tous les éléments d'un tableau). Ces fonctions permettent d'envisager le développement de ce type de modèles. L'adoption de normes et de règles permet alors d'écrire des pages très condensées et très génériques.

Par exemple, on peut imaginer que, dans le but de simplifier la gestion d'un intranet de gestion de clients, toutes les pages de liste soient harmonisées autour d'un bandeau vertical gauche commun qui reprend la liste des tables, et d'un en-tête de liste associé à la structure de la table courante (celle activée dans le bandeau).

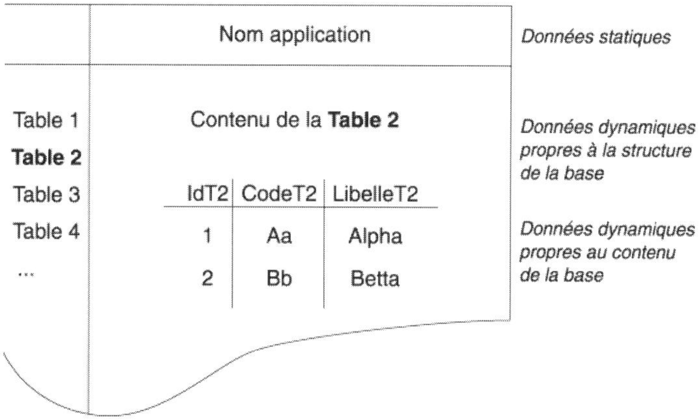

Figure 15.3
Les différents niveaux de dynamique d'une page.

Dans ce cas, la plupart des informations, telles que le nom de la table et les titres des colonnes, peuvent être récupérées dynamiquement, ce qui réduit la zone vraiment dynamique de la page (les données uniquement). Les possibilités de récupération de ce type d'informations permettent d'alléger la complexité de l'algorithme qui génère le reste de la table. En effet, ce dernier peut alors se contenter de ramener des lignes de données encadrées par des balises <TR>,

<TD>, </TD> et </TR>. Les outils qui permettent de générer ce type de listes sont nombreux (tableur, requêtes SQL, fichiers générés), et leur gestion est alors facilitée. En revanche, la page de liste qui contient l'en-tête devient plus complexe, car elle dépend maintenant de la structure de toutes les tables qu'elle sera amenée à rencontrer.

Méthodes de génération des pages

Étant donné qu'il n'est pas envisageable de conserver un modèle pour chaque table, dans lequel on coderait « en dur » les noms des colonnes, il faut donc que le modèle s'adapte à la page. Pour cela, nous disposons de plusieurs solutions.

La première consiste à intégrer dans le modèle d'une page PHP une fonction qui permet de générer l'en-tête de la liste. La fonction prend en entrée des paramètres relatifs à la base de données, afin de pouvoir s'y connecter. D'autre part, elle doit disposer d'un comportement différent, suivant le type de la base de données active. Enfin, cette fonction est appelée à chaque génération de la page par PHP, c'est-à-dire à chaque requête d'un poste client sur cette page.

La deuxième solution consiste à intégrer la couche précédente à l'aide d'un algorithme qui la crée une fois pour toutes, et qui s'appuie donc sur une version figée de la base, avant la mise en œuvre du reste de la solution. On pourra ainsi générer à la demande l'ensemble des formulaires de saisie au format HTML, en fonction de la structure de la base de données d'une application.

La troisième solution est semblable à la deuxième, mais elle va plus loin, dans le sens où elle ne réalise pas les traitements sur des données issues d'une base de données, mais sur des données qui proviennent d'un simple fichier qui reprend la structure de la base. Plus besoin de connexion, ni de génération des formulaires à chaque requête du poste client. Dans ce cas, il est nécessaire de maintenir le fichier à jour et de régénérer les formulaires correspondants lors d'une modification. Le traitement au moyen de fichiers permet de s'affranchir d'un grand nombre de problèmes de compatibilité (sources de données diverses) et de surcharger les données afin d'améliorer les règles qui permettent de définir les formulaires à créer.

Choix de la bonne méthode

Définir la meilleure solution technique est difficile, car celle-ci dépend à la fois du nombre d'utilisateurs et de la performance du serveur.

Cependant, en termes de capitalisation, on constate que la **première solution** permet de réduire le nombre de modèles et de s'adapter facilement à toutes les structures de bases de données, et qu'elle peut être rapidement réutilisée dans d'autres applications (transfert d'une fonction), voire déclinée dans d'autres environnements. En revanche, elle est coûteuse à l'utilisation et met très peu d'informations à notre disposition (nom de la colonne, type de données, etc.).

La **deuxième** méthode présente l'avantage de générer des modèles dans lesquels le formulaire a déjà été créé en fonction des informations issues de la base de données. Cette approche utilise des éléments plus volumineux, donc plus difficiles à gérer. Cependant, elle permet d'améliorer les performances en réduisant le nombre des accès à la base de données lors de l'utilisation de l'intranet. En termes de réutilisation, il suffit de livrer le modèle de page ainsi que le programme de génération des pages (dépendant *a priori* d'une connexion à la base).

La **troisième** solution présente les mêmes avantages. En outre, elle comble une lacune, dans la mesure où le traitement par fichiers formatés permet d'y ajouter tout type d'informations. Par exemple, on peut ajouter une donnée supplémentaire à chaque table : son nom entier, initialisé par défaut avec le nom de la colonne, et saisi par l'utilisateur lors de la génération. Cette donnée sera accessible lors de l'activation de la boucle sur les lignes du fichier, et permettra donc d'intégrer directement dans le fichier HTML les informations supplémentaires relatives à la table, à la colonne, etc.

Nous reviendrons un peu plus loin sur ces notions de boucles. Retenons pour l'instant que, placées au bon endroit, elles permettent de faciliter grandement le travail, et d'améliorer le caractère générique du code développé.

Ressources de la capitalisation: les modèles

Les modèles sont des sources dans lesquels les parties purement fonctionnelles ont disparu. Ils ne contiennent que le squelette du source que l'on désire générer pour plusieurs des entités manipulées par l'application.

Les modèles associent des lignes de code propres à un outil de développement et des instructions spécifiques à la capitalisation, ce qui permet de paramétrer le source en lui affectant un comportement. Dans notre cas, on y trouve donc des mots clés, des services, des boucles et des tests. L'ensemble de ces paramètres permettent, lors de la génération, de créer automatiquement le source propre à l'objet en cours de traitement et, par extension, celui de tous les objets (entités) de l'application.

Les modèles sont donc les composants finaux qui sont mis à la disposition des développeurs. Ils permettent à ces derniers d'utiliser des morceaux de programmes, sans pour autant connaître le langage qui a servi à les coder.

Les algorithmes de la capitalisation

Extraction d'informations

La capitalisation est avant tout un travail de factorisation. Sa tâche principale consiste donc à extraire des informations en provenance de plusieurs sources (fichiers) afin d'en **déterminer les similitudes**. Une sorte d'équation géante, composée de centaines de lignes de code, généralement développées par des personnes différentes.

Aujourd'hui, rares sont les outils du marché qui répondent à ce type de demandes. En effet, la plupart des outils travaillent les fichiers au ligne à ligne, et les fonctions de lecture standard lisent les fichiers de deux manières :

- Elles retournent un nombre fixe de caractères.
- Elles s'arrêtent sur un caractère de retour à la ligne [\n ou chr(10)+chr(13)].

Tant que les outils ne permettaient pas de manipuler des chaînes de caractères « aussi larges » que désiré, il était difficile de mettre en œuvre des traitements qui lisent plusieurs lignes (ou un fichier entier).

Perl a le mieux répondu à tous ces besoins, en proposant des fonctions avancées de manipulation de chaînes de caractères, d'expressions régulières et de fichiers. Non seulement, il donnait la possibilité de définir facilement ces entités et de les transformer suivant des algorithmes très spécifiques ou très standard (expressions régulières), mais, de plus, la syntaxe proposée présentait des facilités de prise en main et de maintenance indéniables.

D'autre part, une grande partie des traitements d'extraction nécessitent l'emploi des notions d'harmonisation du code. La reprise des sources d'une application se heurte souvent à des écueils dus au manque de normalisation des sources, surtout lorsqu'ils sont développés par des personnes différentes : incohérence dans l'utilisation des majuscules/minuscules, indentation incorrecte, passages à la ligne fantaisistes, etc. Une partie des difficultés réside donc dans la multiplicité des sources qu'il est possible d'écrire afin de répondre à la même demande.

La capitalisation nécessite donc de disposer d'outils qui permettent d'harmoniser le code des différents modules qui interviennent dans un projet, afin de pouvoir développer des algorithmes de reprise ou d'extraction d'informations qui s'appuient sur des normes fiables : casse identique, tabulation (indentation) sans équivoque, etc. Ces normes n'ont pas de caractère obligatoire, mais leur application facilite l'écriture des programmes de reprise, et en particulier la création des expressions régulières de transformation.

Recherche et remplacement

On touche ici à un autre domaine, celui de la génération de modèles préalablement établis. Ainsi que nous l'avons vu, l'adaptation d'un source à un nouveau projet passe presque toujours par le remplacement de certaines lignes de code propres au projet. Le problème réside dans le fait que, en général, on réalise cette opération sur un fichier, puis sur un deuxième, etc. Même si de nombreux outils permettent de travailler avec plusieurs fichiers, rares sont ceux qui donnent la possibilité de réaliser cette opération automatiquement sur plusieurs chaînes de caractères, et encore moins sur des chaînes qui occupent plusieurs lignes ou qui sont situées entre deux balises. Enfin, la saisie des données à remplacer est, elle aussi, fastidieuse, et, là encore, peu d'outils gardent en mémoire les derniers remplacements effectués.

Pour qu'elle soit efficace, la génération doit donc être en mesure d'effectuer des recherches et remplacements de chaînes de caractères dans plusieurs fichiers, en récupérant les données à remplacer dans un autre fichier. Il suffit alors de modifier les valeurs des chaînes remplacées dans le fichier en question, puis de relancer le remplacement multifichier, afin que les modifications puissent être effectuées en une seule opération.

Création de modèles d'applications

La création de modèles d'applications est la phase principale de la capitalisation. Elle nécessite de faire des choix en ce qui concerne le comportement des entités d'une application, et de coder ces choix dans un script unique, dépendant de paramètres clairement identifiés, et pouvant être déclinés dans plusieurs environnements, ou pour plusieurs applications, suivant le niveau d'abstraction que l'on désire obtenir.

Pour définir un modèle d'application, il faut donc disposer de modèles pour chacun des composants que l'on va employer, et être en mesure d'associer un des modèles à chacun des objets manipulés par le programme. Nous verrons un peu plus loin comment, techniquement, cette relation est effectuée dans le cas de PHP. Retenez dès à présent qu'elle consiste à associer un identifiant de comportement à chaque objet ; l'algorithme retenu passera alors en revue les entités de l'application, et créera pour chacune d'elles un ou plusieurs fichiers sources issus du modèle correspondant.

Le développement de modèles d'applications s'appuie donc sur une organisation qui permet de référencer, dans un fichier de configuration, les comportements à adopter ainsi que les normes utilisées, afin de définir le nom du fichier destination. Par exemple, dans le cas d'un référentiel universel, on définira plusieurs pages HTML (liste, création, modification) qui, après la génération, porteront le nom de l'objet auquel elles se rattachent, suivi de l'identifiant de l'action associée. Ainsi, la page de liste des civilités (M., Mme, Mlle, etc.) pourrait être nommée CIV_LST, et la page de modification des catégories de clients CAT_CLI_UPD.

Génération de fichiers

Cette phase permet de générer automatiquement un des composants de l'application, par exemple la page de liste des civilités citée plus haut. Fonctionnellement parlant, le générateur devra réaliser trois opérations principales : interpréter une demande de génération issue d'un fichier (de type « makefile ») ou d'une autre interface, générer le modèle de la façon la plus automatique possible, et enfin renommer le fichier généré afin qu'il adopte les normes du projet en cours. L'objectif est de répéter ces tâches pour des ensembles bien définis de données. Il ne restera plus qu'à saisir les paramètres initiaux, tel que le répertoire de base de l'application.

Pour l'instant, notez qu'il faut disposer d'une fonction de génération, d'un nom de fichier source, d'un nom de fichier destination et enfin d'un tableau de paramètres. La fonction en question pourra être appelée de nombreuses façons, mais la plus immédiate est celle qui consiste à passer par une URL. On utilisera donc, au final, un simple lien hypertexte pointant vers une page PHP, dont les paramètres seront saisis dans un formulaire, puis passés à la page lors de la validation.

Génération d'applications

La génération d'une application consiste, en général, en un appel multiple (tous les éléments du projet) à un algorithme de génération qui traite un modèle et un fichier destination. L'important est de pouvoir définir une norme qui permette de générer les appels multiples à l'outil de génération.

Nous ne nous attarderons pas sur la génération d'applications elle-même, car elle procède de la même façon que la génération de fichiers, que nous avons étudiée plus haut. Une difficulté existe cependant lorsqu'on gère des projets qui comprennent un grand nombre d'objets : il s'agit de l'organisation de l'arborescence qui héberge les sources HTML finaux. On utilise des sous-répertoires (ou dossiers) afin de créer des regroupement de composants, ou des normes de nomination, qui permettent d'identifier sans équivoque l'objet courant. Quelle que soit la méthode retenue, l'organisation adoptée jouera un rôle important dans la compréhension et la prise en main du modèle. Il est donc primordial de soigner particulièrement cette étape.

Mise en œuvre avec PHP

Mots clés, services, modèles

Jusqu'ici, nous avons évoqué la notion de mot clé de façon théorique. Nous avons vu qu'il fallait l'envisager comme étant un paramètre peu normalisé, dont on espère se séparer un jour, lorsque le choix de sa valeur aura été déterminé, mais qu'il faut cependant conserver dans les sources des modèles, afin de pouvoir gérer la réutilisabilié des sources. Nous allons nous attacher aux méthodes utilisées pour gérer les mots clés qui représentent ces paramètres.

Gestion des mots clés

Un mot clé représente l'association d'un **code** et d'une **valeur**. Les mots clés peuvent être nombreux, aussi il est utile de leur associer une position dans une arborescence, dont l'objectif est de les regrouper par fonctionnalités, par visibilités. Pour cela, nous utilisons une norme qui définit que tout mot clé doit commencer par trois caractères d'identification de la catégorie à laquelle il appartient (SQL, pour les informations propres à la base de données, APP pour celles de l'application).

En ce qui concerne le stockage, on peut se servir de fichiers texte, d'une base de données, ou de toute modélisation arborescente de données (la base de registre de Windows, par exemple).

Cependant, nous ne retiendrons aucune de ces solutions, car nous voulons aller plus loin, et définir un assistant de génération qui utilise des pages codées en PHP. Les valeurs des mots clés seront donc, à terme, saisies dans un formulaire HTML (méthode POST). La validation du formulaire provoquera l'appel à une page de génération, qui récupérera les différentes valeurs saisies dans le tableau des variables issues du formulaire, à savoir HTTP_POST_VARS, dans le cas de PHP.

Pour gérer le remplacement des mots clés par leur valeurs, on emploie une simple fonction de remplacement, fondée sur les expressions régulières, qui, pour chaque ligne du fichier, boucle sur les mots clés tant que la ligne en contient. Cette fonction intervient dans la page finale de notre assistant de génération (décrit au chapitre suivant).

Le code de la fonction `Gen_ReplaceKeyWords`, qui remplace les mots clés par leur valeur, est le suivant :

```
#
# Constantes pour les marques de début et de fin d'instruction et de clé
#
define( "LANG_INS_START", "{" );
define( "LANG_INS_END", "}" );
define( "LANG_KEY_START", "Key" );
#
# Gen_ReplaceKeyWords
# Remplacement des mots clés d'un fichier
#
function Gen_ReplaceKeyWords ( $SrcFileName, $DstFileName, $KeysArray )
{
   # Charger le fichier source
   if ( ! ( $RowsArray = file( $SrcFileName ) ) ) return False;
   # Créer le fichier destination
```

```
    if ( ! ( $fp = fopen( $DstFileName, "w" ) ) ) return False;
    # Pour identifier un début de mot clé
    # Pour chaque ligne du fichier
    while( list( $k, $OneRow ) = each( $RowsArray ) )
    {
       # Pour chaque mot clé du tableau
       reset( $KeysArray );
       $NewRow = $OneRow;
       while( list ( $KeyCod, $KeyVal ) = each( $KeysArray ) )
       {
          # On remplace uniquement les mots clés (non les options !),
          # dont le nom du paramètre correspondant commence par "Key"
          if ( ! Ereg( "^".LANG_KEY_START, $KeyCod ) ) continue;
          # Remplacement du mot clé par expression régulière
          $FullKey = LANG_INS_START.$KeyCod.LANG_INS_END;
          $NewRow = Ereg_Replace( $FullKey, $KeyVal, $NewRow );
          # S'il ne reste plus de mots clés dans la ligne, sortir
          if( strpos($NewRow, LANG_INS_START.LANG_KEY_START) < 0) break;
       }
       # Ecriture de la nouvelle ligne du fichier
       fputs( $fp, $NewRow );
    }
    fclose( $fp );
    return True;
} // Gen_ReplaceKeyWords
```

Nous stockons cette fonction dans une bibliothèque de génération, nommée Generate.Inc. Cette bibliothèque sera utilisée par notre assistant. On pourra éventuellement la faire évoluer afin d'améliorer les possibilités du générateur. (Pour plus d'informations sur ce sujet, consultez la partie consacrée à l'amélioration du système, à la fin de ce chapitre.)

Gestion des services

La notion de service permet de gérer l'intégration ou la non intégration de morceaux de scripts dans les fichiers sources générés. On utilise des instructions particulières qui encadrent les lignes dont il faut paramétrer la présence, auxquelles on affecte une syntaxe composée d'un préfixe, d'un identifiant et d'un suffixe.

Ces balises seront repérées par l'algorithme de génération, qui ne les inclura que si elles ont été demandées.

L'exemple suivant permet de définir un service, nommé Pied_De_Page, qui permet de paramétrer l'intégration ou la non intégration d'un pied de page :

```
{DEB_Pied_De_Page}
   …
   Votre code variable ici
   …
{FIN_Pied_De_Page }
```

Au cours de la génération, le moteur présente la liste des services distincts (ici, Pied_De_Page), puis demande à l'utilisateur de sélectionner ceux qu'il faut inclure. Une fois la sélection effectuée, une chaîne de caractères qui contient la liste des services à utiliser est construite, puis passée à la fonction, en incluant ou en excluant les services.

Il faut tenir compte du fait qu'un script peut contenir des services imbriqués, c'est-à-dire du type :

```
{DEB_Page_Accueil}
   Code standard (HTML) nécessaire pour inclure une page d'accueil
{DEB_Code_Php}
   ...
     Code variable PHP de gestion de la page d'accueil
   ...
{FIN_Code_Php}
{FIN_Page_Accueil}
```

Dans un tel cas, le code Php n'est inclus que si celui de la page d'accueil l'est également. Cependant, même s'il est possible d'utiliser un grand nombre d'imbrications, ce procédé peut vite prêter à confusion. Il est donc préférable de se restreindre à un ou deux niveaux.

Pour gérer les services, il nous reste donc à écrire une fonction, que nous stockerons dans le fichier COMMON.INC, et qui parcourra les lignes d'un fichier afin d'inclure ou d'exclure celles qui doivent l'être. Pour cela, nous utilisons la chaîne de caractères qui contient la liste des services à intégrer :

```
UsedServices = ~Code_Php~PageAccueil~...
```

Par défaut, lorsque l'algorithme détecte un service qui ne fait pas partie de cette chaîne, il n'inclut pas les lignes. En ce qui concerne les services imbriqués, nous utilisons une méthode récursive qui consiste à appeler la fonction `Gen_IncludeServices`, tant qu'il reste des services dans le fichier. La fonction traite donc un niveau de services à la fois :

```
#
# Gen_IncludeServices
# Inclusion/Exclusion des "Services" d'un fichier
# Retourne 0 ou 1 suivant qu'il reste ou non des balises de services
# après le passage de l'algorithme (->appel récursif)
#
function Gen_IncludeServices ( $SrcFileName, $DstFileName, $UsedServices )
{
   // Charger le fichier source dans le tableau
   $FileArr = FILE( $SrcFileName );
   // Tableau des lignes destination
   $NewRows = Array();
   // Liste des options à inclure
   $UsedServices = LANG_SRV_SEP.$UsedServices.LANG_SRV_SEP;
   $bHasMoreSrv = 0;
   $DoExit = False;
   $Offset = StrLen(LANG_INS_START.LANG_SRV_START);
   // Parcourir le tableau des lignes du fichier source
   $SrcLine = reset( $FileArr );
   while ( True )
   {
      // Si ligne courante contient un service (ex: {DEB_Pied_De_Page}),
      // p et q représentent les positions des balises de début et de fin
```

```
        if ( Ereg( LANG_INS_START.LANG_SRV_START, $SrcLine ) )
        {
           // Position des balises d'identification de service
           $p = StrPos( $SrcLine, LANG_INS_START.LANG_SRV_START );
           $q = StrPos( $SrcLine, LANG_INS_END );
           // Nom du service
           $SrvName = SubStr( $SrcLine, $p+$Offset, $q-$p-$Offset );
           // Tester si le service doit être inclus dans le code
           $bInsert = ( Ereg( LANG_SRV_SEP.$SrvName.LANG_SRV_SEP,
                        $UsedServices ) == True );
           // Lire les lignes suivantes
           if ( ! ( $SrcLine = next( $FileArr ) ) ) break;
           // Jusqu'à isolation de la marque de fin de service
           $SrvEndTag = LANG_INS_START.LANG_SRV_END.$SrvName.LANG_INS_END;
           while( ! Ereg( $SrvEndTag, $SrcLine ) )
           {
              // Ajouter la ligne si le service est inclus.
              if ( $bInsert ) {
                 $NewRows[] = $SrcLine;
                 // Et si c'est une marque de début, noter qu'il en reste
                 // (Pour la gestion des services
                 if ( Ereg( LANG_INS_START.LANG_SRV_START, $SrcLine ) )
                    $bHasMoreSrv = 1;
              }
              // Définir variables de ligne suivante et sortir si KO;
              if( ! ( $SrcLine = next( $FileArr ))) { $DoExit = True; break; }
           }
        }
        else
        {
           # Recopier la ligne telle quelle
           $NewRows[] = $SrcLine;
        }
        // Sortir si dernière ligne rencontrée
        if ( ( $DoExit ) || ( ! ( $SrcLine = next( $FileArr ) ) ) ) break;
     }
     // Ecrire le contenu du tableau de résultat dans le fichier destination
     if ( $fp = fopen( $DstFileName, "w" ) ) {
        while ( list( $k, $v ) = each( $NewRows ) ) fputs( $fp, $v );
        fclose( $fp );
     }
     // Retourner 0 ou 1 suivant qu'il reste des balises de services
     return $bHasMoreSrv;
  } // Gen_IncludeServices
```

Génération des modèles

La génération d'un modèle est un mélange des opérations citées précédemment, à savoir le remplacement de mots clés et l'inclusion ou non de services. La fonction nécessite de connaître le nom du fichier source, le nom du fichier destination et le nom du fichier des mots clés, et de disposer de la liste des services à inclure.

L'algorithme de génération est donc une simple fonction du type :

```
#
# Gen_Model
#   Génération d'un modèle de SCRIPT
#   KeysArray est le tableau des mots clés
#   UsedServices est la chaîne des services utilisés séparés par ~
#
function Gen_Model( $SrcFile, $DstFile, $KeysArray, $UsedServices )
{
   // Inclusion/Exclusion des services
   // Au premier appel, on utilise Src et Dst (Src inchangé)
   // Aux suivants, Dst et Dst
   $bMoreSrv = Gen_IncludeServices ( $SrcFile, $DstFile, $UsedServices );
   while ( $bMoreSrv > 0 ) {
      $bMoreSrv = Gen_IncludeServices ( $DstFile, $DstFile, $UsedServices );
   }
   // Remplacement des mots clés (Dst vers Dst)
   Gen_ReplaceKeyWords ( $DstFile, $DstFile, $KeysArray );
   return True;
}
```

On peut envisager d'améliorer la fonction, afin qu'elle réalise un plus grand nombre d'opérations. Cependant, ce premier algorithme met déjà à disposition deux outils qui permettent d'inclure ou d'exclure automatiquement certaines parties du code, et d'effectuer les tâches de remplacement habituelles. L'utilisation de l'assistant permet de modifier l'aspect, les paramètres généraux, voire la navigation de l'application. Les services, quant à eux, permettent d'envisager une amélioration progressive du modèle, et donc, à terme, de l'application générée, par intégration progressive des fonctionnalités. Cette étape n'est pas inutile, car elle rend possible la validation fonctionnelle ou technique de certaines couches. De plus, elle permet d'identifier sans équivoque certaines parties du code, avantage qui prend toute son ampleur lorsqu'on l'utilise afin d'encadrer les parties fonctionnelles de l'application avec des balises que l'on peut supprimer (ou extraire, ou rechercher) à tout moment.

Régénération de l'application

Cette phase consiste à régénérer l'ensemble des pages de l'application. La génération est une opération rapide. De même qu'on doit pouvoir générer les composants un par un, il est nécessaire de pouvoir tout reconstruire en une seule opération. Les sources deviennent alors temporaires, car ils peuvent être reconstruits à la demande. Il est alors possible d'effectuer des simulations de modifications sur certaines pages. Les modifications sont d'abord testées dans la page HTML, ou dans le script PHP généré ; elles ne sont reportées dans le modèle que lorsqu'elles sont au point. Les pages nécessaires de même comportement peuvent alors être régénérées à partir du modèle auquel la correction a été apportée.

Cette méthode de travail est assez productive et permet d'apporter rapidement des modifications à l'ensemble des sources finaux. La régénération permet de s'affranchir des tâches d'ouverture, de remplacement, de renommage, etc., des fichiers, et assure d'autre part que tous les sources générés auront la même apparence. Enfin, les sources des programmes sont des modèles référencés (par exemple, le modèle d'une page générique de recherche d'un objet). Le modèle est généré un certain nombre de fois, afin de fournir les différents fichiers sources qui permettront de gérer chacun des objets d'une application. Ces sources, écrits par exemple en PHP, auront tous une architecture commune, héritée du modèle. En revanche, les paramètres propres à la création du projet (nom de l'application, version, date de mise à jour, etc.) auront été valorisés, et auront donc disparu des sources. Cette opération n'est pas négligeable, car elle permet au développeur de bénéficier de sources propres et peu génériques. Dans le cas inverse, la maintenance et la compréhension des mécanismes est souvent trop complexe (voire, illisible) pour que l'on fasse l'effort d'y consacrer du temps.

Il reste cependant un problème : la nomination des fichiers destination. S'il est simple d'adopter une norme qui permette de définir le nom du modèle, il est plus compliqué de concevoir un mécanisme qui puisse définir automatiquement le nom du fichier à créer, une fois que la génération a eu lieu. Pour autant, ce mécanisme ne doit pas forcément être automatique. En fait, il est plus particulièrement du ressort du développeur. Nous reviendrons sur ce sujet un peu plus tard, dans la partie consacrée à la mise en œuvre du générateur, où nous verrons comment paramétrer le générateur afin qu'il puisse générer chacun des fichiers des modèles, et nommer correctement les fichiers résultants.

16

Indépendance vis-à-vis des données

Pour illustrer les principes présentés dans le chapitre précédent, nous allons réaliser une petite application de gestion d'un référentiel « universel ». La mise en œuvre de cette universalité passera surtout par la recherche de méthodes de développement qui permettent de s'abstenir de certaines notions intervenant dans son paramétrage. Pour cela, les sous-chapitres qui suivent présentent une méthodologie de recherche d'indépendance vis-à-vis de la structure de données, du contexte d'utilisation des sources et de l'interface de l'application.

Les fichiers de données

L'application d'exemple

Commençons par décrire l'application d'exemple. On envisage de développer un référentiel pour un intranet qui utilise une base de données (Oracle 8), un serveur web (Apache) et un langage de script (PHP). L'application est extrêmement simplifiée, dans un souci de compréhension. Il s'agit d'un intranet, dédié à la vente de vin. Il est organisé de la façon suivante :

- une table de clients ;
- une table des types de clients (*Référentiel*) ;
- une table des vins (*Référentiel*) ;
- une table des types de vins (*Référentiel*) ;
- une table des commandes des clients ;
- une table des tarifs (*Référentiel*).

Chacune de ces entités est associée à un ensemble de pages qui permettent d'en gérer le comportement. Notre objectif est d'écrire une page PHP unique qui permette de gérer les quatre tables du référentiel, et qui soit réutilisable dans d'autres applications similaires. Il faut donc s'affranchir de la structure de la base de données. Pour cela, les informations SQL sur lesquelles nous appuierons nos développements devront être accessibles de façon dynamique. On pourrait les placer dans une base de données, mais ce système ne sera pas retenu pour des raisons d'autonomie. On lui préférera une organisation autour de fichiers texte, sachant que ces fichiers pourront facilement être édités, voire partiellement générés en amont de la génération à l'aide de requêtes SQL sur une base de données, ou au moyen d'autres systèmes d'extraction de données.

L'ensemble des informations qui permettent de décrire les caractéristiques de l'application est donc stocké dans deux fichiers texte, qui seront utilisés par les boucles sur les tables ou les colonnes du modèle. Ces fichiers se nomment Tables.Txt et Columns.Txt. Au niveau de la syntaxe, ils contiennent deux types de lignes :

- Les lignes d'**informations** sur les tables ou les colonnes, qui sont composées de plusieurs parties, séparées les unes des autres par un caractère spécifique. Dans notre cas, il s'agit du tilde (~).
- Les lignes de **commentaires**, qui commencent par un point-virgule (;). Ces lignes seront ignorées par le moteur. Elles seront utilisées dans l'en-tête du fichier – dont le rôle est de décrire la structure des autres lignes –, et également au début des lignes qui contiennent des informations que l'on désire laisser de côté (certaines tables ou colonnes).

En ce qui concerne les tables, le fichier se nomme Tables.Txt. Il se présente de la façon suivante :

```
;;;;;;;;;;;;;;;;;;;;;;;;;;;;;;;;;;;;;;;;;;;;;;;;;;;;;;;;;;;;;;;;;;;;;;;;;;;
; Fichier :      Tables.Txt
; Description : Contient les informations sur les tables
; Structure :   Plusieurs champs en minuscules, séparés par un tilde: ~
;      Nom de la table                      typ_client
;      Nom descriptif des entités de la table         type de client
;      Type de la table                      ref, obj, lnk, oth
;      Nom court unique sur 3 caractères de la table   tcl
;      Genre des entités de la table            m ou f
;      Article défini des entités de la table         le, la, l'
;      Nombre de colonnes de la table            6
;      Description au pluriel des entités de la table   types de client
;;;;;;;;;;;;;;;;;;;;;;;;;;;;;;;;;;;;;;;;;;;;;;;;;;;;;;;;;;;;;;;;;;;;;;;;;;;
vin~vin~réf~vin~m~le~2~vins~
typvin~type de vin~réf~tvi~m~le~2~types de vins~
typcli~type de client~réf~tcl~m~le~2~types de clients~
tar~tarif~réf~tar~m~le~5~tarifs~
;cli~client~obj~cli~m~le~8~clients~
;cdecli~commande d'un client~lnk~ccl~f~la~6~commmandes d'un client~
```

Le fichier de gestion des colonnes, Columns.Txt, présente la structure suivante :

```
;;;;;;;;;;;;;;;;;;;;;;;;;;;;;;;;;;;;;;;;;;;;;;;;;;;;;;;;;;;;;;;;;;;;;;;;;;;
; Fichier :      Columns.Txt
; Description :  Contient les informations sur les colonnes des tables
```

```
; Structure :   Plusieurs champs, en minuscules, séparés par un ~
;     Nom de la table              typ_client
;     Nom de la colonne           cod_typcli
;      Description de la colonne        code
;      Type de données de la colonne      char / long / number / date
;     Taille de données de la colonne      10
;     Flag colonne clé              Y/N
;     Flag colonne identité           Y/N
;     Flag colonne null              Y/N
;     Flag colonne clé étrangère          Y/N
;      Champs de saisie de la colonne      EFN/EFT/EFD/EFX/CMB/CHK
;;;;;;;;;;;;;;;;;;;;;;;;;;;;;;;;;;;;;;;;;;;;;;;;;;;;;;;;;;;;;;;;;;;;;;;;;;;
tar~cod_cli~code client~char~8~Y~N~N~N~EFT~
tar~cod_vin~code vin~char~8~Y~N~N~N~EFT~
tar~dat_deb~date de début de validité~date~10~N~N~N~N~EFT~
tar~dat_fin~date de fin de validité~date~10~N~N~N~N~EFT~
tar~prx_vin~prix du vin~float~22~N~N~N~N~EFT~
typcli~cod_typcli~code~char~8~Y~N~N~N~EFT~
typcli~lib_typcli~libellé~char~63~N~N~N~N~EFT~
typvin~cod_typvin~code~char~8~Y~N~N~N~EFT~
typvin~lib_typvin~libellé~char~63~N~N~N~N~EFT~
vin~app_vin~appelation~char~127~N~N~N~N~EFT~
vin~cat_vin~catégorie~char~31~N~N~N~N~EFT~
vin~cmt_vin~commentaire~char~255~N~N~Y~N~EFT~
vin~cod_vin~code~char~8~Y~N~N~N~EFT~
vin~mil_vin~millésime~char~8~Y~N~N~N~EFT~
vin~nom_vin~nom~char~63~N~N~N~N~EFT~
vin~pay_vin~pays~char~63~N~N~N~N~EFT~
vin~typ_vin~type~char~31~N~N~N~N~EFT~
;cli~cod_cli~code client~char~8~Y~N~N~N~EFT
;cli~nom_cli~nom_cli~char~63~N~N~N~N~EFT
;cli~lib_cli~libellé~char~127~N~N~N~N~EFT
;cli~typ_cli~type~char~8~N~N~N~Y~EFT
;cli~add_cli~adresse~char~255~N~N~Y~N~EFT
;cli~cpo_cli~code postal~char~16~N~N~Y~N~EFT
;cli~vil_cli~ville~char~8~N~N~Y~Y~EFT
;cli~pay_cli~pays~char~63~N~N~Y~N~EFT
;cdecli~cod_cli~code client~char~8~Y~N~N~N~EFT
;cdecli~num_cde~numéro~float~22~Y~N~N~N~EFT~
;cdecli~dat_cde~date de la commande~date~10~Y~N~N~N~EFT~
```

Ces deux fichiers ont l'avantage de se présenter sous un format texte. De nombreux outils permettent d'en faciliter la lecture, mais leur analyse sort du cadre de cet ouvrage. Notez cependant que les tableurs ou les outils d'alimentation de Data Warehouse permettent parfois d'importer simplement des fichiers de données formatés, notamment lorsqu'aucune ambiguïté n'existe, comme c'est le cas ici, grâce au séparateur (tilde).

Le choix du séparateur a donc son importance. Il peut parfois être imposé en fonction des facilités de manipulation du fichier ou des spécificités des outils ou langages utilisés. À titre d'exemple, si l'on remplace le tilde par un point-virgule, on obtient le standard CSV.

Remplissage des fichiers de données

Il existe de nombreuses méthodes de remplissage. En effet, il s'agit simplement de saisie. Cependant, étant donné que les développements s'appuient en général sur une base de données, il faut que la mise à jour des fichiers SQL soit la plus automatisée possible lorsque la structure de la base de donnée évolue.

Remplissage à partir d'une base de données

Dans notre cas, nous avons choisi d'utiliser un tableur afin de gérer la création et la mise à jour des deux fichiers. Le classeur est composé de trois feuilles :

- La première contient les informations issues des tables système de la base de données : le nom de la table, les noms, types et tailles de ses colonnes, la nullité d'une colonne, son appartenance à la clé primaire, etc.
- La deuxième contient les autres informations à prendre en compte, par exemple, le type du champ de saisie associé à la colonne, le libellé de la table. Lors de la construction initiale du fichier, ces informations sont inexistantes, à moins qu'elles soient pré-initialisées par la requête SQL. Par la suite, au rythme des modifications de la base de données, on n'aura plus qu'à effectuer des décalages de cellules, afin de prendre en compte les colonnes ajoutées ou supprimées, et à modifier les données surchargées des nouvelles colonnes.
- La troisième feuille permet de créer le fichier des tables et celui des colonnes. Elle contient une unique formule, recopiée pour chaque ligne de données, qui concatène les différentes cellules des deux autres feuilles, afin de former des lignes au format désiré (composants séparés par ~).

Pour l'import initial des données, étant donné que notre application s'appuie sur une base de données, il est important de récupérer la structure des informations à partir de cette base. Pour cela, on utilise les scripts qui interrogent les tables système de la base de données.

Le **premier script** est une requête PL/SQL (Oracle) d'extraction et d'initialisation du fichier des tables de l'application. Si vous utilisez une base différente (Sybase, MySQL, PostgreSql, etc.), vous devrez retoucher cette requête, afin qu'elle récupère les informations dans les tables système du SGBD en question. Le code de cette requête est le suivant :

```
Select   Lower( Replace(
         O.name || '~' ||
         Replace( O.name, '_-$#', '    ' ) || '~' ||
         'obj' || '~' ||
         substr( O.name, 1, 3 ) || '~' ||
         'm' || '~' ||
         'le' || '~' ||
         '2' || '~' ||
         Replace( O.name, '_-$#', '    ' ) || 's' || '~', ' ', '' ) )
From   sys.obj$ O, sys.user$ U
Where   O.owner# = U.user#
And      U.name = Upper( 'vin' )
And      O.type# = 2
Order by table_name;
```

Cette extraction retourne des lignes du type :

```
typcli~type de client~réf~tcl~m~le~2~types de clients~
```

Le **second script** est, lui aussi, une requête PL/SQL (Oracle) d'extraction et d'initialisation du fichier des colonnes de chacune des tables de l'application :

```
Select   Replace( Lower(
         table_name  || '~' ||
         column_name  || '~' ||
         Decode( substr( lower( column_name, 1, 3 ) ),
                  'cod', 'code',
                  'lib', 'libellé',
                  'cat', 'catégorie',
                  'typ', 'type',
                  'dat', 'date ' ||
         substr( replace( column_name, '_-$#', '    ' ), 4 ),
         replace( column_name, '_-$#', '    ' ) ) || '~' ||
         decode( data_type,
                'LONG',      'long',
                'DATE',      'date',
                'NUMBER',    'float',
                 'FLOAT',    'float',
                             'char' )  || '~' ||
         decode( data_type, 'DATE', 10, data_length )  || '~' ) ||
         'Y'  || '~' ||
         'N'  || '~' ||
         'N'  || '~' ||
         'N'  || '~' ||
         'EFT'  || '~', '  ', '' )
From      all_tab_columns
Where   upper( owner ) = upper( 'vin' )
Order   By table_name, column_name;
```

Cette extraction retourne cette foisdes lignes du type :

```
typcli~cod_typcli~code~char~8~Y~N~N~N~EFT~
```

La suite passe par **l'intégration du résultat des requêtes dans le tableau**. Pour cela, le résultat de l'exécution des scripts a été copié, puis collé dans la page 1 de notre classeur. Les valeurs des informations surchargées de la page 2 ont été modifiées, afin que l'application puisse manipuler des noms d'entité parlants, et disposer, par exemple, du genre et de l'article associés à chaque table. Les modifications apportées aux fichiers Tables.Txt et Columns.Txt apparaissent en gras dans les fichiers décrits un peu plus haut dans ce chapitre.

Enfin, les deux requêtes ont été intégrées dans un script SQL+, qui accepte un paramètre en entrée, le schéma ou nom de l'utilisateur, ce qui permet d'exécuter la requête en plaçant le résultat dans le fichier texte approprié.

La création complète des fichiers de données, à partir d'une base de données, se fait maintenant en quatre étapes :

- Exécution des deux scripts SQL+ par activation des raccourcis, et ouverture des deux fichiers générés.
- Ouverture du tableau des informations SQL, et collage des données des fichiers générés (dans la page 1).
- Modification des données surchargées (page 2), et récupération des nouveaux scripts (page 3).
- Transfert des scripts générés dans les fichiers Tables.Txt et Columns.Txt

Figure 16.1

Les raccourcis de création des fichiers d'informations SQL.

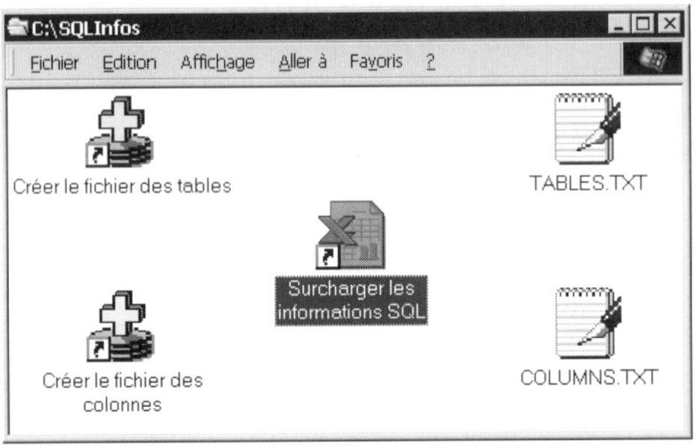

NOTE Pour de petites modifications, on peut se contenter de modifier uniquement les fichiers Tables.Txt et Columns.Txt. Mais, dans notre cas, on perdrait l'atout de la régénération.

Le fait de passer par une simple requête SQL permet d'envisager de la complexifier afin qu'elle puisse initialiser un plus grand nombre de paramètres. Rien n'empêche, par exemple, d'ajouter des tables de référence à une base d'informations qui contient des données, telles que les libellés par défaut de certaines colonnes qui reviennent fréquemment, ou les normes qui permettent de définir automatiquement le champ de saisie à utiliser lorsque la colonne est de type caractère ou lorsque son nom commence par « cod_ ».

Une autre catégorie d'évolution possible consiste en l'ajout de colonnes dans les fichiers Tables.Txt et Columns.Txt, ce qui permet de faire évoluer les données à disposition, sans pour autant les intégrer dans la base. Plutôt que de stocker des nouvelles colonnes, on doit donc tenter de rajouter des informations virtuelles, dont le contenu sera initialisé en fonction de règles particulières fondées sur la base, sans pour autant la grossir. La première initialisation définira donc les valeurs par défaut qui imposeront un certain comportement à l'application. Par exemple, le libellé de la colonne (code du client plutôt que cod_client) sera initialisé en fonction du nom de la colonne, car, dans ce cas, une règle est difficile à établir, et reste très spécifique à l'environnement d'utilisation du générateur.

Enfin, l'utilisation d'un tableur est pratique. Il permet d'apporter facilement des modifications aux données, voire de coder des règles de transformation au sein même des formules du classeur.

Autres méthodes de remplissage

La méthode que nous venons de décrire est une méthode parmi d'autres. À ce stade, chacun a ses propres méthodes. D'autant plus que la structure d'une application ne provient pas toujours d'une base de données, et que l'on ne dispose pas forcément d'un tableur. L'idée est de s'appuyer sur des données dont la structure est comparable à celles proposées par les bases de données, et donc de multiplier les méthodes de transformation qui permettent de générer les fichiers de données nécessaires. Les premières informations présentes dans ce fichier doivent donc être vues comme étant une partie des informations utiles. En surchargeant intelligemment les données propres aux tables et aux colonnes, on peut aboutir à une interface simplifiée de manipulation des informations propres à la structure de l'application, et donc en devenir indépendant.

Pour remplir et définir la structure du fichier, il est donc possible d'écrire ses propres algorithmes, et d'utiliser les outils de son choix. À partir du moment où on peut le transformer en fichier formaté, toutes les méthodes sont valables. Citons, par exemple, les possibilités des outils de modélisation (AMC Designor), celle des outils d'extraction conditionnelle d'informations à partir de fichiers, ou plus simplement les langages de programmation qui permettent de manipuler les fichiers. Toutes ces méthodes ont leurs propres avantages, mais le choix du meilleur outil est souvent du ressort la personne qui devra établir et maintenir les fichiers.

Manipulation à partir de PHP

Nous venons de voir que l'indépendance vis-à-vis de la structure de la base de données est possible, à condition de définir un certain nombre de points. Dans notre cas, il s'agit des éléments suivants :

Nom des deux fichiers texte	**Tables.Txt et Columns.Txt**
Séparateur d'informations	**SQL Le caractère tilde (~)**
Structure des fichiers	**Nom~Libellé~Type~…**

Pour exploiter au mieux ces deux fichiers, il est nécessaire de développer des fonctions qui retournent une partie des informations qu'ils contiennent. En ce qui concerne les besoins fonctionnels relatifs à la fois aux tables (liste des objets de référence) et aux colonnes (liste des clés d'une table), on utilise les fonctions : SQL_GetTabInf et SQL_GetColInf.

NOTE À terme, si ce système vous convient, vous pourrez modifier l'accès à la structure de données de l'application, afin qu'il récupère les informations à partir d'une autre source (base, tableau mémoire partagé, etc.). Pour rappel, on utilise les fichiers, car ils procurent une grande indépendance vis-à-vis des données, et que tout outil de développement peut les ouvrir, les parcourir, etc.

Récupération d'informations relatives aux tables d'une base.

La première fonction, `SQL_GetTabInf`, sert d'interface avec le fichier des tables. On y retrouve donc les paramètres spécifiés plus haut, auxquels on associe des constantes. Cette fonction accepte deux paramètres en entrée, le préfixe des tables et la plage à utiliser.

Pour rappel, la syntaxe d'une ligne de table est la suivante :

```
typcli~type de client~réf~tcl~m~le~2~types de clients~
```

Voici le code de la fonction `SQL_GetTabInf` :

```
#
# Constantes
#
const SQL_INFOSEP = "~";
const SQL_INFOCMT = ";";
const SQL_TABLESFILE = "TABLES.TXT";
const SQL_COLUMNSFILE = "COLUMNS.TXT";
#
# Sql_GetTabInf
# Récupère les lignes d'informations à partir d'une ou plusieurs tables
# Exemple d'entrée : typvin~type de vin~réf~typ~m~le~2~types de vins~
# TablePrefix permet d'imposer un masque au nom des tables ramenées
# Plage permet de n'extraire que les tables dont l'information type
# a une valeur particulière
#
function Sql_GetTabInf ( $TablePrefix, $Plage )
{
   # Variable de retour et traitement paramètres
   $arr_sql = array( );
   if ( IsSet( $TablePrefix ) ) $TablePrefix = StrToUpper( $TablePrefix );
   if ( IsSet( $Plage ) ) $Plage = (($Plage=="")?"ALL":StrToUpper($Plage));
   else $Plage = "ALL";
   #
 # On autorise ici l'extraction de 5 plages de valeurs :
 # Toutes les tables, les objets majeurs, les objets de lien, les objets
# de référence et les autres objets
   if ( $Plage != "ALL" && $Plage != "OBJ" && $Plage != "LNK" \
   && $Plage != "REF" && $Plage != "OTH" && $Plage != "" )
      return $arr_sql;
   #
 # Charger le fichier des tables dans un tableau
   if( ! ( $arr_file = File( SQL_TABLESFILE ) ) ) return $arr_sql;
   #
 # Parcourir le fichier des tables
   $num_tab = 0;
   while( count( $arr_file ) > 0 && list( $key, $str ) = each( $arr_file ))
   {
      # Eviter lignes en commentaires
      if ( $str != "" && substr( $str[0], 1, 1 ) != SQL_INFOCMT )
      {
         # Découper les champs de la table
         $arr_str = split(SQL_INFOSEP, StrToUpper( $str ) );
         # Stocker les informations concernant la table si elle fait partie
      # de la plage demandée
         if ( $Plage == "" || $Plage =="ALL" || $Plage == $arr_str[2] )
         {
            # Si le nom de la table commence par le préfixe spécifié
            if ( $TablePrefix == ""
            || strstr( $arr_str[0], $TablePrefix ) != false ) {
```

```
                # Ajouter les informations SQL au tableau
                $arr_sql[$num_tab++] = $str;
            }
        }
        unset( $arr_str );
    }
}
unset( $arr_file );
return $arr_sql;
}
```

Le premier paramètre de la fonction, à savoir le préfixe des tables à prendre en compte ($TablePrefix), permet de filtrer les informations disponibles, afin de ne retenir que les tables qui commencent par une série de caractères particuliers. Étant donné que le nom de la table est la première information disponible dans chaque ligne du fichier Tables.Txt, la fonction se contente donc d'effectuer une simple comparaison du préfixe avec le début de la ligne courante.

Le second paramètre permet d'imposer une condition supplémentaire, qui porte sur la troisième information d'une table, à savoir la catégorie d'objet. En effet, il est parfois nécessaire de réserver une colonne afin d'associer un comportement à chaque table. Dans notre cas, on pourra spécifier cinq plages différentes :

ALL	**Toutes** les tables de l'application
OBJ	Les objets **majeurs** de l'application
LNK	Les objets **de liens** entre les objets de l'application
REF	Les objets **de référence** de l'application
OTH	Les objets d'un **autre type**

Exemple :

Si une norme spécifie que tous les noms des tables de référence commencent par « tr_ », on peut facilement obtenir la liste de ces tables, puis la transformer en un bandeau de navigation. On peut également extraire les informations au moyen d'un filtrage par la plage, ce qui, compte tenu de notre organisation, consiste à effectuer un test qui porte sur la troisième colonne de la ligne du fichier.

Le code à utiliser est le suivant :

```
#
# Récupérer les lignes du fichier qui correspondent aux tables de référence
$arr_sqltab = Sql_GetTabInf( "tr", "" );
# OU
$arr_sqltab = Sql_GetTabInf( "", "REF" );
# Pour chaque table de référence
while ( ( list( $key, $val ) = each( $arr_sqltab ) ) ) {
   # Découper les composants de la ligne dans un tableau
   $arr_str = split( "~", $val, 16 );
   # Si un réf est actif ($Section contient une table) et table = courante
   if ( isset( $Section ) && $arr_str[0] == $Section ) {
      # Affichage en gras et en italique de l'élément courant
```

```
        echo( "<A href=\"Ref_Lst.Php3?Section=$arr_str[0]&Action=Lst\">" );
        echo("<B><I>".ucfirst( $arr_str[7] )."</B></A></I><P>\n" );
    } else {
        # Affichage en gras des autres éléments
        echo( "<A href=\"Ref_Lst.Php3?Section=$arr_str[0]&Action=Lst\">" );
        echo("<B>".ucfirst( $arr_str[7] )."</B></A><P>\n" );
    }
    unset( $arr_str );
}
```

Cet exemple sera intégré dans la page de liste des référentiels. Il permettra de naviguer entre les différents référentiels de l'application.

Récupération d'informations relatives aux colonnes d'une table

La deuxième fonction, `SQL_GetColInf()`, sert cette fois d'interface avec le fichier des colonnes. Ici également, la fonction dispose de paramètres qui permettent de filtrer les informations en fonction du nom de la colonne et de certaines configurations d'indicateurs propres à la colonne (plage). Voici le code de cette fonction :

```
##################################################################
# Sql_GetColInf
# Récupère les lignes d'informations à partir d'une ou de plusieurs colonnes
# Exemple d'entrée : typvin~cod_typvin~code~A~8~Y~N~N~EFT
# TableName est le nom de la table tel qu'il est écrit dans la
# première colonne des deux fichiers d'informations SQL
# ColumnPrefix permet d'imposer un masque au nom des colonnes
# Plage permet de n'extraire que les colonnes qui correspondent
# à une catégorie
##################################################################
function Sql_GetColInf( $TableName, $ColumnPrefix, $Plage )
{
    # Variable de retour et traitement paramètres
    $arr_sql = array( );
    if ( IsSet( $TableName ) ) $TableName = StrToUpper( $TableName );
    else return $arr_sql;
    if( IsSet( $ColumnPrefix ) ) $ColumnPrefix = StrToUpper( $ColumnPrefix );
    else $ColumnPrefix = "";
    if(IsSet($Plage)) $Plage = ( $Plage == "" ? "ALL" : StrToUpper($Plage) );
    else $Plage = "ALL";
# On autorise ici l'extraction de cinq plages de valeurs :
Toutes, les colonnes clé, les colonnes non clé, les colonnes null
ou not null, les colonnes clés étrangères, les colonnes non null
et non clé, les colonnes identité ou non.
    if ( $Plage != "ALL" && $Plage != "KEY" && $Plage != "NOTKEY"
      && $Plage != "NULL" && $Plage != "NOTNULL" && $Plage != "NOTNULLBUTKEY"
      && $Plage != "FORKEY" && $Plage != "NOTFORKEY" && $Plage != "IDENT"
      && $Plage != "NOTIDENT" )
       return $arr_sql;
    # Charger le fichier des colonnes dans un tableau
```

```
    if( ! ( $arr_file = File( SQL_COLUMNSFILE ) ) ) return $arr_sql;
    # Parcourir le fichier des colonnes
    $tab_fnd = false;
    $num_col = 0;
    while( count( $arr_file ) > 0 && list( $key, $str ) = each( $arr_file ))
    {
       # Eviter lignes en commentaires
       if ( $str != "" && substr( $str[0], 1, 1 ) != SQL_INFOCMT )
       {
          # Découper les champs de la colonne
          $arr_str = split(SQL_INFOSEP, StrToUpper( $str ), 16 );
          $tab_name = $arr_str[0];
          $col_name = $arr_str[1];
          # Vérification du nom de la table
          if ( strtoupper( $tab_name ) == $TableName )
          {
             $tab_fnd = true;
             # Vérification du préfixe de la colonne
             if ( $ColumnPrefix == ""
             || strstr( $col_name, $ColumnPrefix ) != false )
             {
                $col_key = (strtoupper( $arr_str[5] ) == "Y") ? "Y" : "N";
                $col_null = (strtoupper( $arr_str[7] ) == "Y") ? "Y" : "N";
                $col_ident = (strtoupper( $arr_str[6] ) == "Y") ? "Y" : "N";
                $col_forkey = (strtoupper( $arr_str[8] ) == "Y") ? "Y" : "N";
                # Vérification de la plage
                if ( ( $Plage =="ALL" )
                ||  ( $Plage == "KEY" && $col_key == "Y" )
                ||  ( $Plage == "NOTKEY" && $col_key == "N" )
                ||  ( $Plage == "NULL" && $col_null == "Y" )
                ||  ( $Plage == "NOTNULL" && $col_null == "N" )
                ||  ( $Plage == "NULLBUTKEY" && $col_null == "Y"
                  && $col_key == "N" )
                ||  ( $Plage == "NOTNULLBUTKEY" && $col_null == "N"
                  && $ col_key == "N" )
                ||  ( $Plage == "FORKEY" && $col_forkey == "Y" )
                ||  ( $Plage == "NOTFORKEY" && $col_forkey == "N" )
                ||  ( $Plage == "IDENT" && $col_ident == "Y" )
                ||  ( $Plage == "NOTIDENT" && $col_ident == "N" ) )
                {
                   $arr_sql[$num_col++] = $str;
                }
             }
          } elseif ( $tab_fnd == true ) break;
          unset( $arr_str );
       }
    }
    unset( $arr_file );
    return $arr_sql;
}
?>
```

Nous pouvons maintenant envisager d'écrire, par exemple, une double boucle PHP sur les colonnes non nulles des tables de référence, en écrivant :

```
#
# Sql_DoLoop
# Boucle sur certaines colonnes de certaines tables
#
function Sql_DoLoop ($TablesPlage, $ColumnsPlage, $FunctionName )
{
   $SqlTabArray = Sql_GetTabInf( "", "$TablesPlage " );
   # Pour chaque table qui correspond à la plage
   while ( list( $t, $tab_info ) = each( $SqlTabArray ) ) {
      $TabInfArr = Split(, $tab_info, 1 );
      $TabName = $TabInfArr[0];   // Nom de la table
      $SqlColArray = Sql_GetColInf( $SqlTabArray, "", "NOT NULL" );
      # Pour chaque colonne de la table courante
      while ( list( $c, $col_info ) = each( $SqlColArray ) ) {
         $ColInfArr = Split(  "~", $col_info, 1 );
         # A ce stade, toutes les informations de la colonne et de la table
      # courante sont accessibles à partir d'un des éléments des deux tableaux
      # TabInfArr et ColInfArr.
         Exec ( $FunctionName, $TabInfArr, $ColInfArr );
      }
   }
} // SQL_DoLoop
```

Bien que ce script ne soit pas vraiment simple, il permet de manipuler facilement les données de notre application. En ajoutant des composants à la fin de chaque ligne des tables ou des colonnes, on peut intégrer de nouvelles notions, qui permettent de gérer les spécificités de notre modèle de page. Ces notions seront alors directement accessibles en tant qu'un des éléments des tableaux issus de l'appel aux fonctions de découpage (Split, etc.). Imaginons que l'on veuille affecter un contrôle JavaScript à certains champs d'un formulaire, lors de sa validation. Pour cela nous devons uniquement procéder aux opérations suivantes :

- Ajouter une ligne qui décrit le nouveau champ dans le fichier Columns.Txt.
- Ajouter un composant à la requête qui extrait et initialise les données des tables.
- Noter la position de ce champ dans la chaîne (10), afin de pouvoir le manipuler.

Dans le code, il deviendra alors possible de tester le dernier composant, en considérant qu'il contiendra, par exemple Y (yes), pour les contrôles qui disposent d'un contrôle JavaScript :

```
# Si la colonne possède un contrôle JavaScript
if ($ColInfArr[10] == "Y" ) {
   # Inclure un champ Input avec contrôle Java intégré
} else {
   # Inclure un champs Input standard
}
```

Nous stockerons les deux fonctions de manipulation des informations SQL dans un script PHP, que nous nommerons **COMMON.INC**, et qui contiendra à terme toutes les fonctions réutilisables.

17

Indépendance vis-à-vis de l'interface

Développement du référentiel

Interface de l'application

Pages communes l'application

L'application à développer disposera d'une page d'accueil, ainsi que d'un bandeau de navigation, qui sera également accessible dans d'autres pages. Il faudra donc les isoler clairement.

Page d'accueil

Pour bien montrer les mécanismes de mise en œuvre, nous allons faire un peu évoluer notre page d'accueil, afin qu'elle nous permette d'accéder directement à un certain nombre de traitements. Elle contiendra le titre de l'application, une image et des liens vers les différentes pages de l'application.

Menu : liste des référentiels

Cette page est en fait un bandeau qui contiendra la liste des tables qui nécessitent un traitement façon référentiel. Elle permettra d'accéder au contenu de chacune de ces tables, au moyen d'une simple sélection d'un lien hypertexte qui portera le nom de la table. Ces liens seront situés dans un menu, lui-même placé dans le bandeau vertical gauche de toutes les pages HTML. Lors de l'activation d'un de ces liens, on appellera donc la page de liste des entités d'un référentiel, en lui passant deux paramètres : Section, qui représentera le nom de la table à traiter, et Action, qui contiendra un code d'identifiant de l'action demandée (LST, dans le cas de la liste).

Le lien hypertexte sera donc du type :

```
<A href="Ref_Lst.Php3?Section=TYPVIN&Action=LST">
Liste des types de vins
</A>
```

Autres pages

Pour ne pas complexifier l'exemple, nous nous contenterons de créer deux pages : la page d'accueil et la page de gestion du référentiel. Il est cependant possible d'ajouter un grand nombre de pages standard : nouveautés (news), recherche, erreurs, ou encore présentation générale de l'application. Qu'elles soient simples ou complexes, ces pages permettent d'intégrer des comportements ou des normes au sein de l'application, afin de lui affecter des fonctionnalités ou un aspect final plus détaillé.

Un grand nombre de standards sont en effet primordiaux pour réussir son application. Les besoins et attentes des internautes ont beaucoup évolué, et l'absence de certaines fonctions « évidentes » peut rapidement altérer la qualité d'un site. Il faut donc être prudent et rentrer dans le moule, sinon, on court à la catastrophe. Dans le cas de développement d'intranets, ces comportements doivent, de plus, être associés à des chartes ergonomiques ou de règles de normalisation internes, qui préconisent la présence de certaines fonctionnalités plutôt que d'autres. Dans une version plus détaillée, la modélisation des pages nécessaires à l'intégration d'un référentiel universel devrait donc prendre en compte toutes ces remarques, et permettre de paramétrer l'intégration de ces fonctionnalités, ainsi que leur contenu.

Page du référentiel

Liste des entités d'une table

La page générique de gestion du référentiel devra afficher la liste des entités d'une table de base de données. Cette fonction classique est développée sur la majeure partie des projets. Une implémentation a été évoquée au chapitre relatif à l'étude de cas.

En vue d'une réutilisation, une fonction de ce type doit disposer de suffisamment de paramètres, afin de pouvoir prendre en compte toutes les subtilités d'un projet ou plutôt les subtilités communes à tout un ensemble de projets. Il peut s'agir :

- De l'indépendance vis-à-vis des colonnes contenues dans la liste.
- Du formatage des lignes et des colonnes de résultat.
- De la méthode d'intégration du résultat dans le contexte de la page ou du projet

Tous ces paramètres sont souvent intégrés dans un projet. Mais ils le sont en fonction du projet en question. Lors du développement d'une application, il est courant de créer des fonctions nouvelles qui se comportent comme étant des interfaces d'accès rapide à des fonctions plus techniques ou plus vastes. Accès rapide signifie qu'on essaye de diminuer le nombre de paramètres nécessaires à l'appel de la fonction, en imposant des valeurs à certains des arguments techniques qu'elle manipule. On utilise pour cela des constantes, des variables globales ou des valeurs directement codées en dur dans la fonction. Peu importe, car, à ce moment précis, l'important est de créer une fonction propre au projet, qui pourra être appelée à tout moment et le plus facilement possible. On ne pense alors pas réutilisation, mais rapidité de mise en œuvre. En ce qui nous concerne, notre objectif est de développer une page qui utilise au maximum les appels à des fonctions dont les paramètres n'auront plus à être retouchés lors d'une réutilisation.

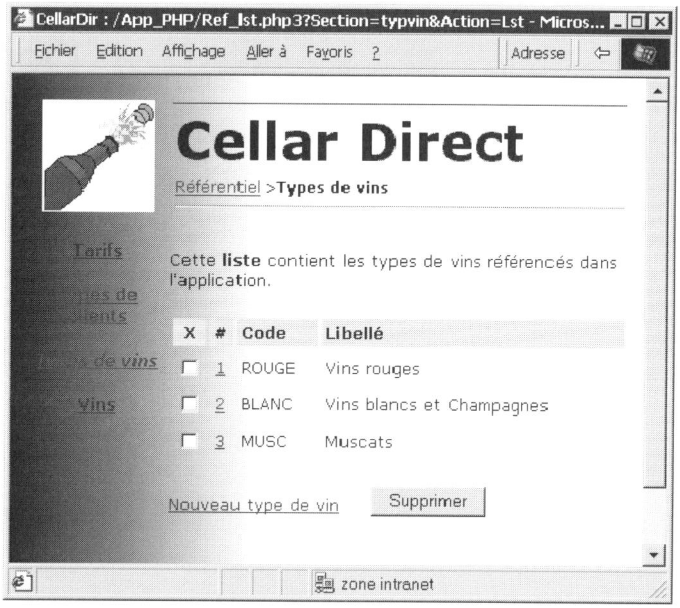

Figure 17.1
La page de liste des données de référence.

Nous découperons donc la page en deux colonnes :

- La première colonne contiendra le logo de l'application et, dans le bas, la liste des tables de référence accessibles.
- La seconde contiendra le titre de la page placé en en-tête, le référentiel actif, le « chemin » parcouru par l'utilisateur et le message d'erreur éventuel. Dans le bas, on trouvera la liste des données d'une table de référence (cette page) ou le formulaire de mise à jour (page suivante).

Création, modification, suppression

Cette page sera la même que la précédente, à savoir la page de gestion du référentiel. Mais, nous lui passerons un paramètre spécifique, nommé « Action », qui donnera le mode d'accès à la page, afin de connaître le style du formulaire à afficher. Le formulaire en question présentera tout simplement le nom de chaque colonne et le champ de saisie associé.

Pour être réutilisable, le formulaire devra dépendre uniquement de données accessibles dans tous les projets, c'est-à-dire celles de nos fichiers Tables.Txt et Columns.Txt. Les règles de gestion qui déterminent le type de champ de saisie, sa taille, son accès, etc. ne s'appuieront donc que sur ces données.

Cette page contiendra de plus un bouton de validation de la saisie. La page appelée à ce moment sera encore la page de liste, mais un dernier paramètre (confirm) sera ajouté, afin d'indiquer qu'une validation de formulaire a eu lieu. Une fois les mises à jour effectuées, la page repassera en mode liste.

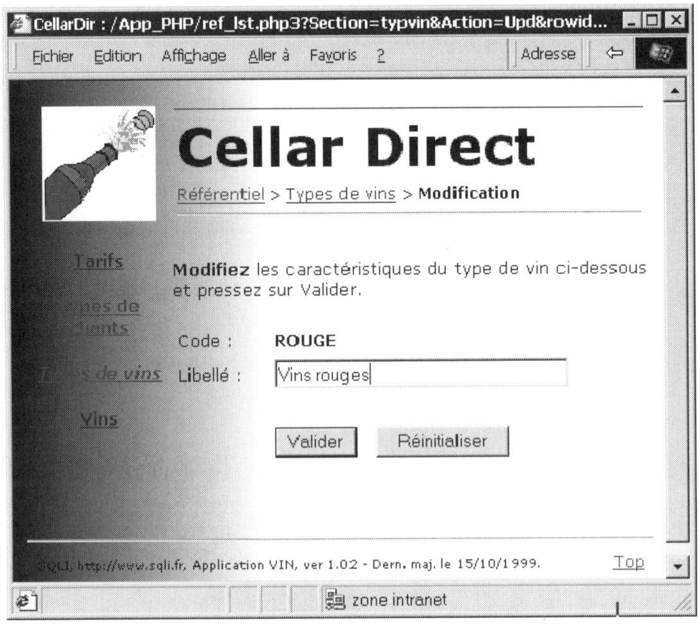

Figure 17.2
La page de détail, lors d'une modification.

Création de la page PHP

Nous allons ensuite analyser et développer un certain nombre de fonctions destinées à la mise en œuvre d'une gestion de référentiel.

Ces fonctions servent à générer les ordres SQL de sélection, d'insertion, de mise à jour et de suppression de données. Elles doivent être indépendantes de la structure de la base de données. Pour cela, nous utilisons les fichiers Tables.Txt et Columns.Txt évoqués précédemment, qui contiennent l'ensemble de la structure de notre application.

Préliminaires

Quelques restrictions

Pour coder ces fonctions, il faut faire certains choix, afin de restreindre la complexité des développements. Ces choix ne sont pas arbitraires. Ils s'appuient sur l'expérience de projets réels, et tentent de rester réalistes quant à l'utilisation des applications de gestion de référentiels. Ces choix sont les suivants :

- La liste des données présentera toutes les entités d'une table de référence. Il n'y aura donc pas de possibilités de limitation du nombre de lignes affichées, car les tables en question contiennent en général un nombre restreint de données. La liste contiendra l'ensemble des colonnes de la table de référence active. Pour chaque entité de la table nous ajouterons : un lien hypertexte d'accès à la page de détail de l'entité et une case à cocher qui permettra de sélectionner les données à supprimer. Enfin, la page contiendra deux boutons d'action, afin d'ajouter une nouvelle entité ou de supprimer les entités sélectionnées.

- L'utilisation d'ordres SQL dynamiques sera préférée à celle de procédures stockées. Ce choix est fait pour trois raisons. La première est que la génération d'ordres SQL dynamiques est plus intéressante à étudier que le simple appel d'une procédure stockée à laquelle il suffit de passer les paramètres. La deuxième est que la gestion d'un référentiel, même si elle a son importance, n'est pas la partie « métier » d'une application : par conséquent, il est possible de définir des comportements standard de gestion des données. L'intérêt des procédures stockées, qui permettent de coder les règles de gestion en leur sein, disparaît ici, car ces dernières risquent de n'effectuer que des commandes SQL de base (Insert, Update, etc.). La troisième raison est qu'il est plus facile de gérer et de faire évoluer quatre fonctions PHP dédiées à la génération d'ordres SQL qu'un ensemble de procédures stockées qui travaillent chacune avec une des tables du référentiel.
- La saisie des entités se fera par l'intermédiaire d'un formulaire qui affichera tous les champs de saisie associés aux colonnes de la table. Lors de la création d'une nouvelle donnée, tous les champs de saisie seront accessibles. En revanche, lors de la modification d'une donnée existante, seules les colonnes qui ne font pas partie de la clé seront accessibles. Pour la suppression, une confirmation sera nécessaire, et l'écran en question présentera les clés primaires des données à supprimer.

Munis de ces règles, nous pouvons maintenant référencer nos besoins en termes de fonctions.

Quelques fonctions nécessaires

Les traitements que nous décrivons ici manipulent des informations stockées dans des chaînes de caractères dites formatées, c'est-à-dire composées de plusieurs éléments séparés par un caractère non équivoque. Pour accéder rapidement à un des composants, nous allons écrire une fonction de nom très courte (S), destinée à extraire un des composants de la chaîne.

S est une variante de la fonction `Split`, fournie en standard sous PHP. Elle découpe une chaîne de caractères au moyen d'un séparateur. De plus, elle retourne un des composants plutôt que le tableau qui les contient tous.

Voici le code de la fonction S :

```
# Retourne un composant d'une chaîne de caractères
# La source (Src) est formée de plusieurs éléments séparés
# par un caractère (Sep). Par ex: Element1~Element2~Element3
# Pour le premier élément, passer PartNum = 1.
function S($SrcString, $Sep, $PartNum)
{
   if ($PartNum < 0 or $Sep = "" or $SrcString = "") return "";
   if ($PartNum == 0) $PartNum = 64;      # 64 composants au maximum
   $TmpArray = Split($Src, $Sep, $PartNum)
   if ($PartNum == 0) $PartNum = $TmpArray.GetSize();
   return $TmpArray[PartNum-1];
}
```

NOTE Si votre objectif est de parcourir tous les éléments de la chaîne, mieux vaut commencer par appeler la fonction Split standard, puis réaliser ensuite la boucle sur le tableau. L'usage de la fonction S provoque en effet l'allocation d'un tableau, qui grossit avec l'apport de chaque nouvel élément. En revanche, si vous avez l'intention de récupérer l'un des premiers éléments, afin de tester sa valeur avant de récupérer les autres, la fonction S est plus rapide, car elle découpe uniquement la partie nécessaire de la chaîne.

La fonction suivante consiste à récupérer directement la valeur d'un paramètre stocké dans une URL (ou une chaîne formatée comme étant une URL). Cette fonction est nommée `Param_GetVal`. Elle prend deux paramètres en entrée :

- une URL : cod_typvin=ROUGE**&**lib_typvin=Vins*%20* rouges ;
- le code du paramètre recherché dans cette URL : cod_typvin.

Voici le code de la fonction Param_GetVal :

```
# Récupérer la valeur d'un paramètre d'URL, en extrayant les
# caractères compris entre Col= et & (ou la fin de la chaîne)
function Param_GetVal($Prm_Str, $Col_Nam)
{
   # Extraire la partie droite de la chaîne des paramètres située
   # après l'apparition du nom de la colonne.
   if ( ( $prm_val = strstr( $Prm_Str, $Col_Nam."=" ) ) )
   {
      # S'il reste des paramètres dans la chaîne paramètre résultante
      if ( strpos( $prm_val, "&" ) > 0 ) {
         $val_str = substr( $prm_val, 0, strpos( $prm_val, "&" ) );
         $val_str = urldecode(substr($val_str,strpos($val_str,"=")+1));
      # Sinon, renvoyer la chaîne décodée.
      } else {
         $val_str = urldecode(substr($prm_val,strpos($prm_val,"=")+1));
      }
   }
   return $val_str;
}
```

Un grand nombre de traitements peuvent découler de ces deux fonctions ou du moins les utiliser. En effet, elles facilitent l'écriture et la récupération de nombreux composants de chaînes formatées que l'on ne cesse de manipuler d'une page à l'autre. Elles donnent également naissance à des algorithmes qui créent d'autres chaînes en réalisant des opérations qui se fondent sur les composants de la chaîne. C'est le cas, par exemple, des listes de colonnes, que l'on écrit souvent dans un appel de fonction, et qui représentent les informations à utiliser pour le traitement. C'est le cas également des clauses Select, Set et Where, des ordres SQL d'accès aux bases de données. Ce besoin est très fréquent. Pour y satisfaire, nous avons développé trois autres fonctions, que nous nous contenterons d'évoquer, car leur écriture est simple. Vous retrouverez toutes ces fonctions sur le site internet dédié à ce livre. Sachez cependant que ces fonctions doivent reprendre la syntaxe de certaines des commandes qui interviennent dans le reste du processus. Elles devront donc être reprises à terme, voire adaptées, afin de devenir indépendantes des plates-formes dans lesquelles elles seront réutilisées.

En ce qui nous concerne, nous avons uniquement à gérer l'en-tête des listes de données de référence. Nous utiliserons cette fonction lors du chargement de la page, afin d'initialiser la première ligne de la table HTML. Le code de la fonction `Build_SQLListHeader` est le suivant :

```
#
# Construit l'en-tête d'une table HTML associée à une table de référence
#
```

```
function Build_SQLListHeader( $Arr_Col )
{
   $sql_str = "";
   reset( $Arr_Col );
   while( (count($Arr_Col)>0) && (list( $key, $val ) = each( $Arr_Col )) )
   {
      # Le deuxième élément du tableau est le libellé de la colonne
      $sql_str .= "<TD><B>".ucfirst( S( $val, "~", 2 ) )."</B></TD>";
   }
   return $sql_str;
}
```

Accès aux bases de données

Nous réutiliserons le composant développé au chapitre 11, « Création de composants ». Il s'agit d'une classe, qui contient les différentes fonctions nécessaires à l'accès à une base de données Oracle au moyen d' ODBC.

Cela concerne :

- **La génération et l'exécution des mises à jour de la base de données :**
  Le composant nous a permis de nous familiariser avec les méthodes de génération d'instructions SQL. Rappelons que les choix effectués concernent Oracle, et que, dans le cas d'une utilisation avec un autre SGBD, il sera nécessaire de récrire les fonctions ou d'améliorer les fonctions existantes.
- **L'exécution de requêtes SQL dynamiques :**
  Ces requêtes permettent de récupérer des flux de données multilignes, sans ouvrir spécifiquement de curseurs. Elles facilitent aussi la gestion des erreurs d'exécution.

Génération du formulaire de saisie

Cette fonction permet de générer le code HTML qui représente les champs de saisie d'un formulaire. Les champs doivent être initialisés en fonction du type de formulaire à créer : insertion, mise à jour ou suppression. Il en est de même pour leur accessibilité. On considérera que, en mode création, tous les champs sont actifs ; en mode modification, tous les champs qui ne font pas partie de la clé sont modifiables ; en mode suppression, seule la clé est affichée.

Les données d'entrée proviennent de deux sources :

La première source est le **tableau des colonnes**, $Arr_Col, composé de chaînes de caractères qui représentent les caractéristiques des colonnes de la table en cours de traitement, dont les informations sont issues du fichier Columns.Txt, décrit plus haut. Les lignes suivantes sont celles qui nous intéressent dans le cas de la table typvin :

```
typvin~cod_typvin~code~char~8~Y~N~N~N~EFT~
typvin~lib_typvin~libellé~char~63~N~N~N~N~EFT
```

Le contenu du tableau sera initialisé lors de l'accès à la page de gestion des entités de référence. Pour cela, on utilise la fonction `SQL_GetColInf()`, décrite en début de chapitre.

La deuxième source est **une URL**, dont les différents composants reprennent les colonnes à traiter et leurs valeurs respectives. Par exemple, dans le cas de la modification, on reçoit une URL du type :

Ref_Lst.Php3?cod_typvin=ROUGE&lib_typvin=Vins*%20*rouges&Action=Upd

Dans cette chaîne, %20 représente le code ASCII du caractère espace, sous forme hexadécimale (32). On peut alors accéder aux différents composants de la chaîne en écrivant :

```
ColumnName = UrlDecode(S(S(S(str,"?",2),"&",1),"=",1));
ColumnValue = UrlDecode (S(S(S(str,"?",2),"&",1),"=",2));
```

NOTE La fonction **UrlDecode** permet de remplacer le code ASCII %20 par sa valeur (un espace).

Le dernier paramètre de la fonction, $RowPrefix, représente la chaîne à intégrer au début de chaque ligne générée (afin d'harmoniser l'indentation du code HTML). En sortie, la fonction renverra une chaîne de caractères qui contiendra le HTML du formulaire.

Le code de la fonction `Build_SQLForm()` est le suivant :

```
#
# Construction d'un formulaire de saisie des informations d'une table
# Résultat composé de plusieurs lignes du type:
# <TR>
#      <TD>Code: </TD>
#   <TD><INPUT type="TEXT" name="cod_typvin" value="ROUGE"></TD>
# </TR>
Function Build_SQLForm ( $Arr_Col, $Prm_Str, $Action, $RowPrefix )
{
   $sql_str = "", $sql_keystr = "", $sql_notkeystr = "";
   Reset( $Arr_Col );   # Rembobiner le tableau des colonnes
 # Pour chaque élément du tableau des colonnes
   while( (count($Arr_Col)>0) && (list($key,$val)=each($Arr_Col)) )
   {
      # Découpage des informations d'une colonne de la table
      $arr_str = split( "~", $val, 16 );
      $col_nam = $arr_str[1];                # Nom de la colonne
      # Récupération de la valeur du paramètre
      $prm_val = Param_GetVal( $Prm_Str, $arr_str[1] );
      # Calculer la taille du champ de saisie en fonction de celle du
      # type de la colonne, avec une taille maximale de 50
      $width = Max( 6, Min( intval( $arr_str[4] ), 50 ) );
      # Colonnes clés -> Comportement différent dans chacun des trois modes
      if ( StrToUpper( $arr_str[5] ) == "Y" ) {
         if ( $Action == "Ins" && StrToUpper( $arr_str[6] ) != "Y" ) {
            $sql_keystr.="$RowPrefix<TR><TD width=20%>";
            $sql_keystr.=ucfirst( $arr_str[2] )." : </TD>";
            $sql_keystr.="<TD><INPUT type=\"TEXT\" maxlength="$arr_str[4]";
            $sql_keystr.=" size=$width name=\"$arr_str[1]\"></TD></TR>\n";
         } elseif ( $Action == "Upd" ) {
            $sql_keystr.="$RowPrefix<TR><TD width=20%>"
            $sql_keystr.=ucfirst( $arr_str[2] )." : </TD>";
```

```
            $sql_keystr.="<TD><B>$prm_val</B> ";
            $sql_keystr.="<INPUT type=\"HIDDEN\" name=\"$arr_str[1]\"";
            $sql_keystr.=" value=\"$prm_val\"></TD></TR>\n";
         } elseif ( $Action == "Del" ) {
            $sql_keystr.="$RowPrefix<TR><TD width=20%>";
            $sql_keystr.=ucfirst( $arr_str[2] )." : </TD>";
            $sql_keystr.="<TD><B>$prm_val</B> ";
            $sql_keystr.="<INPUT type=\"HIDDEN\" name=\"arr_str[1]\"";
            $sql_keystr.=" value=\"$prm_val\"></TD></TR>\n";
         }
      # Colonnes clés -> Comportement identique en création et mise à jour
      } else {
         if ( $Action == "Ins" ) {
               $sql_notkeystr.="$RowPrefix<TR><TD width=20%>";
              $sql_notkeystr.=ucfirst( $arr_str[2] )." : </TD>";
               $sql_notkeystr.="<TD><INPUT type=\"TEXT\"";
               $sql_notkeystr.=" maxlength=$arr_str[4] size=$width";
               $sql_notkeystr.=" name=\"$arr_str[1]\"></TD></TR>\n";
         } elseif ( $Action == "Upd" ) {
               $sql_notkeystr.="$RowPrefix<TR><TD width=20%>";
               $sql_notkeystr.=ucfirst( $arr_str[2] )." : </TD>";
              $sql_notkeystr .= "<TD><INPUT type=\"TEXT\"";
               $sql_notkeystr.=" maxlength=$arr_str[4] size=$width";
               $sql_notkeystr.=" name=\"$arr_str[1]\"";
               $sql_notkeystr.=" value=\"$prm_val\"></TD></TR>\n";
         } elseif ( $Action == "Del" ) {
               # En suppression, rien, car affichage de la clé uniquement
         }
      }
   }
   # Renvoyer le SQL généré
   return $sql_keystr.$sql_notkeystr;
} # Build_SQLForm
```

Cette fonction est volontairement simplifiée. En fait, il est possible d'aller beaucoup plus loin dans le codage du comportement. On peut y ajouter des contrôles de saisie automatiques sur le poste client (JavaScript), des types de champs de saisie, en fonction du nom de la colonne, de son type, ou autre, voire la découper en appels à des fonctions indépendantes qui retournent chacune un morceau du formulaire.

Pour gérer plusieurs comportements, il est également possible d'en décliner plusieurs versions, avec des règles de gestion différentes, comportements qui seront au final associés à différentes catégories d'objets.

En ce qui concerne le style du formulaire, on peut envisager de travailler avec les feuilles de styles ou d'utiliser des objets paramétrables, afin d'effectuer des saisies plus assistées, plus détaillées ou plus typées.

Le cœur du formulaire se situe au sein de cette fonction, qui imposera les comportements et donnera son harmonie à l'application.

Création de la page du référentiel

Découpage de la page

Nous avons vu les fonctions dont il est nécessaire de disposer afin de gérer l'indépendance vis-à-vis de la structure de données. L'étape suivante va nous permettre de développer la page PHP qui gère le référentiel. Cependant, un problème subsiste. La page que nous allons développer va nécessairement posséder une structure de présentation (décrite un peu plus haut). Cette structure est lourde à gérer, dans la mesure où elle nécessite d'insérer des balises du type <TABLE> et <TR> au sein du code… Lorsque la page se complexifie, ces balises perturbent non seulement la lecture du source mais également son évolution.

Pour conserver la possibilité de faire évoluer la présentation sans retoucher les données, nous allons placer dans notre bibliothèque commune (Common.Inc) un certain nombre de fonctions, destinées à dessiner la page. Toute la subtilité consiste à placer dans ces fonctions le strict nécessaire. Nous allons gérer un paramètre de style ($Style), auquel nous affecterons la valeur 1. Ce paramètre sera passé à l'ensemble des fonctions destinées à construire les parties statiques de notre page (Echo_*), et permettra, à terme, d'en modifier la structure, sans avoir à retoucher la structure de la page PHP3, mais uniquement la valeur du paramètre $Style.

Le découpage que nous avons retenu pour la page s'articule autour d'un bloc de trois lignes et deux colonnes. La page principale contiendra donc une table, dans laquelle quatre cellules seront clairement identifiées. Les fonctions d'indépendance vis-à-vis de la présentation se contenteront donc de dessiner les différentes transitions entre les cellules. En aucun cas, nous n'y trouverons de paramètres propres aux données de l'application.

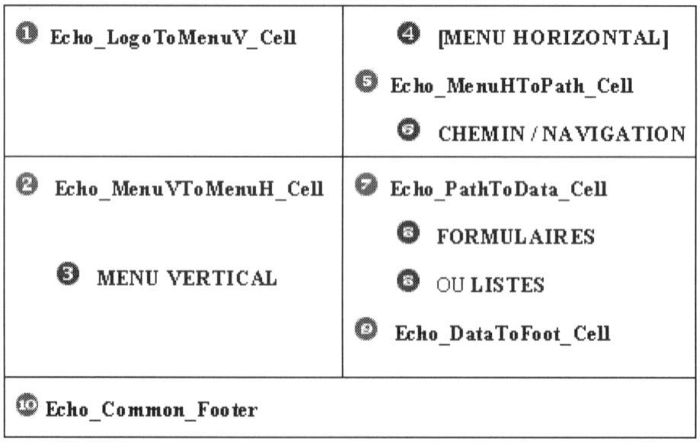

Figure 17.3
Découpage technique de la page de gestion du référentiel.

Dessin des intersections

Le code des fonctions nécessaires à cette organisation est donné à titre indicatif, car nous le retoucherons, un peu plus loin dans ce chapitre, afin de le rendre plus générique.

```
# Affichage de la cellule du logo
function Echo_LogoToMenuV_Cell( $Style, $Logo )
{
   if( $Style == 1 ) {
      # Composant haut/gauche : le logo et le menu de l'application
      echo( "    <TD width=22% height=100% valign=TOP >\n" );
```

```
        echo( "      <TABLE border=0 width=100% cellspacing=2>\n" );
        echo( "        <TR>\n" );
        echo( "          <!-- Logo, en haut à gauche -->\n" );
        echo( "          <TD align=CENTER><A href=\"accueil.php3\">" );
        echo( "          <IMG border=0 src=\"".$Logo."\"></IMG></A></TD>\n" );
        echo( "        </TR>\n" );
        echo( "        <TR>\n" );
        echo( "          <TD align=CENTER valign=TOP><BR>\n" );
        echo( "            <!-- Menu vertical gauche -->\n" );
    }
}
# Affichage de la fin du menu droit jusqu'au début du menu haut
function Echo_MenuVToMenuH_Cell( $Style )
{
    if( $Style == 1 ) {
        echo( "          </TD>\n" );   # Fin du menu vertical gauche
        echo( "        </TR>\n" );
        echo( "      </TABLE>\n" );
        echo( "    </TD>\n" );
        echo( "    <TD height=100% valign=TOP>\n" );
        echo( "      <TABLE border=0 width=100% cellspacing=3>\n" );
        echo( "        <TR>\n" );
        echo( "          <TD>\n" );
        echo( "            <TABLE border=0 width=100% cellspacing=2>\n" );
        echo( "              <TR><TD bgcolor=#222222>\n" );
        echo( "                <!-- Menu horizontal haut -->\n" );
    }
}
# Affichage de la fin du menu haut au début du chemin d'accès à la page
function Echo_MenuHToPath_Cell( $Style, $Title )
{
    if( $Style == 1 ) {
        echo( "              </TD></TR>\n" );   # Fin du menu du haut de page
        echo( "              <TR><TD><B>".$Title."</B></TD></TR>\n");
        echo( "              <TR><TD><SMALL>\n" );
        echo( "              <!-- Liens du chemin d'accès à la page -->\n" );
    }
}
# Affichage de la fin du path au début de la partie variable
function Echo_PathToData_Cell ( $Style )
{
    if( $Style == 1 ) {
        echo( "              </SMALL></TD></TR>\n" ); # Fin du chemin d'accès
        echo( "            </TABLE>\n" );
        echo( "          </TD>\n" );
        echo( "        </TR>\n" );
        echo( "        <TR>\n" );
        echo( "          <TD>\n" );
        echo( "            <!-- Partie variable de la page -->\n" );
    }
} # Echo_PathToData_Cell
```

```
# Affichage de la fin du path au début de la partie variable
function Echo_DataToFoot_Cell( $Style )
{
   if( $Style == 1 ) {
      echo( "          </TD>\n" );   # Fin de la zone données
      echo( "        </TR>\n" );
      echo( "      </TABLE>\n" );
      echo( "    </TD>\n" );
   }
} # DataToFoot_Cell
# Affichage du pied de page commun
function Echo_Common_Footer ( $Style, $FootLine )
{
   if( $Style == 1 ) {
      echo( "  </TR>\n" );
      echo( "</TABLE><P><HR>\n" );
      echo( "<!-- Pied de page commun -->\n" );
      echo( "<TABLE border=0 width=100% cellspacing=1 cellpadding=1>\n");
      echo( "  <TR>\n" );
      # Texte du pied de page passé en paramètre
      echo( "    <TD width=90% align=LEFT>.$FootLine.</TD>\n" );
      # Lien vers le haut de la page
      echo( "    <TD width=10" align=RIGHT><A href=#Top>Top</A></TD>\n" );
      echo( "  </TR>\n" );
      echo( "</TABLE>\n" );
      echo( "</BODY>\n" );
      echo( "</HTML>\n" );
   }
} # Echo_Common_Footer
```

Ces sources évolueront donc vers quelque chose de plus intégré. Ils permettent cependant de se rendre compte qu'en dessinant les intersection, les possibilités de modification d'interface peuvent dépendre uniquement de quelques TD ou TR judicieusement positionnés.

Avec ces fonctions s'achèvent les préliminaires qui permettent de s'abstenir d'une partie de la structure de la page. La suite va consister à écrire la page elle-même.

Code de la page du référentiel

Le développement de la page PHP qui permet de réaliser la gestion du référentiel va s'appuyer sur toutes les fonctions vues jusqu'ici.

Cette page est organisée de la façon suivante :

- Un en-tête de page commun, qui permet l'intégration de nos fonctions et l'affectation de valeurs par défaut à l'ensemble des variables de style de la page.
- Une partie dont le rôle est d'effectuer les mises à jour dans la base de données, et de gérer les messages d'erreur.
- Une partie dédiée à la construction de la liste des entités ou du formulaire de création, mise à jour ou suppression d'une entité.
- Un pied de page commun.

```
<?php
#
# Préliminaires PHP.
Require ( "common.Inc" );
Require ( "com_odbc.Inc" );
```

Les lignes précédentes incluent les fichiers de fonctions nécessaires à notre page. Pour changer de base de données, il suffit donc de modifier le fichier com_odbc.inc. Les fonctions SQL de la page de liste sont donc « universelles » ; la partie spécifique à ODBC se situe dans le fichier com_odbc.inc.

Les lignes suivantes initialisent le style de l'application. Elles affectent donc des valeurs par défaut aux variables de style, sauf si ces dernières sont déjà renseignées. On peut donc modifier de façon dynamique un des paramètres en le passant dans l'URL :

```
# Valorisation à l'aide de variables de style par défaut
if( ! IsSet( $Style ) ) $Style = 1;
if( ! IsSet( $Fond ) ) $Fond = ".\IMAGES\Fond.Jpg";      # Image fond
if( ! IsSet( $Logo ) ) $Logo = ".\IMAGES\Logo.Gif";      # Logo
if( ! IsSet( $WinTitle ) ) $WinTitle = "REFVIN : $REQUEST_URL";
if( ! IsSet( $Title ) ) $Title = "Référentiel gestion de vin";   # Titre
if( ! IsSet( $FootLine ) ) {
   $FootLine =  "<SMALL><SMALL>Application REFVIN V1.01, créé par M. X.";
   $FootLine .= " le 25/09/1999.</SMALL></SMALL>";
}
# Paramètres de connexion à la base de données
if( ! IsSet( $KeySqlCnxStr ) ) $KeySqlCnxStr = "DSNVIN";
if( ! IsSet( $KeySqlCnxUsr ) ) $KeySqlCnxUsr = "VIN";
if( ! IsSet( $KeySqlCnxPwd ) ) $KeySqlCnxPwd = "VIN";
```

La section suivante gère les mises à jour dans la base de données. On sait que, dans le cas où une commande SQL doit être lancée, le paramètres `$Confirm` vaut OK (l'utilisateur a validé un formulaire), et le tableau des colonnes de la table (avec leur valeurs) est défini. On construit alors une chaîne de caractères qui contient l'ensemble des paramètres passés à la page (variables postées incluses). Cette chaîne est celle qui sera parcourue par les fonctions qui construisent dynamiquement les requêtes de mise à jour de la base de données (`Build_SQLInsCmd`, par exemple) :

```
   # Récupérer infos sur les colonnes si $Section contient un nom de table
   if ( isset($Section) ) $arr_cols = SQL_GetColInf( $Section, "", "ALL" );
   # Mise à jour de données ?
   if ( $Confirm == "OK" && isset( $arr_cols ) && isset( $Section ) )
   {
      # Construire la chaîne des paramètres de type: prm1=val1&prm2=val2...
      $prm_str = $REDIRECT_QUERY_STRING;
      # Ajout des infos postées par le formulaire
      while ( list( $k, $v ) = each( $HTTP_POST_VARS ) )
         $prm_str .= "&".$k."=".$v;
```

La phase suivante consiste à **construire et à exécuter les commandes SQL** de mise à jour. Pour cela, il suffit de tester le paramètres `$Action`, et d'appeler les fonctions de création et d'exécution de l'ordre SQL correspondantes. On gère, en outre, l'intégration d'un message d'erreur ou de succès dans les premières lignes de la page :

```
      # En mode INSERTION
      if ( $Action == "Ins" ) {
         $sql_string = Build_SQLInsCmd ( $Section, $prm_str, $arr_cols );
         if ( Exec_SqlProc ( $KeySqlCnxStr, $KeySqlCnxUsr, $KeySqlCnxPwd,
                            $sql_string) == true ) {
            $sql_sts = "  <I>Dernière création OK.</I>\n";
         else
            $sql_sts = "  <I>ERREUR lors de la dernière insertion !</I>";
      # En mode MISE A JOUR
      } elseif ( $Action == "Upd" ) {
         $sql_string = Build_SQLUpdCmd ( $Section, $prm_str, $arr_cols );
         if ( Exec_SqlProc ( $KeySqlCnxStr, $KeySqlCnxUsr, $KeySqlCnxPwd,
                            $sql_string) == true ) {
            $sql_sts = "  <I>Dernière mise à jour OK.</I>\n";
         else
            $sql_sts = "  <I>ERREUR lors de la dernière mise à jour !</I>";
      # En mode SUPPRESSION
      } elseif ( $Action == "Del" ) {
         $sql_string = "Delete From $Section Where rowid IN ( ";
         $rowid_str = "";
         # Pour chacune des cases à cocher activées pour être supprimées
         while( list( $k, $v ) = each( $chk_delete ) )
         {
            # Récupérer la valeur de la clé et la concaténer au Where
            if ( $rowid_str != "" ) $rowid_str .= "', '";
            $rowid_str .= $v;
         }
         $sql_string .= (( $rowid_str != "" ) ? "'$rowid_str'" : "" )." )";
         if ( Exec_SqlProc ( $KeySqlCnxStr, $KeySqlCnxUsr, $KeySqlCnxPwd,
                            $sql_string) == true ) {
            $sql_sts = "  <I>Dernière suppression OK.</I>\n";
         } else {
            $sql_sts = "  <I>ERREUR lors de la dernière suppression !</I>";
         }
      } else unset( $sql_sts );
      # Repasser la page en mode liste après les actions sur la base
      $Action = "Lst";
   }
?>
```

Jusqu'ici, les lignes de code ont eu pour objectif de gérer les mises à jour et initialisations de paramètres propres à la page. Les lignes suivantes permettent de **dessiner le corps** de la page elle-même.

On affiche d'abord un en-tête commun (head, title, etc.), puis on appelle la fonction `Echo_LogoToMenuV_Cell`, qui définit la transition entre les deux cellules de base de la table.

```
<HTML>
<HEAD><TITLE><? Print $WinTitle ?></TITLE></HEAD>
```

```
<BODY background="<? Print $Fond ?>">
<TABLE border=0 width="100%" cellspacing=0 cellpadding=0>
<TR>
<?
Echo_LogoToMenuV_Cell( $Style, $Logo );
# Récupération de la liste des tables de référence
$arr_sqltab = Sql_GetTabInf( "", "REF" );
```

Muni de la liste des tables de référence et du paramètre `$Section`, qui indique la table à prendre en compte, on peut envisager de dessiner le bandeau vertical gauche qui représente le menu d'accès à chaque table de référence. Il s'agit de liens hypertexte, qui pointent vers la page de référentiel et affectent la valeur appropriée au paramètre `$Section` :

```
while(( count($arr_sqltab) > 0 ) && ( list($key,$val)=each($arr_sqltab) ))
{
   $arr_str = split( "~", $val, 16 );
   # Si le référentiel actif est celui de la boucle, afficher son nom
   # en italique afin de l'identifier comme référentiel courant …
   if ( isset( $Section ) && $arr_str[0] == $Section ) {
      $ref_lib = $arr_str[1];
      $ref_libplu = $arr_str[7];
echo( "<A href=\"Ref_lst.php3? Section=$arr_str[0]&Action \
Lst\"><B><I>".ucfirst( $arr_str[7] )."</B></I></A><P>\n" );
   # Sinon, l'afficher normalement
   } else {
echo( "<A href=\"Ref_lst.php3?Section=$arr_str[0]&Action \
Lst\"><B>".ucfirst( $arr_str[7] )."</B></A><P>\n" );
   }
   unset( $arr_str );
}
Echo_MenuVToMenuH_Cell( $Style );
```

Ici, il est possible d'inclure un bandeau horizontal, afin, par exemple, d'accéder à d'autres éléments du site. En ce qui nous concerne, nous n'y placerons aucun élément.

```
# Inclure ici un éventuel bandeau horizontal de navigation
Echo_MenuHToPath_Cell( $Style, $Title ); ?>
# Gestion de l'affichage de la navigation empruntée par l'utilisateur
if ( ! isset( $Section ) ) {
        $ref_path = "<B>Référentiel</B><HR>\n";
} else {
      $ref_basurl = "<A href=\"ref_lst.php3\">Référentiel</A>";
      $ref_lsturl = "<A href=\"ref_lst.php3?Section=$Section&Action=Lst\">"\
                  . ucfirst( $ref_libplu ) . "</A>";
      # Mode d'accès à la page
      if ( $Action == "Lst" )          # Mode LISTE
         $ref_path = $ref_basurl." ><B>".ucfirst( $ref_libplu )."</B>";
      elseif ( $Action == "Ins" )       # Mode CREATION
         $ref_path = $ref_basurl." > ".$ref_lsturl." > <B>Création</B>";
      elseif ( $Action == "Upd" )       # Mode MISE A JOUR
         $ref_path = $ref_basurl." > ".$ref_lsturl." > <B>Modification</B>";
```

```
      elseif ( $Action == "Del" )       # Mode SUPPRESSION
         $ref_path = $ref_basurl." > ".$ref_lsturl." > <B>Suppression</B>";
      # Message d'erreur retourné par l'exécution des commandes SQL
      if( isset($sql_sts)) $ref_path  .= " : <I>" . $sql_sts . "</I>";
   }
   echo( "               $ref_path<HR>\n" );
```

La partie suivante représente la **partie vraiment variable** de la page. Elle s'adapte afin d'afficher une liste, un formulaire de création ou de modification, ou un message de confirmation de suppression, en fonction de la valeur des paramètres $Section et $Action.

```
   Echo_PathToData_Cell( $Style );
   #
   # Message d'accueil si aucune table n'a été sélectionnée
   if ( ! isset( $Section ) ) {
      echo(  "           <P>"                                 \
            ."Le référentiel permet de paramétrer le "         \
            ."comportement de votre application.\n"            \
            ."Il héberge en général des paramètres "           \
            ."<B>fonctionnels</B> (taux d'un calcul, "         \
            ."date d'un inventaire, etc.), \n des paramètres "     \
            ."<B>techniques</B> (navigateur, couleur de fond, etc.), \n"      \
            ."ou des paramètres <B>publics</B> (civilités, noms des      \
            ."mois de l'année, etc.).\n" );
      echo(  "      <P><B>Activez un des liens du menu afin "          \
            ."d'afficher les données du référentiel correspondant.</B>\n" );
   # Gestion de la table sélectionnée
   } else {
```

En mode liste, il suffit de générer une table HTML qui contient l'ensemble des entités de la table de la base de données. Les deux premières colonnes sont respectivement réservées à la clé, sous forme d'un compteur associé à un lien hypertexte, et à la sélection de la ligne par intégration d'un champ de saisie de type checkbox :

```
      #
      # Gestion du comportement en mode LISTE
      if ( $Action == "Lst" ) {
         # Message décrivant la liste en cours
         echo( "      <BR>Cette <B>liste</B> contient les "          \
              ."$ref_libplu référencés dans l'application.<P>\n" );
         echo( "      <FORM method=\"POST\""                        \
              ."action=\"ref_lst.php3?Section=$Section&Action=Del\">\n" );
         # Construction de la table des lignes de référence
         echo( "        <TABLE cellspacing=3 cellpadding=3 width=100%>\n" );
         # Construction de l'en-tête des colonnes.
         $sql_header = Build_SQLListHeader( $arr_cols );
         # Ajout de deux colonnes qui gèrent la sélection d'une entité (checkbox)
         # et l'accès à sa page de détail par un lien hypertexte.
         echo( "        <TR bgcolor=\"#FFDD44\"><TD width=5%           \
              ."align=CENTER><B>X</B></TD><TD width=5%             \
              ."align=CENTER><B>#</B></TD>$sql_header</TR>\n" );
         # Requête SQL de remplissage de la table. On utilise le RowId
```

```
        # d'Oracle afin de générer la clé primaire de chaque ligne.
  $SQLString = "Select '<TR><TD align=CENTER>"                    \
             ."<INPUT type=\"CHECKBOX\" name=\"chk_delete[]\""        \
             ."value=\"' || rowid || '\"></TD>' || ";
  $SQLString .=  "'<TD align=CENTER> <A "                    \
                     ."href=\"ref_lst.php3?Section=".$Section      \
                     ."&Action=Upd&rowid=' || rowid || "         \
                     ."'\">' || rownum || '</A></TD>' || ";
        $arr_cols_names = ColSplit( "~", $arr_cols, 1 );
  # Retourne une chaîne composée de l'ensemble des éléments du
ableau, encadrés par des préfixes et des suffixes passés en paramètres
  $SQLString = SListEx( $SQLString, "'<TD>' || ", $arr_cols_names,   \
                   " || '</TD>' || ", "'</TR>' From $Section" );
        unset( $arr_cols_names );
        # Exécution de la requête et affichage de la table
        Echo_OneColSqlRes ( $KeySqlCnxStr, $KeySqlCnxUsr, $KeySqlCnxPwd,
                            $SQLString, "      " );
        echo( "</TABLE><P>\n" );
        echo( "<A href=\"ref_lst.php3?Section=$Section&Action=Ins\">"   \
              ."Nouveau $ref_lib</A>  \n" );
        echo( "<INPUT type=\"SUBMIT\" value=\"Supprimer\">\n" );
```

Le mode suivant est consacré à l'insertion de données, c'est-à-dire la génération d'un formulaire de saisie des informations propres à la table courante. Il affiche un message d'accueil et un champs Input pour chaque colonne de la table. Le libellé du champ est récupéré à partir du tableau des caractéristiques des colonnes.

```
      #
      # Gestion du comportement en mode INSERTION
      } elseif ( $Action == "Ins" ) {
         $sql_formulaire = Build_SQLForm( $arr_cols,                  \
               $REDIRECT_QUERY_STRING, $Action, "" );
         echo( "<BR><B>Saisissez</B> les caractéristiques du "         \
              ."$ref_lib à créer et pressez sur Valider.<P>\n" );
         # Formulaire de création
         echo( "<FORM method=\"POST\" action=\"ref_lst.php3"           \
              ."?Section=$Section&Action=Ins&Confirm=OK\">\n" );
         echo( "<TABLE cellspacing=2 cellpadding=2 width=100%>\n" );
         echo( $sql_formulaire );
         echo( "<TR><TD><BR></TD></TR><TR><TD> </TD><TD>\n" );
         echo( "<INPUT type=\"SUBMIT\" value=\"Valider\">  \n" );
         echo( "<INPUT type=\"RESET\" value=\"Effacer\"></TD></TR>\n" );
         echo( "</TABLE>\n" );
```

En mode mise à jour, le comportement est identique, excepté que les champs seront préinitialisés avec les valeurs qui correspondent à la clé sélectionnée :

```
      #
      # Gestion du comportement en mode MISE A JOUR
      } elseif ( $Action == "Upd" ) {
 $sql_det=Exec_SqlOne( $KeySqlCnxStr, $KeySqlCnxUsr, $KeySqlCnxPwd,\
      "Select * From $Section Where rowid='$rowid' and rownum=1" );
```

```
$sql_formulaire = Build_SQLForm( $arr_cols, \
      $REDIRECT_QUERY_STRING. $sql_det, $Action, "" );
echo( "<BR><B>Modifiez</B> les caractéristiques du "          \
      ."$ref_lib ci-dessous et pressez sur Valider.<P>\n" );
         # Formulaire de mise à jour
$FormAction = "ref_lst.php3?Section=$Section&Action=Upd&Confirm=OK"
echo( "<FORM method=POST action=$FormAction>\n" );
         echo( "<TABLE cellspacing=2 cellpadding=2 width=100%>\n" );
         echo( "$sql_formulaire" );
         echo( "<TR><TD><BR></TD></TR><TR><TD> </TD><TD>\n" );
         echo( "<INPUT type=\"SUBMIT\" value=\"Valider\">  \n" );
         echo( "<INPUT type=\"RESET\" value=\"Effacer\"></TD></TR>\n" );
         echo( "</TABLE>\n" );
```

Enfin, en cas de suppression, on affiche un message de confirmation qui présente les différentes clés des entités à supprimer :

```
      #
      # Gestion du comportement en mode SUPPRESSION
      } elseif ( $Action == "Del" ) {
         echo( "<BR>Veuillez <B>confirmer la suppression</B> des "   \
               "$ref_libplu ci-dessous.<P>\n" );
         # URL de base de la suppression = la même page avec Action=DEL
         $FormAction = "ref_lst.php3? Section=$Section"             \
             ."&Action=Del&Confirm=OK";
         $FormCodes = ""; $nb_prm = 0;
         # Passer en revue les cases à cocher sélectionnées dans la liste
         while( list( $k, $v ) = each( $chk_delete ) ) {
            $FormCodes .= ( ( $k == 0 ) ? "$v" : ", $v" );
            $FormAction .= ( "&chk_delete[$nb_prm]=" . $v );
            $nb_prm++;
         }
         # Formulaire de confirmation de suppression
         echo( "<FORM method=\"POST\" action=\"$FormAction\">\n" );
         echo( "<TABLE cellspacing=2 cellpadding=2 width=100%>\n" );
         echo( "<TR><TD width=20%>Codes:</TD><TD>$FormCodes</TD></TR>" );
         echo( "<TR><TD><BR></TD></TR><TR><TD> </TD><TD> " \
         ."<INPUT type=\"SUBMIT\" value=\"Valider\"></TD></TR>\n" );
         echo( "</TABLE>\n" );
     }
      # Fermeture du formulaire (commun à tous les modes)
      echo( "</FORM>\n" );
   }
   if ( isset( $arr_cols ) ) unset( $arr_cols );
```

Enfin, on insère les données communes du pied de page, après avoir appelé la fonction qui dessine la cellule de transition entre les données de la page et le pied de page :

```
Echo_DataToFoot_Cell( $Style );
# Pied de page commun
Echo_Common_Footer( $Style, $FootLine );
?>
```

Ceci achève le développement proprement dit de la page PHP qui permet de gérer le référentiel. À ce stade, le code peut être livré, mais il ne présente pas de réelle possibilité de réutilisation. En effet, les différents composants de la page sont encore propres à notre application, et sa structure (présentation) est encore un peu propriétaire.

Cependant, et c'est ce que nous allons nous attacher à démontrer dans la section suivante, il ne reste pas grand-chose à faire pour qu'il devienne un composant réutilisable. En effet, cette page PHP, même si elle peut être améliorée, possède une structure qui va pouvoir être intégrée dans un algorithme plus complet de paramétrage.

Découpage générique de pages

Rappel sur la structure de la page

La page que nous avons utilisée comportait quatre parties clairement identifiées :

- le logo, en haut à gauche ;
- le bandeau de menu principal, horizontal haut ;
- le bandeau de menu contextuel, vertical gauche ;
- la partie variable de la page, en bas à droite.

Lors du choix de l'interface, nous avons volontairement positionné les éléments d'une certaine façon (voir Figure 17.4). Ce choix a été à la base de la structure du code HTML généré par PHP. Le format d'affichage des composants de la page est donc dépendant du code. L'objectif de cette étape est de voir comment nous pourrions nous en abstenir.

Figure 17.4
Un bloc de cellules de type 2-2.

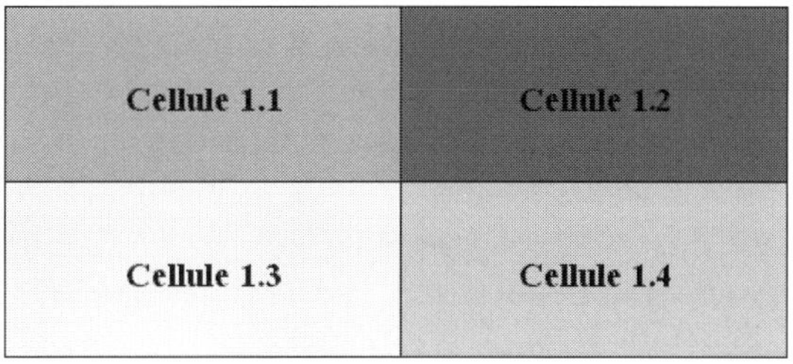

Les blocs de données et leur affichage

Lors de leur affichage à l'aide d'une table HTML, les données peuvent être présentées de nombreuses façons.

Le choix d'un positionnement conditionne l'ensemble des tags HTML qui vont encadrer chacun des composants. Cependant, on voit clairement que les différents blocs peuvent changer de position par simple modification des ruptures de lignes ou de colonnes.

En ce qui concerne le HTML, notez que, d'une présentation à l'autre, seuls le choix et l'ordre des TD, TR et TABLE sont modifiés.

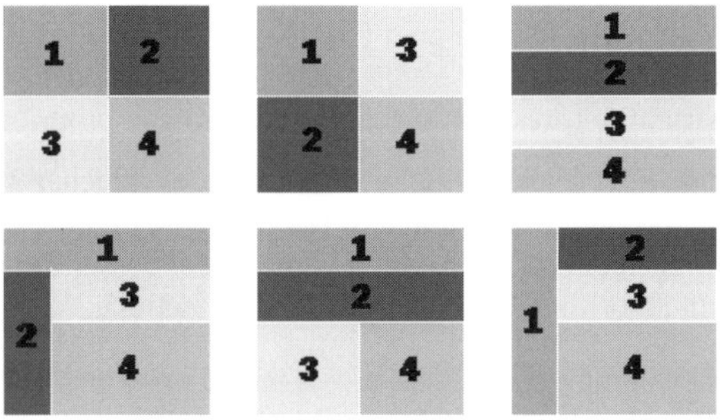

Figure 17.5
Méthodes possibles d'affichage d'un bloc de type 2-2.

Par conséquent, le développeur a souvent tendance à écrire une fonction qui affiche les données à partir du style :

```
Function DrawBloc44( $BlocA, $BlocB, $BlocC, $BlocD, $Style )
{
   $Str = "<TABLE>";
   # Encadrer les données de la table par des blocs fonctions du style
   if ( $Style == 1 ) {
      $Str .= "<TR>   <TD>".$BlocA."</TD>";
      $Str .= "       <TD>".$BlocB."</TD>   </TR>";
      $Str .= "<TR>   <TD>".$BlocC."</TD>";
      $Str .= "       <TD>".$BlocD."</TD>   </TR>";
   }
   else if ( $Style == 2 ) {
      $Str .= "<TR>   <TD>".$BlocA."</TD>   </TR>";
      $Str .= "<TR>   <TD>".$BlocB."</TD>   </TR>";
      $Str .= "<TR>   <TD>".$BlocC."</TD>   </TR>";
      $Str .= "<TR>   <TD>".$BlocD."</TD>   </TR>";
   }
   else if ( ... ) {
      ...
   }
   $Str .= "</TABLE>";
   # Renvoyer une table contenant les données
   return $Str;
}
```

Cette fonction permet d'afficher le contenu de quatre blocs (A, B, C et D), dans deux styles différents, en l'occurrence deux lignes de deux cellules ou quatre lignes d'une cellule. On peut facilement multiplier les styles, afin de coder l'ensemble de ceux présentés précédemment.

Structure d'une page HTML

Il est clair que l'on utilise très souvent les mêmes types de pages (logo en haut à gauche, bandeau à gauche, etc.).

Par conséquent, un bloc 2-2 ne suffit généralement pas. En revanche, quatre blocs peuvent généralement suffire.

La Figure 17.6 présente les quatre blocs. La page finale est maintenant composée de seize parties, chacune d'entre elles pouvant être dessinée dans différents styles, sans perturber le comportement des autres blocs.

Figure 17.6
Quatre blocs 2-2 pour un bloc 4-4.

Cellule 1.1	Cellule 1.2	Cellule 1.2	Cellule 2.2
Cellule 1.3	Cellule 1.4	Cellule 2.3	Cellule 2.4
Cellule 3.1	Cellule 3.2	Cellule 4.1	Cellule 4.2
Cellule 3.3	Cellule 3.4	Cellule 4.3	Cellule 4.4

Cette page peut se dessiner à partir de cinq appels à la fonction précédente, auxquels il est possible d'associer un style différent. Cela peut se faire dans la seule et unique page PHP de l'application :

```
<?
   require ("Fonctions.Inc");   # Les fonctions DrawBloc et LoadFile
   require ("EnTête.Inc");      # Contient l'en-tête de page commun
   # Etablir chacun des composants de la page
   $BlocA = DrawBloc44($Bloc11, $Bloc12, $Bloc13, $Bloc14, $StyleA);
   $BlocB = DrawBloc44($Bloc21, $Bloc22, $Bloc23, $Bloc24, $StyleB);
   $BlocC = DrawBloc44($Bloc31, $Bloc32, $Bloc33, $Bloc34, $StyleC);
   $BlocD = DrawBloc44($Bloc41, $Bloc42, $Bloc43, $Bloc44, $StyleD);
   # Etablir le composant final de la page
   $BlocFinal = DrawBloc44($BlocA, $BlocB, $BlocC, $BlocD, $StyleFinal);
   # Affichage de la page
   Echo $BlocFinal;
   require ("PiedDePage.Inc");      # Contient le pied de page commun
?>
```

Notre application future, si elle utilise ce système, pourra être dessinée de multiples façons. Avec deux styles codés, on arrive à 32 possibilités (2 puissance 5). Avec six styles, on aura **7 096 façons d'afficher la page** (6 puissance 5)..

De plus, la page sera **unique**, le reste des données provenant d'autres sources :

- De fichiers texte, chargés à la volée à partir d'un répertoire propre à la page en cours. Ce système permet de maquetter très rapidement des applications web à partir de simples fichiers texte.

- De données en provenance d'une base de données, locales ou de production.
- De données issues de l'appel aux différentes fonctions de PHP.

D'une part, on multiplie les sources de données qu'il est possible d'intégrer ; dans ce sens, on favorise la notion de « portail ». D'autre part, on améliore l'indépendance entre les données et leur affichage, ce qui assure un meilleur contrôle des sources. .

Amélioration de la fonction

Quelques problèmes surviennent cependant dès lors qu'on veut mettre en œuvre ce système. Il faut, à un moment donné, passer des paramètres aux tags HTML (TABLE, TR, TD) qui sont nécessaires à la construction de la page.

Mais, étant donné que ces différents paramètres ne sont passés qu'à une seule fonction pour l'ensemble de l'application, il suffit de les ajouter aux deux fonctions précédentes.

Par exemple, on peut ajouter trois tableaux contenant les informations supplémentaires à positionner dans les tags TD, TR et TABLE. On pourrait même pousser le vice jusqu'à passer un préfixe et un suffixe à chaque cellule :

```
Function DrawBloc44($BlocA, $BlocB, $BlocC, $BlocD, $Style
                       $TDMoreParams, $TrMoreParams, $TableMoreParams,
                       $CellPrefix = "", $CellSuffix = "", $TopHorizontal)
```

Pour régler les problèmes d'horizontalité et de verticalité des composants affichés, on peut également utiliser un paramètre supplémentaire contenant un break (<BR>) ou un espace ( ), en fonction de l'effet voulu.

On construit donc une sorte de générateur de tables HTML, qui présente des informations tabulaires/cellulaires.

Faire évoluer ces fonctions est très simple, d'autant plus que le passage de paramètres n'est pas une fin en soi. En effet, rien n'interdit d'utiliser des mots clés, ajoutés au code à l'aide de la fonction (`{KEY_FONT}`), et remplacés par un simple appel à `Ereg_Replace` lors du retour de la fonction :

```
   ...
   if ( $Style == 1 ) {
      $Str .= "<TR>   <TD>{KEY_FONT}".$BlocA."</TD>";
      $Str .= "       <TD>{KEY_FONT}".$BlocB."</TD>   </TR>";
      $Str .= "<TR>   <TD>{KEY_FONT}".$BlocC."</TD>";
      $Str .= "       <TD>{KEY_FONT}".$BlocD."</TD>   </TR>";
   }
   ...
```

18

Indépendance vis-à-vis des sources

Pour achever ce tour d'horizon de la capitalisation, nous allons procéder à une dernière mise en œuvre de tout ce que nous avons vu, c'est-à-dire paramétrer les sources finaux de notre application. Nous réaliserons ensuite une petite interface qui nous permettra de générer facilement les sources d'une application à partir des modèles établis.

Paramétrage de l'application

Insertion de mots clés

Dans la plupart des outils, les notions de mot clé déjà évoquées sont nécessaires, car les fonctions disponibles nécessitent que leurs paramètres soient clairement définis pour fonctionner. Dans le domaine des langages de scripts, la puissance des URL – et leur association à un formulaire – permet de développer rapidement les masques de saisie nécessaires au paramétrage d'un composant, ce qui facilite la tâche.

De plus, PHP fournit trois comportements standard qui allègent la charge de travail :

- La déclaration des variables est optionnelle.
- Une variable non initialisée (à l'aide d'un code ou d'une URL) n'a aucun effet sur le script. Elle se contente de disparaître lors de la génération.
- On peut savoir si une variable a été initialisée par l'URL ou non ; dans certains cas, on peut donc lui affecter une valeur par défaut.

Cependant, nous voulons également pouvoir utiliser les mots clés ailleurs que dans du script PHP. Pour cela, nous allons les utiliser soit en tant que chaînes de caractères qui apparaîtront n'importe où dans le script de pages HTML ou PHP, soit en tant que variables PHP qui porteront le même nom que le mot clé, et dont le contenu sera initialisé avec la valeur du mot clé réel uniquement si cela n'a pas été déjà fait par l'URL.

On pourra donc manipuler les paramètres de deux façons :

Première méthode : dans du texte standard (HTML)

```
<HEAD><TITLE>{KeyAppShtNam}</TITLE></HEAD>
```

Seconde méthode : au sein du langage de script (PHP)

```
if ( ! IsSet( $KeyAppShtNam ) ) $KeyAppShtNam = {KeyAppShtNam};
...
Echo( "<HEAD><TITLE>$KeyAppShtNam</TITLE></HEAD>" );
```

NOTE Dans le cadre du paramétrage des pages, on considère donc que l'ensemble du ou des scripts de l'application n'est qu'un bloc de texte unique, sans notion réelle de fonction. Il faut pouvoir apporter des modifications globales à l'ensemble des composants du projet, ajouter ou supprimer des lignes de code à plusieurs endroits, etc., indépendamment du type de langage utilisé dans les scripts nécessaires.

Ce système présente un intérêt supplémentaire : dans le second cas (tout PHP), la génération n'est pas nécessaire.

Pour cela, il suffit d'appeler la page PHP et de renseigner les paramètres à utiliser directement dans l'URL :

MaPage.php3? **KeyAppShtNam**=RefVin&**KeyAppBckCol**=#FFFFFF

On peut alors ajouter une section PHP qui initialisera les variables PHP non renseignées, en écrivant par exemple :

```
<?
  if ( ! IsSet( $KeyAppShtNam ) ) $KeyAppShtNam = "{KeyAppShtNam}";
  if ( ! IsSet( $KeyAppBckCol ) ) $KeyAppBckCol = "{KeyAppBckCol}";
?>
```

Ainsi, en répétant le processus pour toutes les variables propres au projet ou au style, on peut envisager de régler le problème de tous les paramètres à « sortir » du script. Certains seront initialisés par l'URL, d'autres par la valeur par défaut affectée en début de script, d'autres enfin, lors de la génération. Pour faire varier un paramètre, il suffira alors de le faire débuter par Key, puis de l'ajouter à la liste des mots clés référencés.

Pour paramétrer nos modèles, nous avons défini les mots clés suivants :

Mots clés propres à l'application :

APPSHTNAM : Nom (court) de l'application

APPLNGNAM : Nom (long) de l'application

APPCRTDAT : Date de création de l'application (25/09/1999)

APPAUTNAM : Nom de l'auteur de l'application

APPNUMVER : Numéro de version de l'application

APPBCKCOL : Numéro de version de l'application

Mots clés propres au style :

HTMBMPREP : Répertoire de stockage des images (« ./images/ », par exemple)
HTMBMPFON : Image de fond présente dans la page (fond.jpg)
HTMBMPLOG : Image du logo de l'application (logo.gif)

Mots clés propres à la société :

SOCLNGNAM: Nom de la société
SOCEMAIL: Adresse électronique de la société

Mots clés d'accès à la base de données :

SQLCNXSTR: Serveur (connexion string) qui héberge la base de données
SQLCNXUSR: Compte (login) qui permet de se connecter à la base de données
SQLCNXPWD: Mot de passe qui permet de se connecter à la base de données
SQLFILSEP: Caractère de séparation des données dans le fichier de données SQL (~)
SQLTABFIL: Nom du fichier qui contient les tables SQL
SQLCOLFIL: Nom du fichier qui contient les colonnes des tables SQL

NOTE Les préfixes et suffixes des mots clés (« {KEY » et « } », dans notre cas) n'ont pas été repris. Mais ils doivent bien évidemment être ajoutés au code lors de leur utilisation au sein d'un script, afin de permettre au générateur de les identifier.

La procédure de paramétrage consiste à remplacer les valeurs des mots clés par leur code. Cette opération ne présente pas de difficulté, sauf en ce qui concerne le contrôle des remplacements effectués ! Si vous le souhaitez, vous pouvez ajouter d'autres mot clés qui prendront en compte des notions nouvelles. Notez que, eu égard aux règles que nous avons adoptées jusqu'ici, leur nom devra être précédé de « Key ». De plus, les préfixes (Sql, Soc, App, etc.) qui suivent le début de la clé – qui permettent de catégoriser les paramètres et d'en faciliter la mémorisation – devront eux aussi être respectés. Cependant, cette règle n'a rien d'obligatoire.

Nous nous contenterons donc de présenter le paramétrage effectué dans la partie « Initialisation » de la page PHP. Étant donné que chaque mot clé est affecté à une variable PHP, il suffit en effet d'initialiser la valeur de la variable avec le mot clé, si cette dernière n'est pas renseignée. Ce qui donne, pour le modèle REF_LST.TXT :

```
if( ! IsSet( $Fond ) ) $Fond = "{KeyHtmBmpRep}{KeyHtmBmpFon}";
if( ! IsSet( $Logo ) ) $Logo = "{KeyHtmBmpRep}{KeyHtmBmpLog}";
if( ! IsSet( $WinTitle ) ) $WinTitle = "{KeyAppShtNam} : $REQUEST_URI";
if( ! IsSet( $Title ) ) $Title = "{KeyAppLngNam}";
if( ! IsSet( $FootLine ) ) {
   $FootLine = "<SMALL><Application {KeyAppShtNam} Ver{KeyAppNumVer}."
   $FootLine .= "Créé par {KeyAppAutNam} le {KeyAppCrtDat}</SMALL>";
}
# Paramètres de connexion à la base de données
if( ! IsSet( $KeySqlCnxStr ) ) $KeySqlCnxStr = "{KeySqlCnxStr}";
if( ! IsSet( $KeySqlCnxUsr ) ) $KeySqlCnxUsr = "{KeySqlCnxUsr}";
if( ! IsSet( $KeySqlCnxPwd ) ) $KeySqlCnxPwd = "{KeySqlCnxPwd}";
```

Les sources de tous les modèles sont fournis sur le site dédié à cet ouvrage ; nous ne les reprendrons pas tous ici. Ils sont analogues à ceux décrits au chapitre précédent, mais la couche qui remplace les valeurs des mots clés définis précédemment à été passée sur les quatre fichiers concernés (REF_LST.TXT, ACCUEIL.TXT, COMMON.TXT et COM_ODBC.TXT).

NOTE Il est clair que, dans le cadre d'applications plus complexes, qui nécessitent un grand nombre de modèles (pages) et de paramètres, la notion de mot clé prend plus d'ampleur. Notamment lorsqu'on est ammené à manipuler différents types de fichiers qui font référence à ces mots clés.

Inclusion d'options

Ici également, la notion d'option peut être très simple à gérer. Il suffit d'utiliser les clauses #ifdef, #else et #endif pour pouvoir inclure ou non des lignes de code PHP supplémentaires. On peut encore effectuer, dans le code PHP, des tests sur la valeur de variables ou de constantes. Cependant, cela ne répond pas complètement à notre demande, car ces méthodes s'appliquent uniquement à du code écrit en PHP. Par exemple, si on désire rendre optionnelle la présence d'une page d'accueil, il faut que tous les morceaux de script, depuis les bandeaux (codés en HTML ou en PHP) jusqu'à la page d'accueil elle-même, soient repérés et facilement intégrables dans la page.

Il faut donc aller plus loin, et définir notre propre système de gestion des services. Les fonctionnalités d'un tel système ont été décrites dans le chapitre consacré à la capitalisation et à la notion de services.

Nous allons intégrer aux scripts les trois options suivantes :

- Ajout ou non d'une page d'accueil
- Inclusion ou non d'un pied de page
- Traitement ou non des accès aux bases de données

Nous ajouterons un code pour chacune de ces options, ce qui évitera toute équivoque. Ainsi, afin qu'un morceau de script devienne optionnel, il suffira de l'encadrer par **{DEB_xxx}** et **{FIN_xxx}**.

C'est la méthode que nous avons employée afin de rendre facultatif le lien vers la page d'accueil associé au logo de l'application (fonction `Echo_LogoToMenuV_Cell`, dans le fichier Common.Txt) :

```
echo( "<TD align=\"CENTER\">" );
{DEB_AVEC_ACCUEIL}
echo( "<A href=\"accueil.php3\">" );
{FIN_AVEC_ACCUEIL}
echo( "<IMG border=0 src=\"".$Logo."\"></IMG>
{DEB_AVEC_ACCUEIL}
echo( "</A>" );
{FIN_AVEC_ACCUEIL}
echo( "</TD>\n" );
```

Ou encore, afin de paramétrer la présence du pied de page (fonction `Echo_Common_Footer`, dans le répertoire Common.Txt) :

```
{DEB_AVEC_PIED_PAGE}
echo( "<TABLE border=0 width=\"100%\" cellspacing=1 cellpadding=1>\n" );
echo( " <TR>\n" );
# Texte du pied de page passé en paramètre
echo( "  <TD width=\"90%\" align=\"LEFT\"> ".$FootLine."</TD>\n" );
# Lien vers le haut de la page
echo( "  <TD width=\"10%\" align=\"RIGHT\">" );
echo( "  <A href=\"#Top\">Top</A> </TD>\n" );
echo( "  </TR>\n" );
echo( "</TABLE>\n" );
{FIN_AVEC_PIED_PAGE}
```

Ou enfin, afin de définir le traitement ou non des accès à la base de données (Ref_Lst.Txt) :

```
# Mise à jour de données ?
{DEB_SANS_ACCES_BASE}
$Confirm == "NO BASE ACCESS";
{FIN_SANS_ACCES_BASE}
if ( $Confirm == "OK" && isset( $arr_cols ) && isset( $Section ) )
...
# Gestion de la page en mise à jour
} elseif ( $Action == "Upd" ) {
{DEB_SANS_ACCES_BASE}
   $sql_det = "Le résultat, sans accès base (maquettage)"
   if ( false ) {
{FIN_SANS_ACCES_BASE}
      $sql_det = Exec_SqlSelectOne( "$KeySqlCnxStr_", $KeySqlCnxStr_,
                 $KeySqlCnxPwd_", "Select * From $Section Where " . \
                 "rowid='$rowid' and rownum = 1" );
{DEB_SANS_ACCES_BASE}
   }
{FIN_SANS_ACCES_BASE}
...
```

On peut ainsi retoucher le code afin d'y inclure ou non le service désiré, sans altérer son fonctionnement, dans les deux cas. En évitant les accès aux bases de données, on pourra alors générer une simple maquette. En les utilisant, on réalisera le prototype.

À l'instar des mots clés, les sources résultants sont présents sur le site dédié à cet ouvrage. Le lecteur est invité à s'y référer afin de disposer de l'ensemble des mises à jour.

Création des modèles

On dispose donc, à ce stade, de quatre fichiers, auxquels nous affecterons l'extension .Txt, afin d'en faciliter l'ouverture par les éditeurs de texte standard.

Ces fichiers sont les suivants :

Accueil.Txt	Modèle de page d'accueil
Ref_Lst.Txt	Modèle de page de gestion du référentiel

Common.Txt	Fichier des fonctions communes et d'organisation de la page
Com_Odbc.Txt	Fichier des fonctions d'accès au SGBD par une source ODBC

Nous réutiliserons ces quatre modèles pour les autres applications. Ils seront associés aux deux fichiers de données SQL, afin de procéder à la génération du gestionnaire de référentiel, dans le cadre d'autres projets. Nous les placerons dans un répertoire nommé Modèles, auquel nous ajouterons également un fichier LisezMoi.Txt, qui contiendra quelques lignes de description du modèle.

En outre, ces modèles seront amenés à évoluer, à s'enrichir ; de nombreuses versions pourront en être déclinées. En modifiant les instructions SQL des différentes requêtes de l'application (afin d'éviter l'utilisation des rowid spécifiques à Oracle, par exemple), et en retravaillant un peu la couche d'accès aux bases de données (com_odbc.inc), il est possible d'aboutir à un système indépendant du type de base de données. En ajoutant des informations aux fichiers de données SQL (surcharge), de nombreux autres comportements peuvent être affectés à la page. Les possibilités d'évolution sont nombreuses, et nécessitent de revoir les modèles. Mais, une fois qu'elles sont intégrées, l'utilisateur peut paramétrer et régénérer les pages de son application sans avoir à connaître PHP ou le HTML.

Un mini-générateur de code

Maintenant que nous avons paramétré notre fonctionnalité, nous devons définir un système qui permette de le référencer et de le mettre à disposition d'utilisateurs, confirmés ou non. De plus, afin d'éviter de tout refaire chaque fois, nous allons tenter d'établir un système qui facilite le référencement d'autres composants.

Organisation des composants

Nous allons utiliser un système simple, qui permet à un utilisateur du système de choisir le modèle à utiliser, au moyen de la navigation dans une arborescence de fichiers. Ainsi, chaque fonctionnalité sera référencée et stockée dans un répertoire (dossier), et l'ensemble des fichiers nécessaires à sa mise en œuvre y seront recopiés. Un point d'entrée permettra de lancer sans équivoque la suite de la phase de paramétrage et de génération.

Interface du générateur de code

Pour mettre en œuvre notre générateur, nous allons développer une mini-interface, qui permettra de présenter et de paramétrer le modèle avant de le générer. Elle contiendra trois étapes, pour lesquelles nous construirons trois pages PHP :

- Step0.php3 Présentation du modèle
- Step1.php3 Valorisation des mots clés et sélection des services
- Step2.php3 Génération du modèle et bilan

Ces trois pages ont été volontairement allégées. L'objectif est d'obtenir un système plus agréable et plus évolutif qu'un fichier qui contiendrait les mots clés.

Tableau 18.1 : Navigation dans l'assistant de génération.

Action initiée par l'assistant de génération	Action initiée par l'utilisateur
Affichage de la liste des modèles (index)	Sélection d'un modèle
Présentation des paramètres et des options (step0)	Demande de génération
Affichage du formulaire de valorisation des mots clés et de sélection des services (step1)	Validation du paramétrage (ou retour à la liste)
Appel à la procédure de génération, affichage du bilan et du lien vers le résultat	Téléchargement du résultat Retour à la liste

Page de présentation du modèle

La première page est codée en PHP ; elle permet de présenter le modèle. On y trouve son nom, son rôle et ses dépendances (liste des fichiers nécessaires). Elle permet à un utilisateur de comprendre le comportement du modèle, et de déterminer s'il correspond à ses besoins. Un lien permet d'accéder à la deuxième étape.

Figure 18.1

La page de présentation du modèle.

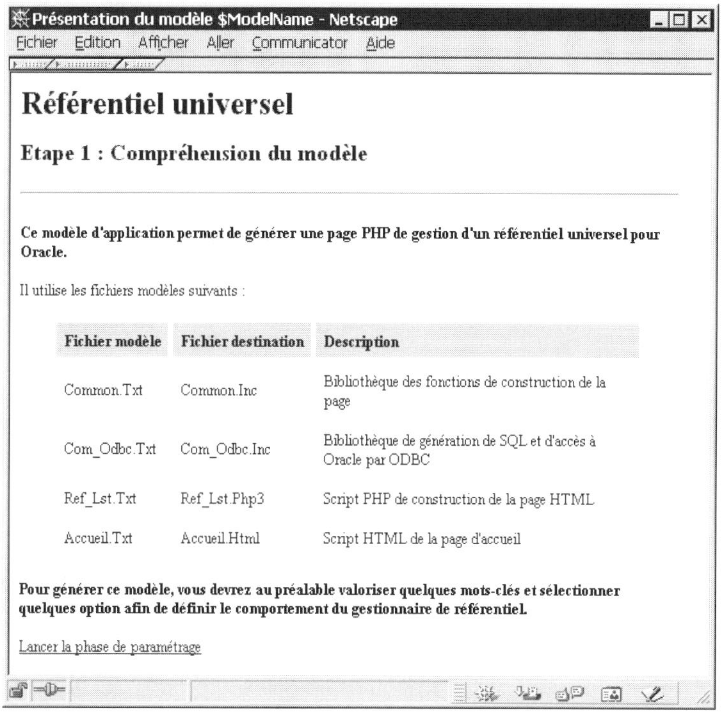

Notez que l'ensemble des caractéristiques du modèle sont regroupées dans la partie où les variables sont initialisées (début de script). Le reste de la page est fonction des valeurs définies pour le modèle (nom, description, fichiers).

D'autre part, les règles relatives à la nomination des fichiers générés (évoquées au chapitre qui traite de la régénération de l'application) ont été intégrées à la liste des fichiers, initialisée en début de script. Par défaut, un modèle porte donc l'extension « .txt », et sera généré vers un fichier de même nom, mais dont l'extension est définie en tant que second paramètre de la ligne.

Ainsi, dans cet exemple :

```
$FilesArray[Common]   = "Bibliothèque de construction de la page;Inc";
```

le modèle d'origine se nomme Common.Txt. Sa génération provoque la création du fichier Common.Inc.

Le code de la page Step0.php3 est donné ici à titre indicatif, car il ne présente aucune difficulté réelle :

```
<?
 # DEBUT DE LA PARTIE A MODIFIER POUR REFERENCER UN NOUVEAU MODELE
   # Nom et description du modèle
   $ModelName  = "Référentiel universel";
   $ModelDesc  = "Ce modèle d'application permet de générer une page";
   $ModelDesc .= "PHP de gestion d'un référentiel universel pour Oracle.";
   # Fichiers modèles nécessaires (Nom=Description;Extension)
   $FilesArray[Common]   = "Bibliothèque de construction de la page;Inc";
   $FilesArray[Com_Odbc] = "Bibliothèque des accès à Oracle par ODBC;Inc";
   $FilesArray[Ref_Lst]  = "Script PHP de la page du référentiel;Php3";
   $FilesArray[Accueil]  = "Script HTML de la page d'accueil;Html";
   # FIN DE LA PARTIE A MODIFIER POUR REFERENCER UN NOUVEAU MODELE
?>
<HTML>
<HEAD><TITLE>Présentation du modèle $ModelName</TITLE></HEAD>
<BODY>
<H1><? Print $ModelName ?></H1>
<H2>Etape 1 : Compréhension du modèle</H2>
<HR>
<P><B><? Print $ModelDesc ?></B></P>
<P>Il utilise les fichiers modèles suivants :</P>
   <TABLE width=90% align=center cellspacing=2 cellpadding=6>
      <TR bgcolor="#FFCC33">
      <TD><B>Fichier modèle</B></TD>
      <TD><B>Fichier destination</B></TD>
      <TD><B>Description</B></TD></TR>
      <?
      # Construction de la liste des modèles utilisés
      $FilesList = "";
      while ( list( $FilNam, $FilInf ) = each( $FilesArray ) )
      {
      $TmpArr = Split( ";", $FilInf );
      $FilDsc = $TmpArr[0];   # La description
      $FilExt = $TmpArr[1];   # L'extension du fichier
      Echo( "\t\t<TR>\n" );
      Echo( "\t\t<TD>$FilNam.Txt</TD>\n" );
```

```
        Echo( "\t\t<TD>$FilNam.$FilExt</TD>\n" );
        Echo( "\t\t<TD>$FilDsc</TD></TR>\n" );
           # Construire la liste des fichiers passés au Step 2
           if ( $FilesList != "" ) $FilesList .= ",";
           $FilesList .= $FilNam.".".$FilExt;
        }
        ?>
</TABLE>
<P><B>Pour générer ce modèle, vous devrez au préalable valoriser
     quelques mots clés et sélectionner quelques option afin de
     définir le comportement du gestionnaire de référentiel.</B></P>
<P><A href="Step1.php3?ModelName=<? Print $ModelName ?>
   &Action=SetParams&FilesList=<? Print $FilesList ?>">
     Lancer la phase de paramétrage</A>
</BODY></HTML>
```

Ce script est organisé de façon à faciliter au maximum le référencement d'un nouveau modèle. Pour cela, l'ensemble des caractéristiques propres aux modèles sont initialisées dans l'en-tête PHP, ce qui épargne de toucher au reste de la page.

NOTE À terme, on peut envisager de référencer nos modèles dans une liste qui contiendra un lien vers chacune des pages de détail d'un modèle. Cela ne sera pas envisagé ici, car nous ne disposons actuellement que d'un modèle. En revanche, si le système correspond à vos attentes et que vous décidiez d'investir dans cette méthode, il deviendra vite primordial de développer une page de liste, qui référencera les modèles en les présentant éventuellement hiérarchiquement, et en leur associant une fonction de recherche.

Valorisation de mots clés, sélection de services

Cette page permet à l'utilisateur qui génère le modèle de valoriser les différents paramètres disponibles, et de sélectionner les options à inclure. Elle affiche donc un formulaire qui contient un champ de saisie pour chacun des paramètres, et un ensemble de cases à cocher qui permettent de définir si telle ou telle option doit être utilisée (figure 18.2).

Ici encore, le code de la page ne présente pas de réelle difficulté. Il s'articule autour d'une table dont chaque ligne permet de valoriser un paramètre, et d'un ensemble de cases à cocher qui présentent les différentes options accessibles. Un bouton de validation du formulaire, qui active la page Step2.php3 (génération), sera inclus au bas de la page, ce qui permettra de lancer la génération proprement dite.

Le code de la page Step1.php3 est le suivant :

```
<?
 # DEBUT DE LA PARTIE A MODIFIER AFIN DE DEFINIR LES MOTS CLES DU MODELE
   # Liste des paramètres utilisés par le modèle
   $ParamsArray[KeyAppShtNam] = "REFVIN;Le code de l'application";
   $ParamsArray[KeyAppLngNam] = "Référentiel du gestionnaire de vin".
   "Le libellé (nom long) de l'application";
 $ParamsArray[KeyAppCrtDat] = "15/09/1999;La date de création";
   $ParamsArray[KeyAppAutNam] = "Mr Blue;Le nom de l'auteur";
   $ParamsArray[KeyAppNumVer] = "1.01;La version de l'application";
   $ParamsArray[KeySqlTabFil] = "Tables.txt;Le fichier des tables SQL";
```

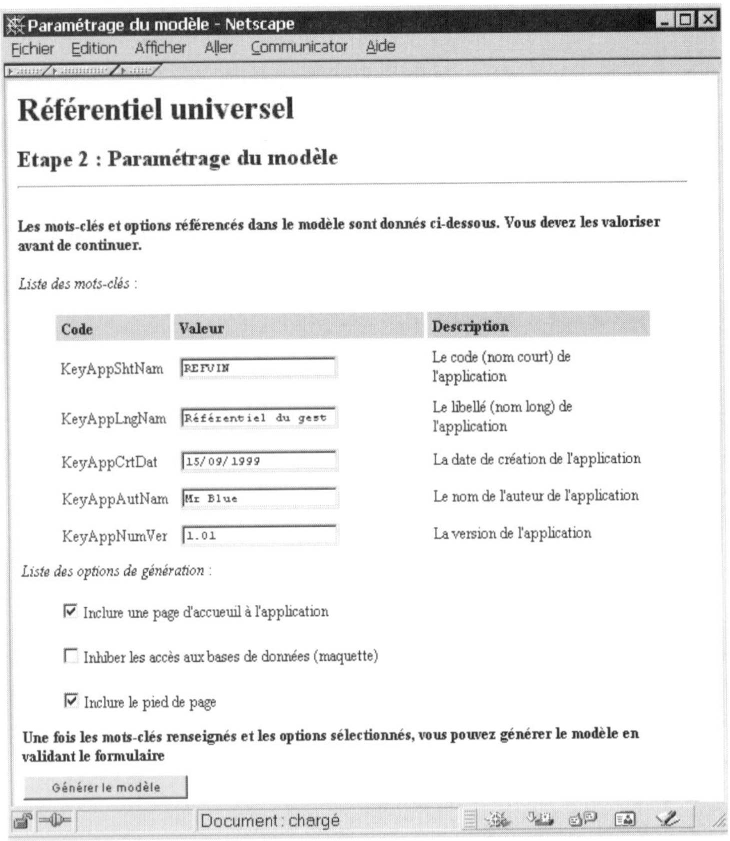

Figure 18.2

La page de paramétrage du modèle.

```
    $ParamsArray[KeySqlColFil] = "Columns.txt;Le fichier des colonnes SQL";
    $ParamsArray[KeySqlFilSep] = "~;Le séparateur dans les fichiers SQL";
    $ParamsArray[KeySqlCnxStr] = "dsnvin;La chaîne de connexion à la base";
    $ParamsArray[KeySqlCnxUsr] = "vin;Le login de connexion à la base ";
    $ParamsArray[KeySqlCnxPwd] = "vin;Le password de connexion à la base";
    $ParamsArray[KeyHtmBmpRep] = "./images/;Le répertoire des images";
    $ParamsArray[KeyHtmBmpFon] = "fond.jpg;L'image de fond des pages";
    $ParamsArray[KeyHtmBmpLog] = "logo.gif;L'image servant de logo";
    $ParamsArray[KeySocLngNam] = "La société;Le nom de la société";
    $ParamsArray[KeySocEMail]  = "www.lasociete.fr;L'adresse e-mail de la société";
    # Liste des options de génération disponibles
    $OptionsArray[Avec_Accueil]    = "CHECKED;Inclure une page d'accueil";
    $OptionsArray[Sans_Acces_Base] = ";Ne pas inclure les accès à la base";
    $OptionsArray[Avec_Pied_Page]  = "CHECKED;Inclure le pied de page";
  # FIN DE LA PARTIE A MODIFIER POUR LES MOTS CLES ET OPTIONS DU MODELE
?>
<HTML>
<HEAD><TITLE>Paramétrage du modèle</TITLE></HEAD>
```

```
<BODY>
   <H1><? Print $ModelName ?></H1>
   <H2>Etape 2 : Paramétrage du modèle</H2>
   <HR>
   <FORM method=post action="Step2.php3?ModelName=
      <? Print $ModelName ?>&Action=Generate&FilesList=
      <? Print $FilesList ?>">
   <P><B>Les mots clés et options du modèle sont donnés ci-dessous.
         Vous devez les valoriser avant de continuer.</B></P>
   <P><I>Liste des mots clés</I> :</P>
   <TABLE width=90% align=center cellspacing=1 cellpadding=3>
      <TR bgcolor="#FFCC33">
      <TD><B>Code</B></TD>
      <TD><B>Valeur</B></TD>
      <TD><B>Description</B></TD></TR>
      <?
          # Boucler sur les mots clés et générer les champs de saisie
          while( list( $KeyCod, $KeyInf ) = each ( $ParamsArray ) )
          {
         $TmpArr = Split( ";", $KeyInf );
         $KeyVal = $TmpArr[0];
         $KeyDsc = $TmpArr[1];
         Echo( "\t\t<TR>\n" );
         Echo( "\t\t<TD width=15%>$KeyCod</TD>\n" );
         Echo( "\t\t<TD><INPUT type=text name=$KeyCod value=$KeyVal" \
              ."size=40></INPUT></TD>\n" );
         Echo( "\t\t<TD>$KeyDsc</TD></TR>\n" );
          }
      ?>
   </TABLE>
   <BR>
   <P><I>Liste des options de génération</I> :</P>
   <?
    # Boucler sur les options et générer les cases à cocher
    while( list( $OptCod, $OptInf ) = each ( $OptionsArray ) )
    {
      $TmpArr = Split( ";", $OptInf );
      $OptVal = $TmpArr[0];      # Sélectionnée ou non par défaut
      $OptDsc = $TmpArr[1];      # Description option
      $Spaces = "         ";
      Echo( "\t\t<P>$Spaces<INPUT $OptVal name=$OptCod" \
           ."type=checkbox>$OptDsc</INPUT>\n" );
     }
   ?>
   <BR>
   <P>Une fois les mots clés renseignés et les options sélectionnées,
      vous pouvez générer le modèle en validant le formulaire</P>
   <P><INPUT type=submit value="Générer le modèle"></INPUT>
   </FORM>
</BODY>
</HTML>
```

Cette page permet d'afficher un formulaire quelconque de valorisation de paramètres, dont la liste apparaît en début de script. Pour référencer un nouveau modèle, il suffira de faire une copie de la page, de modifier la liste des mots clés avec leur valeur et leur description (Params-Array), et de renseigner la liste des options (OptionsArray) disponibles.

NOTE Pour être correctement finalisée, la page doit préinitialiser les paramètres. Dans notre cas, l'initialisation a été faite manuellement (en début de script). Mais il est tout à fait envisageable d'affecter les valeurs initiales à partir de sources de données externes, telles qu'une base de données ou un fichier, qui serviront de référence pour les codes et les valeurs par défaut des mots clés.

Page de génération du modèle

Il s'agit simplement d'exécuter la fonction PHP qui génère un modèle pour chacun des quatre composants de notre référentiel.

C'est le rôle de la dernière page, nommée Step2.Php3. À l'inverse des deux autres, cette page n'a pas besoin d'être retouchée lors du référencement d'un nouveau modèle. Mais elle doit se trouver dans le même répertoire que les modèles. De plus, cette page s'appuie sur un fichier nommé Generate.Inc qui contient les différentes fonctions de notre générateur.

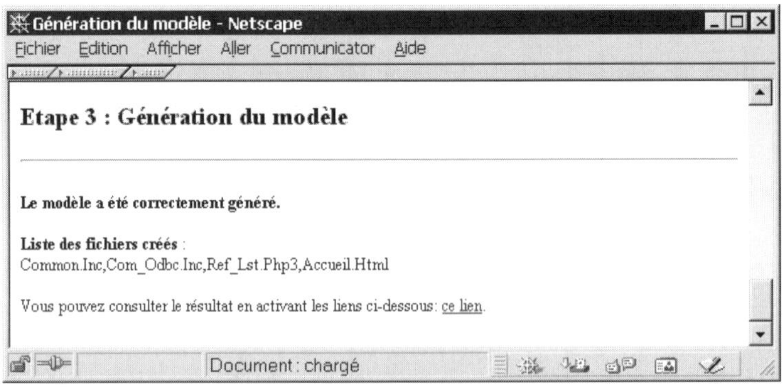

Figure 18.3
La page de bilan de la génération.

Le référencement d'un nouveau composant se fait donc en quatre étapes :

- Référencement, dans un répertoire ou à l'aide d'une norme, de tous les modèles (fichiers) nécessaires à la mise en œuvre de la nouvelle fonctionnalité.
- Insertion, dans le script des modèles, des paramètres de la capitalisation (mots clés et services).
- Création de deux pages PHP de présentation et de paramétrage du modèle.
- Recopie de la page de génération (Step2.php3 et Generate.Inc) dans le répertoire qui contient les nouveaux modèles à capitaliser.

Après avoir choisi le composant à générer, l'utilisateur n'a donc plus qu'à exécuter la page Step0.php3, afin de générer les différents fichiers nécessaires à sa mise en œuvre.

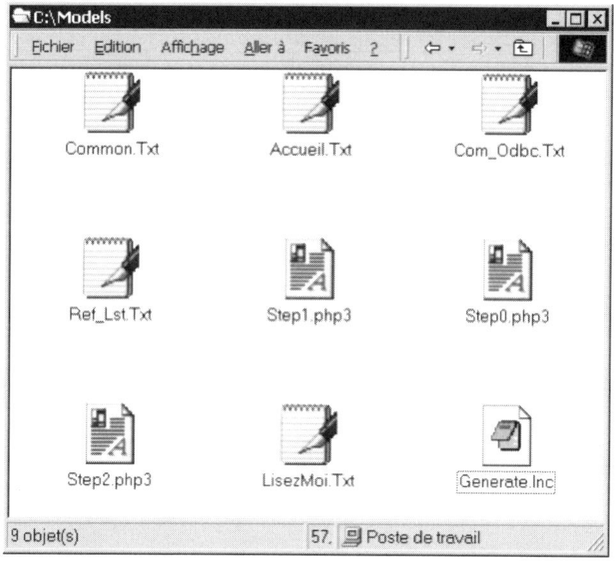

Figure 18.4

Les fichiers modèles et les pages de génération.

Annexes

A

Tableaux de syntaxe

Cette annexe regroupe des tableaux relatifs à la syntaxe de PHP. Ils facilitent la recherche de code ou de valeurs utilisées par les fonctions du langage.

Les opérateurs

Cette partie regroupe l'ensemble des opérateurs reconnus par PHP.

Les opérateurs **logiques** :

<table>
<tr><th>Opérateur</th><th>Opération</th><th>Effet</th></tr>
<tr><td>AND &&</td><td>$a and $b ou $a && $b</td><td>Vrai (TRUE) si $a et $b sont vrais tous les deux.</td></tr>
<tr><td>OR ||</td><td>$a or $b ou $a || $b</td><td>Vrai (TRUE) si $a est vrai ou si $b est vrai, ou si $a et $b sont vrais tous les deux.</td></tr>
<tr><td>XOR</td><td>$a xor $b</td><td>Vrai (TRUE) si $a est vrai ou si $b est vrai. Mais faux (FALSE) si $a et $b sont vrais tous les deux.</td></tr>
<tr><td>NOT !</td><td>! $a (Not)</td><td>Vrai (TRUE) si $a n'est pas vrai.</td></tr>
</table>

Les opérateurs de **comparaison** :

Opérateur	Opération	Effet
==	$a == $b	Vrai si $a est égale à $b.
!=	$a != $b	Vrai si $a est différent de $b.
<	$a < $b	Vrai si $a est inférieur à $b.
>	$a > $b	Vrai si $a est supérieur à $b.
<=	$a <= $b	Vrai si $a est inférieur ou égale à $b.
>=	$a >= $b	Vrai si $a est supérieur ou égale à $b.

Les opérateurs **mathématiques** :

Opérateur	Opération	Effet
+	Addition $a + $b	13 + 5 = 18
-	Soustraction $a - $b	13 – 5 = 8
*	Multiplication $a * $b	13 * 5 = 65
/	Division $a/$b	13/5 = 2,6
%	Modulo: $a % $b	13 % 5 = 3

Raccourcis pour l'utilisation des opérateurs :

Opérateur	Opération	Effet
++	Incrément de 1 $a ++	Ajoute 1 à $a et affecte le résultat à $a
+= n	Incrément de *n* $a += n	Ajoute *n* à $a et affecte le résultat à $a
--	Décrément de 1 $a --	Retranche 1 de $a et affecte le résultat à $a
-= n	Décrément de *n* $a -= n	Retranche *n* de $a et affecte le résultat à $a
*= n	Multiplication par *n* $a *= n	Multiplie $a par *n* et affecte le résultat à $a
/= n	Division par *n* $a /= n	Divise $a par *n* et affecte le résultat à $a

Les formats des fonctions de date

Ces codes définissent les formats utilisés dans les fonctions de gestion des dates.

Code	Signification
a	am ou pm
A	AM ou PM
d	Le jour du mois, sous forme d'un nombre à deux chiffres (complété par un zéro, si nécessaire)
D	Le jour de la semaine, en anglais, abrégé sur trois lettres
F	Le nom complet du mois, en anglais
h	L'heure, au format 12 heures
H	L'heure, au format 24 heures
i	Les minutes
j	Le jour du mois, au format numérique (non complété par un zéro)
l	Le jour complet de la semaine, en anglais
m	Le mois numérique
M	Le mois, abrégé sur trois lettres, en anglais
s	Les secondes
S	Le suffixe du numéro de jour anglais, sur deux caractères (th, nd)
U	Les secondes, depuis le 1er janvier 1970
Y	L'année, sur quatre chiffres

w	Le jour de la semaine numérique (commence à 0, pour le dimanche)
y	L'année, sur deux chiffres
z	Le jour de l'année au format numérique (32 pour le 1er février)

Indices des éléments du tableau retourné par la fonction `GetDate()` **:**

Indice du tableau	Signification, type (plage)
seconds	Secondes, numérique (0 à 59)
minutes	Minutes, numérique (0 à 59)
hours	Heures, numérique (0 à 23)
mday	Jour du mois, numérique (1 à 31)
wday	Jour de la semaine, numérique (1 à 7)
mon	Mois, numérique (1 à 12)
year	Année, numérique (1970 à …)
yday	Jour de l'année, numérique (1 à 365)
weekday	Jour de la semaine complet, en anglais, chaîne (Sunday à Saturday)
month	Mois complet, en anglais, chaîne (January à December)

Les expressions régulières

Récapitulatif des principaux éléments qui interviennent dans la construction d'expressions régulières :

Code	Signification
^	Correspond au début de la chaîne de caractères parcourue. "^abc" indique que la chaîne doit commencer par les caractères abc.
$	Correspond à la fin de la chaîne de caractères parcourue. "xyz$" indique que la chaîne doit s'achever par les caractères xyz.
* + ?	Correspondent respectivement à (0 ou plusieurs), (1 ou plusieurs) ou (0 ou 1) occurrences d'un caractère
.	Correspond à une occurrence de tout caractère différent du saut de ligne (\n).
a|A|1	Signifie à la fois a, A ou 1. L'apparition d'un de ces trois caractères vérifie l'expression régulière.
{n}	Recherche *n* occurrences (n>0) du caractère qui précède les accolades. A{3} recherche 3 A consécutifs, mais pas 4.
{n,m}	Recherche *n* occurrences (n>0 et m>0) du caractère qui précède les accolades. A{3,5} recherche de 3 à 5 A consécutifs. Cas particulier : A{4,} recherche au moins 4 A consécutifs.
[abc], [a-z], [^0-9]	Représente tout caractère faisant partie du jeu de caractères spécifié entre les crochets. On peut utiliser le tiret (-) afin de spécifier une plage, ou l'accent circonflexe (^) afin de représenter l'inverse d'une plage. [^0-9] signifie tous les caractères, sauf les chiffres. [a-zA-Z0-9] signifie toute chaîne alphanumérique.
\n, \t...	Identiques aux caractères d'échappement. Le backslash (\) permet de spécifier des caractères spéciaux, tels que le saut de ligne ou la tabulation.

Les caractères d'échappement

Ces caractères spéciaux sont tous précédés d'un backslash. Ils ont une signification particulière lorsqu'ils sont placés au sein d'une chaîne de caractères.

Caractère	Signification
\b	Indique un retour arrière du curseur
\f	Indique une fin de fichier
\n	Indique un saut de ligne (sans revenir au début)
\r	Indique un retour (retour au début de la ligne)
\t	Indique une tabulation horizontale
\"	Correspond au guillemet ouvrant ou fermant standard
\\	Indique un backslash

Si vous définissez une chaîne de caractères dans un script, encadrée des caractères " et ", et que vous oubliiez le backslash devant un caractère spécial, celui-ci sera interprété comme un caractère standard.

Ainsi, par exemple; pour définir littéralement la chaîne suivante :

Salut les "amis",
ça va aujourd'hui ?

Il faut écrire :

```
$Str = "Salut les \"amis, \"\n\tca va aujourd\'hui ?";
```

NOTE Pour remplacer les séquences de caractères \" et \\ par leurs équivalents " et \, utilisez les expressions régulières ou les fonctions `str_replace()` ou `strip_splashes()`.

Les modules de PHP (Windows)

Les bibliothèques évoquées ici sont celles livrées en standard dans la version binaire de PHP3 pour Windows.

Pour utiliser ces bibliothèques, PHP dispose de deux méthodes :

- **Utiliser la fonction** `dl()`, qui charge dynamiquement une bibliothèque. Vous pouvez ainsi la charger le temps du traitement, puis la décharger.
- Ajouter une ligne du type **extension=php_<NomDll>.dll** dans le fichier **php.ini** (Windows Extensions). Dans ce cas, la bibliothèque est chargée avec l'exécutable du moteur, et reste en mémoire le temps nécessaire. Notez que, par défaut, ces DLL d'extension ne sont pas chargées. La ligne qui les référence dans le fichier INI commence alors par un point-virgule (**;**).

Nom du fichier	Utilité de la bibliothèque
Php_calendar.dll	Fonctions de gestion de calendriers et de dates
Php_crypt.dll	Fonctions de cryptage
Php_dbase.dll	Fonctions d'accès aux bases de données DBase
Php_dbm.dll	Fonctions d'accès aux bases de données DB2
Php_filepro.dll	Fonctions d'accès (lecture seule) aux bases de données Filepro
Php_gd.dll	Fonctions de manipulation d'images GIF
Php_hyperwave.dll	Fonctions HyperWave
Php_imap4r2.dll	Fonctions IMAP 4
Php_ldap.dll	Fonctions LDAP
Php_msql1.dll	Fonctions d'accès aux bases de données MSQL 1 (client)
Php_msql2.dll	Fonctions d'accès aux bases de données MSQL 2 (client)
Php_mssql.dll	Fonctions d'accès aux bases de données MSSQL
Php_mysql.dll	Fonctions d'accès aux bases de données MYSQL
Php_nsmail.dll	Fonctions d'envoi de courrier Netscape
Php_oci73.dll	Fonctions d'accès aux bases de données Oracle
Php_snmp.dll	Fonctions SNMP (NT seulement)
Php_zlib.dll	Fonctions Zlib

B

Les fonctions, classées par bibliothèques

Les fonctions de PHP sont recensées dans le tableau suivant. Ce dernier reprend leur catégorie, leur nom, une description, ainsi que la syntaxe d'appel de la fonction avec ses paramètres. Les catégories de fonctions suivantes sont référencées :

Standard	Tableaux Vérification orthographique Calendrier Date et heure Chargement dynamique de librairies Gestion des images Nombre à virgule flottante Mathématiques Diverses Gestion d'expressions régulières compatibles Perl Expressions régulières Chaînes de caractères Gestion d'URL Conversion et utilisation des variables
Accès SGBD	Adabas D Dbase Dbm ICAP Informix Microsoft SQL Server MSQL MySQL ODBC functions Oracle 8 (OCI) Oracle 7 PostgreSQL Sybase system 10

Fichiers	Compression Fichiers et répertoires Cryptage FilePro Filesystem XML
Messagerie	IMAP LDAP
Système	Spécifiques Apache Propres à HTTP Réseau Options & informations sur PHP Exécution de programmes
Autres fonctions	Nombre à virgule flottante NIS

Les pages qui suivent regroupent ces fonctions. Vous trouverez également sur le site dédié à cet ouvrage une version HTML de cette documentation, qui permet de naviguer plus facilement dans les catégories.

NOTE Lorsqu'un paramètre est encadré par des crochets, cela signifie qu'il est optionnel. Vous pouvez donc utiliser la fonction de la même façon que si le paramètre n'était pas présent.

TABLEAUX	
Array	Prend une liste de valeurs en paramètre et les retourne sous la forme d'un tableau
Array array (...);	
Array_keys	Retourne la liste des clés d'un tableau associatif
Array array_keys (array input);	
Array_merge	Fusionne deux ou plusieurs tableaux
Array array_merge (array array1, array array2, [...]);	
Array_pop	Retourne le dernier élément et le supprime du tableau
Mixed array_pop (array array);	
Array_push	Ajoute un ou plusieurs éléments à la fin d'un tableau
Int array_push (array array, mixed var, [...]);	
Array_shift	Retourne le premier élément et le supprime du tableau
Mixed array_shift (array array);	
Array_slice	Supprime une partie des éléments d'un tableau
Array array_slice (array array, int offset, int [length]);	
Array_splice	Supprime une partie des éléments d'un tableau, ou les remplace
Array array_splice (array input, int offset, int [length] , array [replacement]);	
Array_unshift	Ajoute un ou plusieurs éléments au début d'un tableau
Int array_unshift (array array, mixed var, [...]);	

TABLEAUX	
Array_values	Retourne la liste des éléments d'un tableau associatif
Array array_values (array input);	
Array_walk	Applique une fonction utilisateur à chaque élément d'un tableau
Int array_walk (array arr, string func);	
Arsort	Trie les éléments selon l'ordre alphabétique inversé
Void arsort (array array);	
Asort	Trie les éléments selon l'ordre alphabétique
Void asort (array array);	
Compact	Crée un tableau associatif formé des noms et des valeurs de variables
Array compact (string varname | array varnames, [...]);	
Count	Retourne le nombre d'éléments d'un tableau
Int count (mixed var);	
Current	Retourne l'élément courant d'un tableau
Mixed current (array array);	
Each	Retourne la prochaine paire clé-valeur d'un tableau
Array each (array array);	
End	Positionne le pointeur interne sur le dernier élément
End (array array);	
Extract	Crée des variables fondées sur les clés et les valeurs d'un tableau
Void extract (array var_array, int [extract_type], string [prefix]);	
in_array	Retourne true si une valeur existe dans un tableau
Bool in_array (mixed needle, array haystack);	
Key	Retourne la clé de l'élément courant
Mixed key (array array);	
ksort	Trie le tableau en fonction de ses clés
Int ksort (array array);	
List	Assigne des valeurs à des variables, à l'image d'un tableau
Void list (...);	
Next	Positionne le pointeur interne sur l'élément suivant
Mixed next (array array);	
Pos	Retourne la position courante du pointeur interne
Mixed pos (array array);	
Prev	Positionne le pointeur interne sur l'élément précédent
Mixed prev (array array);	
Range	Crée un tableau formé d'un intervalle de valeurs
Array range (int low, int high);	
Reset	Positionne le pointeur interne sur le premier élément
Mixed reset (array array);	

TABLEAUX	
Rsort	Trie un tableau en fonction de ses éléments, dans l'ordre inversé
Void rsort (array array);	
Shuffle	Mélange aléatoirement l'ordre des valeurs d'un tableau
Void shuffle (array array);	
Sizeof	Retourne le nombre d'éléments d'un tableau
Int sizeof (array array);	
Sort	Trie un tableau en fonction de ses éléments
Void sort (array array);	
Uasort	Trie les valeurs d'un tableau associatif selon un ordre défini par une fonction
Void uasort (array array, function cmp_function);	
Uksort	Trie un tableau associatif selon un ordre défini par une fonction fondée sur ses clés
Void uksort (array array, function cmp_function);	
Usort	Trie un tableau selon un ordre défini par une fonction utilisateur
Void usort (array array, function cmp_function);	
VÉRIFICATION ORTHOGRAPHIQUE	
Aspell_check	Vérifie un mot
Boolean aspell_check (int dictionary_link, string word);	
Aspell_check-raw	Vérification brute d'un mot
Boolean aspell_check_raw (int dictionary_link, string word);	
Aspell_new	Charge un nouveau dictionnaire
Int aspell_new (string master, string personal);	
Aspell_suggest	Affiche une suggestion pour un mot
Array aspell_suggest (int dictionary_link, string word);	
CALENDRIER	
Easter_date	Retourne le timestamp Unix qui correspond au jour de Pâques
Int easter_date (int year);	
Easter_days	Retourne le nombre de jours compris entre le 21 mars et le jour de Pâques
Int easter_days (int year);	
FrenchToJD	Convertit une date fondée sur le calendrier français en date fondée sur le calendrier julien
Int frenchtojd (int month, int day, int year);	
GregorianToJD	Convertit une date fondée sur le calendrier grégorien en date fondée sur le calendrier julien
Int gregoriantojd (int month, int day, int year);	
JDDayOfWeek	Retourne le numéro du jour de la semaine
Mixed jddayofweek (int julianday, int mode);	

CALENDRIER	
JDMonthName	Retourne le numéro du jour du mois
String jdmonthname (int julianday, int mode);	
JDToFrench	Convertit une date fondée sur le calendrier julien en date fondée sur le calendrier français
String jdtofrench (int month, int day, int year);	
JDToGregorian	Convertit une date fondée sur le calendrier julien en date fondée sur le calendrier grégorien
String jdtogregorian (int julianday);	
JDToJewish	Convertit une date fondée sur le calendrier julien en date fondée sur le calendrier juif
String jdtojewish (int julianday);	
JDToJulian	Convertit une date fondée sur le calendrier julien en nombre de jours fondés sur le même calendrier
String jdtojulian (int julianday);	
JewishToJD	Convertit une date fondée sur le calendrier juif en date fondée sur le calendrier julien
Int jewishtojd (int month, int day, int year);	
JulianToJD	Convertit un nombre de jours dans le format calendrier julien
Int juliantojd (int month, int day, int year);	

DATE ET HEURE	
Checkdate	Vérifie la cohérence d'une date
Int checkdate (int month, int day, int year);	
Getdate	Décompose un timestamp en année, mois, jours, minutes, etc.
Array getdate (int timestamp);	
Gettimeofday	Retourne les résultat de l'appel système gettimeofday
Array gettimeofday (void);	
Gmdate	Retourne une chaîne qui contient une date GMT mise en forme
String gmdate (string format, int timestamp);	
Gmmktime	Retourne le timestamp qui correspond à une date GMT
Int gmmktime (int hour, int minute, int second, int month, int day, int year, int [is_dst]);	
Gmstrftime	Formate une date GMT à l'aide des paramètres locaux
String gmstrftime (string format, int timestamp);	
Microtime	Retourne le timestamp Unix, accompagné de sa partie fractionnaire, exprimée en microsecondes
String microtime (void);	
Mktime	Retourne le timestamp qui correspond à une date
Int mktime (int hour, int minute, int second, int month, int day, int year, int [is_dst]);	
Strftime	Formate une date à l'aide des paramètres locaux
String strftime (string format, int timestamp);	

DATE ET HEURE	
Time	Retourne le timestamp Unix
Int time (void);	
CHARGEMENT DYNAMIQUE	
Dl	Charge dynamiquement une extension PHP à l'exécution
Int dl (string library);	
IMAGES	
GetImageSize	Retourne la taille d'une image GIF, JPEG ou PNG (n'utilise pas GD)
Array getimagesize (string filename, array [imageinfo]);	
ImageArc	Dessine une portion d'ellipse
Int imagearc (int im, int cx, int cy, int w, int h, int s, int e, int col);	
ImageChar	Dessine un caractère en orientation horizontale
Int imagechar (int im, int font, int x, int y, string c, int col);	
ImageCharUp	Dessine un caractère en orientation verticale
Int imagecharup (int im, int font, int x, int y, string c, int col);	
ImageColorAllocate	Ajoute une couleur dans la palette d'une image
Int imagecolorallocate (int im, int red, int green, int blue);	
ImageColorAt	Retourne l'index de la couleur d'un point de l'image
Int imagecolorat (int im, int x, int y);	
ImageColorClosest	Retourne l'index de la couleur la plus proche de celle spécifiée
Int imagecolorclosest (int im, int red, int green, int blue);	
ImageColorExact	Retourne l'index de la couleur spécifiée, ou -1 si elle n'existe pas
Int imagecolorexact (int im, int red, int green, int blue);	
ImageColorResolve	Retourne l'index de la couleur la plus proche de celle spécifiée
Int imagecolorresolve (int im, int red, int green, int blue);	
ImageColorSet	Fixe la couleur d'un index donné de la palette
Bool imagecolorset (int im, int index, int red, int green, int blue);	
ImageColorsForIndex	Retourne les composantes RGB d'un index donné de la palette
Array imagecolorsforindex (int im, int index);	
ImageColorsTotal	Retourne le nombre de couleurs présentes dans une palette
Int imagecolorstotal (int im);	
ImageColorTransparent	Définit la couleur de transparence d'une palette
Int imagecolortransparent (int im, int [col]);	
ImageCopyResized	Copie une portion de l'image, puis l'agrandit ou la réduit
Int imagecopyresized (int dst_im, int src_im, int dstX, int dstY, int srcX, int srcY, int dstW, int dstH, int srcW, int srcH);	
ImageCreate	Crée une image
Int imagecreate (int x_size, int y_size);	
ImageCreateFromGif	Crée une image à partir d'un fichier GIF ou d'une URL
Int imagecreatefromgif (string filename);	

IMAGES	
ImageDashedLine	Dessine une ligne interrompue
Int imagedashedline (int im, int x1, int y1, int x2, int y2, int col);	
ImageDestroy	Supprime une image
Int imagedestroy (int im);	
ImageFill	Remplit une portion de l'image
Int imagefill (int im, int x, int y, int col);	
ImageFilledPolygon	Dessine un polygone plein
Int imagefilledpolygon (int im, array points, int num_points, int col);	
ImageFilledRectangle	Dessine un rectangle plein
Int imagefilledrectangle (int im, int x1, int y1, int x2, int y2, int col);	
ImageFillToBorder	Effectue un remplissage à l'aide d'une couleur donnée en tant que frontière
Int imagefilltoborder (int im, int x, int y, int border, int col);	
ImageFontHeight	Retourne la hauteur d'un caractère d'une police
Int imagefontheight (int font);	
ImageFontWidth	Retourne la largeur d'un caractère d'une police
Int imagefontwidth (int font);	
ImageGif	Produit le contenu d'une image au format GIF
Int imagegif (int im, string filename);	
ImageInterlace	Active ou désactive l'entrelaçage
Int imageinterlace (int im, int [interlace]);	
ImageLine	Dessine une ligne
Int imageline (int im, int x1, int y1, int x2, int y2, int col);	
ImageLoadFont	Charge une police bitmap utilisateur
Int imageloadfont (string file);	
ImagePolygon	Dessine un polygone
Int imagepolygon (int im, array points, int num_points, int col);	
ImagePSBBox	Dimensions du rectangle qui encadre une chaîne qui utilise une police de type Postscript
Array imagepsbbox (string text, int font, int size, int space, int width, float angle);	
ImageString	Dessine une chaîne en orientation horizontale
Int imagestring (int im, int font, int x, int y, string s, int col);	
ImageStringUp	Dessine une chaîne en orientation verticale
Int imagestringup (int im, int font, int x, int y, string s, int col);	
ImageSX	Retourne la largeur d'une image
Int imagesx (int im);	
ImageSY	Retourne la hauteur d'une image
Int imagesy (int im);	

FONCTIONS MATHÉMATIQUES	
Abs *Mixed abs (mixed number);*	Retourne la valeur absolue d'une valeur
Acos *Float acos (float arg);*	Retourne la valeur de l'arc cosinus d'un angle, en radians
Asin *Float asin (float arg);*	Retourne la valeur de l'arc sinus d'un angle, en radians
Atan *Float atan (float arg);*	Retourne la valeur de l'arc tangente d'un angle, en radians
Atan2 *Float atan2 (float y, float x);*	Retourne la valeur de l'arc tangente de deux angles
Base_convert *String base_convert (string number, int frombase, int tobase);*	Effectue la conversion d'un nombre depuis une base vers une autre
BinDec *Int bindec (string binary_string);*	Effectue la conversion d'un nombre binaire en nombre décimal
Ceil *Int ceil (float number);*	Effectue un arrondi à la valeur entière supérieure
Cos *Float cos (float arg);*	Retourne la valeur du cosinus d'un angle, en radians
DecBin *String decbin (int number);*	Effectue la conversion d'un nombre décimal en nombre binaire
DecHex *String dechex (int number);*	Effectue la conversion d'un nombre décimal en nombre hexadécimal
DecOct *String decoct (int number);*	Effectue la conversion d'un nombre décimal en nombre octal
Exp *Float exp (float arg);*	Calcule l'exponentielle d'une valeur
Floor *Int floor (float number);*	Effectue un arrondi à la valeur entière inférieure
Getrandmax *Int getrandmax (void);*	Retourne la valeur maximale que peut produire rand()
HexDec *Int hexdec (string hex_string);*	Effectue la conversion d'un nombre hexadécimal en nombre décimal
Log *Float log (float arg);*	Calcule le logarithme naturel d'une valeur
Log10 *Float log10 (float arg);*	Calcule le logarithme base 10 d'une valeur
Max *Mixed max (mixed arg1, mixed arg2, mixed argn);*	Retourne la plus grande valeur d'un liste

FONCTIONS MATHÉMATIQUES	
Min	Retourne la plus petite valeur d'une liste
Mixed min (mixed arg1, mixed arg2, mixed argn);	
mt_getrandmax	Retourne la valeur maximale que peut produire mt_rand()
Int mt_getrandmax (void);	
mt_rand	Génère une valeur aléatoire
Int mt_rand ([int min], [int max]);	
mt_srand	Initialise le générateur de valeurs aléatoires
Void mt_srand (int seed);	
Number_format	Retourne une chaîne qui contient une représentation d'un nombre mis en forme
String number_format (float number, int decimals, string dec_point, string thousands_sep);	
OctDec	Effectue la conversion d'un nombre octal en nombre décimal
Int octdec (string octal_string);	
Pi	Retourne une valeur approchée de Pi (voir constante M_PI)
Double pi (void);	
Pow	Calcule la puissance n d'un nombre
Float pow (float base, float exp);	
Rand	Génère une valeur aléatoire
Int rand ([int min], [int max]);	
Round	Calcule l'arrondi d'une valeur réelle
Double round (double val);	
Sin	Calcule la valeur du sinus d'un angle, en radians
Float sin (float arg);	
Sqrt	Calcule la racine carrée d'un nombre
Float sqrt (float arg);	
Srand	Initialise le générateur standard de valeurs aléatoires
Void srand (int seed);	
Tan	Calcule la valeur de la tangente d'un angle, en radians
Float tan (float arg);	
AUTRES FONCTIONS DIVERSES	
Connection_aborted	Retourne true si le client a provoqué une déconnexion
Int connection_aborted (void);	
Connection_status	Retourne l'état d'exécution d'un script dans un champ de bits
Int connection_status (void);	
Connection_timeout	Retourne true si le script a été stoppé pour cause de TimeOut
Int connection_timeout (void);	
Die	Affiche un message et arrête le script en cours
Void die (string message);	

AUTRES FONCTIONS DIVERSES	
Eval	Traite le contenu d'une chaîne comme s'il s'agissait d'une instruction PHP
Void eval (string code_str);	
Exit	Termine l'exécution d'un script PHP
Void exit (void);	
Function_exists	Retourne true si la fonction donnée existe
String function_exists (string function_name);	
Ignore_user_abort	Teste si une déconnexion du client doit ou non provoquer l'arrêt de l'exécution du script
Int ignore_user_abort (int [setting]);	
Pack	Assemble des données dans une chaîne binaire
String pack (string format, mixed [args]...);	
Serialize	Génère une représentation enregistrable d'une valeur
String serialize (mixed value);	
Sleep	Suspend l'exécution pendant n secondes
Void sleep (int seconds);	
Uniqid	Retourne une clé unique aléatoire de 32 caractères de long
Int uniqid (string prefix);	
Unpack	Extrait des données depuis une chaîne binaire
Array unpack (string format, string data);	
Unserialize	Crée une valeur à partir d'une représentation enregistrable
Mixed unserialize (string str);	
Usleep	Suspend l'exécution pendant n microsecondes
Void usleep (int micro_seconds);	
EXPRESSIONS RÉGULIÈRES COMPATIBLES Perl	
Preg_grep	Retourne les éléments d'un tableau passé à l'appel, qui correspond à un motif donné
Array preg_grep (string pattern, array input);	
Preg_match	Retourne les correspondances entre un motif et une chaîne donnée
Int preg_match (string pattern, string subject, array [matches]);	
Preg_match_all	Retourne un tableau des correspondances entre un motif et une chaîne
Int preg_match_all (string pattern, string subject, array matches, int [order]);	
Preg_quote	Place un caractère d'échappement avant tout caractère de la syntaxe regex
String preg_quote (string str);	
Preg_replace	Effectue un rechercher-remplacer fondé sur un motif
Mixed preg_replace (mixed pattern, mixed replacement, mixed subject);	
Preg_split	Découpe une chaîne suivant un motif
Array preg_split (string pattern, string subject, int [limit]);	

EXPRESSIONS RÉGULIÈRES	
Ereg	Retourne les correspondances d'une chaîne avec une expression régulière
Int ereg (string pattern, string string, array [regs]);	
Ereg_replace	Effectue un remplacement d'après une expression régulière
string ereg_replace (string pattern, string replacement, string string);	
Eregi	Retourne les correspondances d'une chaîne avec une ereg, indépendamment de la casse
Int eregi (string pattern, string string, array [regs]);	
Eregi_replace	Effectue un remplacement par expression régulière, indépendamment de la casse
String eregi_replace (string pattern, string replacement, string string);	
Split	Découpe une chaîne en sous-chaînes, en fonction d'une expression régulière
Array split (string pattern, string string, int [limit]);	
Sql_regcase	Crée une expression régulière de recherches SQL indépendantes de la casse
String sql_regcase (string string);	
CHAÎNES DE CARACTÈRES	
AddSlashes	Ajoute un caractère d'échappement devant les caractères spéciaux
String addslashes (string str);	
Bin2hex	Convertit une chaîne en sa représentation hexadécimale
String bin2hex (string str);	
Chop	Retourne la chaîne débarrassée des caractères d'espacement finaux
String chop (string str);	
Chr	Retourne le caractère spécifié par son code ASCII
String chr (int ascii);	
Convert_cyr_string	Convertit une chaîne depuis un encodage cyrillique vers un autre
String convert_cyr_string (string str, string from, string to);	
Crypt	Crypte une chaîne à l'aide d'une des méthodes DES standard
String crypt (string str, string [salt]);	
Echo	Affiche une ou plusieurs chaînes
Echo (string arg1, string [argn]...);	
Explode	Retourne les sous-chaînes d'une chaîne dans un tableau
Array explode (string separator, string string);	
Flush	Force le vifage des tampons de sortie, qui envoient le flux au client web
Void flush (void);	
get_meta_tags	Retourne les métatags d'une page dans un tableau associatif
Array get_meta_tags (string filename, int [use_include_path]);	
Htmlentities	Convertit tout caractère étendu dans sa représentation HTML
String htmlentities (string string);	

CHAÎNES DE CARACTÈRES	
Htmlspecialchars	Convertit les caractères spéciaux en leur représentation HTML
String htmlspecialchars (string string);	
Implode	Groupe les éléments d'un tableau en une chaîne (identique à join)
String implode (string glue, array pieces);	
Join	Groupe les éléments d'un tableau en une chaîne (identique à implode)
String join (string glue, array pieces);	
Ltrim	Supprime les caractères d'espacement en début de chaîne
String ltrim (string str);	
Md5	Calcule la clé de hachage md5 d'une chaîne
String md5 (string str);	
Nl2br	Remplace les caractères de retour à la ligne par un tag « br »
String nl2br (string string);	
Ord	Retourne le code ASCII d'un caractère
Int ord (string string);	
Parse_str	Analyse une chaîne de type QueryString et affecte les variables correspondantes
Void parse_str (string str);	
Print	Affiche une chaîne
Print (string arg);	
Printf	Affiche une chaîne avec mise en forme
Int printf (string format, mixed [args]...);	
Quoted_printable_decode	Convertit une chaîne quoted-printable en une chaîne en codage 8 bits
String quoted_printable_decode (string str);	
QuoteMeta	Ajoute un caractère d'échappement (backslash) devant les caractères spéciaux
String quotemeta (string str);	
Rawurldecode	Décode une chaîne encodée, en remplaçant les caractères %xx par leur valeur ASCII
String rawurldecode (string str);	
Rawurlencode	Encode une chaîne en une chaîne URL-encoded
String rawurlencode (string str);	
Setlocale	Modifie le paramétrage de gestion de la localisation
String setlocale (string category, string locale);	
Similar_text	Calcule la similitude entre deux chaînes
Int similar_text (string first, string second, double [percent]);	
Soundex	Calcule la représentation sonore d'une chaîne
String soundex (string str);	
Sprintf	Retourne une chaîne mise en forme
Sprintf (string format, mixed [args]...);	

CHAÎNES DE CARACTÈRES	
Str_replace	Effectue le remplacement d'une sous-chaîne dans une chaîne
String str_replace (string needle, string str, string haystack);	
Strchr	Retourne la première occurrence d'un caractère dans une chaîne
String strchr (string haystack, string needle);	
Strcmp	Compare le contenu de deux chaînes
Int strcmp (string str1, string str2);	
Strcspn	Donne la longueur de la première portion de chaîne qui contient les caractères spécifiés
Int strcspn (string str1, string str2);	
Strip_tags	Supprime les tags HTML et PHP d'une chaîne
String strip_tags (string str);	
StripSlashes	Supprime les caractères backslash d'une chaîne (inverse de AddSlashes)
String stripslashes (string str);	
Strlen	Retourne la longueur du contenu d'une chaîne
Int strlen (string str);	
Strpos	Retourne la position de la première occurrence d'une chaîne dans une autre chaîne
Int strpos (string haystack, string needle, int [offset]);	
Strrchr	Retourne la dernière occurrence d'une chaîne dans une autre chaîne
String strrchr (string haystack, string needle);	
Strrev	Inverse la position des caractères d'une chaîne
String strrev (string string);	
Strrpos	Retourne la position de la dernière occurrence d'un caractère dans une chaîne
Int strrpos (string haystack, char needle);	
Strspn	Donne la longueur du premier segment de str1 non constitué de caractères de str2
Int strspn (string str1, string str2);	
Strstr	Retourne la première occurrence d'une chaîne dans une autre chaîne
String strstr (string haystack, string needle);	
Strtok	Découpe une chaîne en sous-chaînes
String strtok (string arg1, string arg2);	
Strtolower	Passe tous les caractères en minuscule
String strtolower (string str);	
Strtoupper	Passe tous les caractères en majuscule
String strtoupper (string string);	
Strtr	Remplace certains caractères par position
String strtr (string str, string from, string to);	
Substr	Retourne une sous-chaîne d'une chaîne donnée
String substr (string string, int start, int [length]);	

CHAÎNES DE CARACTÈRES	
Trim *String trim (string str);*	Supprime les espaces qui encadrent la chaîne
Ucfirst *String ucfirst (string str);*	Passe le premier caractère du premier mot en majuscule
Ucwords *String ucwords (string str);*	Passe le premier caractère de chaque mot en majuscule
GESTION DES URL	
Parse_url *Array parse_url (string url);*	Décompose une URL et retourne les éléments dans un tableau
Urldecode *String urldecode (string str);*	Décode une URL encodée en remplaçant les caractères %xx par leur représentation ASCII
Urlencode *String urlencode (string str);*	Transforme une chaîne en une chaîne URL encodée
Base64_decode *String base64_decode (string encoded_data);*	Effectue l'encodage d'une chaîne en base64
Base64_encode *String base64_encode (string data);*	Décode une chaîne codée en base64
VARIABLES ET TYPES DE DONNÉES	
Doubleval *Double doubleval (mixed var);*	Retourne la valeur double de var
Empty *Int empty (mixed var);*	Indique si une variable est initialisée ou non
Gettype *String gettype (mixed var);*	Retourne le type d'une variable
Intval *Int intval (mixed var, int [base]);*	Retourne la valeur entière de var
Is_array *Int is_array (mixed var);*	Indique si une variable est de type array
Is_double *Int is_double (mixed var);*	Indique si une variable est de type double
Is_float *Int is_float (mixed var);*	Indique si une variable est de type float
Is_int *Int is_int (mixed var);*	Indique si une variable est de type integer (cf. is_long)
Is_integer *Int is_integer (mixed var);*	Indique si une variable est de type integer (cf. is_long)

VARIABLES ET TYPES DE DONNÉES	
Is_long *Int is_long (mixed var);*	Indique si une variable est de type integer
Is_object *Int is_object (mixed var);*	Indique si une variable est un objet
Is_real *Int is_real (mixed var);*	Indique si une variable est de type real (cf. is_double)
Is_string *Int is_string (mixed var);*	Indique si une variable est de type string
Isset *Int isset (mixed var);*	Indique si une valeur a été assignée à la variable spécifiée
Settype *Int settype (string var, string type);*	Fixe le type d'une variable
Strval *String strval (mixed var);*	Retourne la représentation d'une variable sous la forme d'une chaîne
Unset *Int unset (mixed var);*	Désaffecte une variable

FONCTIONS D'ACCÈS AUX SGBD

ADABA	
Ada_afetch *Voir odbc_fetch_into()*	Retourne un tuple dans un tableau
Ada_autocommit *Voir odbc_autocommit()*	Bascule le mode autocommit
Ada_close *Voir odbc_close()*	Ferme la connexion au serveur Adabas
Ada_commit *Voir odbc_commit()*	Effectue une validation de la transaction
Ada_connect *Voir odbc_connect().*	Ouvre une connexion sur une source Adabas
Ada_exec *Voir odbc_exec()or odbc_do()*	Prépare et exécute une requête SQL
Ada_fetchrow *Voir odbc_fetch_row().*	Récupère une ligne de résultats
Ada_fieldname *Voir odbc_field_name().*	Retourne le nom d'une colonne
Ada_fieldnum *Voir odbc_field_num()*	Retourne le numéro d'une colonne

ADABA	
Ada_fieldtype	Retourne le type de données d'une colonne
Voir odbc_field_type().	
Ada_freeresult	Libère les ressources liées à un ensemble de résultats
Voir odbc_free_result().	
Ada_numfields	Retourne le nombre de colonnes d'un ensemble de résultats
Voir odbc_num_fields()	
Ada_numrows	Retourne le nombre de lignes d'un ensemble de résultats
Voir odbc_num_rows()	
Ada_result	Retourne le contenu d'un champ
Voir odbc_result().	
Ada_resultall	Affiche le résultat d'une requête SQL sous la forme d'une table HTML
Voir odbc_result_all().	
Ada_rollback	Effectue une annulation de la transaction
Voir odbc_rollback().	
ABSTRACTION PAR RAPPORT À LA BASE DE DONNÉES	
Dba_close	Ferme une base
Void dba_close (int handle);	
Dba_delete	Supprime un tuple spécifié par sa clé
Bool dba_delete (string key, int handle);	
Dba_exists	Vérifie l'existence d'une clé
Bool dba_exists (string key, int handle);	
Dba_fetch	Retourne la donnée spécifiée par sa clé
Bool dba_fetch (string key, int handle);	
Dba_firstkey	Positionne le pointeur sur la première clé et retourne sa valeur
String dba_firstkey (int handle);	
Dba_insert	Insère une donnée
Bool dba_insert (string key, string value, int handle);	
Dba_nextkey	Déplace le pointeur sur la donnée suivante
String dba_nextkey (int handle);	
Dba_open	Ouvre une base en lecture, écriture ou création
Int dba_open (string path, string mode, string handler, [...]);	
Dba_optimize	Optimise une base
Bool dba_optimize (int handle);	
Dba_popen	Ouvre une connexion persistante sur une base
Int dba_popen (string path, string mode, string handler, [...]);	
Dba_replace	Remplace ou insère un élément
Bool dba_replace (string key, string value, int handle);	

ABSTRACTION PAR RAPPORT À LA BASE DE DONNÉES	
Dba_sync	Effectue une synchronisation (écriture physique)
Bool dba_sync (int handle);	
DBASE	
Dbase_add_record	Ajoute une ligne à une table dBase
Bool dbase_add_record (int dbase_identifier, array record);	
Dbase_close	Ferme un fichier dBase
Bool dbase_close (int dbase_identifier);	
Dbase_create	Crée une table dBase
Int dbase_create (string filename, array fields);	
Dbase_delete_record	Supprime une ligne dans une table dBase
Bool dbase_delete_record (int dbase_identifier, int record);	
Dbase_get_record	Retourne les données d'un enregistrement
Array dbase_get_record (int dbase_identifier, int record);	
Dbase_numfields	Retourne le nombre de champs dans une table dBase
Array dbase_numfields (int dbase_identifier);	
Dbase_numrecords	Retourne le nombre d'enregistrements dans une table dBase
Int dbase_numrecords (int dbase_identifier);	
Dbase_open	Ouvre un fichier dBase
Int dbase_open (string filename, int flags);	
Dbase_pack	Compresse un fichier dBase
Int dbase_pack (int dbase_identifier);	
Dbase_replace_record	Remplace un enregistrement dans une table dBase
Bool dbase_replace_record (int dbase_identifier, array record, int dbase_record_number);	
DBM	
Dblist	Retourne la description de la bibliothèque dbm utilisée
String dblist (void);	
Dbmclose	Ferme la base dbm
Bool dbmclose (int dbm_identifier);	
Dbmdelete	Supprime la valeur associée à une clé dans une base dbm
Bool dbmdelete (int dbm_identifier, string key);	
Dbmexists	Indique si une valeur associée à une clé existe dans une base dbm
Bool dbmexists (int dbm_identifier, string key);	
Dbmfetch	Lie la valeur d'une clé dans une base dbm
String dbmfetch (int dbm_identifier, string key);	
Dbmfirstkey	Retourne la première clé d'une base dbm
String dbmfirstkey (int dbm_identifier);	
Dbminsert	Insère une valeur pour une clé donnée dans une base dbm
Int dbminsert (int dbm_identifier, string key, string value);	

DBM	
Dbmnextkey	Retourne la clé suivante d'une base dbm
String dbmnextkey (int dbm_identifier, string key);	
Dbmopen	Ouvre une base dbm
String dbmopen (string filename, string flags);	
Dbmreplace	Remplace la valeur associée à une clé dans une base dbm
Bool dbmreplace (int dbm_identifier, string key, string value);	
ICAP	
Icap_close	Ferme un flux ICAP
int icap_close(int icap_stream, int flags);	
Icap_delete_event	Supprime un événement d'un calendrier ICAP
int icap_delete_event(int uid);	
Icap_fetch_event	Retrouve les informations d'un événement dans un flux ICAP
objecticap_fetch_event(streamicap_stream, idevent id, optionsoptions);	
Icap_list_alarms	Retourne la liste événements qui possède une alerte réglée sur une heure donnée
array icap_list_alarms(stream icap_stream, datetime alarm_date);	
Icap_list_events	Retourne la liste des événements compris entre deux dates
array icap_list_events(stream icap_stream, datetime begin_date, datetime end_date);	
Icap_open	Ouvre une connexion ICAP
stream icap_open(stringcalendar, stringusername, stringpassword, stringoptions);	
Icap_snooze	Stoppe le signal d'alerte d'un événement
int icap_snooze(int uid);	
Icap_store_event	Enregistre un événement dans un calendrier ICAP
int icap_store_event(int icap_stream, object event);	
INFORMIX	
Ifx_affected_rows	Retourne le nombre de lignes affectées par une requête
int ifx_affected_rows (int result_id);	
Ifx_blobinfile_mode	Positionne le mode de gestion des blobs
void ifx_blobinfile_mode (int mode);	
Ifx_byteasvarchar	Positionne le mode de restitution des zones binaires
void ifx_byteasvarchar (int mode);	
Ifx_close	Ferme la connexion à une base Informix
int ifx_close (int [link_identifier]);	
Ifx_connect	Ouvre une connexion vers un serveur Informix
int ifx_connect (string [database] , string [userid] , string [password]);	
Ifx_copy_blob	Duplique un objet binaire donné
int ifx_copy_blob (int bid);	

INFORMIX	
Ifx_create_blob	Crée un objet binaire
int ifx_create_blob (int type, int mode, string param);	
Ifx_create_char	Crée un objet caractère
int ifx_create_char (string param);	
Ifx_do	Exécute une instruction préalablement préparée
int ifx_do (int result_id);	
Ifx_error	Retourne le code d'erreur produit par la fonction Informix précédente
string ifx_error (void);	
Ifx_errormsg	Retourne le message d'erreur produit par la fonction Informix précédente
string ifx_errormsg (int [errorcode]);	
Ifx_fetch_row	Retourne les valeurs d'un tuple dans un tableau associatif
array ifx_fetch_row (int result_id, mixed [position]);	
Ifx_fieldproperties	Retourne les attributs SQL d'une colonne
array ifx_fieldproperties (int result_id);	
Ifx_fieldtypes	Retourne la liste des colonnes d'une table, accompagnées de leur type
array ifx_fieldtypes (int result_id);	
Ifx_free_blob	Libère un objet binaire
int ifx_free_blob (int bid);	
Ifx_free_char	Libère un objet caractère
int ifx_free_char (int bid);	
Ifx_free_result	Libère les données d'un ensemble de résultats
int ifx_free_result (int result_id);	
Ifx_get_blob	Retourne le contenu d'un objet binaire spécifié par son identifiant
int ifx_get_blob (int bid);	
Ifx_get_char	Retourne le contenu d'un objetcaractère spécifié par son identifiant
int ifx_get_char (int bid);	
Ifx_getsqlca	Retrouve le contenu de la zone de communication sqlca après une requête
array ifx_getsqlca (int result_id);	
Ifx_htmltbl_result	Présente le résultat d'une requête sous la forme d'une table HTML
int ifx_htmltbl_result (int result_id, string [html_table_options]);	
Ifx_nullformat	Positionne la valeur retournée sur une colonne qui contient NULL
void ifx_nullformat (int mode);	
Ifx_num_fields	Retourne le nombre de colonnes d'un ensemble de résultats
int ifx_num_fields (int result_id);	
Ifx_num_rows	Retourne le nombre de lignes d'un ensemble de résultats
int ifx_num_rows (int result_id);	
Ifx_pconnect	Ouvre une connexion persistante vers un serveur Informix
int ifx_pconnect (string [database] , string [userid] , string [password]);	

INFORMIX	
Ifx_prepare	Prépare une requête en vue de son exécution
int ifx_prepare (string query, int conn_id, int [cursor_def], mixed blobidarray);	
Ifx_query	Envoie une requête au serveur Informix
int ifx_query (string query, int [link_identifier] , int [cursor_type] , mixed [blobidarray]);	
Ifx_textasvarchar	Positionne le mode de restitution des zones text
void ifx_textasvarchar (int mode);	
Ifx_update_blob	Modifie le contenu d'une donnée de type objet binaire
Ifx_update_blob (int bid, string content);	
Ifx_update_char	Modifie le contenu d'une donnée de type char
Int ifx_update_char (int bid, string content);	
MICROSOFT SQL SERVER	
Mssql_close	Ferme la connexion à une base MS SQL Server
int mssql_close (int link_identifier);	
Mssql_connect	Ouvre une connexion vers une base MS SQL Server
int mssql_connect (string servername, string username, string password);	
Mssql_data_seek	Déplace le pointeur de l'ensemble de résultats sur la ligne spécifiée
int mssql_data_seek (int result_identifier, int row_number);	
Mssql_fetch_array	Lie une ligne de résultats et retourne les valeurs dans un tableau indicé ou associatif
int mssql_fetch_array (int result);	
Mssql_fetch_field	Retourne les informations sur une colonne de l'ensemble de résultats dans un objet PHP
object mssql_fetch_field (int result, int field_offset);	
Mssql_fetch_object	Lie une ligne de résultats et retourne les valeurs dans un objet PHP
int mssql_fetch_object (int result);	
Mssql_fetch_row	Lie une ligne de résultats et retourne les valeurs dans un tableau indicé
array mssql_fetch_row int result);	
Mssql_field_seek	Déplace sur la colonne spécifiée par la position donnée
int mssql_field_seek (int result, int field_offset);	
Mssql_free_result	Libère les ressources associées à un ensemble de résultats
int mssql_free_result (int result);	
Mssql_num_fields	Retourne le nombre de colonnes dans un ensemble de résultats
int mssql_num_fields (int result);	
Mssql_num_rows	Retourne le nombre de lignes dans un ensemble de résultats
int mssql_num_rows (string result);	
Mssql_pconnect	Ouvre une connexion persistante vers une base MS SQL Server
int mssql_pconnect (string servername, string username, string password);	

MICROSOFT SQL SERVER	
Mssql_query	Exécute une requête MS SQL et retourne un ID de résultat ou false
int mssql_query (string query, int link_identifier);	
Mssql_result	Retourne le contenu de la colonne field de la ligne i de l'ensemble de résultats
Int mssql_result (int result, int i, mixed field);	
Mssql_select_db	Positionne la base de données MS SQL Server active
Int mssql_select_db (string database_name, int link_identifier);	
MSQL	
Msql	Soumet une requête à la base spécifiée, et retourne un identifiant de résultats
Int msql (string database, string query, int link_identifier);	
Msql_affected_rows	Retourne le nombre de lignes affectées par une requête
Int msql_affected_rows (int query_identifier);	
Msql_close	Ferme la connexion à une base mSQL
Int msql_close (int link_identifier);	
Msql_connect	Exécute une requête mSQL et retourne un ID de résultats ou false
Int msql_connect (string hostname);	
Msql_create_db	Crée une base mSQL
Int msql_create_db (string database name, int [link_identifier]);	
Msql_createdb	Crée une base mSQL (cf. msql_create_db)
Int msql_createdb (string database name, int [link_identifier]);	
Msql_data_seek	Déplace le pointeur de l'ensemble de résultats sur la ligne spécifiée
Int msql_data_seek (int query_identifier, int row_number);	
Msql_dbname	Retourne le nom d'une base mSQL (voir aussi msql_list_dbs)
String msql_dbname (int query_identifier, int i);	
Msql_drop_db	Supprime une base mSQL
Int msql_drop_db (string database_name, int link_identifier);	
Msql_dropdb	Supprime une base mSQL (cf. msql_drop_db)
Voir msql_drop_db().	
Msql_error	Retourne le message d'erreur produit par la dernière instruction
String msql_error ( );	
Msql_fetch_array	Lie une ligne de résultats et retourne les valeurs dans un tableau indicé ou associatif
Array msql_fetch_array (int query_identifier, int [result_type]);	
Msql_fetch_field	Retourne les informations sur une colonne de l'ensemble de résultats dans un objet PHP
Object msql_fetch_field (int query_identifier, int field_offset);	
Msql_fetch_object	Lie une ligne de résultats et retourne les valeurs dans un objet PHP
int msql_fetch_object (int query_identifier, int [result_type]);	

MSQL	
Msql_fetch_row	Lie une ligne de résultats et retourne les valeurs dans un tableau indicé
array msql_fetch_row (int query_identifier);	
Msql_field_seek	Déplace sur la colonne spécifiée par la position donnée
int msql_field_seek (int query_identifier, int field_offset);	
Msql_fieldflags	Retourne les indicateurs associés à une colonne (cf. msql_listdbs)
string msql_fieldflags (int query_identifier, int i);	
Msql_fieldlen	Retourne la taille d'une colonne (cf. msql_listdbs)
int msql_fieldlen (int query_identifier, int i);	
Msql_fieldname	Retourne le nom d'une colonne (cf. msql_listdbs)
string msql_fieldname (int query_identifier, int field);	
Msql_fieldtable	Retourne le nom de la table qui contient une colonne donnée (cf. msql_listdbs)
int msql_fieldtable (int query_identifier, int field);	
Msql_fieldtype	Retourne le type de données d'une colonne (cf. msql_listdbs)
string msql_fieldtype (int query_identifier, int i);	
Msql_free_result	Libère les ressources associées à un ensemble de résultats
int msql_free_result (int query_identifier);	
Msql_freeresult	Libère les ressources associées à un ensemble de résultats (cf. msql_free_result)
Voir msql_free_result()	
Msql_list_dbs	Retourne une liste des bases mSQL disponibles sur le serveur
int msql_list_dbs (void);	
Msql_list_fields	Retourne un pointeur sur une liste de colonnes
int msql_list_fields (string database, string tablename);	
msql_list_tables	Retourne un pointeur sur une liste de tables
int msql_list_tables (string database);	
msql_listdbs	Retourne une liste des bases mSQL disponibles sur le serveur (cf. msql_list_dbs)
Voir msql_list_dbs().	
msql_listfields	Retourne un pointeur sur une liste de colonnes (cf. msql_list_fields)
Voir msql_list_fields().	
msql_listtables	Retourne un pointeur sur une liste de tables (cf. msql_list_tables)
Voir msql_list_tables().	
Msql_num_fields	Retourne le nombre de colonnes dans un ensemble de résultats
int msql_num_fields (int query_identifier);	
Msql_num_rows	Retourne le nombre de lignes dans un ensemble de résultats
int msql_num_rows (int query_identifier);	
Msql_numfields	Retourne le nombre de colonnes dans un ensemble de résultats (cf. msql_num_fields)
int msql_numfields (int query_identifier);	

MSQL	
Msql_numrows	Retourne le nombre de lignes dans un ensemble de résultats
int msql_numrows (void);	
Msql_pconnect	Ouvre une connexion persistante à une base mSQL
int msql_pconnect (string hostname);	
Msql_query	Exécute une requête mSQL et retourne un ID de résultats ou false
int msql_query (string query, int link_identifier);	
Msql_regcase	Construit une expression régulière qui effectue une recherche, indépendamment de la casse
Voir sql_regcase().	
Msql_result	Retourne le contenu de la colonne field de la ligne i de l'ensemble de résultats
int msql_result (int query_identifier, int i, mixed field);	
Msql_select_db	Positionne la base active et sélectionne une base mSQL
int msql_select_db (string database_name, int link_identifier);	
Msql_selectdb	Cf. msql_select_db
Voir msql_select_db().	
Msql_tablename	Retourne le nom d'une table (cf. msql_list_tables)
string msql_tablename (int query_identifier, int field);	

MySQL	
Mysql_affected_rows	Retourne le nombre de lignes affectées par une requête INSERT, UPDATE ou DELETE
int mysql_affected_rows (int [link_identifier]);	
Mysql_close	Ferme la connexion à une base MySQL
int mysql_close (int [link_identifier]);	
Mysql_connect	Ouvre une connexion à une base MySQL
int mysql_connect (string [hostname [:port] [:/path/to/socket]] , string [username] , string [password]);	
Mysql_create_db	Crée une base MySQL
int mysql_create_db (string database name, int [link_identifier]);	
Mysql_data_seek	Déplace le pointeur de l'ensemble de résultats sur la ligne spécifiée
int mysql_data_seek (int result_identifier, int row_number);	
Mysql_db_query	Exécute une requête MySQL et retourne un ID de résultats ou false
int mysql_db_query (string database, string query, int [link_identifier]);	
Mysql_drop_db	Supprime une base MySQL
int mysql_drop_db (string database_name, int [link_identifier]);	
Mysql_errno	Retourne le code d'erreur de la dernière instruction MySQL
Int mysql_errno (int [link_identifier]);	
Mysql_error	Retourne le message d'erreur de la dernière instruction MySQL
string mysql_error (int [link_identifier]);	

MySQL	
Mysql_fetch_array	Lie une ligne de résultats et retourne les valeurs dans un tableau indicé ou associatif
array mysql_fetch_array (int result, int [result_type]);	
Mysql_fetch_field	Retourne les informations sur une colonne de l'ensemble de résultats dans un objet PHP
object mysql_fetch_field (int result, int [field_offset]);	
Mysql_fetch_lengths	Retourne dans un tableau la taille des données lues par mysql_fetch_row
array mysql_fetch_lengths (int result);	
Mysql_fetch_object	Lie une ligne de résultats et retourne les valeurs dans un objet PHP
object mysql_fetch_object (int result, int [result_typ]);	
Mysql_fetch_row	Lie une ligne de résultats et retourne les valeurs dans un tableau indicé
array mysql_fetch_row (int result);	
Mysql_field_flags	Retourne, pour chaque colonne d'un ensemble de résultats, une liste d'indicateurs
string mysql_field_flags (int result, int field_offset);	
Mysql_field_len	Retourne la longueur d'une colonne spécifiée par sa position (cf. mysql_list_fields)
int mysql_field_len (int result, int field_offset);	
Mysql_field_name	Retourne le nom d'une colonne spécifiée par sa position (cf. mysql_list_fields)
string mysql_field_name (int result, int field_index);	
Mysql_field_seek	Positionne le pointeur interne sur la colonne spécifiée
Int mysql_field_seek (int result, int field_offset);	
Mysql_field_table	Retourne le nom de la table qui contient une colonne donnée
string mysql_field_table (int result, int field_offset);	
Mysql_field_type	Retourne le type d'une colonne donnée (cf. mysql_list_fields)
string mysql_field_type (int result, int field_offset);	
Mysql_free_result	Libère les ressources associées à un ensemble de résultats
Int mysql_free_result (int result);	
Mysql_insert_id	Retourne l'identifiant généré lors du dernier ordre INSERT
Int mysql_insert_id (int [link_identifier]);	
Mysql_list_dbs	Retourne un ensemble de résultats qui contient la liste des bases disponibles dans la base MySQL
Int mysql_list_dbs (int [link_identifier]);	
Mysql_list_fields	Retourne un ensemble de résultats exploitable par les fonctions mysql_field_xxxxx
Int mysql_list_fields (string database_name, string table_name, int [link_identifier]);	
Mysql_list_tables	Retourne un ensemble de résultats qui contient la liste des tables de la base MySQL courante
Int mysql_list_tables (string database, int [link_identifier]);	

MySQL	
Mysql_num_fields	Retourne le nombre de colonnes dans un ensemble de résultats
Int mysql_num_fields (int result);	
Mysql_num_rows	Retourne le nombre de lignes dans un ensemble de résultats
Int mysql_num_rows (int result);	
Mysql_pconnect	Ouvre une connexion persistante vers une base MySQL
int mysql_pconnect (string [hostname [:port] [:/path/to/socket]] , string [username] , string [password]);	
Mysql_query	Exécute une requête dans la base MySQL et retourne un identifiant d'ensemble de résultats
int mysql_query (string query, int [link_identifier]);	
Mysql_result	Retourne le contenu d'une colonne de résultats, spécifiée par sa position ou par son nom
int mysql_result (int result, int row, mixed [field]);	
Mysql_select_db	Positionne la base active, et sélectionne une base MySQL
int mysql_select_db (string database_name, int [link_identifier]);	
Mysql_tablename	Retourne le nom d'une table qui contient la colonne spécifiée de l'ensemble de résultats
string mysql_tablename (int result, int i);	
ODBC	
Odbc_autocommit	Bascule le comportement autocommit de la source de données ODBC
int odbc_autocommit (int connection_id, int [OnOff]);	
Odbc_binmode	Manipule les données sous leur forme binaire
int odbc_binmode (int result_id, int mode);	
Odbc_close	Ferme une connexion ODBC
void odbc_close (int connection_id);	
Odbc_close_all	Ferme toutes les connexions ODBC
void odbc_close_all (void);	
Odbc_commit	Valide la transaction ODBC en cours
int odbc_commit (int connection_id);	
Odbc_connect	Ouvre une connexion vers une source ODBC
int odbc_connect (string dsn, string user, string password, int [cursor_type]);	
Odbc_cursor	Retourne le nom du curseur associé à un result_id
string odbc_cursor (int result_id);	
Odbc_do	Equivalent à odbc_exec() [voir odbc_exec()]
string odbc_do (int conn_id, string query);	
Odbc_exec	Prépare et exécute une instruction SQL
int odbc_exec (int connection_id, string query_string);	
Odbc_execute	Exécute une instruction SQL préparée
int odbc_execute (int result_id, array [parameters_array]);	

ODBC	
Odbc_fetch_into	Retourne les données d'une ligne dans un tableau associatif
int odbc_fetch_into (int result_id, int [rownumber], array result_array);	
Odbc_fetch_row	Récupère les données d'une ligne
int odbc_fetch_row (int result_id, int [row_number]);	
Odbc_field_len	Retourne la longueur d'un champ
int odbc_field_len (int result_id, int field_number);	
Odbc_field_name	Retourne le nom d'une colonne
string odbc_fieldname (int result_id, int field_number);	
Odbc_field_type	Retourne le type d'une colonne
string odbc_field_type (int result_id, int field_number);	
Odbc_free_result	Libère les données d'un ensemble de résultats
int odbc_free_result (int result_id);	
Odbc_longreadlen	Manipule les données de type LONG
int odbc_longreadlen (int result_id, int length);	
Odbc_num_fields	Retourne le nombre de colonnes d'un ensemble de résultats
int odbc_num_fields (int result_id);	
Odbc_num_rows	Retourne le nombre de lignes d'un ensemble de résultats
int odbc_num_rows (int result_id);	
Odbc_pconnect	Ouvre une connexion persistante vers une source ODBC
int odbc_pconnect (string dsn, string user, string password, int [cursor_type]);	
Odbc_prepare	Prépare une instruction SQL
int odbc_prepare (int connection_id, string query_string);	
Odbc_result	Retourne une colonne de l'ensemble de résultats, spécifiée par nom ou par position
string odbc_result (int result_id, mixed field);	
Odbc_result_all	Affiche et met en forme un ensemble de résultats dans une table HTML
int odbc_result_all (int result_id, string [format]);	
Odbc_rollback	Annule la transaction en cours (Rollback)
int odbc_rollback (int connection_id);	
Odbc_setoption	Ajuste les options ODBC
int odbc_setoption (int id, int function, int option, int param);	
ORACLE 7 et 8	
OCIBindByName	Lie une variable Php à un paramètre d'une requête Oracle
int OCIBindByName (int stmt, string ph_name, mixed &variable, intlength, int [type]);	
OCIColumnIsNULL	Teste la valeur NULL sur une colonne
int OCIColumnIsNULL (int stmt, mixed column);	
OCIColumnName	Retourne le nom d'une colonne
string OCIColumnName (int stmt, int col);	

ORACLE 7 et 8	
OCIColumnSize	Retourne la taille d'une colonne
int OCIColumnSize (int stmt, mixed column);	
OCIColumnType	Retourne le type d'une colonne
mixed OCIColumnName (int stmt, int col);	
OCICommit	Valide la transaction en cours
int OCICommit (int connection);	
OCIDefineByName	Affecte la valeur d'une colonne de résultats à une variable PHP
int OCIDefineByName (int stmt, string Column-Name, mixed &variable, int [type]);	
OCIError	Retourne le code d'erreur de la dernière instruction
int OCIError (int [stmt|conn]);	
OCIExecute	Exécute une instruction Oracle
int OCIExecute (int statement, int [mode]);	
OCIFetch	Place les données de la ligne suivante dans le buffer de résultats
int OCIFetch (int statement);	
OCIFetchInto	Place les données de la ligne suivante dans un tableau
int OCIFetchInto (int stmt, array &result, int [mode]);	
OCIFetchStatement	Place les données de l'ensemble de résultats dans un tableau
int OCIFetchStatement (int stmt, array &variable);	
OCIFreeCursor	Libère un curseur
int OCIFreeCursor (int stmt);	
OCIFreeStatement	Libère les ressources associées à une instruction
int OCIFreeStatement (int stmt);	
OCIInternalDebug	Active/désactive les fonctionnalités internes de mise au point
void OCIInternalDebug (int onoff);	
OCILogOff	Ferme la connexion à un serveur Oracle
int OCILogOff (int connection);	
OCILogon	Ouvre la connexion vers un serveur Oracle
int OCILogon (string username, string password, string [ORACLE_SID]);	
OCINewCursor	Retourne un curseur
int OCINewCursor (int conn);	
OCINewDescriptor	Initialise un nouveau descripteur
string OCINewDescriptor (int connection, int [type]);	
OCINLogon	Ouvre une connexion vers un serveur Oracle en forçant une nouvelle session
int OCINLogon (int conn);	
OCINumCols	Retourne le nombre de colonnes de l'ensemble de résultats
int OCINumCols (int stmt);	
OCIParse	Analyse la validité d'une requête
int OCIParse (int conn, strint query);	

ORACLE 7 et 8	
OCIPLogon	Ouvre une connexion permanente vers une base Oracle
int OCIPLogon (int conn);	
OCIResult	Retourne la valeur d'une colonne d'une ligne de résultats
int OCIResult (int statement, mixed column);	
OCIRollback	Annule la transaction en cours (Rollback)
int OCIRollback (int connection);	
OCIRowCount	Retourne le nombre de lignes affectées par une requête
int OCIRowCount (int statement);	
OCIServerVersion	Retourne le niveau de version du serveur Oracle
string OCIServerVersion (int conn);	
OCIStatementType	Retourne le type d'une instruction Oracle
string OCIStatementType (int stmt);	
ORACLE 7	
Ora_Bind	Lie une variable Php à un paramètre d'une requête Oracle
int ora_bind (int cursor, string PHP variable name, string SQL parameter name, int length, int [type]);	
Ora_Close	Ferme la connexion à un serveur Oracle
int ora_close (int cursor);	
Ora_ColumnName	Retourne le nom d'une colonne
string Ora_ColumnName (int cursor, int column);	
Ora_ColumnType	Retourne le type d'une colonne
string Ora_ColumnType (int cursor, int column);	
Ora_Commit	Valide la transaction en cours
int ora_commit (int conn);	
Ora_CommitOff	Désactive le commit automatique
int ora_commitoff (int conn);	
Ora_CommitOn	Active le commit automatique
int ora_commiton (int conn);	
Ora_Error	Retourne le message d'erreur produit par la dernière instruction Oracle
string Ora_Error (int cursor_or_connection);	
Ora_ErrorCode	Retourne le code d'erreur de la dernière instruction
int Ora_ErrorCode (int cursor_or_connection);	
Ora_Exec	Exécute une instruction analysée ou un curseur
int ora_exec (int cursor);	
Ora_Fetch	Récupère les données d'une ligne
int ora_fetch (int cursor);	
Ora_GetColumn	Retourne la valeur d'une colonne d'une ligne de résultats
mixed ora_getcolumn (int cursor, mixed column);	

ORACLE 7	
Ora_Logoff	Ferme la connexion à un serveur Oracle
int ora_logoff (int connection);	
Ora_Logon	Ouvre la connexion vers un serveur Oracle
int ora_logon (string user, string password);	
Ora_Open	Ouvre un ensemble de résultats et retourne un curseur
int ora_open (int connection);	
Ora_Parse	Analyse une instruction ou un bloc PL/SQL et le lie à un curseur
int ora_parse (int cursor_ind, string sql_statement, int defer);	
Ora_Rollback	Annule la transaction en cours (Rollback)
int ora_rollback (int connection);	
POSTGRESQL	
Pg_Close	Ferme la connexion à une base PostgreSQL
bool pg_close (int connection);	
Pg_cmdTuples	Retourne le nombre de lignes affectées par une requête INSERT, UPDATE ou DELETE
int pg_cmdtuples (int result_id);	
Pg_Connect	Ouvre une connexion à une base PostgreSQL
int pg_connect (string host, string port, string options, string tty, string dbname);	
Pg_Dbname	Retourne le nom de la base qui correspond à l'ID de connexion spécifié
string pg_dbname (int connection);	
Pg_ErrorMessage	Retourne le message d'erreur associé à la dernière opération effectuée sur la base PostgreSQL
string pg_errormessage (int connection);	
Pg_Exec	Exécute une requête PostgreSQL et retourne un ID de résultats ou false
int pg_exec (int connection, string query);	
Pg_Fetch_Array	Retourne les données d'une ligne dans un tableau indicé ou associatif
array pg_fetch_array (int result, int row, int [result_type]);	
Pg_Fetch_Object	Retourne les données d'une ligne sous la forme d'un objet PHP
object pg_fetch_object (int result, int row, int [result_type]);	
Pg_Fetch_Row	Retourne les données d'une ligne dans un tableau indicé
array pg_fetch_row (int result, int row);	
Pg_FieldIsNull	Indique si une colonne vaut NULL ou non
int pg_fieldisnull (int result_id, int row, mixed field);	
Pg_FieldName	Retourne le nom d'une colonne spécifiée par sa position
string pg_fieldname (int result_id, int field_number);	
Pg_FieldNum	Retourne la position d'une colonne spécifiée par son nom
int pg_fieldnum (int result_id, string field_name);	

POSTGRESQL	
Pg_FieldPrtLen	Retourne le nombre de caractères imprimables dans une colonne
int pg_fieldprtlen (int result_id, int row_number, string field_name);	
Pg_FieldSize	Retourne la taille d'une colonne
int pg_fieldsize (int result_id, string field_name);	
Pg_FieldType	Retourne le type d'une colonne
int pg_fieldtype (int result_id, int field_number);	
Pg_FreeResult	Libère les ressources associées à un ensemble de résultats
int pg_freeresult (int result_id);	
Pg_GetLastOid	Retourne l'ID du dernier objet créé par une requête INSERT
int pg_getlastoid (int result_id);	
Pg_Host	Retourne le nom de la machine qui héberge la base PostgreSQL
string pg_host (int connection_id);	
Pg_loclose	Ferme le descripteur d'un « large object »
void pg_loclose (int fd);	
Pg_locreate	Crée un « large object » et retourne son ID
int pg_locreate (int conn);	
Pg_loopen	Ouvre un « large object » en écriture ou lecture et retourne un descripteur
int pg_loopen (int conn, int objoid, string mode);	
Pg_loread	Lie le contenu et retourne les n premiers octets d'un « large object » dans une chaîne
string pg_loread (int fd, int len);	
Pg_loreadall	Lie le contenu et le retourne intégralement au client web
void pg_loreadall (int fd);	
Pg_lounlink	Supprime un « large object » spécifié par son ID
void pg_lounlink (int conn, int lobjid);	
Pg_lowrite	Écrit n octets dans un « large object »
int pg_lowrite (int fd, string buf);	
Pg_NumFields	Retourne le nombre de colonnes dans un ensemble de résultats
int pg_numfields (int result_id);	
Pg_NumRows	Retourne le nombre de lignes dans un ensemble de résultats
int pg_numrows (int result_id);	
Pg_Options	Retourne les options de connexion à la base PostgreSQL
string pg_options (int connection_id);	
Pg_pConnect	Ouvre une connexion persistante à une base PostgreSQL
int pg_pconnect (string host, string port, string options, string tty, string dbname);	
Pg_Port	Retourne le port sur lequel la connexion à la base PostgreSQL a été ouverte
int pg_port (int connection_id);	

POSTGRESQL	
Pg_Result	Retourne la valeur d'une colonne de la ligne courante d'un ensemble de résultats
mixed pg_result (int result_id, int row_number, mixed fieldname);	
Pg_tty	Retourne le nom du device tty sur lequel les informations de mise au point sont envoyées
string pg_tty (int connection_id);	
SYBASE	
Sybase_affected_rows	Retourne le nombre de lignes affectées par une instruction INSERT, UPDATE ou DELETE
int sybase_affected_rows (int [link_identifier]);	
Sybase_close	Ferme la connexion à la base Sybase
int sybase_close (int link_identifier);	
Sybase_connect	Ouvre une connexion à une base Sybase
int sybase_connect (string servername, string username, string password);	
Sybase_data_seek	Déplace le pointeur de l'ensemble de résultats sur la ligne spécifiée
int sybase_data_seek (int result_identifier, int row_number);	
Sybase_fetch_array	Lie une ligne de résultats et retourne les valeurs dans un tableau indicé ou associatif
int sybase_fetch_array (int result);	
Sybase_fetch_field	Retourne un objet PHP qui contient plusieurs informations sur une colonne spécifiée
object sybase_fetch_field (int result, int field_offset);	
Sybase_fetch_object	Lie une ligne de résultats et retourne les valeurs dans un objet PHP
int sybase_fetch_object (int result);	
Sybase_fetch_row	Lie une ligne de résultats et retourne les valeurs dans un tableau
array sybase_fetch_row (int result);	
Sybase_field_seek	Positionne le pointeur interne sur une colonne spécifiée
int sybase_field_seek (int result, int field_offset);	
Sybase_free_result	Libère les ressources associées à un ensemble de résultats
int sybase_free_result (int result);	
Sybase_num_fields	Retourne le nombre de colonnes d'un ensemble de résultats
int sybase_num_fields (int result);	
Sybase_num_rows	Retourne le nombre de lignes d'un ensemble de résultats
int sybase_num_rows (string result);	
Sybase_pconnect	Ouvre une connexion persistante à une base Sybase
int sybase_pconnect (string servername, string username, string password);	
Sybase_query	Exécute une requête et retourne un identifiant sur un ensemble de résultats
int sybase_query (string query, int link_identifier);	

SYBASE	
Sybase_result	Retourne le contenu d'une colonne de l'ensemble de résultats spécifiée par sa position
int sybase_result (int result, int i, mixed field);	
Sybase_select_db	Positionne la base de données Sybase active
int sybase_select_db (string database_name, int link_identifier);	

GESTION DE FICHIERS

GESTION DES DOCUMENTS PDF	
Cpdf_add_annotation	Ajoute une annotation
void cpdf_add_annotation (int pdf document, double llx, double lly, double urx, double ury, string title, string content, int mode);	
Cpdf_add_outline	Ajoute un marque-page
void cpdf_add_outline (int pdf document, string text);	
Cpdf_arc	Dessine un arc
void cpdf_arc (int pdf document, double x-koor, double y-koor, double radius, double start, double end, int mode);	
Cpdf_begin_text	Débute une section de texte
void cpdf_begin_text (int pdf document);	
Cpdf_circle	Dessine un cercle
void cpdf_circle (int pdf document, double x-koor, double y-koor, double radius, int mode);	
Cpdf_close	Ferme le document PDF
void cpdf_close (int pdf document);	
Cpdf_closepath	Ferme un chemin
void cpdf_closepath (int pdf document);	
Cpdf_curveto	Dessine une courbe
void cpdf_curveto (int pdf document, double x1, double y1, double x2, double y2, double x3, double y3, int mode);	
Cpdf_end_text	Termine une section de texte
void cpdf_end_text (int pdf document);	
Cpdf_finalize	Termine un document
void cpdf_finalize (int pdf document);	
Cpdf_finalize_page	Termine une page
void cpdf_finalize_page (int pdf document, int page number);	
Cpdf_import_jpeg	Ouvre une image JPEG
int cpdf_open_jpeg (int pdf document, string file name, double x-koor, double y-koor, double angle, double width, double height, double x-scale, double y-scale, int mode);	
Cpdf_lineto	Dessine une ligne
void cpdf_lineto (int pdf document, double x-koor, double y-koor, int mode);	

GESTION DES DOCUMENTS PDF	
Cpdf_moveto	Déplace le point courant
void cpdf_lineto (int pdf document, double x-koor, double y-koor, int mode);	
Cpdf_open	Ouvre un nouveau document PDF
int cpdf_open (int compression, string filename);	
Cpdf_output_buffer	Produit le document en mémoire
void cpdf_output_buffer (int pdf document);	
Cpdf_page_init	Débute une nouvelle page
void cpdf_page_init (int pdf document, int page number, int orientation, double height, double width, double unit);	
Cpdf_rect	Dessine un rectangle
void cpdf_rect (int pdf document, double x-koor, double y-koor, double width, double height, int mode);	
Cpdf_rlineto	Dessine une ligne
void cpdf_rlineto (int pdf document, double x-koor, double y-koor, int mode);	
Cpdf_rmoveto	Fixe la position du point courant
void cpdf_rmoveto (int pdf document, double x-koor, double y-koor, int mode);	
Cpdf_rotate	Fixe l'angle d'une rotation
void cpdf_rotate (int pdf document, double angle);	
Cpdf_save	Sauvegarde l'environnement courant
void cpdf_save (int pdf document);	
Cpdf_save_to_file	Enregistre le document PDF dans un fichier
void cpdf_save_to_file (int pdf document, string filename);	
Cpdf_scale	Fixe la valeur d'échelle
void cpdf_scale (int pdf document, double x-scale, double y-scale);	
Cpdf_set_char_spacing	Fixe le caractère d'espacement
void cpdf_set_char_spacing (int pdf document, double space);	
Cpdf_set_creator	Fixe l'identité du créateur du document
void cpdf_set_creator (string creator);	
Cpdf_set_current_page	Positionne la valeur de la page courante
void cpdf_set_current_page (int pdf document, int page number);	
Cpdf_set_font	Sélectionne la police courante
void cpdf_set_font (int pdf document, string font name, double size, int encoding);	
Cpdf_set_horiz_scaling	Fixe la valeur d'échelle horizontale
void cpdf_set_horiz_scaling (int pdf document, double scale);	
Cpdf_set_keywords	Positionne les mots clé dans le document PDF
void cpdf_set_keywords (string keywords);	
Cpdf_set_subject	Positionne le sujet dans le document PDF
void cpdf_set_subject (string subject);	

COMPRESSION	
Gzclose *int gzclose (int zp);*	Ferme un pointeur de fichier GZ ouvert
Gzeof *int gzeof (int zp);*	Teste la fin de fichier sur un pointeur de fichier GZ
Gzfile *array gzfile (string filename);*	Lie un fichier GZ entier et place son contenu dans un tableau
Gzgetc *string gzgetc (int zp);*	Retourne un caractère d'un fichier GZ
Gzgets *string gzgets (int zp, int length);*	*Retourne une ligne d'un fichier GZ*
Gzgetss *string gzgetss (int zp, int length);*	Retourne une ligne d'un fichier GZ, débarassée des tags HTML et PHP
Gzopen *int gzopen (string filename, string mode);*	Ouvre un fichier GZ
Gzpassthru *int gzpassthru (int zp);*	Écrit la partie restante d'un fichier GZ sur la sortie standard
Gzputs *int gzputs (int zp, string str, int [length]);*	Écrit dans un fichier GZ
Gzread *string gzread (int zp, int length);*	Lie les données binaires d'un fichier GZ
Gzrewind *int gzrewind (int zp);*	Replace le pointeur au début d'un fichier GZ
Gzseek *int gzseek (int zp, int offset);*	Positionne le pointeur à un offset donné
Gztell *int gztell (int zp);*	Retourne la position courante du pointeur
Gzwrite *int gzwrite (int zp, string string, int [length]);*	Ecrit des données binaires dans un fichier GZ
Readgzfile *int readgzfile (string filename);*	Lie un fichier GZ entier et écrit son contenu sur la sortie standard
GESTION DES DOCUMENTS PDF	
Chdir *int chdir (string directory);*	Change de répertoire courant
Closedir *void closedir (int dir_handle);*	Ferme le descripteur de répertoire
Dir *new dir (string directory);*	Classe de manipulation de répertoires

GESTION DES DOCUMENTS PDF	
Opendir	Retourne un descripteur de répertoire
int opendir (string path);	
Readdir	Lie les noms des fichiers du répertoire ouverts par opendir
string readdir (int dir_handle);	
Rewinddir	Réinitialise le pointeur interne de répertoire
void rewinddir (int dir_handle);	
CRYPTAGE DE DONNÉES	
Mcrypt_cbc	Crypte/décrypte des données en mode CBC
int mcrypt_cbc (int cipher, string key, string data, int mode, string [iv]);	
Mcrypt_cfb	Crypte/décrypte des données en mode CFB
int mcrypt_cfb (int cipher, string key, string data, int mode, string iv);	
Mcrypt_create_iv	Crée un vecteur d'initialisation (iv) depuis une source aléatoire
string mcrypt_create_iv (int size, int source);	
Mcrypt_ecb	Crypte/décrypte des données en mode ECB
int mcrypt_ecb (int cipher, string key, string data, int mode);	
Mcrypt_ofb	Crypte/décrypte des données en mode OFB
int mcrypt_ofb (int cipher, string key, string data, int mode, string iv);	
FILEPRO	
Filepro	Lie et vérifie un fichier map
bool filepro (string directory);	
Filepro_fieldcount	Retourne le nombre de champs d'une base filePro
int filepro_fieldcount (void);	
Filepro_fieldname	Retourne le nom d'un champ
string filepro_fieldname (int field_number);	
Filepro_fieldtype	Retourne le type d'un champ
string filepro_fieldtype (int field_number);	
Filepro_fieldwidth	Retourne la longueur d'un champ
int filepro_fieldwidth (int field_number);	
Filepro_retrieve	Retourne les données d'une base filePro
string filepro_retrieve (int row_number, int field_number);	
Filepro_rowcount	Retourne le nombre de lignes d'une base filePro
int filepro_rowcount (void);	
SYSTÈMES DE FICHIERS	
Basename	Retourne le nom du fichier d'une chaîne qui contient un nom de fichier qualifié
string basename (string path);	
Chgrp	Modifie le groupe propriétaire d'un fichier
int chgrp (string filename, mixed group);	

SYSTÈMES DE FICHIERS	
Chmod	Modifie les attributs de permission d'un fichier
int chmod (string filename, int mode);	
Chown	Modifie le propriétaire d'un fichier
int chown (string filename, mixed user);	
Clearstatcache	Rafraîchit le cache de statut de fichiers
void clearstatcache (void);	
Copy	Copie un fichier
int copy (string source, string dest);	
Delete	N'existe pas (voir unlink pour les fichiers, et unset pour les variables)
void delete (string file);	
Dirname	Retourne la partie relative aux répertoires d'une chaîne qui contient un nom de fichier
string dirname (string path);	
Diskfreespace	Retourne la quantité d'espace disponible sur le disque qui contient le répertoire spécifié
float diskfreespace (string directory);	
Fclose	Ferme un pointeur de fichier
int fclose (int fp);	
Feof	Teste la fin de fichier sur un pointeur de fichier
int feof (int fp);	
Fgetc	Lie et retourne un caractère depuis un fichier
string fgetc (int fp);	
Fgetcsv	Lie et retourne les champs d'un fichier CSV dans un tableau
array fgetcsv (int fp, int length, string [delimiter]);	
Fgets	Lie et retourne une ligne d'un fichier
string fgets (int fp, int length);	
Fgetss	Lie et retourne une ligne d'un fichier, puis la débarrasse des tags HTML
string fgetss (int fp, int length);	
File	Lie un fichier et retourne son contenu dans un tableau
array file (string filename);	
File_exists	Teste l'existence d'un fichier
int file_exists (string filename);	
Fileatime	Retourne la dernière date d'accès à un fichier
int fileatime (string filename);	
Filectime	Retourne la date de modification d'une inode
int filectime (string filename);	
Filegroup	Retourne le groupe du propriétaire d'un fichier
int filegroup (string filename);	

SYSTÈMES DE FICHIERS	
Fileinode	Retourne l'identifiant de l'inode d'un fichier
int fileinode (string filename);	
Filemtime	Retourne la date de modification d'un fichier
int filemtime (string filename);	
Fileowner	Retourne le propriétaire d'un fichier
int fileowner (string filename);	
Fileperms	Retourne les attributs de permission d'un fichier
int fileperms (string filename);	
Filesize	Retourne la taille d'un fichier
int filesize (string filename);	
Filetype	Retourne le type d'un fichier
string filetype (string filename);	
Flock	Pose un verrou sur un fichier
bool flock (int fp, int operation);	
Fopen	Ouvre un fichier ou une URL
int fopen (string filename, string mode);	
Fpassthru	Lie le reste du fichier et produit le contenu sur la sortie standard
int fpassthru (int fp);	
Fputs	Ecrit dans un fichier
int fputs (int fp, string str, int [length]);	
Fread	Lie les n prochains octets d'un fichier
string fread (int fp, int length);	
Fseek	Déplace le pointeur à une position donnée
int fseek (int fp, int offset);	
Ftell	Retourne la position du pointeur interne
int ftell (int fp);	
Fwrite	Ecrit une chaîne dans un fichier
int fwrite (int fp, string string, int [length]);	
Is_dir	Indique si le fichier spécifié est un répertoire
bool is_dir (string filename);	
Is_executable	Indique si le fichier spécifié est exécutable
bool is_executable (string filename);	
Is_file	Indique si le fichier spécifié est un fichier standard
bool is_file (string filename);	
Is_link	Indique si le fichier spécifié est un lien symbolique
bool is_link (string filename);	
Is_readable	Indique si le fichier spécifié est lisible
bool is_readable (string filename);	

SYSTÈMES DE FICHIERS	
Is_writeable	Indique si le fichier spécifié est accessible en écriture
bool is_writeable (string filename);	
Link	Crée un lien symbolique
int link (string target, string link);	
Linkinfo	Retourne des informations sur un lien
int linkinfo (string path);	
Lstat	Retourne des informations sur un lien symbolique ou un fichier
array lstat (string filename);	
Mkdir	Crée un répertoire
int mkdir (string pathname, int mode);	
pclose	Ferme un pointeur sur un tube
int pclose (int fp);	
popen	Ouvre un pointeur sur un tube
int popen (string command, string mode);	
Readfile	Lie un fichier, et produit son contenu sur la sortie standard
int readfile (string filename);	
Readlink	Retourne le fichier pointé par un lien symbolique
string readlink (string path);	
Rename	Renomme un fichier
int rename (string oldname, string newname);	
Rewind	Réinitialise le pointeur de caractère d'un fichier
int rewind (int fp);	
Rmdir	Supprime un répertoire
int rmdir (string dirname);	
Set_file_buffer	Ajoute un tampon pour les entrée/sorties sur un fichier
int fwrite (int fp, int buffer);	
Stat	Retourne des informations sur un fichier
array stat (string filename);	
Symlink	Crée un lien symbolique
int symlink (string target, string link);	
Tempnam	Crée un fichier temporaire qui possède un nom unique
string tempnam (string dir, string prefix);	
Touch	Modifie la date/heure de modification d'un fichier
int touch (string filename, int time);	
Umask	Modifie ou retourne la valeur du masque de création de fichiers
int umask (int mask);	
Unlink	Supprime un fichier
int unlink (string filename);	

Codage/décodage XML	
Utf8_decode	Convertit une chaîne encodée en UTF-8 en une chaîne ISO-8859-1
string utf8_decode (string data);	
Utf8_encode	Convertit une chaîne ISO-8859-1 en une chaîne codée en UTF-8
string utf8_encode (string data);	

FONCTIONS DE MESSAGERIE

LDAP	
Ldap_add	Ajoute une nouvelle entrée à l'annuaire LDAP
int ldap_add (int link_identifier, string dn, array entry);	
Ldap_bind	Effectue une connexion logique sur un serveur LDAP
int ldap_bind (int link_identifier, string [bind_rdn], string [bind_password]);	
Ldap_close	Ferme la connexion au serveur LDAP
int ldap_close (int link_identifier);	
Ldap_connect	Ouvre une connexion physique sur un serveur d'annuaire LDAP
int ldap_connect (string [hostname], int [port]);	
Ldap_count_entries	Compte le nombre d'entrées dans l'annuaire LDAP
int ldap_count_entries (int link_identifier, int result_identifier);	
Ldap_delete	Supprime une entrée dans un serveur LDAP
int ldap_delete (int link_identifier, string dn);	
Ldap_dn2ufn	Convertit un DN « distinguished name » en un nom compréhensible
string ldap_dn2ufn (string dn);	
Ldap_explode_dn	Sépare et retourne les composantes d'un DN dans un tableau
array ldap_explode_dn (string dn, int with_attrib);	
Ldap_first_attribute	Retourne le premier attribut d'une entrée donnée
string ldap_first_attribute (int link_identifier, int result_entry_identifier, int ber_identifier);	
Ldap_first_entry	Retourne un identifiant sur la première entrée
int ldap_first_entry (int link_identifier, int result_identifier);	
Ldap_free_result	Libère les ressources mémoire allouées pour stocker un ensemble de résultats
int ldap_free_result (int result_identifier);	
Ldap_get_attributes	Retourne les attributs d'une entrée
array ldap_get_attributes (int link_identifier, int result_entry_identifier);	
Ldap_get_dn	Retourne le DN complet d'une entrée de l'annuaire
string ldap_get_dn (int link_identifier, int result_entry_identifier);	
Ldap_get_entries	Retourne plusieurs entrées dans un tableau multidimensionnel
array ldap_get_entries (int link_identifier, int result_identifier);	
Ldap_get_values	Retourne toutes les valeurs des attributs d'une entrée donnée
array ldap_get_values (int link_identifier, int result_entry_identifier, string attribute);	

LDAP	
Ldap_list	Effectue une recherche, et retourne un identifiant de résultats
int ldap_list (int link_identifier, string base_dn, string filter, array [attributes]);	
Ldap_mod_add	Ajoute une valeur à un attribut du DN spécifié
int ldap_mod_add (int link_identifier, string dn, array entry);	
Ldap_mod_del	Supprime la valeur d'un attribut sur un DN spécifié
int ldap_mod_del (int link_identifier, string dn, array entry);	
Ldap_mod_replace	Modifie la valeur d'un attribut sur un DN spécifié
int ldap_mod_replace (int link_identifier, string dn, array entry);	
Ldap_modify	Modifie une entrée de l'annuaire LDAP
int ldap_modify (int link_identifier, string dn, array entry);	
Ldap_next_attribute	Retourne l'attribut suivant d'une entrée de l'annuaire
string ldap_next_attribute (int link_identifier, int result_entry_identifier, int ber_identifier);	
Ldap_next_entry	Retourne l'entrée suivante
int ldap_next_entry (int link_identifier, int result_entry_identifier);	
Ldap_read	Effectue une recherche au niveau entrée, conformément à un filtre
int ldap_read (int link_identifier, string base_dn, string filter, array [attributes]);	
Ldap_search	Effectue une recherche sur tout l'annuaire, conformément à un filtre
int ldap_search (int link_identifier, string base_dn, string filter, array [attributes]);	
Ldap_unbind	Termine la connexion logique à un annuaire LDAP
int ldap_unbind (int link_identifier);	
MAIL	
Mail	Envoie un message par courrier électronique
bool mail (string to, string subject, string message, string [additional_headers]);	

FONCTIONS SYSTÈME	
APACHE	
Apache_lookup_uri	Effectue une requête partielle et retourne les informations d'en-tête dans une classe
class apache_lookup_uri (string filename);	
Apache_note	Lie et écrit les notes de requêtes faites par Apache
string apache_note (string note_name, string [note_value]);	
Getallheaders	Récupère l'ensemble des champs d'en-tête HTTP dans un tableau associatif
array getallheaders (void);	
Virtual	Effectue une sous-requête dans Apache
int virtual (string filename);	

HTTP	
Header	Envoie des en-têtes HTTP brutes
int header (string string);	
Setcookie	Envoie un cookie au client web
Int setcookie (string name, string value, int expire, string path, string domain, int secure);	
RÉSEAU	
Checkdnsrr	Retourne les enregistrements d'un serveur DNS d'un hôte spécifié par son nom
Int checkdnsrr (string host, string [type]);	
Closelog	Ferme la connexion au système de journalisation
Int closelog (void);	
Debugger_off	Désactive le débogueur PHP interne
Int debugger_off (void);	
Debugger_on	Active le débogueur PHP interne
Int debugger_on (string address);	
Fsockopen	Ouvre une connexion vers un socket Unix ou Internet
Int fsockopen (string hostname, int port, int [errno], string [errstr], double [timeout]);	
Gethostbyaddr	Retourne le nom d'hôte d'une machine spécifiée par son adresse IP
String gethostbyaddr (string ip_address);	
Gethostbyname	Retourne l'adresse IP d'un hôte spécifié par son nom Internet
String gethostbyname (string hostname);	
Gethostbynamel	Retourne la liste d'adresses IP d'un hôte spécifié par son nom Internet
Array gethostbynamel (string hostname);	
Getmxrr	Recherche et retourne les enregistrements MX dans un serveur DNS pour l'hôte spécifié
Int getmxrr (string hostname, array mxhosts, array [weight]);	
Openlog	Ouvre une connexion vers le log système
int openlog (string ident, int option, int facility);	
Pfsockopen	Ouvre une connexion persistante sur un socket Unix ou Internet
int pfsockopen (string hostname, int port, int [errno], string [errstr], int [timeout]);	
Set_socket_blocking	Positionne le mode bloquant/non-bloquant pour une connexion socket
int set_socket_blocking (int socket descriptor, int mode);	
Syslog	Envoie un message d'erreur dans le log système (Event Log, sur WinNT)
int syslog (int priority, string message);	
PARAMÉTRAGE DE PHP	
Error_log	Envoie un message d'erreur dans le log système, sur un port TCP ou dans un fichier
int error_log (string message, int message_type, string [destination], string [extra_headers]);	
Error_reporting	Ajuste le niveau d'affichage des messages d'erreur
int error_reporting (int [level]);	

PARAMÉTRAGE DE PHP	
Extension_loaded	Retourne vrai si l'extension spécifiée est chargée et disponible
bool extension_loaded (string name);	
Get_cfg_var	Retourne la valeur d'une variable de configuration, ou false en cas d'erreur
string get_cfg_var (string varname);	
Get_current_user	Retourne le nom du propriétaire du script en cours
string get_current_user (void);	
Get_magic_quotes_gpc	Retourne l'état (actif ou non) de la prise en charge des « magic quotes gpc »
long get_magic_quotes_gpc (void);	
Get_magic_quotes_runtime	Retourne l'état (actif ou non) de la prise en charge des « magic quotes runtime »
long get_magic_quotes_runtime (void);	
Getenv	Retourne le contenu d'une variable d'environnement
string getenv (string varname);	
Getlastmod	Retourne la date de dernière modification de la page en cours
int getlastmod (void);	
Getmyinode	Retourne l'inode correspondant au script en cours
int getmyinode (void);	
Getmypid	Retourne l'ID du processus PHP en cours (utile uniquement en CGI)
int getmypid (void);	
Getmyuid	Retourne l'ID de l'utilisateur sous lequel s'exécute le script courant
int getmyuid (void);	
Getrusage	Retourne les informations issues de l'appel système getrusage(2)
array getrusage (int [who]);	
Phpinfo	Affiche une grande quantité d'informations précieuses sur la configuration de PHP
int phpinfo (void);	
Phpversion	Retourne le niveau de version de l'interpréteur PHP
string phpversion (void);	
Putenv	Assigne une valeur à une variable d'environnement
void putenv (string setting);	
Set_magic_quotes_runtime	Active ou désactive le support des « magic quotes runtime »
long set_magic_quotes_runtime (int new_setting);	
Set_time_limit	Fixe la durée maximale d'exécution des scripts PHP (30 secondes, par défaut)
void set_time_limit (int seconds);	

EXÉCUTION DE PROGRAMMES	
Escapeshellcmd	Echappe les caractères spéciaux dans une commande destinée à être passée au shell
string escapeshellcmd (string command);	
Exec	Exécute une commande shell et retourne la dernière ligne produite
string exec (string command, string [array], int [return_var]);	
Passthru	Exécute une commande shell et retourne le résultat intégral au client web
string passthru (string command, int [return_var]);	
System	Exécute une commande shell et retourne la sortie produite
string system (string command, int [return_var]);	

AUTRES FONCTIONS

GESTION DES CHIFFRES À VIRGULE FLOTTANTE	
Bcadd	Calcule la somme de deux chiffres à précision arbitraire, à une précision voulue
string bcadd (string left operand string right operand, int [scale]);	
Bccomp	Effectue la comparaison entre deux chiffres à précision arbitraire, à une précision donnée
int bccomp (string left operand, string right operand, int [scale]);	
Bcdiv	Calcule le quotient de deux chiffres à précision arbitraire, à une précision voulue
string bcdiv (string left operand, string right operand, int [scale]);	
Bcmod	Calcule le modulo de deux chiffres à précision arbitraire
string bcmod (string left operand, string modulus);	
Bcmul	Calcule le produit de deux chiffres à précision arbitraire, à une précision voulue
string bcmul (string left operand, string right operand, int [scale]);	
Bcpow	Calcule la puissance d'un chiffre arbitraire par un second, à une précision donnée
string bcpow (string x, string y, int [scale]);	
Bcscale	Règle la précision par défaut pour l'ensemble des fonctions BC
string bcscale (int scale);	
Bcsqrt	Calcule la racine carrée d'un chiffre arbitraire, à une précision donnée
string bcsqrt (string operand, int scale);	
Bcsub	Calcule la différence entre deux chiffres à précision arbitraire, à une précision voulue
string bcsub (string left operand, string right operand, int [scale]);	
NIS	
Yp_err_string	Retourne le message d'erreur produit par la dernière instruction
string yp_err_string (void);	
Yp_errno	Retourne le code d'erreur produit par la dernière fonction
int yp_errno ();	

NIS	
Yp_first	Retourne le premier couple clé-valeur
string[] yp_first (string domain, string map);	
Yp_get_default_domain	Retourne le nom de domaine NIS par défaut de la machine hôte
int yp_get_default_domain (void);	
Yp_master	Retourne le nom d'hôte de la machine qui contrôle le domaine NIS
string yp_master (string domain, string map);	
Yp_match	Retourne une ligne qui correspond à la clé spécifiée
string yp_match (string domain, string map, string key);	
Yp_next	Retourne la paire clé-valeur suivante
string[] yp_next (string domain, string map, string key);	
Yp_order	Retourne le numéro d'ordre d'une map NIS
int yp_order (string domain, string map);	
Yp_master	Retourne le nom d'hôte de la machine qui contrôle le domaine NIS
string yp_master (string domain, string map);	
Yp_match	Retourne une ligne qui correspond à la clé spécifiée
string yp_match (string domain, string map, string key);	
Yp_next	Retourne la paire clé-valeur suivante
string[] yp_next (string domain, string map, string key);	
Yp_order	Retourne le numéro d'ordre d'une map NIS
int yp_order (string domain, string map);	
Yp_master	Retourne le nom d'hôte de la machine qui contrôle le domaine NIS
string yp_master (string domain, string map);	
Yp_match	Retourne une ligne qui correspond à la clé spécifiée
string yp_match (string domain, string map, string key);	
Yp_next	Retourne la paire clé-valeur suivante
string[] yp_next (string domain, string map, string key);	
Yp_order	Retourne le numéro d'ordre d'une map NIS
int yp_order (string domain, string map);	

C

Les variables serveur et d'environnement

Les spécifications de CGI (Commom Gateway Interface), qui figurent dans un document de travail (Draft) de l'IETF, définissent plusieurs variables d'environnement. Au cours des différents chapitres de ce livre, nous avons pu en exploiter quelques-unes. Elles sont toutes regroupées ici, accompagnées d'un commentaire, de leur contenu et d'un exemple d'utilisation.

Dans ses versions Unix et Win32, PHP peut utiliser les valeurs de ces variables. Selon vos besoins, vous pouvez employer la fonction `getenv()`, ou directement la variable qui porte le même nom que la variable d'environnement :

```
$ip = getenv("REMOTE_ADDR"); // get the ip number from user
```

La gestion de ces variables d'environnement n'est pas de la responsabilité de PHP. Aussi, en fonction du serveur HTTP que vous utilisez, ainsi que de son paramétrage, certaines variables ne seront peut-être pas disponibles. Le tableau suivant contient la liste des variables d'environnement le plus communément disponibles. Reportez-vous à la documentation de votre serveur HTTP. **Le Draft de l'IETF est fourni sur le CD-Rom qui accompagne cet ouvrage.** N'hésitez pas à vous y référer.

D'une façon générale, votre plus précieux allié pour jongler avec les variables d'environnement est la fonction `phpinfo()`. Placée à la fin d'un script à mettre au point, cette fonction affiche de précieuses informations sur la configuration de PHP, ainsi que sur le contenu de toutes les variables d'environnement (aussi bien les variables CGI que les variables propres au système ou à l'environnement de l'utilisateur).

Le tableau suivant récapitule ces variables :

Tableau C.1 : Récapitulatif des variables serveur et d'environnement.

Variable	Contenu
AUTH_TYPE	Contient la méthode utilisée afin d'authentifier un utilisateur. Voir REMOTE_USER et REMOTE_IDENT.
CONTENT_LENGTH	Contient la taille des données de la requête HTTP, passée en paramètre au CGI à l'aide de l'entrée standard. Elle est exprimée en octets ou en nombre de caractères.
CONTENT_TYPE	Contient le type MIME qui se rapporte aux données d'une requête. (Voir la section consacrée aux types MIME.)
DOCUMENT_ROOT	Contient le nom du répertoire racine dans lequel sont situés les documents gérés par le serveur HTTP, par exemple : `/var/www/htdocs/`
GATEWAY_INTERFACE	Contient la version de CGI utilisée par le serveur. Il s'agit d'une chaîne de la forme suivante : `CGI/1.1`
HTTP_ACCEPT	Contient une liste des types MIME que le client accepte, par exemple : `image/gif, image/x-xbitmap, image/jpeg, image/pjpeg, image/png, */*`
HTTP_FROM	Cette variable, supportée par peu de navigateurs, est censée contenir l'adresse e-mail de l'utilisateur qui a initié la requête.
HTTP_REFERER	Contient l'URL de provenance de l'utilisateur. Il peut s'agir de l'URL de votre application web ou de n'importe quel site Internet qui possède un lien vers vos pages (moteurs de recherche, etc.).

HTTP_USER_AGENT	Cette variable contient l'identification du client web (le navigateur) utilisé pour envoyer la requête. Par exemple :
	`Mozilla/4.5 [fr] (Win95; I)`
	ou
	`Mozilla/4.07 [en] (X11; I; Linux 2.0.36 i686)`
	ou
	`Lynx/2.8.1pre.9 libwww-FM/2.14`

PATH_INFO	Contient les informations supplémentaires passées après le nom du CGI dans l'URL. La partie de l'URL qui suit le nom du script est copiée dans EXTRA_PATH. Le contenu de EXTRA_PATH, accolé au DOCUMENT_ROOT, est alors placé dans PATH_TRANSLATED. (Voir également PATH_TRANSLATED.)
PATH_TRANSLATED	Il s'agit de la version traduite de la variable EXTRA_PATH.
QUERY_STRING	Contient les paramètres passés au CGI sous la forme de paires Variable=Valeur. Les valeurs sont encodées, afin d'éviter les problèmes liés aux jeux de caractères différents entre clients et serveur. Le contenu est de forme : http://monsite/bibliothèque/commandes/recherche.php?rubrique=5&langue=4&kwords=PHP Pour retrouver les valeurs correctes des paramètres, utilisez la fonction `urldecode()`.
REMOTE_ADDR	Contient l'adresse IP de la machine sur laquelle s'exécute le client web.
REMOTE_HOST	Contient le nom de la machine sur laquelle s'exécute le client web.
REMOTE_IDENT	Contient l'identification de l'utilisateur qui a soumis la requête.
REMOTE_USER	Nom authentifié (par ident) de l'utilisateur à l'origine de la requête.

Tableau C.1 : Récapitulatif des variables serveur et d'environnement. ***(Suite.)***

Variable	Contenu
REQUEST_METHOD	Contient la méthode HTTP utilisée pour la requête. Les valeurs possibles pour HTTP 1.0 sont : GET, POST et HEAD. (Voir le RFC 1945 pour HTTP 1.0, et le RFC 2068 pour HTTP 1.1.)
SCRIPT_NAME	Contient le chemin virtuel du script CGI en cours d'exécution, par exemple `/cgi-bin/phpinfo.php3`.
SERVER_NAME	Contient le nom d'hôte ou l'adresse IP du serveur HTTP (le nom d'hôte, sur un système Unix).
SERVER_PORT	Contient le numéro du port sur lequel le serveur HTTP fonctionne (en général, le port 80).
SERVER_PROTOCOL	Contient les noms et versions du protocole utilisé pour soumettre la requête, par exemple : `HTTP/1.0`
SERVER_SOFTWARE	Contient la description (version et dénomination) du serveur HTTP, par exemple : `Apache/1.3.6 (Unix) PHP/4.0B1`

D

Les codes de réponse des serveurs HTTP

Généralités

La première chose que retourne un serveur HTTP est un code qui indique si la demande précédente a abouti ou échoué. Si elle n'a pas abouti, le code en donne la cause par le biais d'un code à trois chiffres, accompagné d'un libellé. C'est l'explication du désormais célèbre message d'erreur :

```
Error 404 : Not found
```

Ces codes d'erreur sont spécifiés dans les RFC qui définissent les protocoles HTTP 1.0 et 1.1, soit respectivement les RFC 1945 et RFC 2068. Ces deux documents sont disponibles sur Internet et sur le site internet dédié à cet ouvrage, dans le répertoire Livre\Annexes. Ils fournissent une vraie mine d'informations. Le temps consacré à leur étude est un investissement vite rentabilisé.

Il est utile de connaître ces codes et leur utilité. Bien qu'ils soient en général envoyés directement par le serveur HTTP, il est possible de les spécifier au niveau du module CGI. Le serveur HTTP utilisera alors ces codes à la place de ceux qu'il aurait envoyés par défaut.

Codes de retour envoyés par le serveur

Les codes de retour envoyés par le serveur sont regroupés dans ce tableau par types et par **tranches de centaines**.

Voir tableau suivant.

Tableau D.1 : Catégories d'erreurs envoyées par les serveurs HTTP.

Intervalle des codes	Signification
100-199	Informations
200-299	Requête client traitée avec succès
300-399	Requête client redirigée, action complémentaire à mener
400-499	Requête client incomplète
500-599	Erreurs du serveur HTTP

Les protocoles HTTP ne définissent que quelques valeurs de code pour chacun des intervalles. En général, les codes en **1xx, 2xx et 3xx** sont reçus par les clients web, et traités de façon transparente pour l'utilisateur.

En revanche, les codes en **4xx** et **5xx**, qui signalent des erreurs importantes, sont relayés jusqu'à l'utilisateur.

Certaines implémentations de serveurs HTTP définissent des codes de retour non standard. Ceci n'est pas très grave, dans la mesure où les clients web devraient savoir comment traiter un code inconnu en fonction de l'intervalle auquel il appartient.

Dans la suite, les codes gérés uniquement par le protocole HTTP 1.1 seront signalés. L'absence d'indication particulière signifie que ces codes sont indifféremment gérés par les protocoles HTTP 1.0. et HTTP 1.1.

Informations

Un code de réponse compris dans l'intervalle **100-199** indique que la requête du client a été reçue et correctement traitée.

100 Continue *(HTTP 1.1)*. La première partie de la requête a été reçue, et le client peut continuer à envoyer la suite de sa requête. Si la requête est déjà complète, le client doit ignorer ce message. Le serveur devra néanmoins envoyer une réponse finale.

101 Switching Protocols *(HTTP 1.1)*. Le serveur accepte la demande du client, qui consiste à passer sur une autre version du protocole. Le RFC 2068 indique qu'on devrait procéder à un changement de protocole uniquement lorsque cela apporte des avantages (exploiter une version plus récente du protocole, et non le contraire).

La plupart des clients web qui supportent HTTP 1.1 (navigateurs 4.X et supérieurs) effectuent leur première requête en HTTP 1.0, puis demandent un passage en HTTP 1.1.

Client Request Successful

Une réponse comprise dans l'intervalle **200-299** indique que la requête du client a été traitée avec succès.

200 OK. C'est le code idéal. Il indique que la requête du client a été traitée avec succès, et que les données demandées sont jointes à la réponse. La façon dont les données sont transmises est dépendante de la méthode (voir REQUEST_METHOD).

201 Created. La requête à donné lieu à la création d'une ressource, dont l'URL est fournie avec la réponse (Location header). Le serveur doit créer cette ressource avant de retourner le code 201. S'il ne peut pas honorer la demande immédiatement, il doit répondre par un code 202.

202 Accepted. La requête a été acceptée, mais n'a pas été traitée. Elle pourra être traitée plus tard, ou ne pas être traitée du tout. Ce code semble être destiné à des requêtes qui doivent déclencher des tâches conduites en mode Batch, et lancées de façon asynchrone.

203 Non-Authoritative Information. Les informations contenues dans les en-têtes ne proviennent pas directement du serveur d'origine. Certaines ont pu être ajoutées ou supprimées par un quelconque relais.

204 No Content. Le serveur a traité la requête, mais il n'a aucune donnée à retourner. Ce code indique au client web qu'il ne recevra pas de corps de données, et que, par conséquent, il ne doit pas modifier son affichage. L'un des avantages de ce code est de ne pas forcer le rafraîchissement d'une page qui contient une ImageMap si un utilisateur clique sur une zone inutile.

205 Reset Content *(HTTP 1.1)*. Le client web doit réinitialiser les zones de saisie présentes dans le formulaire utilisé pour lancer la requête. Ce code est utile dans les applications CGI qui nécessitent des saisies de données.

206 Partial Content *(HTTP 1.1)*. Le serveur ne retourne qu'une partie des données demandées. Ce code permet de répondre à une requête qui correspond à un Range dans l'en-tête. Dans ce cas, le serveur doit accompagner sa réponse soit d'un header Content-Range, soit d'un Content-Type de type multipart/byteranges.

Redirection

Une réponse comprise dans l'intervalle **300-399** indique que la requête n'a pas été traitée, et que le client web doit effectuer une action complémentaire, afin que la requête s'exécute correctement. Le RFC 2068 spécifie en outre que l'action en question peut être menée par le client web de façon transparente pour l'utilisateur, à condition que la méthode utilisée sur la deuxième URL soit GET ou HEAD.

Enfin, le client web ne doit pas effectuer plus de cinq redirections consécutives, sous peine d'entraîner l'entrée dans une boucle sans fin.

300 Multiple Choices *(HTTP 1.1)*. La ressource spécifiée par l'URL demandée existe en plusieurs déclinaisons. Par exemple, l'URL correspond à un document pour lequel plusieurs versions sont disponibles, dans plusieurs langues ou sous différentes formes (types MIME). Le choix de la ressource à utiliser peut être fait de façon transparente par le client web, en fonction de ses possibilités.

301 Moved Permanently. La ressource demandée n'est plus présente sur le serveur. Les requêtes futures pour cette ressource doivent être faites à l'aide d'une des URL retournées par le serveur. Les clients web capables de modifier leur adresse doivent remplacer l'ancienne par une de celles retournées par le serveur dans le header Location.

Un code 301 reçu en réponse à une requête autre que GET ou HEAD ne doit pas déclencher de redirection automatique de la part du client web. La redirection ne peut être effectuée qu'après confirmation de l'utilisateur.

302 Moved Temporarily. Déplacement temporaire. La ressource demandée est temporairement indisponible à l'endroit demandé ; le header Location contient la nouvelle adresse. Après réception de ce code, le client doit utiliser l'adresse retournée dans le header Location, afin d'atteindre la ressource. En revanche, à l'inverse du code 301, les requêtes ultérieures devront toujours utiliser l'adresse initiale.

303 See Other *(HTTP 1.1)*. La ressource peut être trouvée à l'aide d'une autre URL. Ce code sert principalement à donner suite à une requête POST, au moyen de GET.

304 Not Modified. Ce code est la réponse à une requête conditionnée par un header If-Modified-Since. Seule l'en-tête est retournée. Ce code permet d'utiliser une copie locale du corps du document (cache du navigateur ou du proxy), ce qui évite un trafic réseau et une attente inutiles. Parallèlement, le serveur doit envoyer en en-tête la date, un Content-Location, ainsi que des directives telles que Expires, Cache-Control ou Vary.

305 Use Proxy *(HTTP 1.1)*. On doit accéder à la ressource demandée par l'intermédiaire du proxy dont l'adresse est fournie dans le header Location de la réponse. Le client doit reformuler sa requête au proxy.

Client Request Incomplete

Une réponse comprise dans l'intervalle **400-499** correspond à une erreur faite par le client web. Hormis pour les requêtes HEAD, le serveur doit accompagner sa réponse d'une explication de la cause de l'échec et, si possible, dire si ces conditions sont temporaires ou définitives.

Les clients web doivent répercuter ces informations à l'utilisateur.

400 Bad Request. Ce code indique que le serveur a détecté une erreur de syntaxe dans la requête du client web. Le client web ne doit pas répéter cette requête sans y avoir apporté de modification.

401 Unauthorized. Ce code est utilisé avec un header WWW-Authenticate. Il indique que l'utilisateur ne possède pas les privilèges suffisants, et qu'il devra s'authentifier lors de la prochaine requête sur cette URL.

402 Payment Required *(réservé — non implémenté)*. Ce code n'est pas encore implémenté. Il est réservé pour des utilisations futures.

403 Forbidden. L'accès à la ressource demandée n'est pas autorisé. Le serveur n'indique volontairement aucun élément d'interprétation de la cause du refus.

404 Not Found. Est-il besoin d'expliquer ce qu'est le code 404 ? Le serveur n'a rien trouvé qui corresponde à l'URL demandée. Il ne fournit par ailleurs aucune indication qui permette de savoir si la situation est temporaire ou permanente.

405 Method Not Allowed *(HTTP 1.1)*. La méthode spécifiée n'est pas applicable pour l'URL demandée. Le serveur doit accompagner sa réponse d'une liste de méthodes possibles dans le header Allow.

406 Not Acceptable *(HTTP 1.1)*. La ressource demandée existe, mais retourne un contenu qui ne correspond à aucun des types MIME supportés par le client (voir HTTP_ACCEPT).

La réponse doit être accompagnée d'une liste de ressources, avec leurs Locations et Content-types, afin que l'utilisateur ou le client web puisse choisir la meilleure alternative. Le client web peut déterminer le meilleur choix de façon automatique.

REMARQUE Les serveurs HTTP 1.1 sont autorisés à envoyer des réponses contenant des types non acceptables. Dans certains cas, cela est préférable à l'envoi d'un code retour 406. Dans ce cas, le client web doit stopper temporairement le chargement de la ressource, et demander à l'utilisateur de choisir l'action à mener. C'est ici qu'apparaît généralement une boîte de dialogue qui propose d'ouvrir le document ou de l'enregistrer sous forme de fichier.

407 Proxy Authentication Required *(HTTP 1.1)*. Ce code, à l'image du code 401, indique un manque de privilèges. Parallèlement, le proxy envoie un header Proxy-Authenticate. L'utilisateur doit, en premier lieu, s'authentifier auprès du proxy, puis soumettre de nouveau sa requête en renseignant une structure d'information de type Header-Proxy-Authorization renseigné.

408 Request Time-out *(HTTP 1.1)*. Le client n'a pas produit sa requête dans les délais. Il est invité à la renouveler.

409 Conflict *(HTTP 1.1)*. Ce code indique un conflit entre deux ressources ou entre la configuration du serveur et la ressource demandée. La réponse du serveur doit contenir des informations sur le type du conflit. Ce code n'est autorisé que dans les cas où l'utilisateur peut corriger les causes du conflit, et soumettre de nouveau sa requête. Les conflits sont généralement constatés à la suite de requêtes PUT.

410 Gone *(HTTP 1.1)*. Ce code indique que la ressource demandée n'existe plus et a été définitivement supprimée du serveur. Les clients web qui possèdent des capacités d'édition doivent supprimer leurs références à cette ressource, après confirmation de l'utilisateur. Un des objectifs de ce code est de faciliter la gestion des sites dont l'existence est temporaire (sites d'une manifestation ou d'un événement).

411 Length Required *(HTTP 1.1)*. Le serveur n'accepte aucune requête non accompagnée d'un en-tête de type Content-Length. Le client peut réitérer sa requête après avoir ajouté et renseigné cet en-tête.

412 Precondition Failed *(HTTP 1.1)*. Ce code indique qu'une ou plusieurs des conditions présentes dans l'en-tête de la requête sous la forme de headers If ne sont pas remplies. La requête n'est donc pas traitée par le serveur.

413 Request Entity Too Large *(HTTP 1.1)*. Le corps de la requête a une taille supérieure à celle que le serveur peut traiter ou autorise. Dans ce cas, le serveur peut fermer la connexion, afin d'empêcher le client de faire une autre tentative. S'il s'agit d'une situation temporaire (surcharge), la réponse doit contenir un header Retry-After, afin que le client sache quand il pourra soumettre de nouveau sa requête.

The server will not process the request because its entity body is too large.

414 Request-URL Too Long *(HTTP 1.1)*. Le serveur refuse de traiter la requête, car l'URL spécifiée est trop longue pour que le serveur l'accepte ou la traite. Ce cas rare survient généralement après que le client web a transformé une requête POST en requête GET, en utilisant une URL longue, à la suite d'une redirection. Plusieurs failles de sécurité sont fondées sur l'utilisation de dépassements des buffers de manipulation d'URL qui ont une taille fixe.

415 Unsupported Media Type *(HTTP 1.1)*. Le serveur refuse de traiter une requête, car son contenu ne possède pas le format requis par la méthode et la ressource demandées.

Server Errors

Les codes compris dans l'intervalle **500-599** indiquent que le serveur a rencontré une erreur ou est dans l'impossibilité de traiter la requête du client web.

500 Internal Server Error. Ce code indique qu'un sous-système du serveur (un module CGI, le logger) a rencontré une erreur de configuration ou s'est planté.

501 Not Implemented. Ce code indique que le client a demandé une action non gérée par le serveur. La requête ne peut pas être traitée.

502 Bad Gateway. Ce code indique que le serveur (ou le proxy) a reçu une réponse invalide de la part d'un autre serveur ou proxy.

503 Service Unavailable. En cas de surcharge importante, ou lors d'arrêts pour des opérations de maintenance, le serveur retourne ce code, qui indique une indisponibilité temporaire du service. La réponse doit contenir une zone Retry-After dans son en-tête. Le RFC 2068 précise que l'utilisation de ce code en cas de surcharge n'est pas une obligation ; certains serveurs se contentent simplement de refuser la connexion.

504 Gateway Time-out *(HTTP 1.1)*. La réponse attendue de la part d'un autre serveur ou proxy qui sert de passerelle n'est pas parvenue dans les délais impartis. Ce code est semblable au code 408, excepté qu'il fait référence à une passerelle ou un proxy.

505 HTTP Version not supported *(HTTP 1.1)*. La version du protocole indiquée dans l'en-tête de la requête n'est pas supportée par le serveur.

E

Pour en savoir plus

Il existe de nombreux sites, forums ou listes de diffusion qui traitent de PHP. Pour vous en rendre compte, il suffit de rechercher le mot clé PHP sur n'importe quel serveur de recherche. Au point que nous ne pouvons en fournir une liste complête.

Cependant, certains d'entre eux reviennent systématiquement, lorsqu'on parle de PHP, en particulier ceux qui suivent.

Sur PHP

www.php.net Le site Internet consacré à PHP

www.php.net/news.php3 Accès direct aux news relatives à PHP

www.php.net/faqs.php3 Accès direct aux FAQ relatives à PHP

www.php.net/tut.php3 Accès direct aux tutoriels relatifs à PHP

http://www.phpbuilder.com Site de développement consacré à PHP

http://nctweb.com/articles/php.html Articles intéressants relatifs à PHP

http://clauer.free.fr Un tutoriel et de nombreux exemples en ligne

Sur Apache/PHP

http://www.apache.com/ Le site d'Apache, le mode mod_php

http://www.devx.com/ Un impressionnant regroupement de liens

http://www.15seconds.com/ Contenu riche, nombreux retours, recherche rapide

Base de connaissances de PHP

http://www.e-gineer.com/phpkb/ Nombreux FAQ et sujets de réflexion

Cette base évolue tous les jours, et est très suivie par les internautes. Vous y trouverez des liens vers de nombreux autres sites qui traitent de PHP (liens à jour !), et également des réponses aux questions les plus fréquentes, des exemples de code. Une vraie référence.

Sites hébergeant du PHP

Peu nombreux aujourd'hui, leur nombre risque d'évoluer rapidement. La facilité d'installation de PHP, sa prédominance dans le monde de la libre utilisation, ainsi que ses multiples partenaires techniques (mySql, Apache) en font un outil facile à intégrer et à employer sur ce type de site.

Ces sites fournissent des méthodes réelles et jusqu'ici peu développées dans le domaine de la publication d'informations, de l'analyse des fréquentations et du stockage d'informations :

http://www.free.fr Hébergement gratuit, Php4, mySql et Apache

http://www.imaginet.fr Un autre hébergeur, payant cette fois

Serveurs de recherche

La Figure E.1 présente le résultat d'une recherche relative à PHP, effectuée sous Alta Vista/ Yahoo. Vous constaterez que, aujourd'hui, un nombre impressionnant de sites et de références sur PHP sont accessibles.

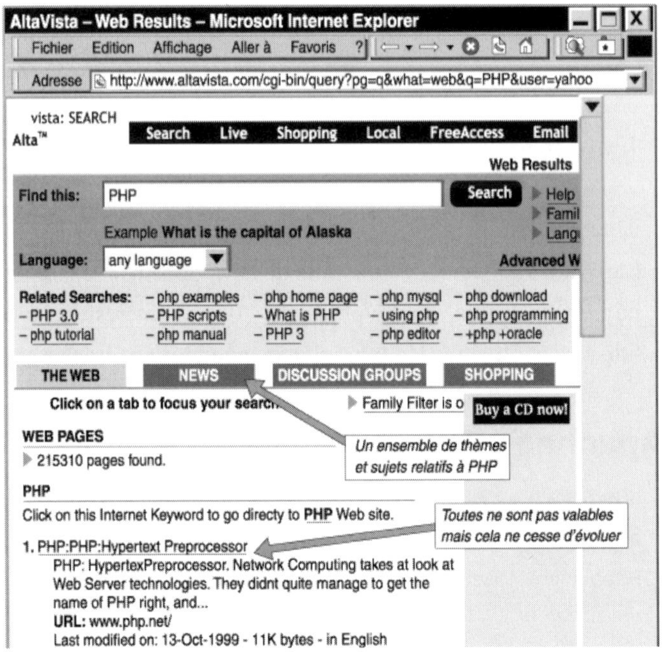

Figure E.1
Résultat d'une recherche d'informations relatives à PHP effectuée sur le Web.

Index

Dépôt légal : Septembre 2000
N° d'éditeur : 6117

Achevé d'imprimer le 19 septembre 2000
sur les presses de l'imprimerie «La Source d'Or»
63200 Marsat
Imprimeur n° 8776